中国改革研究报告 2016

Annual Report on China Reform 2016

转型闯关

"十三五"：结构性改革历史挑战

迟福林◎主编

方栓喜　夏　锋　匡贤明　张　飞◎副主编

BREAKTHROUGHS in TRANSFORMATION

The 13th Five-year Plan Period: Historical Challenges for Structural Reform

中国工人出版社

我国发展仍处于可以大有作为的重要战略机遇期，也面临诸多矛盾叠加、风险隐患增多的严峻挑战。

——2015 年 10 月 29 日，《中共中央关于制定国民经济和社会发展第十三个五年规划的建议》

必须统一思想、深化认识，必须克服困难、闯过关口，必须锐意改革、大胆创新，必须解放思想、实事求是、与时俱进，在理论上作出创新性概括，在政策上作出前瞻性安排，加大结构性改革力度，矫正要素配置扭曲，扩大有效供给，提高供给结构适应性和灵活性，提高全要素生产率。

——2015 年 12 月 21 日，《2015 年中央经济工作会议公报》

供给侧结构性改革，重点是解放和发展社会生产力，用改革的办法推进结构调整，减少无效和低端供给，扩大有效和中高端供给，增强供给结构对需求变化的适应性和灵活性，提高全要素生产率。

——2016 年 1 月 18 日，《习近平在省部级主要领导干部学习贯彻十八届五中全会精神专题研讨班开班式上的讲话》

前 言

“十三五”，我国转型发展的历史性特点十分突出：一方面，经济下行与经济结构调整的矛盾与风险因素日益增多，压力明显加大；另一方面，经济转型升级蕴藏着巨大的发展潜力与市场空间。在这个特定背景下，抓住机遇、应对挑战，必须牢固树立创新、协调、绿色、开放、共享的发展理念，推进以经济转型为主线的结构性改革，释放转型发展的内需潜力。

在我国经济转型时期，结构性改革有其特定的时代内涵：以结构性调整为重点任务，以提高全要素生产率为基本目标，以制度创新为重大举措。这不仅需要结构调整，更需要结构性改革；不仅需要需求侧结构性改革，更需要供给侧结构性改革。最近，习近平总书记强调，“供给侧结构性改革，重点是解放和发展社会生产力，用改革的办法推进结构调整”。“十三五”，以经济转型为主线的结构性改革，重点是正确处理好市场、企业和政府的关系，更大程度地发挥市场在资源配置中的决定性作用，进一步激发企业活力，加大更有效的制度供给，以实现经济转型的实质性突破。

面对经济转型的严峻挑战，“十三五”，如何“克服困难、闯过关口”？我们认为，关键在于加快推进以经济转型为主线的结构性改革。基于这个考虑，本书以"转型闯关——'十三五'：结构性改革历史挑战"为主题，力图客观分析"十三五"经济转型升级的基本趋势和面临的重大挑战。全书由总论和10个章节构成：总论阐述"十三五"以经济转型为主线的结构性改革的大思路。第1-4章研究分析经济转型升级的四大历史性趋势：一是由工业主导向服务业主导转型的产业结构变革大趋势；二是由城乡二元户籍制度向居住证制度转型的城镇化结构变革大趋势；三是由物质型消费为主向服务型消费为主转型的消费结构变革大趋势；四是以全面实施自由贸易战略为重心的开放转型大趋势。第5-10章提出"十三五"推进结构性改革的六大任务：一是以服务业市场开放为重点的市场化改革；二是以加快金融监管转型为重点的金融改革；三是以提升公共性为重点的财税体制改革；四是以着力解决雾霾为重点的环境治理转型与改革；五是以开放和"去行政化"为重点的教育结构调整与改革；六是由传统市场监管方式向市场治理创新的监管转型。

每年年初推出一部改革研究报告，是中改院努力打造"中国改革智库"的重要任务之一。过去几年，中改院形成的年度改革研究报告，有的被作为政府规划和政策文件起草的重要参阅件，有的被多个国家部委、省市指定为领导干部读物，有的成为年度畅销书，并被翻译成多种语言向全球出版发行，在国内外产生广泛影响。本书是中改院站在新的历史起点对过去改革研究的进一步深化。我们期待本书能够继续得到广大读者的厚爱，能够引发各方对我国经济转型和结构性改革的进一步思考，能够对"十三五"转型发展产生积极影响。

本研究报告是中改院研究团队集体创作的成果。从报告主题的选择、提纲的确定到内容的撰写与修改，征求了相关领导、专家的意见，参阅了大量国内外文献。主要编写者有迟福林、方栓喜、夏锋、匡贤明、张飞、何冬妮、刘锋、甘露、蔡文龙等，陈所华、陈薇、郭达、宋雪、杨天英、李许卡、任喜萍、檀怀玉、赵善梅、赵祖康、袁树卓等参与了资料搜集和修改编辑工作。魏礼群、张卓元、常修泽、李晓西、曹远征、贾康、刘尚希等专家对本书写作提出了有价值的建议，中国工人出版社对本书的编辑出版给予了大力支持，在此一并表示感谢。

本书成稿之时，正值2016年猴年春节来临之际，谨以此书向广大读者拜年，恭祝广大读者新春快乐！

迟福林

2016年2月1日

目 录 | Breakthroughs in Transformation

The 13th Five-year Plan Period : Historical Challenges for Structural Reform

总 论 “十三五”：以经济转型为主线的结构性改革

“十三五”是我国现代化进程中的关键5年：调结构、转方式的关键在2020；决胜全面小康、跨越中等收入陷阱的关节点在2020；以结构性改革为重点全面深化改革的时间窗口期在2020。在这个历史性的大背景下，“十三五”以经济转型为主线的结构性改革取得突破性进展，对未来10年、20年我国经济的公平可持续发展具有决定性影响。

第一章 产业结构变革

由工业主导向服务业主导的转型

“十三五”，我国经济转型升级的核心是产业结构变革：一方面，工业化进入中后期，服务业加快发展是大趋势；另一方面，由于长期以来优先发展工业的思路，产业结构不合理的矛盾越来越突出，需要加快产业结构转型来补齐“短板”。

第二章 城镇化结构变革

由城乡二元户籍制度向居住证制度的转型

“十三五”深化户籍制度改革要有新思路：一是由对人口的控制向对人口的服务与管理转变；二是由城乡二元户籍制度向全面实施居住证制度转变；三是人口管理由治安部门为主向人口服务部门管理为主转变。到2020年，用居住证制度取代城乡二元户籍制度是重大的历史突破。

第四章 “二次开放”

以全面实施自由贸易战略为重点的开放转型

“十三五”，我国扩大对外开放与新一轮全球自由贸易形成历史交汇。以服务贸易为重点全面实施自由贸易战略，加快服务业市场的双向开放，在开放中创造有利于经济转型升级的外部条件，在开放中推进全球自由贸易进程，在开放中提升我国参与全球治理的制度性话语权，成为“二次开放”的历史使命。

第五章　市场决定

由工业领域为重点向服务业领域为重点的转型

“十三五”，我国工业化进入中后期，市场配置资源的重点由工业领域转向服务业领域。服务业市场开放成为“十三五”市场化改革的“重头戏”，牵动影响转型增长全局。

第六章 金融改革

双向市场开放下的金融监管转型

人民币"入篮"是新阶段我国金融开放的里程碑。"十三五"抓住人民币"入篮"的历史机遇，积极稳妥推进金融改革，尤其是加快推进金融监管转型，尽快完善既能适应现代经济需求、又能守住风险底线的金融体系。

第七章　共享发展
以提升公共性为重点的财税转型

无论是加快经济转型升级、实现供给侧结构性改革的突破，还是总体实现基本公共服务均等化，都对提升财政公共性提出迫切需求。"十三五"，以共享发展为目标，着力提升财政公共性，实现财税体制改革与转型的重大突破。

第八章 绿色革命

以着力解决雾霾为重点的环境治理转型

雾霾频发表面上看是环境治理的问题，本质是经济发展方式转变的问题。“十三五”，推进绿色革命，要以着力解决雾霾为重点实现环境、产业和经济治理的转型。这是一场深刻的生产方式和生活方式革命。

第九章 教育结构变革

以开放和“去行政化”促进教育结构转型

“十三五”，适应经济社会转型对人才供给提出的新要求，要以开放和“去行政化”促进教育结构调整，为实现教育变革的实质性破题打下坚实的基础。

第十章 监管变革

由传统市场监管方式向市场治理创新的转型

监管转型滞后成为简政放权纵深发展的"最大短板"。无论是简政放权向纵深推进，还是消费结构升级、释放内需潜力，都直接依赖于市场监管的有效性。"十三五"，在强化政府监管职能的同时，需要加快形成政府与社会协同的市场治理体系。

Breakthroughs
in Transformation

总论

“十三五”：以经济转型为主线的结构性改革

“十三五”是我国现代化进程中的关键5年：调结构、转方式的关键在2020；决胜全面小康、跨越中等收入陷阱的关节点在2020；以结构性改革为重点全面深化改革的时间窗口期在2020。在这个历史性的大背景下，“十三五”以经济转型为主线的结构性改革取得突破性进展，对未来10年、20年我国经济的公平可持续发展具有决定性影响。

一、"十三五"：经济转型的历史关节点

"十三五"，我国经济转型的历史性特点十分突出：增长、转型、改革高度融合，以转型改革促发展是一个基本趋势；转型发展正处在关键时期，经济转型升级蕴藏着巨大的发展潜力与市场空间；经济转型面临诸多矛盾叠加、风险隐患增多的严峻挑战，转型需要"闯关"。抓住机遇、应对挑战，重在以结构性改革破解经济转型的结构性矛盾。由此，释放市场活力，释放转型发展的内需潜力。

1. "十三五"：经济转型的"最后窗口期"

（1）投资主导型的增长方式走到尽头。当前，我国面临着去产能、去库存、去杠杆的严峻挑战。以去产能为例，大部分行业都存在着产能过剩的问题，并且由过去的钢铁、水泥、有色金属、煤化工、平板玻璃等传统产业蔓延至多晶硅、风电设备等新兴产业。再以去库存为例，过去 10 年来大多数省市把房地产作为拉动投资的重要领域和支柱产业，连续多年房地产的高投资带来库存的不断攀升。2015 年末，全国商品房待售面积接近 7.2 亿平方米①，房地产高库存加大了经济的系统性风险。客观说，过剩产能、过剩库存、过高杠杆的形成，既是投资主导增长方式的必然产物，又是投资主导增长方式难以为继的实际反映。

（2）经济转型滞后加大经济下行压力。2015 年，我国 GDP 增速为 6.9%，总体经济态势平稳，但经济下行压力继续加大。这有周期性和国际性的因素，但根子在于经济转型滞后。总的看，经济转型滞后不仅加大了短期经济下行压力，而且增大了多方面对我国中长期经济增长前景的疑虑。去产能、去库存、

① 2015 年全国房地产开发投资和销售情况 [EB/OL]. 国家统计局网，2016-01-19.

去杠杆的实际成效主要取决于产业结构调整的突破。如果不能在产业结构变革方面取得突破，不仅现有过剩产能很难出清，而且有可能形成新的过剩产能。这就需要把转方式、调结构放到更加重要的位置，并且争取在“十三五”的头两年取得重要进展。

（3）经济转型正处在闯关的历史关口。“十三五”，尤其是未来一两年如果能够实现经济转型的重要突破，不仅能缓解短期经济下行压力，而且将释放中长期增长的巨大潜力。反之，就有可能失去经济发展的主动权，并由此引发系统性的经济风险和社会风险。

2.“十三五”：经济转型升级的历史拐点

当前，实体经济领域两种情况并存：一方面，经济下行压力增大，实际困难增大；一方面，经济转型升级呈现新的趋势性变化，产业结构、城镇化结构、消费结构正处在加快变革的重要阶段，新趋势、新结构快速形成。在这个特定背景下，关键是谋划好、把握好经济转型的路径选择，以结构性改革破解结构性矛盾和问题，以转型发展释放巨大的增长潜力。

（1）经济转型升级的突出优势。我国是一个超过 13 亿人口的大国，发展战略的回旋余地大。尤其是进入工业化中后期，无论是增长的趋势、结构，还是增长的动力，都呈现出与以往不同的新变化。

——产业结构变革正由工业主导向服务业主导转型。当前，我国经济服务化的趋势正在形成。无论是第一产业还是第二产业，都呈现出经济服务化的鲜明特征。例如，大众创业、万众创新，大都集中在服务型经济领域，并带来产业结构的深刻变革。“十三五”期间，服务业增加值占 GDP 的比重将明显提升，估计由 2015 年的 50.5% 提升到 2020 年的 58% 左右，有可能达到 60%，由此基本形成以服务业为主导的产业结构。

——城镇化结构变革正由规模城镇化向人口城镇化转型。“十三五”，我国的城镇化不仅在水平上会持续提升，而且在结构上也会逐步优化。随着居住证制度的渐次推开，从规模城镇化向人口城镇化转型的速度将大大加快，并由此形成"十三五"转型发展的"最大红利"。

——消费结构变革正由物质型消费为主向服务型消费为主转型。随着城乡居民收入水平的不断提升，对服务型消费、绿色消费等需求明显增加，使全社会消费规模不断扩张，结构明显变化。"十三五"，我国服务型消费将进入全面快速增长的新阶段，由此使消费对经济增长的贡献率明显提升。预计"十三五"期间，我国消费率有可能达到55%左右；消费对经济增长的贡献率将保持在65%左右，成为推动经济增长的"主力军"。

（2）经济转型升级与新一轮全球化的历史交汇。全球进入"工业3.0"、"工业4.0"时代，产业变革风起云涌，正深刻影响着世界经济再平衡的格局。

——我国经济转型升级与全球新一轮科技革命、产业变革呈现历史交汇。能不能抓住新一轮科技革命、产业变革的机遇，在"工业3.0"、"工业4.0"的基础上改造传统产业，形成制造业强国的技术优势、产业优势，成为我国"十三五"经济转型升级的重大任务。

——我国开放型经济新格局与全球新一轮自由贸易进程呈现历史交汇。在以服务贸易为重点的全球自由贸易进程明显加快的新形势下，如何把国内产业变革、消费结构升级和推动新一轮全球自由贸易进程有机结合，通过主动参与全球服务贸易形成现代产业体系，成为"十三五"实现经济转型升级的重大课题。

（3）抓住趋势，顺势而为。顺应经济转型升级的大趋势，关键是把握好扩大内需的突出优势，"出好牌"、"打好牌"。

——13亿人的消费结构升级是转型发展的重大利好。我国经济领域的突出矛盾是产能过剩，根源在于需求不足。如果消费能够在经济增长中发挥重要作用，那么经济增长的持久性就会增强，经济波动就会有所减少，经济增长就会比较平稳，产能过剩等问题就有解决的空间。

——产业结构变革是经济转型升级的核心因素。"十三五"，形成以服务业为主导的产业结构，加快经济服务化进程，将带来经济转型的新动力，形成制造业转型升级的新动能，促进新产业和新业态的不断涌现，并成为支撑

"十三五"期间 6.5% 左右经济增速的主要条件。

3."十三五"：结构性改革的攻坚时期

（1）经济转型面临结构性矛盾掣肘。

——需求与供给的结构性矛盾。当前，经济运行面临着的突出问题是供给结构与需求结构不相适应，需求引导供给的作用没有得到充分发挥，供给释放需求的作用没有得到有效利用。随着消费结构向多样化、高端化、服务化的需求升级，原有的供给结构已不适应市场需求结构的变化，供给过剩与供给不足的矛盾并存。若再用以往扩大投资的办法化解供需矛盾，投资的边际效应就会明显递减，对经济增长的拉动作用也将趋于减弱，还会使经济矛盾和问题后延，更重要的是错过化解风险的最佳时期，使潜在风险进一步积累。为此，要在适度扩大总需求的同时，着力加大供给侧结构性改革的力度，以提高供给体系质量和效率，提高投资有效性，加快培育新的发展动能，改造提升传统比较优势，增强经济持续增长的新动力。

——消费与投资的结构性矛盾。"十二五"以来，我国投资消费失衡的格局有所改善，消费率和消费贡献率开始回升。但是，由于投资驱动的增长格局没有根本改变，投资消费错配的矛盾仍然突出，有效供给不足的结构性矛盾日益凸显。比如，社会消费结构由物质型消费向服务型消费升级的大趋势已经形成，但服务业有效投资和有效供给明显不足，社会资本进入服务业仍然存在着诸多政策性与体制机制性的障碍。

——政策与体制的结构性矛盾。化解经济下行压力，主要不是靠政策刺激，而是需要相应的制度安排与制度创新。以化解产能过剩为例：一是政策刺激要起到"托底"作用，尤其是金融宏观调控，要守住不发生系统性风险的底线；二是要通过行政审批制度改革、要素市场化改革、财税体制改革、金融体制改革等，理顺诱发产能过剩的相关体制机制，逐渐消除产能过剩的制度性因素。

（2）以结构性改革破解经济转型的结构性矛盾。面对经济转型的结构性矛盾，需要以更大的决心和魄力攻坚结构性改革，闯出一条以结构性改革化解结构性矛盾的新路子。

——以结构性改革推动产业结构变革。应当看到，以服务业为主导的产业结构变革是新阶段实现制造业强国的战略选择。我国进入工业化中后期，市场资源配置的重点要由工业领域转向服务业领域，依靠市场力量大力发展现代生产性服务业，以推动制造业的转型升级。

——以结构性改革推动城镇化结构变革。“十三五”，我国将进入人口城镇化发展的新阶段，深化户籍制度改革要有新思路，要以全面实施居住证制度加快人口城镇化进程。

——以结构性改革推动消费结构变革。从当前面临的突出矛盾看，实现消费驱动经济转型的重大突破，关键是创新消费供给，满足人们日益增长的个性化、多样化的消费需求，并且加快投资转型。

（3）经济转型时期结构性改革的突出特点。在我国经济转型时期，结构性改革有其特定的时代内涵：以结构性调整为重点任务，以提高全要素生产率为基本目标，以制度创新为重大举措。从现实情况看，我国经济转型的矛盾与挑战主要是结构性问题：不仅需要结构调整，更需要结构性改革；不仅需要政策调整，更需要相应的制度变革；不仅需要需求侧结构性改革，更需要供给侧结构性改革。

（4）以结构性改革为重点深化全面改革。十八届三中全会对全面深化改革作出了总体部署。从这两年改革的实际进展看，有些领域的改革进展较快，并且有实质性突破，但有些领域的改革滞后，并出现了改革“打滑、空转”的现象。当前，改革已经进入深水区，改革的环境和条件发生了重大变化，改革的难度和复杂性也大大增加。这就需要按照十八届五中全会的要求，在树立创新、协调、绿色、开放、共享的理念上进一步解放思想，突破利益固化的藩篱，形成自上而下的共同改革行动，形成结构性改革的良好氛围。

二、“十三五”：经济转型升级的基本趋势

经济发展的活力在于结构变化和制度创新。“十三五”，我国经济转型将呈现结构升级、内需潜力释放的趋势性变化，这是转型发展的突出优势与独特“资本”。适应、引领经济新常态，实现经济可持续增长，关键在于以结构性改革推动经济转型升级。由此，不仅能缓解或者化解短期经济增长的矛盾和困难，更重要的是将通过转型升级引领经济结构上一个新台阶，为全面建成小康社会奠定坚实基础。

1. 基本形成以服务业为主导的产业结构

（1）“十三五”我国服务业发展空间巨大。“十二五”时期，我国服务业得到快速发展。国家“十二五”规划明确提出，“到 2015 年，服务业增加值占国内生产总值的比重较 2010 年提高 4 个百分点”，即从 43% 提高到 47%。2015 年这一比重已经达到 50.5%，比“十二五”规划提出的目标要求高出 3.5 个百分点①。

尽管如此，我国服务业发展仍有很大空间。例如：与印度、俄罗斯等金砖国家相比，我国服务业占 GDP 的比重低 10 个百分点左右；与发达国家相比，低 20 个百分点以上；与进入工业化中后期的实际需求相比，至少相差 5 ~ 10 个百分点。如果到“十三五”末我国服务业占比达到 58% 左右，意味着 5 年内还有约 8 个百分点的增长空间。

有观点认为，当前服务业在 GDP 中占比快速提高，主要不是规律性的，而是工业投资下降、实体经济不景气造成的。从现实情况看，有这方面的因素，但不是主要因素。应当看到城乡居民消费规模的扩张和消费结构的变化、服务型消费全面快速增长带动经济的服务化，已经成为一个不可逆的基本趋势。在这个趋势下，“十三五”或者更长一段时间内，服务业占比年均提升 1.2 个百分点左右是完全有可能的。

① 迟福林.“十三五”以结构性改革推动转型升级 [N]. 经济参考报，2015-12-16.

（2）服务业不仅速度在增长，而且结构也在发生重要变化。从规模看，“十三五”服务业增加值占 GDP 的比重将明显提升；从结构看，与工业转型升级相适应，由生产型制造向服务型制造的转型初见端倪，以研发、金融、物流等为重点的生产性服务业占 GDP 的比重将从现在的 15% 左右提升至 2020 年的 30% 以上，由此形成制造业转型升级的内在动力。

（3）以服务业发展推动制造业转型升级。“十三五”，形成以服务业为主导的产业结构是实现制造业强国的战略选择。

——制造业为何大而不强？目前，我国制造业的人均产值只相当于发达国家的 1/3，主要原因在于以研发、设计等生产性服务业的比重严重偏低。

——做大做强的关键何在？从发展趋势看，制造业转型升级主要依靠以研发、设计为龙头的生产性服务业，其基本趋势是由生产型制造走向服务型制造。

——形成服务业主导的产业结构对工业意味着什么？形成以现代服务业为主导的产业结构不是不要工业，不是不走工业强国的道路，恰恰是工业转型升级、工业强国的客观需求。2015 年，我国新产业增长较快，全年高技术产业增加值比上年增长 10.2%，比规模以上工业快 4.1 个百分点，占规模以上工业比重为 11.8%，比上年提高 1.2 个百分点①。这与近几年我国生产性服务业的加快发展直接相关。

（4）以服务业为主导的产业结构将引领经济新常态。有数据显示，2008 年 GDP 每增长 1 个百分点，新增就业只能达到 70 ~ 80 万人；而 2013 年 GDP 每增长 1 个百分点，新增就业能达到 150 万人左右②。也就是说，就业问题既和速度相关联，也和产业结构相关联。随着经济转型升级，以服务业为主导的产业结构将是扩大就业的主要载体。从绿色发展的角度看，环境保护力度加大等因素很重要，但更重要的是产业结构的变革。根据初步测算，如果未来几年服务业占比从 50% 提高到 55%，我国能源消耗总量将下降 14% 左右，二氧化碳的

① 国家统计局 .2015 年国民经济运行稳中有进、稳中有好 [EB/OL]. 国家统计局网，2016-01-19.

② 李克强 :GDP 增长 1 个百分点能拉动 150 万人就业 [N]. 工人日报，2013-11-05.

排放量将下降18%左右[①]。可以说,形成以服务业为主导的产业结构是我国实现绿色发展的重要支撑。

2. 基本形成户籍人口城镇化的新格局

（1）推进规模城镇化向人口城镇化的转型。“释放新需求、创造新供给”的一个重要载体是人口城镇化。按照十八届五中全会提出“十三五”期间加快提高户籍人口城镇化率的要求，深化户籍制度改革、加快推动城乡基本公共服务均等化，“十三五”户籍人口城镇化率有可能每年以不低于2个百分点的速度提升。预计到2020年，我国规模城镇化率将有可能超过60%，户籍人口城镇化率将由2014年的36.6%提高到50%左右。

——户籍人口城镇化率要与产业结构变革的进程相适应。估计到2020年，服务业占比达到58%～60%，若户籍人口城镇化率只有45%左右，这与转型升级的大趋势不相适应。

——户籍人口城镇化率要与全面小康社会的进程相适应。到2020年要达到建成全面小康社会的目标，户籍人口城镇化率若只有45%左右，这与全面建成小康社会的目标要求不相适应。

——户籍人口城镇化率要与国际平均发展水平相适应。2011年，全球人口城镇化率平均已经达到52%。如果到2020年，我国户籍人口城镇化率与2011年全球人口城镇化率的平均水平还相差几个百分点，是无论如何说不过去的。

（2）关键是“让农民工成为历史”。我国是一个城乡二元结构的大国，实现共享发展，首先在于“让农民工成为历史”。这就需要“十三五”期间加快相关政策的落地，实现中央确定的使1亿左右农民工和其他常住人口在城镇定居落户的目标。如果近两年能有效解决这1亿农民工的问题，“十三五”户籍人口城镇化就会有重大突破。

---

① 迟福林．走向服务业大国的转型与改革——2020年中国经济转型升级的大趋势[J]．上海大学学报（社会科学版），2015（1）．

（3）深化户籍制度改革要有新思路。十八届五中全会《建议》中有两个提法特别重要：一是深化户籍制度改革；二是实施居住证制度。"十三五"深化户籍制度改革要推进三个方面的重要转变：一是由对人口的控制转向对人口的服务与管理；二是由城乡二元户籍制度转向全面实施居住证制度；三是由治安部门管理为主转向人口服务部门的管理为主。

3. 基本形成消费主导的经济增长新格局

（1）"十三五"我国将实现由物质型消费为主向服务型消费为主的转变。消费的本质需求是服务。进入工业化中后期，现代服务需求逐步高于传统物质需求，成为转型升级的大趋势。估计"十三五"末期，我国城镇居民的服务型消费支出占比将由2014年的40%左右增长到2020年的50%左右，一些发达地区可能会达到60%以上。有机构估计"十三五"期间，我国健康服务业的市场消费总规模将高于医疗消费总规模，高达8万亿元人民币；还有机构预测，到2020年我国健康产业产值规模将高达14～16万亿元人民币①。就是说，健康服务业将成为我国"十三五"增长速度最快、发展潜力最大的产业之一。

（2）"十三五"我国消费规模将呈现较快的增长趋势。2015年，我国社会消费品零售总额增长10.7%，超过GDP增速3.8个百分点。估计"十三五"期间，我国社会消费品零售总额增长仍保持高于GDP增速2～3个百分点的速度增长，年均增速达到8%～10%。

（3）"十三五"消费对经济增长的贡献率将明显提升。2015年，消费对经济增长的贡献率达到了66.4%②。估计"十三五"期间，消费对经济增长的贡献率将稳定在65%左右。也就是说，"十三五"消费成为拉动经济增长的主要推动力。

（4）消费结构变化是经济增长的内生动力。消费是生产的目的，现实生

① 王昌林．支撑7%的产业发展新动力[N]．光明日报，2015-08-07.

② 国家统计局．2015年国民经济运行稳中有进、稳中有好[EB/OL]．国家统计局网，2016-01-19.

活当中消费又成为拉动经济增长的直接动力，并引发经济结构服务化的重大变化。

4．基本形成以服务贸易为重点的对外开放新格局

（1）经济转型升级对服务贸易依赖性明显增强。以服务贸易为重点的新一轮全球化方兴未艾。与2001年我国加入WTO时的对外贸易不同，如今我国面临着的突出挑战是服务贸易的双向市场开放。当前，国人到海外旅游、做健康体检、求学等已经比较普遍。“十三五”，如果能在以服务贸易为重点的双向市场开放方面有所突破，不仅牵动影响国内的经济结构升级，还将充分发挥我国在新一轮全球自由贸易进程中的重要作用。

（2）以服务贸易为重点优化对外贸易结构。当前，我国已经成为世界货物贸易的第一大国，但服务贸易比重过低。2014年，全球服务贸易占整个对外贸易的比重为20%左右，我国仅为12.3%[①]。这就需要把加快提升服务贸易水平作为优化贸易结构的重点。

（3）以服务贸易为重点加快国内自贸区建设。目前，国内4个自贸区在实施负面清单管理方面取得了明显成效。在全球双边、多边、区域性、全球性自由贸易进程加快推进的特定背景下，自贸区的重要使命是推进服务贸易开放。应当说，目前自贸区在这方面尚未有大的突破，甚至仍是一个“短板”。适应新一轮全球自由贸易与国内经济转型升级的需求，自贸区要在服务贸易上努力实现重大突破，为全国提供可复制、可推广的实践经验。

（4）以服务贸易为重点推进双边、多边、区域性、全球性自由贸易进程。多边、双边、区域性、全球性自由贸易进程取决于服务业市场双向开放有多大的突破。适应快速上升的全球服务贸易需求，有序推进服务业市场双向开放，打破发达国家服务贸易出口管制，成为扩大服务贸易、加快自由贸易进程的重大任务。

① 迟福林．服务业市场开放牵动经济增长转型全局[J]. 中国经济周刊，2015(46).

——把提高服务贸易比重作为“十三五”对外开放的重大任务。到2020年，我国服务贸易占对外贸易的比重至少要达到20%。

——把加快服务业市场开放作为双边、多边自由贸易的重点，加快与“一带一路”沿线国家或地区共建自由贸易区网络，扩大双边和区域服务贸易协定，打破对我国的服务贸易壁垒。

——大力发展服务外包，推动服务业企业“走出去”。在积极参与新一轮全球化与国际分工中做大现代服务业，培育服务业领域竞争的新优势。

——推动中欧自贸区的可行性研究。以加强服务贸易合作为重点，推动中欧服务业领域的合作共赢，争取“十三五”中欧自贸区建设有实质性突破。

三、“十三五”：结构性改革的重大任务

“十三五”转型发展，挑战与机遇并存，关键取决于改革的选择；取决于结构性改革在多大程度上能适应经济转型的需求与趋势破题发力；取决于能否以结构性改革破解经济转型的结构性矛盾；取决于尽快推出一批具有重大牵引作用的供给侧结构性改革举措。“十三五”的“转型发展”，就是要按照十八届三中全会精神，深入推进市场化改革进程，打破经济转型的政策与体制性掣肘。这个过程，必然伴随着放松管制、简政放权、扩大对外开放等重大改革举措。这就需要正确处理好市场、企业和政府的关系，更大程度上发挥市场在资源配置中的决定性作用，进一步激发企业活力，加大更有效的制度供给，以实现经济转型的实质性突破。

1. 服务业市场开放是结构性改革的“重头戏”

从现实情况看，当前服务业供给瓶颈矛盾突出，根源不在于国内资本缺失，而在于服务业行政垄断、市场垄断的特点仍然突出，市场开放程度较低。推进供给侧结构性改革，“重头戏”在于推进服务业的市场开放，并由此充分释放市场的活力与空间。

（1）从工业市场开放到服务业市场开放是大趋势。改革开放以来，工业领

域的市场开放在推动我国工业化进程中扮演了重要角色。“十三五”，无论从新一轮全球自由贸易的大趋势看，还是从国内经济转型升级的客观要求看，服务业市场双向开放是大势所趋：一方面，以服务贸易为重点的自由贸易进程正在提速。“十三五”，我国要形成服务贸易为重点的开放型经济新格局，需要有序扩大服务业的对外开放；另一方面，把握我国经济转型升级的大趋势，关键是以服务业市场开放为重点发展现代服务业。

（2）服务业市场开放滞后是市场化改革的“突出短板”。多年来，由于市场开放的重心主要在工业领域，服务业市场开放滞后成为市场化改革的“突出短板”。“十三五”推动市场化改革，重点是服务业领域的市场开放。总的看，目前的服务业市场状况大体可以概括为“三低一高”。

——服务业市场化程度低。例如，现在工业部门的市场开放程度至少在 80% 以上，而服务部门 50% 左右的垄断格局尚未打破。

——服务业对外开放的程度较低。例如，国内自贸区 122 项的负面清单中，有 80 余项针对服务贸易领域，也就是说对服务贸易的限制仍然较多。

——服务型经济水平低。以房地产为例，应当说房地产从规模上看已经到了一个相对饱和的状态，现在面临着规模房地产如何向服务型房地产的转型问题。如果房地产能够以健康服务为重点，不断提高服务水平，由此就会提高房地产的使用价值，从而为去库存闯出一条新路。

——服务价格高。例如，2014 年我国的宽带平均上网速度全球排在第 75 位，仅为韩国的 15%。但是，平均一兆每秒的接入费用却是发达国家的 3 ~ 5 倍[①]。

（3）服务业市场开放是市场化改革的“最大红利”。

——服务业领域社会资本投资增速将超过工业。近两年受宏观经济下行的影响，工业与服务业民间投资增速均出现大幅下降，但服务业投资增速仍高于工业，在稳定经济增长中发挥了重大作用。据统计，2015 年 1 ~ 11 月，服务

① 迟福林．“十三五”改革应以服务业开放为重点 [N]. 经济参考报，2015-10-29.

业的民间投资同比增长 9.7%，高于工业 0.3 个百分点[①]。

——服务业固定资产投资中社会资本投资占比过半。据统计，服务业民间固定资产投资由 2012 年的 10.1 万亿元增长到 2015 年的 16.4 万亿元，占全社会固定资产总额的比重由 51.3% 上升到 52.7%[②]。

——服务业市场开放将给社会资本带来巨大的投资空间。以教育市场为例，截至 2014 年年底，全国共有各类民办学校（教育机构）15.52 万所，各类在校生达 4301.91 万人[③]。有机构预测，到 2018 年我国民办教育市场规模将超过 1 万亿元人民币[④]。

（4）服务业市场开放牵动影响转型发展全局。形成服务业为主导的产业结构，需要通过服务业市场开放，形成有效投资；形成消费拉动经济增长的格局，需要通过服务业市场开放，扩大服务供给能力；推进双边、多边自由贸易进程，需要有序扩大服务业对外开放，并通过服务业市场的双向开放，形成以服务贸易为重点的开放型经济新格局。就是说，落实十八届五中全会提出的"开展加快发展现代服务业行动"，关键在于尽快制订"十三五"服务业市场开放的行动计划。

（5）实现服务业市场开放的重大突破。改革开放以来，我国在工业领域放开市场，引入竞争，从而有效做大了工业"蛋糕"。"十三五"，通过开放服务业市场做大服务业"蛋糕"，成为供给侧结构性改革的重大课题。

——打破服务业市场的行政垄断与市场垄断。推动服务业领域国有资本的战略性调整，全面推进垄断行业竞争环节向社会资本开放。从现实情况看，无论是生产性服务业还是生活性服务业，都在一定程度上存在着行政垄断或市场垄断。

① 国家统计局 .2015 年 1–11 月份民间固定资产投资增长 10.2%[EB/OL]. 国家统计局网，2015–12–12.

② 根据 2012–2015 年国家统计局民间固定资产投资数据计算得出。

③ 教育部 .2014 年全国教育事业发展统计公报 [EB/OL]. 教育部网，2015–07–30.

④ 数据来源：《2016–2020 年民办教育行业竞争格局与投资战略研究咨询报告》。

——推进服务业市场的便利化改革，使社会资本成为现代服务业发展的主体力量。"十三五"，加快服务业市场开放，将为"大众创业、万众创新"打开产业空间和制度空间，为服务业发展提供源源不断的新动能。

——全面放开服务业市场价格，以形成统一开放、公平竞争的市场体系。从实践看，某些服务业价格管制的效果并不理想，在相当大程度上束缚了企业竞争，并扭曲了供求关系。

（6）以政府购买公共服务为重点加快公共服务业市场开放。从国际经验看，公共服务的契约化、社会化、市场化是一个大趋势。这就要求充分利用市场力量、社会力量扩大公共服务供给。适应 13 亿人公共需求变化的大趋势，要把形成多元供给主体、多元竞争主体作为发展和完善政府购买公共服务的基本目标，争取使政府采购规模占财政支出比重从 2014 年的 11.4% 提高到 2020 年的 15% ~ 20%，服务类占政府采购总额比重从 2014 年的 11.2% 提高到 30% 左右①。

（7）推进服务业市场开放的相关政策调整。"十三五"形成服务业为主导的产业结构，需要尽快消除服务业发展的某些不合理政策，实现服务业与工业政策平等。

——加快调整服务业与工业用地政策。要加大服务业用地供给，提高现代服务业用地比例，新增建设用地向生产性服务业倾斜。

——以促进服务业市场开放为导向加快税收政策调整。形成服务业为主导的产业结构，需要尽快完成"营改增"，全面推进消费税改革，使消费税成为地方的主体税种。

2. 以优化企业发展环境为重点的结构性政策调整与结构性改革

经验证明，市场经济条件下，供给革命的主角是企业和企业家。企业既是经济转型的主体，也是推动结构性改革的主体。从现实情况看，企业发展的

① 迟福林 . 以转型改革加快"十三五"服务型经济发展 [N]. 光明日报，2015-10-28.

环境总体并不宽松，不仅一些国有企业开始陷入经营困境，而且一些民营企业也面临着诸多的困难。为解决经济结构调整中企业、尤其是实体经济的困难，十八届五中全会要求“优化企业发展环境，开展降低实体经济企业成本行动”。应当说，在当前经济转型的特定背景下，需要把优化企业发展环境、激发企业活力、倡导企业家精神作为结构性改革优先解决的重大问题。

（1）经济转型时期优化企业发展环境具有紧迫性。从当前经济下行压力增大与经济风险因素增多的情况看，未来 1 ~ 2 年，并不是大规模进行企业改革的最佳时期。在这种情况下，要努力寻求短期应对危机与中长期转型相结合的有效路径。例如：加快企业结构调整，优化企业的技术结构、产品结构和组织结构，促进企业转型升级；加快发展新兴企业，要以信息产业为重点，改造提升传统产业、培育发展适应企业转型升级的新兴产业；鼓励引导企业兼并重组，对“僵尸企业”要建立差异化处置的甄别机制，对确实需要淘汰的企业，要逐步退出市场，以降低经济社会风险。

（2）重在优化企业转型与改革的经济社会环境。例如，全面实行负面清单制度，保证各类生产要素的自由流动；加强知识产权保护力度，保证企业尤其是中小企业创新收益，提高企业创新的积极性；形成企业兼并重组的市场环境；部分行业企业产业集中度低，导致行业恶性价格竞争、重复建设严重，有效去产能的办法是通过做优、做大、做强企业来提质增效。

（3）“激发企业家精神，依法保护企业家财产权和创新收益”。在市场经济中，“企业是企业家的企业”。没有一个优秀的企业家，就很难产生一个竞争力强的企业。在经济转型的关键时期，激发企业活力，首先是激发企业家精神。这就需要尽快建立并完善有利于创新型企业家的选拔机制、培养机制、激励机制和约束机制，依法保护企业家财产权和创新收益，形成企业家健康成长的宽松环境。

3. 以监管转型为重点的简政放权与结构性改革

我国仍是一个转型大国。推进供给侧结构性改革的实质是处理好政府与市场的关系，释放市场经济活力，有效地发挥政府作用。从实际情况看，激活市场、激励企业关键是以监管转型为重点纵深推进简政放权改革。当前，在加快经济结构调整、尤其是经济下行压力增大的背景下，需要的是加大放权、减权的力度，需要的是进一步开放市场，激发市场活力，严防"把市场关进权力的笼子里"。

（1）向企业"放权"要有新突破。着眼于激活市场、解放企业，不仅要"放权"，还要实质性"减权"。

——借鉴国际商事制度经验，全面实施企业自主登记制度。总的看，"互联网 +"时代，实现企业自主登记注册的技术条件和时机已经成熟：一方面，在四大自由贸易试验区实施企业一站式登记注册的基础上，尽快建立全国统一的企业自主登记注册网络平台，在企业注册时间上与国际接轨；另一方面，加快推进企业简易注销制度改革。在目前试点的基础上，尽快在全国实施个体工商户、未开业企业以及无债权债务企业简易注销程序。

——适时取消企业一般投资项目备案制。客观地看，从投资审批制到备案制是行政审批制度改革的一项重要突破。但由于多种因素，实践中备案制仍被变相"审批"。建议除政府投资之外，企业一般投资项目一律由企业依法依规自主决策，将投资决策权还给企业。

——以公平竞争政策取代产业政策。应当看到，华为、阿里巴巴等一批创新型企业的成长并不是靠政府产业政策扶持的结果。市场经济条件下，政府的主要职责之一是营造公平竞争的市场环境。除农业等特殊产业外，尽可能少用或不用产业政策干预企业的经营行为。

（2）市场监管体制转型要有新举措。过去以行政审批取代市场监管的传统模式增大了企业的制度成本，并且难以确保监管的有效性。着眼于"降成本"与增强监管的有效性，需要建立统一的、综合性市场监管机构。

——实现行政审批与市场监管严格分离，以保障市场监管机构的独立性、权威性、专业性。行政审批与市场监管不仅在职能上要分开，机构上也要分开，由此形成以法治为基础的监管体制。

——调整优化市场监管的行政权力结构。适应金融市场混业经营的大趋势，建议：尽快组建国家金融监管总局，形成“统一领导、分级负责、条块结合”的金融监管新体制；整合国家食品药品监督管理总局、国家质量监督检验检疫总局和国家工商行政管理总局的消费品安全监管职能，组建专司消费市场监管的国家市场监督管理总局；整合商务部反垄断局、国家发改委价格监督检查与反垄断局、国家工商行政管理总局的反垄断执法权，尽快建立统一的国家反垄断局。

——形成政府与社会协同的市场治理新格局。维护市场秩序是全社会的共同责任。在强调政府市场监管主导作用的同时，积极引导各类市场主体自治，提升企业社会信用，促进市场主体自我约束，诚信经营，充分发挥行业组织的自律作用、舆论和社会公众的监督作用，逐步形成统一开放、竞争有序的市场生态环境，尽快建立起与市场经济发展阶段相适应的市场治理体系。

——推进市场监管的法治化进程。“十三五”推进监管转型，要采取立法先行的办法，依法梳理和公布各级政府监管权力清单。同时，加快金融领域、消费品领域、反垄断领域、城市管理领域等重点领域监管立法修法，完善市场治理的法律体系。

——以大数据为重点创新市场监管方式。建立社会信用体系，推动市场监管的标准化、专业化、技术化，实现市场监管方式的现代化。

（3）简政放权重在确立以人为本的公共服务理念。经济转型升级的根本目标是促进人的发展。无论是释放13亿人的潜在消费需求，还是形成服务业为主导的产业结构，都要立足于人的发展。在公共需求全面快速增长的今天，告别政府主导型经济增长方式，使各级政府真正成为公共服务的主体、市场环境创造的主体。这既是社会各方面的共同期待，也是“十三五”时期政府在转型改革中应当承担的历史责任和历史担当。

Breakthroughs

in Transformation

第一章

产业结构变革

由工业主导向服务业主导的转型

“十三五”，我国经济转型升级的核心是产业结构变革：一方面，工业化进入中后期，服务业加快发展是大趋势；另一方面，由于长期以来优先发展工业的思路，产业结构不合理的矛盾越来越突出，需要加快产业结构转型来补齐“短板”。

经济的可持续增长主要源于经济结构的调整变化。“十三五”，我国经济转型升级的核心是产业结构变革：一方面，工业化进入中后期，服务业加快发展是大趋势；另一方面，由于长期以来优先发展工业的方针，产业结构不合理的矛盾越来越突出，需要加快产业结构转型来补齐“短板”。

从现实情况看，去产能已经成为经济转型的主要掣肘，需要将产业结构转型与去产能统筹推进，从而找到一条有效化解产能过剩的新路子。在这个特定背景下，“十三五”实现由工业主导向服务业主导的转型，牵动影响转型发展全局。

第一节 “十三五”：服务业主导的产业结构转型

“十三五”是我国产业结构转型的关键时期。一方面，我国工业化中后期与全球新一轮工业革命呈现历史交汇，工业转型升级对发展生产性服务业的依赖性全面增强；另一方面，新型城镇化发展到了加速阶段，对发展现代服务业的需求日益迫切。在这个特定背景下，服务业主导的产业结构转型，成为我国“十三五”产业结构变革的战略选择。

一、工业转型升级的历史关节点

长期以来，我国坚持优先发展工业的方针，形成了以工业为主导、以生产型制造和规模扩张为突出特点的产业发展模式。这种产业发展模式在快速推动我国的工业化进程中发挥了重要作用。但到了工业化中后期的今天，这种产业结构不可持续的矛盾和问题越来越突出。

1. 产能过剩呈现全面性、长期性和绝对性的特点

（1）从局部性过剩蔓延至全面性过剩。目前，我国一类行业 39 个行业几乎都存在产能过剩的问题，并出现了煤炭、水泥等卖不过“白菜价”的现象（见表 1.1）。从具体行业看，产能过剩的行业已经由过去钢铁、水泥、有色金属、煤化工、平板玻璃等传统产业蔓延至多晶硅、风电设备等新兴产业。

根据国际经验，欧美等发达国家一般认为产能利用率在 79% ~ 83% 比较合理，低于 75% 即为严重过剩。截至 2014 年上半年，我国工业企业产能利用率为 78.3%，处于 2006 年以来的历史低位。其中水泥、电解铝、平板玻璃、焦炭等传统产业的产能利用率只有 70% ~ 75%。作为战略性新兴产业的光伏产能利用率不到 60%，风机的产能利用率不到 70%[①]。

表 1.1：2009-2013 年我国部分产业的产能利用率情况（单位：%）

工业产品	2009 年	2010 年	2011 年	2012 年	2013 年
电解铝	61.2	59.6	58.6	–	73.5
光伏	–	–	–	<60	
造船	–	–	–	约 60	65.7
电石	67.0	82.6	61.6	–	–
水泥	67.1	65.2	64.5	67.1	75.7
焦炭	72.6	70.4	69．4	–	–
风机设备	–	–	–	<70	

① 沈建光．以“创造性破坏”化解中国式产能过剩 [N].21 世纪经济报道，2015-03-18.

续 表

工业产品	2009 年	2010 年	2011 年	2012 年	2013 年
平板玻璃	69.2	71.4	77.6	–	73.5
粗钢	81.1	82.0	80.5	72.0	74.9
铜材	84.3	85.3	81.8	–	–
铁合金	72.1	72.8	83.9	–	–
煤炭	91.8	89.3	87.2	–	–
发电	84.2	86.4	88.6	–	–
汽车	85.7	105.0	94.4	–	–

注：“–”表示资料缺失。

资料来源：根据国家发改委、工信部和国家统计局等部门的公开资料整理。

（2）由阶段性过剩转变为长期性过剩。我国上一轮比较严重的产能过剩发生在 1997 年亚洲金融危机期间，产能过剩主要发生在纺织、家电等下游行业，位于上游的石化、钢铁及水泥等的产能利用率则处于 90% 以上的高位。相比之下，新一轮的产能过剩则主要发生在钢铁等上游资本密集型行业。从历史情况看，消化上一轮过剩的产能经历 44 个月左右，而新一轮的产能过剩可能经历的时间要更久。根据《2014 中国企业经营者问卷跟踪调查报告》显示，2014 年我国企业设备利用率平均为 72.2%，其中制造业仅为 71%，超过 70% 的企业家认为本行业存在产能过剩问题，67.7% 的企业认为，要消化目前的过剩产能，至少需要“3 年以上”的时间①。

（3）由相对性过剩转变为绝对性过剩。以钢铁行业为例，2014 年我国粗钢产能约 12.5 亿吨，而根据冶金工业规划研究院估算，2014 年的钢铁需求量约为 7.02 亿吨②。这表明，既有的产能已经远远超过钢材的消费需求量，已经出现绝对性的过剩。同时，近年来的集中投资造成产能增长过快，而且新产能还在不断地形成和释放，产能调整的压力在短期内很难得到缓解。

---

① 中国企业家调查系统 . 企业经营者对宏观形势及企业经营状况的判断、问题和建议——2014 · 中国企业经营者问卷跟踪调查报告 [J]. 管理世界，2014（12）.

② 2015 年我国钢企产能严重过剩背景下纷纷海外建厂 [EB/OL]. 中国报告大厅，2015-10-20.

2．企业盈利水平下降的挑战

（1）企业利润普遍下滑。企业利润是衡量经济盈亏的关键指标。如果企业利润微薄甚至亏损，即使当期 GDP 增速比较快，经济也会逐步萎缩甚至陷入困境；相反，如果企业盈利稳步上升，即使当期 GDP 增速比较慢，经济也会逐步进入繁荣通道。2014 年，我国制造业 500 强企业的平均利润率仅为 2.7%，远低于世界制造业的平均利润率。其中，利润率大于 10% 的企业仅有 23 家[①]。以钢铁为例，2015 年 8 月初，上海期货交易所螺纹钢主力合约一度下挫到 1800 元 / 吨，每斤不足 1 元，不如当时的白菜价格[②]。2012–2014 年，全国重点钢铁企业利润率均在 1% 以下，远低于工业企业平均利润率[③]。从 2012 年 3 月开始，工业品出厂价格指数（PPI）已连续 45 个月负增长，通货紧缩风险正在逐步上升。2015 年全年消费者价格指数（CPI）增幅 1.4%，尚未实现年初 3% 的目标，创六年来最低，而工业品出厂价格指数（PPI）跌幅为 5.2%，“剪刀差”达到 6.6%。

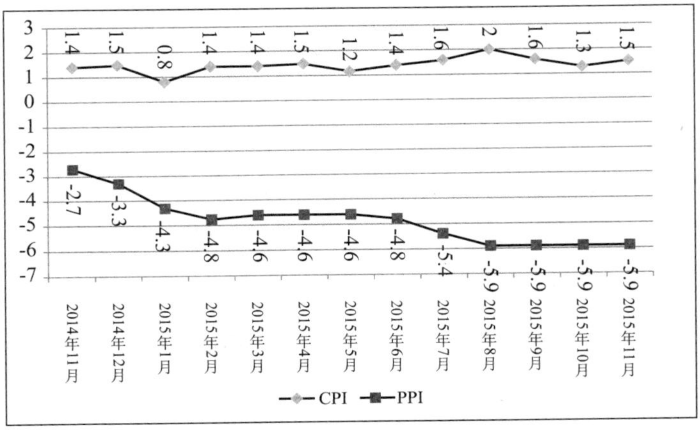

图 1.1：CPI 与 PPI 相互背离情况图（单位：%）

数据来源：国家统计局网。

① 华晔迪，陶冶 . 中国制造业 500 强利润率降至 6 年来最低 [EB/OL]. 新华网，2014-09-02.

② 钢价连涨，难挽钢企颓势 [EB/OL]. 西本新干线，2016-01-04.

③ 沈一冰 .“十三五”我国炼铁产能过剩情况分析及化解措施 [EB/OL]. 钢联资讯，2015-10-30.

（2）企业亏损面扩大形势严峻。2015 年 1–10 月，我国大中型钢铁企业主营业务亏损 720 亿元，亏损面达 47.52%[①]。截至 2015 年年底，工业企业盈利负增长已经持续一年多，PPI 连续 40 多个月负增长，钢铁、铁矿石、煤炭、石油、石化等重化工业亏损尤为严重。从价格看，2015 年第三季度，煤炭、石油、钢铁、水泥、有色金属产业生产者出厂价格分别同比下跌 15.6%、27.5%、18.8%、12.8%、10.9%；从效益看，煤炭、石油、钢铁、水泥行业利润总额分别同比下降 97.5%、60.2%、60.2%、37%[②]。

3. 以简单加工制造和规模扩张为主的生产型制造难以为继

（1）中国制造业还处于全球价值链的中低端。无论在传统重化工业领域，还是在战略性新兴产业领域，产业定位上还普遍以加工、装备为主，商业竞争模式主要是依靠低成本的价格竞争为主，研发、设计、金融等环节的盈利能力明显不足，缺乏服务理念的商业模式创新。

（2）工业大而不强、核心技术受制于人、缺乏全球知名品牌等矛盾十分突出。目前，我国知识产权对外依存度高达 60%，核心技术对国外知识产权依存度至少达到 90% 以上[③]，而发达国家一般低于 30%。2015 年入榜全球百强品牌榜的有 29 家企业来自美国，11 家来自欧洲，10 家来自亚洲。作为全球第一制造业大国，中国品牌仅有 3 家企业上榜：腾讯（12 名）、华为（45 名）和联想（50 名）[④]。

（3）低成本优势逐步失去。在资源成本、环境成本、人力成本迅速上升的今天，生产型制造企业正陷入前所未有的困境。以人力成本为例，《2015 年企业负担调查评价报告》显示，79% 的企业反映人工成本快速攀升，比上年提

① 温源 . 不让“僵尸企业”啃食中国经济 [N]. 光明日报，2016–01–06.

② 周雷 .Q3 中经产业景气指数发布 工业走势分化显现新机 [EB/OL]. 中国网，2015–10–26.

③ 中央政研室：中国知识产权对外依存度高达 60%[EB/OL].21 世纪经济报道，2012–01–06.

④ 2015 全球最具创新力企业 50 强榜单公布 [EB/OL]. 中商情报网，2015–12–03.

高 10 个百分点，使得制造业企业面临的困难进一步加大[①]。

（4）工业增速快速下滑。以简单加工制造和规模扩张为主的生产型制造难以为继，还表现在工业增速的快速下滑。国际金融危机之前的 2007 年，我国第二产业增长速度为 15%，国际金融危机之后，第二产业增长速度逐步下降到 2014 年的 7.3%，2015 年前三季度又进一步下滑到 6.0%。

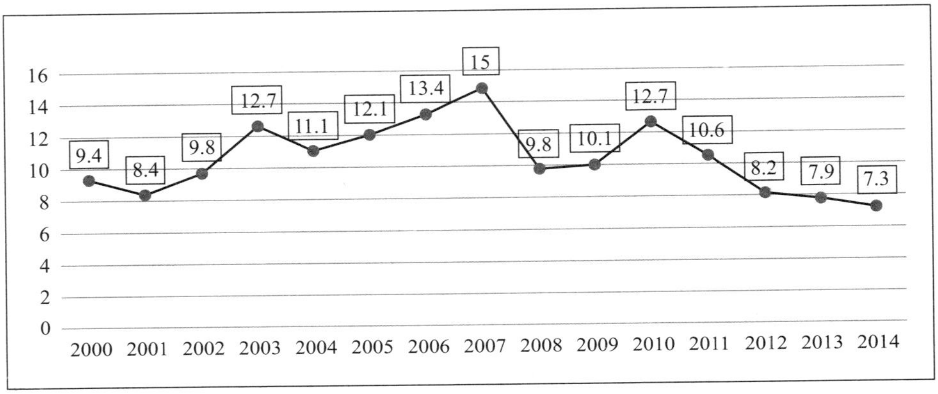

图 1.2：2000–2014 年第二产业增长率（单位：%）

注：本表按不变价格计算。

数据来源：国家统计局．中国统计年鉴 2015[M]．北京：中国统计出版社，2015.

二、走向服务业主导的大趋势

“十三五”，随着工业化进入中后期，无论是工业转型升级，还是城镇化变革，都对加快现代服务业发展提出新的要求。由工业主导走向服务业主导，成为实现公平可持续发展的大趋势。

1．全球新一轮工业革命与生产性服务业重要性凸显

（1）“工业 3.0”与“工业 4.0”时代到来。如果说“工业 1.0”（1760–1860 年）是蒸汽机时代，“工业 2.0”（1860–1950 年）是电气化时代，那么，在互联

① 许晟，赵晓辉．调查显示人工成本上升仍是企业突出问题 [EB/OL]. 新华网，2015-10-20.

网与大数据技术的推动下，“工业 3.0”与“工业 4.0”正在同步到来。所谓“工业 3.0”，主要特征是“互联网 + 新能源”，由此推动人类社会逐步告别传统石化能源时代，进入新能源时代；所谓“工业 4.0”，主要特征是“互联网 + 制造业”，由此推动制造业进入数字化时代。

全球进入新工业时代，为工业发展带来新机遇的同时，也正在颠覆、侵蚀传统重化工业的基础。2015 年以来，石油、煤炭、有色金属等价格的断崖式下跌，使得资源依赖性的国家和地区陷入困境。例如，2016 年新年伊始，石油价格就跌破了 2008 年国际金融危机以来的最低点。总的来看，在新工业时代，生产要素软化的特征十分突出，与“工业 2.0”时代有很大不同。一个国家是否是工业强国，并不取决于有多大的生产能力，而是更加依赖于是否具有强大的工业服务能力。

（2）“工业 3.0”依赖于生产性服务业。当前，我国迫切需要通过“工业 3.0”化解日益严峻的环境污染、生态破坏、资源能源日趋匮乏等挑战。尤其是解决雾霾困境，需要依托新能源，对发电、汽车、钢铁等传统产业进行系统性重构。以太阳能光伏向家庭普及为例，重要的并不是太阳能光伏本身的制造环节，而在于服务环节。能否通过以高新技术服务为重点的现代服务业发展，加强研发和销售并降低交易成本，使家庭多余的发电量能够及时销售出去，是成为太阳能光伏向家庭普及的核心难题。

（3）“工业 4.0”依赖于生产性服务业。以德国的智能制造为代表，当今世界的工业强国都在抢占“工业 4.0”的高地。美国的“制造业回归”并非建立在传统“工业 2.0”的基础上，而是建立在“工业 4.0”的基础上。在这个背景下，我国制造业却面临着劳动力和土地等成本的上升、传统比较优势逐渐丧失的挑战。如何搭建“工业 4.0”的基础，重塑制造业的国际竞争优势，成为我国新时期工业转型升级不可回避的重大问题。

实现“工业 4.0”，重要的是发展以大数据为重点的信息服务业。在生产制造过程中设计、开发、生产有关的所有数据通过传感器采集并进行分析，形成可自动操作的智能生产系统，使信息技术向生产环节渗透，用智能装备和先进

技术改造传统工艺设备，促进生产方式由大规模同质粗放生产向智能化、数字化、精细化、柔性化生产的转变。

2. 城镇化转型升级，对发展生活性服务业提出新的要求

（1）人口城镇化推动工业主导转向服务业主导。经过近38年的改革开放，我国城镇化发展正由工业主导走向服务业主导。随着“80后”、“90后”等新生代社会群体成为主流人群，一方面对城镇服务品质的要求急剧增加，另一方面他们更加倾向于选择在服务业领域而非传统工业领域就业。过去靠重化工业起家的城市如果缺乏服务品质，人口就会流出；而以现代服务业为支撑的城市，则逐步成为人口集聚的洼地，并形成经济持续发展的动力。按照经合组织 *OECD Urban Policy Reviews: China 2015* 报告显示，我国超过千万人口的大城市达到15个。除了北上广深，华中和西南地区的武汉、成都、重庆紧随其后，新榜单还包括天津、杭州、西安、常州、汕头、南京、济南，以及哈尔滨。这些城市之所以能够吸引人口，一个共同的特征是服务业比较发达，城市生活品质较其他地区更高，并能够为年轻人提供更多的白领就业岗位。相反，根据2010年第六次人口普查的数据，东北三省总人口为10995万人，对比之前2000年第五次人口普查的数据，10年间东北人口净流出180万人，东北地区人口外迁的现象，在很大程度上反映了传统工业主导型城市化所面临的困境。

（2）人口城镇化对发展生活性服务业的依赖全面增强。从国际经验看，工业化中后期伴随着人口城镇化的快速发展，使得一个国家能够迅速推进城镇化进程。然而，由于教育、健康、文化、养老、娱乐等生活性服务业的发展滞后，以及城乡基本公共服务存在较大差距，导致我国城镇化滞后于工业化进程的矛盾仍然十分突出。我国目前的户籍人口城镇化率尚不到40%，远低于全球工业化中后期人口城镇化率的平均水平（60%）。“十三五”深化户籍制度改革，户籍人口城镇化率有望提升到50%左右。

3. 现代服务业发展是迈向高收入国家的重要前提

比传统工业、农业附加值更高的现代服务业快速增长，是一个国家进入高收入国家行列的必经之路。自 20 世纪 50 ~ 60 年代以来，进入高收入阶段的国家无一例外地经历了一场向服务经济转型的结构性变革，即服务业的产值和就业贡献在经济社会发展中占据主导地位。例如，1980–2004 年期间，全球服务业增加值占 GDP 比重由 56% 升至 68%，高收入国家达到 72%，中等收入国家达到 53%，低收入国家为 49%。2004 年，美国这一比重为 77%，法国为 76%，英国为 73%，日本、新加坡、韩国和印度分别为 68%、65%、56% 和 52%。从服务业就业比重看，2009 年高收入国家为 68.5%，上中等收入国家为 56%，下中等收入国家为 47.3%[①]。

日本和韩国从中等收入国家跨入高收入国家，大约经历了 12 年，重要的历史经验是高附加值的现代服务业快速发展，而且高附加值的现代服务业就业比重快速提升。2014 年我国人均 GDP 约为 7485 美元，全国就业人员产业分布中，第一产业就业人员占 29.5%；第二产业就业人员占 29.9%；第三产业就业人员占 40.6%[②]，尽管第三产业吸纳就业首次超过四成，成为绝对主力，但与高收入国家相比还相差 20 多个百分点（见表 1.2）。可以预测，如果“十三五”服务业占 GDP 的比例达到 60% 左右，服务业就业占比达到 50% 以上，大约 7 年后人均 GDP 将达 1.2 万美元左右，从而进入高收入国家行列。

---

① 陈宪，殷凤，程大中 . 中国服务经济报告 2009[M]. 上海：上海大学出版社，2010.

② 国家统计局 . 中国统计年鉴 2015[M]. 北京：中国统计出版社，2015.

表 1.2：不同类型国家服务业增加值比重与服务业就业比重（单位：%）

	低收入国家		中等偏下收入国家		中等偏上收入国家		高收入国家	
	服务业占比	服务业就业占比	服务业占比	服务业就业占比	服务业占比	服务业就业占比	服务业占比	服务业就业占比
平均值	44.1	27.3	53.5	44.5	60.4	58.3	68	69.8
中位数	44.9	25.5	55.0	41.8	62.5	59.9	71.1	71.3
最大值	63.4	44.3	79.0	61.9	78.3	75.2	98	85.6
最小值	21.3	8.6	19.6	24.7	20	28.4	4.7	54.4
标准差	11	12.9	13.8	10.1	13.1	9.3	16.9	8.2
样本数	33	8	49	20	45	31	44	51

注：第一，国家分类根据世界银行标准划分，即以 2009 年人均 GNI 划分为四个类别，低收入国家、中等偏下收入国家、中等偏上收入国家和高收入国家。划分标准分别为：低于 995 美元、996 美元～3945 美元、3946 美元～12195 美元、12196 美元及更高。第二，数据时间样本为，服务业增加值比重主要是 2009 年数据，共 173 个有效样本，其中个别国家由于缺乏数据，使用的是 2008 年或更早年份数据。服务业就业比重由于 2008 年和 2009 年数据严重缺乏，使用的主要是 2007 年数据，共 110 个有效样本。

资料来源：江小涓．服务业增长：真实含义、多重影响和发展趋势 [J]．经济研究，2011（04）．

三、2020：形成以服务业为主导的产业结构

与以往相比，“十三五”我国经济的基本面将发生深刻变化，主要表现在服务业成为经济增长的突出亮点，成为拉动经济增长的主要引擎，成为引领整个产业结构转型的驱动力。到 2020 年，形成以服务业为主导的产业结构，将为我国实现工业转型升级创造有利条件。

1．服务业在国民经济中的地位与作用凸显

（1）服务业规模不断扩大。2000-2014 年，我国服务业增加值从 3.97 万亿

元左右增长到30.6万亿元左右，扩张了7.8倍，服务业增加值基本实现每5年翻一番。2012年是一个拐点，服务业增加值达到24.3万亿元，规模首次超过工业（24.02万亿元）。2015年，第二产业增加值为27.4万亿元，第三产业增加值为34.2万亿元，比第二产业高出6.8万亿元，服务业规模超过工业已是大势所趋。

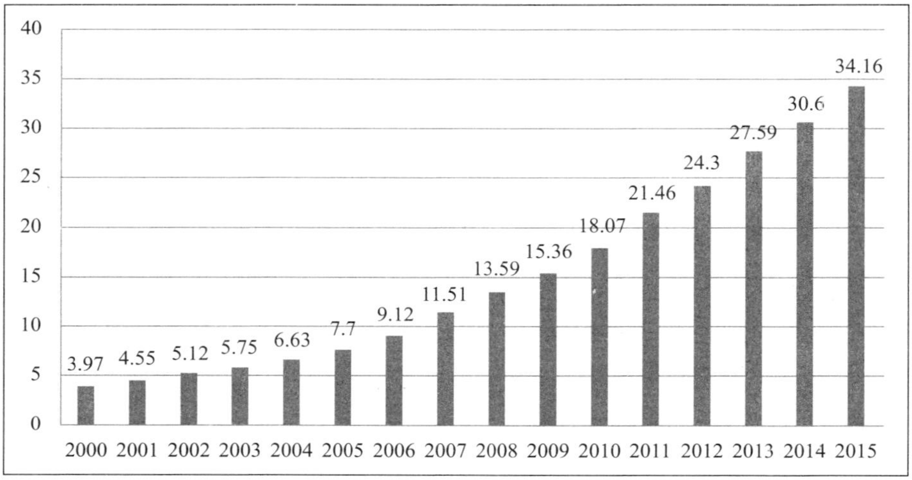

图1.3：2000–2015年服务业增加值增长情况（单位：万亿元）

数据来源：国家统计局．中国统计年鉴2015[M]．北京：中国统计出版社，2015；国家统计局．2015年4季度和全年我国GDP初步核算结果[EB/OL]．国家统计局网，2016-01-20.

（2）服务业增速超过工业。进入新世纪以来，服务业增速在绝大多数年份都超过工业。自2001年第二产业中工业占GDP的比重首次被第三产业占比超过后，除2003年、2004年、2010年和2011年这4年外，14年间有10个年份第三产业增速高于第二产业增速。2015年，第二产业增长速度为6.0%，第三产业增长速度为8.3%，第三产业比第二产业高出2.3个百分点[①]。应当说，在工业去产能的大背景下，服务业不仅成为稳定经济的主要因素，也成为拉动经济增长的主要引擎。

① 国家统计局.2015年4季度和全年我国GDP初步核算结果[EB/OL].国家统计局网站，2016-01-20.

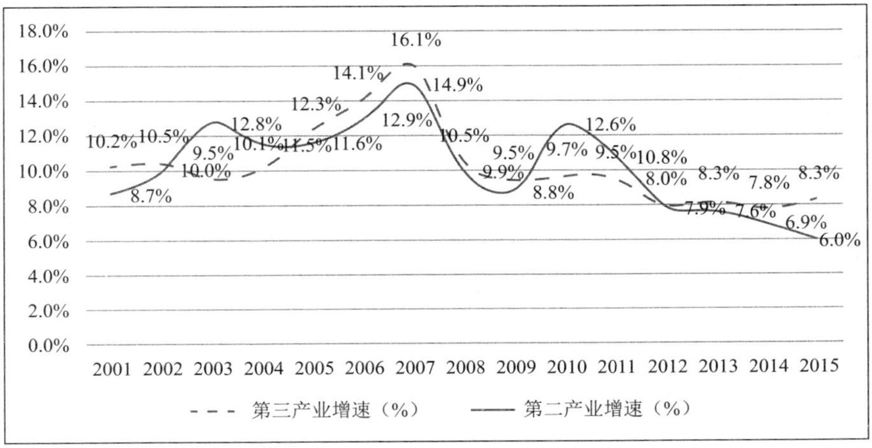

图 1.4：2001–2014 年我国第三产业与第二产业增速比较

数据来源：国家统计局．中国统计年鉴 2015[M]．北京：中国统计出版社，2015.

（3）服务业开始成为拉动 GDP 增长的主导力量。2013 年，我国第三产业对国内生产总值增长的拉动为 3.7 个百分点，与第二产业对国内生产总值增长的拉动持平。2014 年，我国第三产业对国内生产总值增长的拉动为 3.5 个百分点，比第二产业高出 0.1 个百分点。

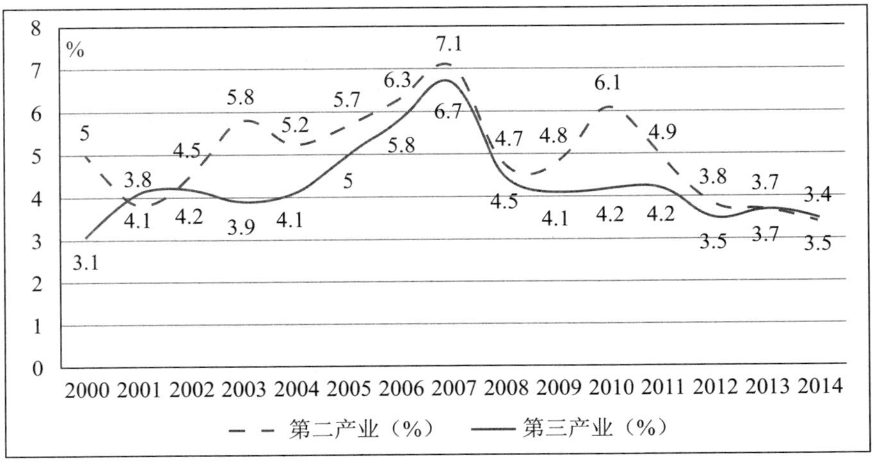

图 1.5：2000–2014 年第二产业和第三产业对 GDP 增长的拉动

注：拉动指 GDP 增长速度与三次产业贡献率之乘积。

数据来源：国家统计局．中国统计年鉴 2015[M]．北京：中国统计出版社，2015.

2．服务业占比提升空间很大

2015 年，我国服务业占 GDP 的比重已达到 50.5%，仍远低于 2000 年发达国家 70.1% 的平均水平。2013 年，俄罗斯、巴西和南非的服务业占比分别为 70%、59.8%、67.8%。总的来看，与俄罗斯、巴西、南非等金砖国家相比，我国服务业占 GDP 比重至少低 10 个百分点左右；与发达国家相比，至少低 20 个百分点以上；与进入工业化中后期的实际需求相比，至少相差 5 个百分点以上。这表明，我国服务业市场发展空间巨大。

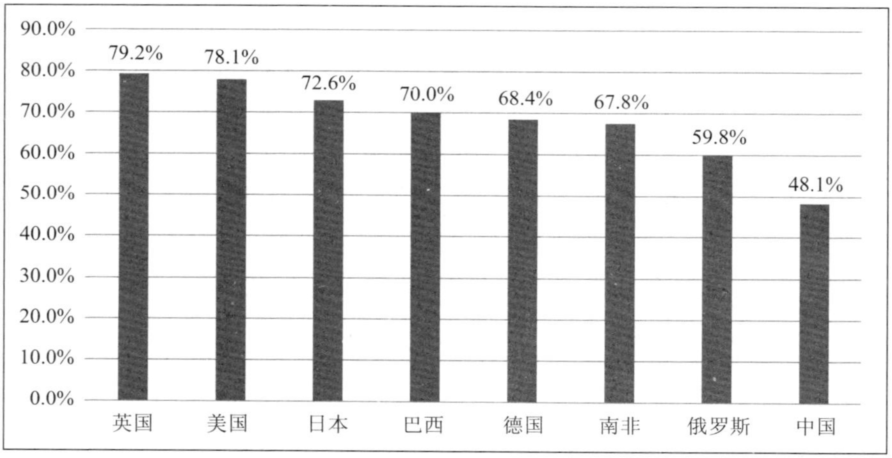

图 1.6：2013 年中国与部分国家服务业占比情况

注：中国为 2014 年数据。

数据来源：国家统计局．中国统计年鉴 2015[M]．北京：中国统计出版社，2015.

3．走向服务业主导的战略目标

（1）到 2020 年服务业占比将达到 58% 左右。国家"十二五"规划明确提出，"到 2015 年，服务业增加值占国内生产总值的比重较 2010 年提高 4 个百分点"，即从 43% 提高到 47%。但实际上 2015 年，这一比重已经达到 50.5%，比"十二五"规划提出的目标要求高出约 3.5 个百分点。也就是说，"十三五"或者更长一段时间内，服务业占比年均提升 1.2 个百分点是有可能的。预计到 2020 年，我国服务业占比将由现在的 50.5% 提升到 58% 左右，有可能接近

60%，由此我国将基本形成以服务业为主导的产业结构。

（2）服务业将保持 8% 左右的增长速度。初步测算，如果“十三五”要使服务业占比达到 58% 左右，就需要服务业增加值年均增长保持 8% 左右。2015 年服务业增加值达到 34.2 万亿元，同比增长 8.3%。为此，建议把服务业增加值年均增长 8% 作为“十三五”重要的约束性目标。从各方面的情况看，实现这一增速既是有条件的，也是有可能的。

（3）服务业规模将超过 50 万亿元。2008 年国际金融危机以来，在国内外经济形势发生深刻复杂变化的背景下，我国服务业增加值从 2008 年的 13.6 万亿元增长到 2015 年的 34.2 万亿元，实现了规模上的倍增。如果“十三五”继续保持这个速度，甚至略低 1 个百分点，即年均增长速度为 8% ~ 9%，我国服务业规模有望从 2015 年的 34.2 万亿元扩大到 2020 年的 50.2 ~ 52.6 万亿元（见表 1.3）。

表 1.3：“十三五”服务业增长情况预测

年 份	服务业增加值（亿元）按 8% 的增速	服务业增加值（亿元）按 9% 的增速
2016	368892.4	372308.0
2017	398403.7	405815.8
2018	430276.0	442339.2
2019	464698.1	482149.7
2020	501874.0	525543.2

数据来源：以 2015 年服务业增加值为基数，按照 8% 和 9% 的增速测算未来几年服务业增加值变化情况。

第二节 “十三五”：推动生产型制造向服务型制造转型

新一轮工业革命伴随着制造业的重大变革，对加快发展服务型制造提出新的要求。服务业主导的产业结构转型，不是不要工业，而是要加快发展以设计、研发为龙头的生产性服务业，推动生产型制造向服务型制造转型。在这个前提下，我国有望到2020年初步完成从“工业2.0”向“工业3.0”的升级，并奠定“工业4.0”的重要基础。

一、把握全球制造业向服务型转型升级的大趋势

新一轮工业革命突出的特点是生产型制造向服务型制造的升级。总的趋势是：服务型制造越是发达，就越能够处于国际领先地位。欧美发达国家之所以能够在“工业3.0”、“工业4.0”上处于领先地位，并始终能够获得制造链上的高额利润，主要在于制造业摆脱了简单的加工制造环节，抢占了高技术和高附加值的研发、设计等生产性服务业的制高点。

1．制造业向服务环节延伸

在“工业3.0”、“工业4.0”时代，制造业已不单纯是制造过程，而是逐步转变为“生产＋服务”的整个流程。如苹果、IBM等企业，不再仅仅关注生产过程，而是将重心逐步转移到产品的开发、改进、销售、售后服务以及回收等领域，在整个流程中生产的作用越来越小，服务在整个流程中的作用越来越大。例如，在高端制造业领域，生产过程可能只占整个流程的十分之一，而研发、采购、储存、物流、营销、服务、融资和技术支持服务等服务流程可能占到十分之九。

专栏 1.1

服务型制造的概念

服务型制造是知识资本、人力资本和产业资本的聚合物，是三者的黏合剂。知识资本、人力资本和产业资本的高度聚合，使得服务型制造摆脱了传统制造的低技术含量、低附加值的形象，使其具有和以往各类制造方式显著不同的特点：

1. 在价值实现上，服务型制造强调由传统的产品制造为核心，向提供具有丰富服务内涵的产品和依托产品的服务转变，直至为顾客提供整体解决方案。

2. 在作业方式上，由传统制造模式以产品为核心转向以人为中心，强调客户、作业者的认知和知识融合，通过有效挖掘服务制造链上的需求，实现个性化生产和服务。

3. 在组织模式上，服务型制造的覆盖范围虽然超越了传统的制造及服务的范畴，但是它并不去追求纵向的一体化，它更关注不同类型主体（顾客、服务企业、制造企业）相互通过价值感知，主动参与到服务型制造网络的协作活动中，在相互的动态协作中自发形成资源优化配置，涌现出具有动态稳定结构的服务型制造系统。

4. 在运作模式上，服务型制造强调主动性服务，主动将顾客引进产品制造、应用服务过程，主动发现顾客需求，展开针对性服务。企业间基于业务流程合作，主动实现为上下游客户提供生产性服务和服务性生产，协同创造价值。

资料来源：孙林岩等．21 世纪的先进制造模式——服务型制造 [J]. 中国机械工程，2007（19）.

2. 服务环节居于价值链高端

（1）产品定价权向服务环节转移。新工业革命时代，处于简单加工制造环节的企业只处于辅助性的地位，随时可能被其他厂商所取代，没有产品的定价权。而研发、采购、储存、物流、营销、服务、融资和技术支持服务等环节，成为产品价值产生的主要来源。在整个价值链分配中，服务环节的企业在价值分配中处于主导地位，拥有产品的定价权。

（2）服务环节主导价值分配。以苹果公司产品 iPhone 的价值构成为例，尽管其主要是在我国组装，但事实上我国工厂所获得的价值微乎其微，仅占利润的 1.8%，而拥有核心技术和知识产权的苹果公司却获得巨额利润，据估算每部

iPhone对美国GDP贡献达400美元[①]。2012年10月，新华社对我国大宗电器出口产品手机进行的调查表明，2012年我国约出口10亿部手机，但90%的利润被苹果、三星赚去，我国靠廉价劳动力获得的利润仅占1%[②]。

（3）企业竞争力取决于服务环节。全球500强企业所涉及的51个行业中，有28个属于服务业;56%的企业在从事服务业[③]。以苹果公司为例，目前，美国苹果公司主要是负责品牌和产品设计与销售，基本不介入产品的生产环节，其全部产品生产环节几乎都是依靠外国的代工厂获得。

专栏1.2

从生产型制造到服务型制造的五个发展阶段

1.微弱服务阶段：在这个阶段，企业还属于传统制造业，只是单纯的产品生产者与售卖者，业务中心是产品生产和销售产品，而忽视了对服务的提供，服务在企业业务中的比重微乎其微。

2.服务附加阶段：在这个阶段，企业的核心业务仍然是产品的生产和销售，服务作为产品的一种附加品来提供给消费者。更像是一种辅助产品营销的手段，生产者一般不向消费者收取服务费用，因此服务仅仅是企业产品竞争的辅助和延伸。

3.服务增值阶段：在这个阶段，企业将有形物品和一系列无形的服务捆绑在一起共同提供给消费者。服务的内涵由简单维修维护、运输、安装等到复杂的过程支持、信贷保险等。此时服务可以像产品一样被定价，并和产品一起销售给客户。服务改变了过去对产品的依附和辅助的形态，成为使产品增值和价值创新的重要手段。

4.整体解决方案阶段：在这个阶段，产品的生产与销售已不再是企业的核心竞争力，产品只是作为服务的一部分为消费者提供整体解决方案。虽然服务依旧依托产品而存在，但产品此时成为了服务的附加品，而服务本身成为获得客户的核心竞争力，在这个过程中客户的参与成为产品生产过程的必要因素。此时企业的制造模式已进入了服务型

① 唐小涛.中国制造缺乏核心技术 核心竞争力不强[EB/OL].人民网，2012-12-04.

② 《科技管理研究》编辑部.新工业与我国科技经济自主科学发展——关于杰里米·里夫金《第三次工业》的讨论[J].科技管理研究，2012（22）.

③ 制造业服务化时代已经到来，聚集协同服务平台模式[EB/OL].国华新闻网，2015-08-10.

制造模式。

5. **单独提供服务阶段**：在这个阶段，企业关注的是消费者的使用体验，为消费者提供独立于产品的服务，实现专业化的生产。以敏捷的、柔性的、高效的、低成本的生产方式迅速适应市场需求的变化，创造更多价值，取得竞争优势。

资料来源：黎文科，张啸，姜瀚，刘文娟．服务型制造——制造企业竞争优势的新源泉[EB/OL]．东方财富网，2012-08-24.

3．制造业数字化颠覆传统制造业

（1）跨界融合的特点突出。在“工业 3.0”、“工业 4.0”时代，制造业向服务型转变之所以成为革命性的变革，很大程度上在于它是一个“创造性毁灭”的过程。依托互联网、大数据、云计算、物联网等新技术优势，一些本来是服务业的企业，通过制造业进行跨界融合，引发了制造业生态的革命性变化。

（2）传统制造业不进则退。例如，iPhone 的出现颠覆了传统手机制造模式，数字摄影颠覆了传统的胶卷摄影模式，3D 打印技术的出现正在颠覆传统机械工业发展模式。再如，谷歌本来是一个互联网企业，但由于它的导航技术精准，就可以依托自身优势介入无人驾驶汽车制造领域。“外行颠覆内行”的现象不断出现，使得传统的生产制造环节在整个制造业中的地位越来越弱化。

二、以“互联网 +”提升生产性服务业

互联网改变产业生态是“工业 3.0”、“工业 4.0”时代产业变革的突出特点。“互联网 +”改造研发、设计、物流、销售等生产性服务业，成为服务型制造加快发展的重要推动力。利用 13 亿人口大国的互联网经济规模优势，提升生产性服务业水平，我国有望走出一条发展服务型制造业的有效路子。

1．中国制造“补短板”重在发展生产性服务业

（1）走向服务型制造的关键是发展生产性服务业。从发达国家经验看，走向服务型制造一般需要经历三个阶段：第一阶段是工业化前期，生产性服务业

如信息、研发、设计、销售、物流等从制造业中剥离出来并独立发展，此时制造业仍为主导产业；第二阶段是工业化中后期，生产性服务业开始嵌入制造业，从而对制造业进行改造，此时制造业主导开始向服务业主导转型，使得生产性服务业的重要性逐步凸显；第三阶段是后工业化时期，生产性服务业与制造业深度融合互动，使得生产性服务业在整个制造业中获得主导地位。

（2）我国生产性服务业总体上滞后于工业发展阶段。尽管我国工业从数量指标上已经到了工业化中后期，但是生产性服务业尚未从制造业中剥离出来并独立发展，还停留在工业化中前期阶段。数据显示，2010 年发达国家生产性服务业占服务业的比重普遍在 60% ~ 70% 之间[①]。高端制造业发展比较好的国家，如美国和德国的信息、设计、研发、物流、销售等生产性服务业占 GDP 比重大多在 43% 左右[②]，而我国生产性服务业占服务业的比重仅在 35% 左右，占 GDP 的比重仅在 15% 左右[③]。

（3）生产性服务业发展水平滞后导致产业结构“低端锁定”。在全球制造业产业链布局中，“微笑曲线”两端的设计和研发，以及物流与销售主要为欧美等发达国家控制，我国绝大多数企业只能从事低端的加工制造环节。

2.“互联网 +”是新工业革命时代提升生产性服务业的突出优势

（1）互联网是新工业革命时代的核心资源。无论是“工业 3.0”还是“工业 4.0”，都离不开“互联网 +”。2015 年全球最具创新力企业 50 强的前三强苹果、谷歌、特斯拉，三个企业的突出特点是形成了以研发、设计为龙头的核心竞争优势，并且都是“互联网 +”的领军企业。

（2）我国越来越多的企业依靠“互联网 +”做强了生产性服务业。我国的腾讯、华为和联想跻身 2015 年全球最具创新力企业 50 强，同样是运用“互联网 +”做强了生产性服务业。阿里巴巴、京东等一批企业，也都通过“互联网 +”

---

① 周洲 . 中国服务业占比或超工业 [N]. 国际商报，2012-12-13.

② 王晓红 . 制造业与服务业融合发展的六大趋势 [J]. 中国经济周刊，2014（25）.

③ 迟福林 . 走向服务业大国的转型与改革 [J]. 经济学报，2015（2）.

做强了生产性服务业。

（3）“互联网+”是我国把握新工业革命先机的最大优势。按照中国互联网协会发布的《2015中国互联网产业综述与2016发展趋势报告》，截至2015年11月，我国手机上网用户数已超过9.05亿，再创新高，月户均移动互联网接入流量突破366.5兆，互联网宽带接入用户超2.1亿，这一市场规模优势是任何一个发达国家都难以比拟的[①]。

3. 以“互联网＋生产性服务业”把握新工业革命先机

（1）把发展“互联网＋生产性服务业”作为落实《中国制造2025》的重点。2015年，《中国制造2025》提出了“三步走”的战略目标。尤其是第一步，力争用10年时间，迈入制造强国行列，需要培育核心优势，形成具有领先优势的制造业板块。未来10年，“互联网＋生产性服务业”是我国最具发展潜力，对整个工业转型升级带动作用最大的领域。

专栏1.3

《中国制造2025》“三步走”的战略目标

立足国情，立足现实，力争通过“三步走”实现制造强国的战略目标。

第一步：力争用10年时间，迈入制造强国行列。到2020年，基本实现工业化，制造业大国地位进一步巩固，制造业信息化水平大幅提升。掌握一批重点领域关键核心技术，优势领域竞争力进一步增强，产品质量有较大提高。制造业数字化、网络化、智能化取得明显进展。重点行业单位工业增加值能耗、物耗及污染物排放明显下降。

到2025年，制造业整体素质大幅提升，创新能力显著增强，全员劳动生产率明显提高，两化（工业化和信息化）融合迈上新台阶。重点行业单位工业增加值能耗、物耗及污染物排放达到世界先进水平。形成一批具有较强国际竞争力的跨国公司和产业集群，在全球产业分工和价值链中的地位明显提升。

第二步：到2035年，我国制造业整体达到世界制造强国阵营中等水平。创新能力大幅提升，重点领域发展取得重大突破，整体竞争力明显增强，优势行业形成全球创新引

① 我国手机上网用户超过9.05亿[N]. 人民日报（海外版），2016-01-09.

领能力，全面实现工业化。

第三步：新中国成立一百年时，制造业大国地位更加巩固，综合实力进入世界制造强国前列。制造业主要领域具有创新引领能力和明显竞争优势，建成全球领先的技术体系和产业体系。

资料来源：国务院印发《中国制造 2025》"三步走"实现制造强国战略目标［EB/OL］. 中国金融信息网，2015-05-19.

专栏 1.4

《中国制造 2025》头 10 年应把握"互联网＋制造业"的优势

《中国制造 2025》"三步走"战略的实施，需要放在全球新工业革命的背景下考虑。从"三步走"的基本格局看，大约通过 3 个 10 年，需要在完成"工业 3.0"、"工业 4.0"的基础上赶超发达国家。目前美国、德国、日本等制造业强国进入"工业 3.0"、"工业 4.0"的进程加快，并保持领先地位。尽管工业整体素质不高，但与前两轮工业革命有很大的不同，我国是"工业 2.0"、"工业 3.0"、"工业 4.0"并存。尽管近年来"工业 3.0"、"工业 4.0"发轫于西方，但我国的起步并不晚。与德国和日本相比，我国有制造业体系齐全、人口与市场规模庞大等突出优势。尤其是在"互联网＋制造业"上，例如，美国有亚马逊，我国有阿里巴巴；美国有 iPhone，我国有小米。无论是机器人、3D 打印、智能穿戴等新技术，还是在企业商业模式和产业业态创新上，我国都有案例，这与"工业 2.0"时代从零起步有很大的不同。

资料来源：中改院课题组整理。

（2）到 2020 年实现生产性服务业占比倍增。推动大数据、云计算、物联网、移动互联网在生产性服务业中的广泛应用，到 2020 年，以研发、金融、物流等为重点的生产性服务业占 GDP 的比重将从现在的 15% 左右提升至 30% 左右，基本实现倍增①。

三、以生产性服务业引领制造业走向中高端

"十三五"，确立以生产性服务业引领制造业走向中高端的工业转型升级战

① 迟福林．"十三五"：以结构性改革推动转型升级 [N]. 经济参考报，2015-12-16.

略，搭建制造业走向中高端的服务平台，推动传统产业改造，形成引领制造业向价值链高端提升的新动力。到2020年，在基本消化传统产业过剩产能的同时，稳定制造业增长速度，稳步提升制造业创新能力，为2025年迈入制造强国行列打下具有决定性意义的基础。

1. 以生产性服务业改造传统产业

针对传统农业、工业主要处于“微笑曲线”中间低端加工制造环节的现状，重点发展“微笑曲线”两端的高附加值产业链：更加注重通过前端的研发设计、市场研究、咨询服务提升传统产业技术含量和劳动生产率；更加注重通过后端的第三方物流、供应链管理优化、销售服务对接市场，推动传统产业进入大规模定制化新时代；到2020年，显著提升产业发展整体素质和产品附加值，扭转企业利润低下的局面。

2. 发展面向“工业3.0”的生产性服务业

重点加强研发、设计等生产性服务业，集中攻关可再生能源生产技术、可再生能源采集和传输技术、分布式能源储存技术、信息以及能源的共享技术和能源热插拔技术等核心技术；强化新能源制造、应用技术的自主创新能力，形成具有自主知识产权的国际品牌；围绕新型能源供给体系与现代网络通信技术相结合延伸高端产业链。到2020年，围绕“工业3.0”相关产业，基本形成新能源与互联网融合技术体系和服务体系；在我国有比较优势的太阳能光伏、智能电网、新能源汽车等领域形成新的国际竞争优势，达到国际领先水平，初步形成“绿色制造”的新格局。

3. 发展面向“工业4.0”的生产性服务业

着眼于推动大数据、云计算、物联网、移动互联网与制造业的有机融合，建立与国际接轨的专业化生产性服务业体系。做大做强工业互联网，推动国内互联网企业与制造业企业的联合与互动。加强信息资源整合，打破传统工业企业“信息碎片化”、“信息孤岛”的局面，形成大数据、云计算、物联网、移动互联网与制造业融合的新优势。充分发挥国内大市场优势，以机器人产业为重点布局智能装备制造业，推动智能可穿戴设备在健康产业的广泛应用，积极布局 3D 打印机为重点的智能制造业发展。到 2020 年，在“工业 4.0”领域形成一批具有核心技术、自主知识产权和知名品牌、具有国际竞争力的智能制造业企业，明显缩小与发达国家的差距。

第三节 “十三五”：破题国企改革去产能

如何使规模庞大的国有资本在推动国家产业变革中扮演重要角色，是“十三五”国企改革的重大课题。从现实情况看，未来 3 ~ 5 年，国企面临去产能的严峻挑战。破题国企改革去产能，重在实现国企的转型升级。

一、以转型升级为重点破题国企改革去产能

国企改革需要在去产能中扮演重要角色，同时又需要在经济社会稳定中扮演重要角色。破题国企改革去产能，需要更多采用转型升级、优化重组的办法，形成积极稳妥的改革方案。

1. 去产能的重点和难点在国有企业

多年来积累下的过剩产能，与国企改革滞后所导致的市场供求关系扭曲、市场难以出清直接相关。“十三五”，以供给侧改革缓解经济下行压力，首要任务是通过国企改革去产能。

当前，去产能的主要挑战在于国有企业。一般来说，民营企业如果处于产能过剩状态，在资不抵债的条件下，会自动被市场淘汰。但国有企业有所不同，由于预算上的软约束，加上政府和银行等方面的扶持，还要考虑职工安置问题，

即使亏损多年，也很难退出市场。近年来，钢铁、煤炭、水泥、玻璃、石油、石化、铁矿石、有色金属等国企比较集中的8大行业是产能过剩的“重灾区”，亏损面已经达到80%左右。目前，这8大行业对整个工业PPI下降的贡献占了70%～80%①。中国钢铁工业协会最新统计数据显示，2015年1–10月，全国大中型钢铁企业的主营业务亏损高达720亿元②。

2. 国企改革应当在去产能中扮演重要角色

（1）新形势下，深化国企改革的焦点问题是去产能。产能过剩凸显了国有资本配置不合理的矛盾，突出表现在国有资本在传统产业、产能过剩行业、重化工行业配置的比例过重。优化国有资本配置，需要把去产能摆在突出位置。

（2）发挥国有资本在产业转型中的重大作用，需要国企改革在去产能上有所作为。实现去产能，国有资本才有条件实现优化配置，才有条件增强活力、控制力、影响力。

（3）破题国企改革去产能，才能形成市场决定资源配置的新格局。让市场供求关系决定国有资本进退，是尊重市场规律、解决国企预算“软约束”的有效途径，是使国企更好融入现代市场经济的重大举措，是实现市场决定资源配置新格局的客观要求。

（4）以去产能为重点调整优化国有资本配置。适应去产能的要求，为推动国有资本优化重组创造有利条件，并为实现发展混合所有制的新突破创造重要契机。

3. 国企改革去产能要把转型升级作为目标追求

（1）把国有企业转型升级作为目标追求。国有企业在我国工业领域占有举足轻重的地位，国有企业转型升级的成功对我国工业转型升级具有全局性意义。

---

① 李锦.2016将是产能过剩国企“要命”之年[EB/OL].和讯网，2015-12-13.

② 钢铁业价格战赔钱死撑 巨额投资无法放弃不肯停工[N].华夏时报，2016-01-16.

在国家产业变革条件下，国有企业转型成功与否，是检验国企改革是否成功的“试金石”。

（2）以重化工业企业为重点。目前，去产能矛盾最突出的重化工业领域多为大型国有企业，并且相当一部分企业有几万、几十万职工，改革触及到职工的切身利益和社会稳定。在这些领域，去产能应当明确国有企业转型升级的目标，使改革更具针对性。

（3）形成积极稳妥的改革方案。国企改革不能为改革而改革，要尽可能采取兼并、重组的办法实现转型升级。对于确实需要淘汰的企业，国企退出应当在做好不良资产处置、失业人员再就业等多方面配套政策的前提下推进。

4. 国企改革去产能要着眼于中长期的国有资本优化布局

（1）部分国有资本需要在国家制造业服务化中扮演重要角色。如中国中车、中国船舶、上海宝钢等国有企业，在调整优化国有资本配置时需要把改革的重点放在制造业服务化和强化生产性服务业上。

（2）部分国有资本需要通过优化重组去产能和实现转型升级。对于钢铁、煤炭、有色金属等领域的国有资本，在新形势下产品价格很难再回到原有水平，越早转型越主动，需要通过国企的优化重组淘汰落后产能，整体优化国家生产布局。

（3）部分国有资本转移到公共服务领域。一些确实需要从原有产业领域退出的国企，可以采取国家扶持、转换为公益性国企等办法进行改革。这既有利于实现增强国有资本公益性的改革目标，又有利于减少职工下岗形成的社会压力。

二、推动传统国有大企业向创新型企业转型

改变工业大而不强，重要的是传统国有大企业的转型升级。随着传统产业产能过剩矛盾的进一步凸显，以发展生产性服务业为重点，推动大企业向创新型企业转型，对“十三五”工业转型升级意义重大。

1．工业转型升级的关键是大企业向创新型企业转型

（1）大企业在实体经济中的地位举足轻重。有统计显示，2015 年中国 500 强企业的营业收入达到 59.5 万亿元[①]，相当于 2014 年 GDP（63.6 万亿元）的 93.6%；500 强企业纳税总额达到 3.98 万亿元，占当年全国税收总额的 33.4%[②]。应当看到，没有大企业的转型升级，我国制造业版图很难真正改变。

（2）规模以上工业企业利润下降，大型国有企业经营形势严峻。据统计，2015 年 1–11 月份，全国规模以上工业企业实现利润总额 55387 亿元，同比下降 1.9%。规模以上工业企业中，国有控股企业实现利润总额 10086.1 亿元，同比下降 23%，创历史新低[③]。

（3）大企业的整体盈利能力远未摆脱下行的困扰。据中国企业家联合会统计，自 2009 年以来，我国制造业企业入围中国企业 500 强的数量由高峰期的 294 家减少为 2014 年的 260 家。排名前 500 位的中国制造业企业，平均利润率仅为 2.15%[④]。

2．把做强生产性服务业作为发展混合所有制的重要任务

（1）国有企业做强生产性服务业才能成为创新型企业。在新技术革命的浪潮下，像 IBM、苹果这样的国际制造业巨头纷纷加快剥离制造环节，专注于产品的研发设计，成为世界级创新型大企业。我国高铁之所以能够形成国际竞争优势，关键是做强了研发、设计为龙头的生产性服务业。

（2）以做强生产性服务业为重点推动社会资本参与国企改革。推动部分国有大型工业企业剥离生产性业务，将生产性业务转让给社会资本运营，将主要

---

① 华晔迪，向志强．中国企业 500 强榜单出炉 中石化连续第 11 年问鼎 [EB/OL]. 新华网，2015–08–22.

② 冯立果，李素云．中国大企业的盈亏能力如何？ [EB/OL]. 财新网，2015–09–28.

③ 统计局 :2015 年我国 GDP 达 676708 亿元 同比增 6.9%[EB/OL]. 国家统计局网，2016–01–19.

④ 范若虹．中国制造业阵痛 [J]. 经济观察，2015（3）.

业务集中在生产性服务业领域；推动部分国有大型工业企业围绕生产性服务业延伸产业链，部分生产性服务业转让给社会资本运营，将主要业务集中在高端生产性服务业环节。

（3）培育一批高端生产性服务业企业集团。通过发展混合所有制在国有企业中培育总部经济，充分利用现代信息网络技术及平台，发展一批具备国际竞争力、在国内国际具有强大资源配置能力的专业化研发服务机构。

3. 推动军转民领域的混合所有制发展

（1）建立促进军民融合式发展的体制机制。从国际经验看，军事领域的高科技往往代表着一个国家最尖端的技术，军民融合式发展有利于快速推动一个国家高精尖科技在工业转型升级中的广泛应用。

（2）引导和鼓励社会资本进入国防科技工业建设领域。凡不涉及国家安全的国防科技工业尽可能引导社会资本参与，形成面向全国、分类管理、有序竞争的开放式发展格局。促进军、民科研机构的开放共享，加速军工和民用技术相互转化，促进国防领域和民用领域科技成果、人才、设施设备、信息等要素的交流融合，提高资源利用效率。

（3）尽快出台开发军民两用技术和产品的清单。明确发展混合所有制的重点领域，加快国防科技成果转化和产业化进程，通过社会资本参与形成一批军民结合产业和军工优势产业。

三、在部分产能领域重组整合一批国有企业

推动企业重组整合是化解产能过剩的重要途径。部分行业如钢铁、煤炭、有色金属等领域，产业集中度低，导致行业恶性价格竞争、重复建设严重。这些领域有效去产能的办法是集中整合一批国有企业，通过做优、做大、做强提质增效。

1. 以提升产业集中度为重点推动国企并购重组

提升产业集中度是传统行业可持续发展的重要条件。以钢铁行业为例，美国、日本、韩国钢铁产业代表了世界的最高水平，这三个国家钢铁产业的集中度都很高。2007 年美国前 4 家钢铁企业的市场占有率为 68.7%，日本前 4 家钢铁企业的市场占有率为 73.9%，韩国前 4 家钢铁企业的市场占有率为 88.87%。也就是说，成熟的、形成有效竞争和规模经济的钢铁产业市场结构，前 4 家企业的市场集中度一般不应低于 60% ~ 80%，而我国前 4 家钢铁企业市场占有率只有 35%。再如煤炭行业，目前我国前 4 大企业的市场集中度仅为 20%，前 8 家市场集中度也仅为 28%，比较合理的比例应分别达到 40% 和 60%。美国、澳大利亚、南非、印度、德国前 10 大企业市场集中度分别为 46%、50%、60%、90%、100%。煤炭行业产业集中度低，带来了严重的资源浪费、环境污染以及职业健康安全等社会问题[①]。这就需要把提高产业集中度作为国企改革去产能的重要手段，推动钢铁、煤炭、有色金属等领域国有企业跨地区重组、兼并，形成效率更高的市场结构。

2. 推动“国企 + 国企”式的并购重组

在产能过剩领域，同一行业往往有多家国企上市公司，这些上市公司有强的也有弱的，有效益好的也有效益差的。这些国企可以采取跨地区兼并重组，实现优势互补，提升规模经济，增强盈利能力，形成跨国经营、全球领先的大型综合性产业集团，制定统一的海外市场拓展战略，通过强强联合在国际竞争中获得更加有利的地位。

3. 鼓励“民企 + 国企”式的并购重组

以去产能为契机，鼓励“民企 + 国企”式的并购重组，不仅有利于化解国企的困境，也有利于为社会资本参与国企改革创造条件，有利于实现发展混合

---

① 李荣融 . 问题不是垄断，是产业集中度太低 [EB/OL]. 国资委网，2014-03-25.

所有制的新突破。2015年8月出台的《中共中央、国务院关于深化国有企业改革的指导意见》明确指出，"主业处于充分竞争行业和领域的商业类国有企业，原则上都要实行公司制股份制改革，积极引入其他国有资本或各类非国有资本实现股权多元化，国有资本可以绝对控股、相对控股，也可以参股，并着力推进整体上市"。建议出台具体政策，鼓励民企通过资本市场并购等方式取得部分商业类国有企业的控股权，对国有企业进行兼并重组，实现国企、民企的双赢。

四、清理退出一批"三高产业"、"夕阳产业"

大量国有资本配置在高污染、高能耗、高排放的"三高产业"、"夕阳产业"，使得国有资本不仅难以发挥在产业转型中的重要作用，相反还成为阻碍产业转型的突出因素。"十三五"，服从于经济转型这个大局，需要从"三高产业"、"夕阳产业"中清理退出一批国有企业。

1. 国有资本原则上退出"三高产业"

国有资本作为国家资本，需要在推动"绿色发展"中扮演骨干角色。为此，应对"三高产业"的国有企业进行全面评估，对不符合国家能耗、环保、质量、安全等标准和长期亏损的产能过剩国有企业实行关停并转或剥离重组。要抓紧形成综合性的改革方案，争取到2018年，实现国有资本从"三高产业"全面退出。

2. 降低国有资本在"夕阳产业"中的比例

"夕阳产业"并非社会不需要的产业，任何一个国家都需要"夕阳产业"。问题在于，国有资本过多配置在"夕阳产业"，既不利于发挥国有资本在产业转型中的引领作用，又不利于国有资本保值增值。建议在将国企划分为商业类和公益类的基础上，出台相关规定，限制商业类国企在"夕阳产业"的比例，使大部分商业类国企从"夕阳产业"退出，推动国有资本向公共服务和民生领域集中，向战略性新兴产业集中，争取到2020年，形成国有资本合理配置的新格局。

3. 淘汰部分“僵尸企业”

所谓“僵尸企业”，主要指那些恢复生气无望，但由于获得放贷者或政府的支持而免于倒闭的负债企业。“僵尸企业”的存在阻碍了市场出清，并占用大量本来应当用于创新的经济资源，导致资源的长期错配和低效率配置，并成为拖累政府和金融机构的包袱。“僵尸企业”的存在是长期积累下来的问题，解决起来难度相当大。既要积极，又要稳妥淘汰“僵尸企业”。需要妥善处理各方利益关系，既要注重解决职工后顾之忧，又要充分利用破产、重组、收购等市场工具，实现国有资本优化配置和保值增值。

第四节　“十三五”：加快形成创新驱动的体制机制

服务业主导的产业变革，需要形成创新引领的新格局。从改革实践看，产业的业态创新、模式创新、技术创新都很重要，但带有根本性的是体制创新。多年来，产业结构调整滞后，有新业态、新模式、新技术发展缓慢的问题，更有深层次的体制机制问题。创新驱动，重在解决阻碍创新的深层次体制机制问题。

一、产业创新重在解决深层次的体制机制问题

当前，我国产业创新面临三个大的体制问题：一是中小企业是产业创新的重要主体，但中小企业成长面临一系列体制性障碍；二是技术创新最突出的问题是技术成果转化能力薄弱，需要解决深层次的科技体制创新问题；三是企业创新需要公共服务平台，相关的创新体制建设明显滞后。

1．产业创新对激发中小企业活力提出新的要求

由工业主导走向服务业主导的产业结构变革，需要更大范围发挥社会资本、中小企业作用。从国际经验看，大企业经过多年的成长，创新有“船大难掉头”的突出特点。不少国际上知名的服务型制造业是从中小企业成长起来的，如苹果、微软等。国内互联网巨头，如阿里巴巴、腾讯、百度等，也无一不是从中小企业成长起来的。但是，目前中小企业发展严重滞后成为创新能力不足的突出因素。以每千人拥有企业数量为例，我国平均为16个，只有发达国家的三分之一[①]。有数据显示，我国拥有将近20%的世界500强企业，创新企业却仅占5%[②]。

2．科技创新能力不强的突出矛盾是科技体制改革滞后

从现实情况看，我国技术创新能力不强，主要不是投入不足的问题，而是集中反映在科技创新体制改革滞后导致的科技成果转化能力低。一方面，我国用于研发的经费快速增长。据联合国教科文组织发布的《2015年科学报告：面向2030》显示，目前美国用于研发的投资占全球总额的28%，中国以20%的份额紧随其后，超越欧盟（19%）和日本（10%）[③]；另一方面，由于产学研用脱节，我国科技成果转化率一直偏低，成为制约我国科技创新的突出“短板”。有数据显示，美国、日本科技成果转化率已达到80%，英、法、德等国家的科技成果转化率也达到50%以上。而我国科技成果只有10%～30%应用于生产，其中真正能形成产业化的科技成果仅占其中的20%左右[④]。

目前，我国企业的研发投入、研发力量、研发成果均已占全社会的70%以上，与发达国家的水平相当。但是企业创新多是引进后的消化吸收，缺乏原创

① 殷仲义．抓住“一带一路”的重大机遇[N]．社会科学报，2015-06-19.

② 创的哪门子的新？全球100大创新力企业中国仅5家上榜[EB/OL]．中国网，2013-09-10.

③ 柯进．2015年度中国国际科技论文产出态势分析[N]．中国教育报，2015-11-30.

④ 中国建筑材料联合会科技工作部．2007-2011年建材行业获得国家科技奖后跟踪调查[J]．中国建材，2013(1).

性，而且大部分企业对技术研发的重视程度和投入还很不足。例如，在大中型企业中，有研发和试验活动的企业所占比重不到50%，大部分企业仍没有自己的技术专利①。

3. 创新驱动需要体制平台

从国际经验看，创新驱动需要形成相关体制平台支撑，如美国硅谷等，对集聚各类创新要素十分关键。从我国实际情况看，第一，尽管形成了各类工业园区，但多数以传统产业为主，发挥集聚创新要素的作用明显不足，在引导社会创新创业的作用不大。第二，国家重大科研基础设施带有封闭性的突出特点，对企业、社会开放程度低，科研基础设施闲置与企业缺乏创新服务并存。第三，创新创业的风险投资体系不完善，各类风险投资基金在支持产业创新中的作用不足，金融支持创新的体制机制不完善。

二、形成大众创业、万众创新的体制环境

在国企改革去产能带来经济下行压力增大的条件下，形成激活市场、解放企业中的体制安排，实现大众创业、万众创新的新突破，不仅可以促进经济的“新陈代谢”，还能够有效缓解转型中的“阵痛”。

1. 积极扶持中小企业发展

（1）创新中小企业服务方式。由重服务个体转变到服务体系建设，建立中小企业公共信息平台，鼓励中小企业通过资源整合、资产重组，形成产业联盟；鼓励有条件的大型民营企业研发机构向中小民营企业开放实验仪器、装备和设施。

（2）创新中小企业融资方式。为中小企业提供多元化的融资渠道，不断扩大企业信贷抵押担保物范围；鼓励地方政府设立各类创业投资基金等新的融资

---

① 郑新立．加快形成以创新为主要引领和支撑的经济体系和发展模式[J]. 求是，2015（21）.

模式，支持草根创业；支持如阿里巴巴这类创新型企业到境外市场上市融资。

（3）支持中小企业做大做强。积极支持有条件的企业向规模化、网络化、品牌化发展；鼓励支持企业通过连锁经营、特许经营等方式扩大经营规模；支持一批有实力的中小企业"走出去"，布局海外市场。

2. 实施企业自主登记制度

（1）商事登记制度改革促进了市场主体快速增长。近两年，各级政府加快了企业工商登记制度改革步伐，全面实施注册资本由实缴制改为认缴制、"先证后照"改为"先照后证"、企业年检制改为年报制等一系列降低市场准入门槛的举措，从"分部门办理证照"到"证照统发"到"一照三号"再到"一照一码"的持续商事制度改革，明显简化了企业注册登记流程，改善了政府与市场关系，有效激发了市场主体的活力。据统计，截至 2015 年前三季度，全国新登记市场主体 1065.5 万户，比上年同期增长了 15.8%；注册资本（金）20.7 万亿元，比上年同期增长了 40.9%①。

（2）商事登记制度仍有较大的改革需求。2015 年 10 月以来，"三证合一、一照一码"登记模式在全国全面推广。改革后由工商管理部门核发加载统一社会信用代码的营业执照，取消了组织机构代码和税务登记号，缩短了企业创办周期。有地方的数据显示，过去企业注册登记法定最长时间为 48 天，而现在只要材料齐全最长只要 3 天②。即便如此，商事制度仍有较大的改革空间：一是与发达国家或地区相比，我国企业注册登记仍不够简便。例如，新加坡的企业注册登记只需 3 小时就能在网上完成，香港公司注册处于 2011 年建立了"注册易"一站式服务网站，企业登记最快仅需要 1 小时；二是"三证合一、一照一码"后，由于部门间政策协调不够，个体工商户办理组织机构代码证却被相关

---

① 商总局 2015 年第三季度例行新闻发布会 [EB/OL]. 国务院新闻办公室网，2015-10-20.

② 湖北省颁发首张"一证一码"营业执照全面推行"三证合一"改革 [EB/OL]. 人民网，2015-09-11.

部门“拒之门外”；三是企业注册登记容易，但企业注销变更困难。企业注销仍要国税、地税、工商、银行、质监等部门审核，而每个部门都有审核周期。

专栏 1.5

“三证合一”后个体工商户成了“两不管”

2015年10月1日以来，各地全面推行营业执照、组织机构代码证和税务登记证“三证合一、一照一码”制度。而就在新制度推行如火如荼时，个体工商户为办理组织机构代码证却陷入“两难”境地。

因业务需要，目前急需换发组织机构代码证解锁对公账户的黄女士在连吃两次“闭门羹”后，才意识到新制度推行后个体工商户已经成了“两不管”地带。

记者注意到，类似于黄女士的这种遭遇，目前在全国范围内普遍存在。全国组织机构代码管理中心网站留言板上，不少个体工商户留言咨询相关问题的解决措施。而他们得到该中心相同的答复——为了履行国务院相关文件和国家质检总局相关要求。

记者查询发现，2015年8月，工商总局、质检总局等六部门联合下发的《国务院办公厅关于加快推进“三证合一”登记制度改革的意见》中明确指出，10月1日起全国各级工商行政管理部门向新设立企业、变更企业发放加载统一代码的营业执照，并没有提到个体工商户。

然而，国家质检总局在日前发布的《贯彻落实“三证合一、一照一码”登记制度改革的通知》中，却明确指出包括了个体工商户。该《通知》称，自2015年10月1日起，各级组织机构代码管理机构不再向企业、农民专业合作社和个体工商户发放和更换组织机构代码证书，代码办证窗口应做好相应公告、解释和说明工作。

“现在存在一个死结，我们这边接到国家质检总局的通知是全部停办，但是工商部门没有全接。”郑州市质监局一名工作人员10月27日在向《工人日报》记者解释该问题时表示，归根结底是各职能部门之间的政策没有协调好。针对个体工商户目前普遍存在的困局，该工作人员称，尚无任何解决的办法，具体什么时间能解决也没法说，需要等等看国家层面怎么说。而据记者了解，目前国家工商总局正与国家质检总局进行协调，有望尽快解决并拿出下一步措施方案。

资料来源：余嘉熙，闵亚平．“三证合一”后个体工商户成了“两不管”[N]．工人日报，2015-11-02.

（3）全面推行企业自主登记制度。进入“互联网+”时代，实现企业自主登记注册的技术条件和时机已经成熟。建议借鉴新加坡、香港等地的经验，从“十三五”开始，全面推行企业自主登记制度：第一，在四大自由贸易试验区实施企业一站式登记注册的基础上，尽快建立全国统一的企业自主登记注册网络平台，在企业注册时间上与国际接轨。第二，加强部门间政策协调，尽快将个体工商户纳入“三证合一、一照一码”。第三，加快推进企业简易注销制度改革，在目前试点的基础上，尽快在全国实施个体工商户、未开业企业以及无债权债务企业简易注销程序。

3. 取消企业一般投资项目备案制

（1）从投资审批制到备案制是个重要突破。2004 年之前，无论是政府投资项目，还是企业投资项目，都实行审批制，这在我国经济起飞初期对产业布局起到了重要作用。但随着我国加入 WTO，这种审批制越来越难以适应国内外市场发展的需要，其弊端日益暴露，妨碍了要素的自由流动，不利于激活市场。2004 年国务院出台《关于投资体制改革的决定》，明确规定“企业不使用政府投资建设的项目，一律不再实行审批制，区分不同情况实行核准制和备案制”。

2008 年国际金融危机以来，受国内外市场的双重影响，我国经济下行压力增大，但国内企业投资环境并没有得到较好改善，国内市场潜力难以有效释放，经济增长乏力。2013 年全国“两会”期间，有政协委员指出“目前投资一个项目仍需要盖 108 个章”，这不仅影响了企业投资效率，而且不利于激发市场活力。从初步的实践看，近两年来，从上到下各级政府加大以简政放权为重点的行政审批制度改革力度，全面推行企业投资项目备案制，在进一步为企业投资“松绑”上发挥重要作用。

（2）实践中投资备案制仍被变相“审批”。实行投资备案制的初衷是尽可能减少行政审批环节，缩短企业到政府相关部门的办事时间，提高政府办事效率。从国际经验看，企业投资备案的主要意义在于报备或者通知，主要目的是为了便于政府掌握企业投资信息，对投资运行进行监控和分析，从而引导社会投资。从理论上讲，备案制应该是一种比较便捷的方式，有利于企业投资便利化。然而，在实际操作中，有些地方的备案被普遍赋予审批的意义，甚至比审批需要耗费更多的时间，饱受各类市场主体诟病。一些部门仍采用审批制的流程标准，一些审批“明放暗不放”，隐晦地实行“备案”，看起来是备案，实际上是审批，使得备案制效果大打折扣。例如，一些地方政府通过设立财政资金扶持项目、科技创新项目等进行公共资源的政策性分配，成为事实上的变相审批。客观地看，企业投资项目备案制仍属于前置性的行政控制，并不能有效减少企业的不正当竞争和违法行为，而且有可能成为变相审批。向纵深推进以简政放权为重点的行政审批制度改革，需要进一步改革备案制。

（3）取消企业一般投资项目备案制。市场经济条件下，在政府严格管理城乡规划、土地利用、环境保护、安全生产等事项的前提下，企业一般投资项目一律应当由企业依法依规自主决策，不再需要备案。当前，从增强行政审批体制改革的实际效果出发，加快落实中央关于“破除阻碍创新发展的‘堵点’、影响干事创业的‘痛点’和市场监管的‘盲点’，为创业创新清障、服务”的精神，需要确立企业投资主体地位，适时取消企业一般投资项目备案制，将投资决策权彻底交还给企业。

4. 以公平竞争政策取代产业政策

（1）某些产业政策在推动产能过剩中起到推波助澜的作用。2008 年国际金融危机中，我国出台了某些产业振兴规划，它在扩大投资规模、保持经济稳定增长中起了重要作用。但客观地说，近些年，产能过剩在很大程度上与政府不适当的产业政策直接相关。一些开发区、产业园区为了招商引资出台“零地价”、“税收返还”等产业政策，进一步加剧地方政府间的恶性竞争，加大地方保护主义倾向，影响了资源配置效率，有违公平竞争的市场原则。

（2）泛化产业政策容易扭曲市场主体的投资行为。在现代市场经济条件下，农业等一些特定产业，各国都有保护政策，但不能每个产业都实行优惠的产业政策，这样容易妨碍市场公平竞争，人为导致供求关系失衡，不利于利用市场机制自动调节供求关系和消化过剩产能。近些年来，政府与市场关系的失衡，很大程度上与政府产业政策相关联，由此造成市场主体对产业政策的过度依赖。

从实际情况看，由于各地产业政策的优惠程度不一，促使一些企业通过比较各地产业政策来决定投资行为。这样一来，一方面，加剧了地方政府间的恶性竞争，造成一些地区盲目投资、重复建设，导致产业同构现象严重；另一方面，企业对产业政策的过度依赖导致企业应对市场风险的能力减弱，一些企业不把主要精力放在开拓市场和改善经营管理上，而是想办法钻产业政策的空子，甚至通过不正当手段获得政府补贴，一旦遇到市场波动，就寻求政府扶持，长此以往形成了“恶性循环”。由于大量产业资金分散在不同部门，在利益的驱使下，一些企业将同一个投资项目经过不同“包装”后向不同部门重复申请资金支持，不利于产业资金的合理配置。有些产业政策采取支持创新的办法，初衷是好的，但也很难达到预期效果。例如，一些企业为了获得巨额的研发经费，并没有把主要精力放在研发上，而是放在千方百计争取财政资金上。

（3）尽可能少用或不用产业政策。十八届三中全会《关于全面深化改革若干重大问题的决定》提出，“使市场在资源配置中起决定性作用和更好发挥政府作用。”就是要进一步明确政府与市场的边界，加快政府向市场放权，充分发挥市场在资源配置中的机制性作用，将政府的主要职责限定在公共服务领域。从实践看，华为、阿里巴巴等一大批创新型企业的成长不是靠政府产业政策扶持的结果。相反，一些企业长期依赖政府政策扶持，在创新方面往往走不远。市场经济条件下，政府的主要职责之一就是营造良好的市场环境，尽可能少用产业政策去干预企业投资行为，使各类市场主体根据市场变化来决定自身的投资行为。为此，需要改变通过政府选择、政府补贴、行政主导直接配置资源的做法，尽快清理、废除通过各类优惠政策和政府补贴引导产业发展的各项政策，改变政府人为扭曲市场信号和不公平竞争的局面。

三、以推进科技成果转化为重点创新科技体制

无论是改造提升传统产业，还是推动产业结构向中高端迈进，都需要以技

术创新为支撑。当前，技术创新能力不足有一个投入问题，但更为突出的问题是科技成果转化缓慢。“十三五”，以着力推进科技成果转化为重点，走出一条创新科技体制的有效路径。

1. 建立科技成果转化的有效手段

我国科技成果转化率低，除了科研质量低的原因外，主要在于消费者、研发者和政府之间缺乏紧密的连接转换机制。为此：一是要下放科技成果使用、处置和收益权。除国防、国家安全、国家利益及重大社会公共利益的科技成果外，一般科技成果的使用权、处置权和收益权，全部下放给符合条件的项目承接单位，科技成果转移转化所得收入全部留归单位，纳入单位预算，实行统一管理；二是要提高科研人员成果转化收益比例。对用于奖励科研负责人、骨干技术人员等重要贡献人员和团队的收益比例，可以从现行不低于 20% 提高到不低于 50%；三是要加大对科研人员的股权激励。赋予领军人才更大人财物支持权、技术路线决策权，鼓励各类企业、高校、科研院所通过股权、期权、分红等激励方式，调动科研人员创新积极性。

2. 完善技术创新的市场机制

目前，民营企业已成为技术创新的主力军，每年申请的技术专利占全国申请总量的 2/3 左右[①]。“十三五”要发挥市场对科技创新的导向作用，促进企业真正成为技术创新决策、成果转化的主体。一是发挥企业在国家创新决策中的重要作用。吸收更多企业参与研究制定国家技术创新规划、政策和标准，提高专家咨询组中企业家的比重，竞争类产业技术创新由企业依据市场需求自主决策；二是完善以企业为主体的技术创新机制。鼓励构建以企业为主导、产学研相互合作的产业技术创新战略联盟；三是提高普惠性的政策支持力度。加大结构性减税，逐步将国家对企业技术创新的投入方式转变为以普惠性财税政策为主，

① 郑新立 . 加快形成以创新为主要引领和支撑的经济体系和发展模式 [J]. 求是，2015（21）.

加大创新产品和服务的政府采购力度。

3．强化企业创新主体地位和主导作用

充分激发创新主体的活力和动力。一是以华为、联想、百度等创新型企业为榜样，加快培育一批有国际竞争力的创新型领军企业，支持科技型中小企业健康发展；二是形成企业、高校、科研院所的合力。企业、高校和科研院所是科技创新的三支队伍，依托企业、高校和科研院所建设一批国家技术创新中心；三是与制造业转型升级的方向相适应，加快突破新一代信息通信、石墨烯、生物医药、机器人等领域的核心技术；四是加强技术和知识产权交易平台建设，建立从实验研究、中试到生产的全过程科技创新融资模式，促进科技成果资本化、产业化。

四、搭建有利于创新创业的服务平台

无论是创新还是创业，都离不开政府的扶持。以政府的优质服务为载体，搭建产业园区、技术基础设施、金融服务等各种创新创业平台，调动多方面的积极性，以形成全社会创新创业的氛围。

1．以创新驱动为目标推动传统产业园区转型升级

产业园区是我国工业化的重要载体。“十三五”，推动制造业转型升级要把产业园区的转型升级作为重要任务，推动产业园区提质增效升级，协调发展先进制造业和现代服务业：一是大力推进科技研发、物流、服务外包、金融保险等服务业发展，国家级经济开发区要因地制宜确定重点领域，避免同质竞争；二是建立国家级经济开发区产业发展信息平台，引导企业向中西部地区有序转移；三是坚持经济与技术并重，把保护知识产权和提高创新能力摆在更加突出的位置；四是鼓励条件较好的国家级经济开发区建设各种形式的协同创新平台，形成产业创新集群。

2. 积极发展众创空间等新型创新创业服务平台

地方政府应把扩大众创空间作为促进区域经济发展的重大举措。重点依托各地高新技术产业开发区、科技企业孵化器、小企业创业基地、高等院校、科研院所等，形成一批创新创业、线上线下、孵化投资相结合的新型众创空间。盘活现有的闲置办公楼、商业设施、老旧厂房等，改造提升一批具有公益性、社会化、开放式运作的众创空间。鼓励行业领军企业、服务业龙头企业，创办各类特色鲜明、需求指向明确的众创空间，实现创新创业载体建设由“量”向“质”的转变。

3. 加快国家重大科研基础设施向社会开放

发挥科研设施与仪器对科技创新的支撑作用，加快推进科研设施与仪器向社会开放，鼓励社会创新，明显提高科技资源利用效率，避免科研设施与仪器闲置浪费：一是科研设施与仪器管理单位按照统一的标准和规范，建立在线服务平台，公开科研设施与仪器使用办法和使用情况，实时提供在线服务；二是鼓励国防科研单位在不涉密条件下探索开展科研设施与仪器向社会开放服务；三是管理单位对外提供开放共享服务，可以按照成本补偿和非盈利性原则收取材料消耗费和水、电等运行费，还可以根据人力成本收取服务费，但要建立公开透明的收费和服务标准；四是探索建立用户引导机制，鼓励共享共用。

4. 完善支持创新创业的风险投资体系

科技创新离不开风险投资体系。“十三五”要建立完善的风险投资体系，包括种子基金、创业投资基金（VC）、私募股权投资基金（PE）、创业板市场等：一是建立和完善创业投资引导机制，支持各地设立战略性新兴产业创业投资引导基金，引导基金以母基金形式，主要通过参股投资和跟进投资等方式运作，支持创业投资企业投资处于初创期和早中期创新型企业；二是拓宽创业投资资金供给渠道，鼓励社会资本进入创业投资领域，发展国有资本创业投资，支持创业投资企业创新融资方式，拓展融资渠道，提升融资能力，形成多元化的创业投资资金来源；三是健全创业投资风险补偿机制，鼓励各地设立本地区创业投资风险补偿专项资金；四是完善创业投资退出渠道，优先支持符合条件的企业在国内外资本市场上市，积极推动创新型企业进入中小企业股份转让系统，进行股权转让，支持多层次资本市场建设，加快完善区域性产权交易平台，实现投资成功后能顺利退出。

Breakthroughs
in Transformation

第二章

城镇化结构变革

由城乡二元户籍制度向居住证制度的转型

“十三五”深化户籍制度改革要有新思路：一是由对人口的控制向对人口的服务与管理转变；二是由城乡二元户籍制度向全面实施居住证制度转变；三是人口管理由治安部门为主向人口服务部门管理为主转变。到2020年，用居住证制度取代城乡二元户籍制度是重大的历史突破。

“十三五”，我国将进入人口城镇化加快发展的关键时期。人口城镇化牵动影响转型发展全局，并成为我国“十三五”转型发展的“最大红利”。要按照十八届五中全会提出的“户籍人口城镇化率加快提高”的目标要求，全面实施居住证制度，争取到2020年基本形成人口城镇化的新格局。

第一节 “十三五”：人口城镇化发展的新阶段

“十三五”是我国加快人口城镇化进程的关键5年。提高城镇化质量，释放城镇化潜力，走向共享发展，关键在于加快以改变城乡二元户籍制度为重点的体制机制变革与创新。

一、我国进入人口城镇化发展的新阶段

经过近38年的改革发展，我国城镇化动力机制已发生深刻变化。未来5年，产业变革、消费升级拉动的人口城镇化呈加快发展趋势。

1. 户籍人口城镇化率将达到50%

（1）1996年，我国常住人口城镇化率超过30%关口，进入到快速城镇化

阶段。1996–2011 年，我国常住人口城镇化率由 30.48% 提高到 51.27%，年均提高 1.39 个百分点，是 1978–1995 年的 2.2 倍，是改革开放以前的 5.5 倍[①]。

（2）2011 年，常住人口城镇化率超过 50% 关口，城镇常住人口首次超过了农村常住人口。这是我国经济社会结构的一个历史性变化，标志着我国总体上进入城镇化时代。

（3）到 2020 年，我国户籍人口城镇化率将达到 50% 左右。2015 年，我国常住人口城镇化率达到 56.1%[②]，但户籍人口城镇化率只有 36% 左右。“十三五”，按照十八届五中全会提出的“户籍人口城镇化率加快提高”的目标要求，深化户籍制度改革，加快推动城乡基本公共服务均等化，未来 5 年户籍人口城镇化率有可能以每年不低于 2 个百分点的速度提升。估计到 2020 年，我国常住人口城镇化率将有可能超过 60%，户籍人口城镇化率将提高到 50% 左右。从现实情况看，只要以农民工市民化为重点的相关改革到位，到 2020 年达到 50% 以上的户籍人口城镇化率是有条件、有可能的。

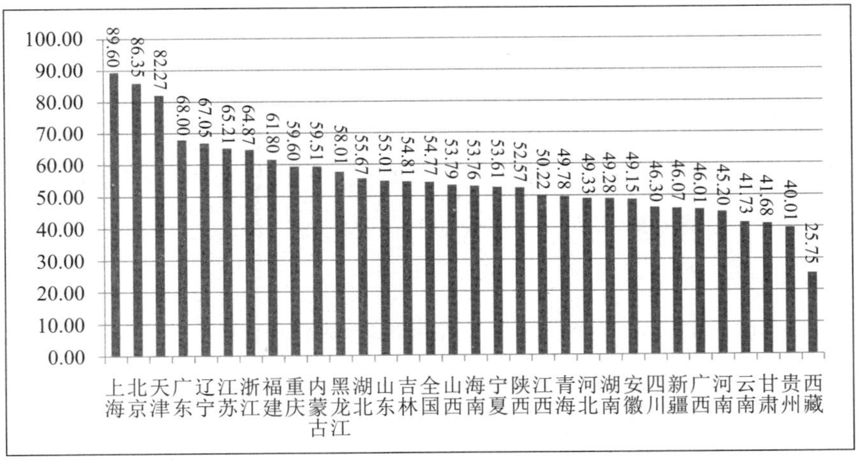

图 2.1：2014 年全国 31 个省市区常住人口城镇化率（单位：%）

数据来源：国家统计局．中国统计年鉴 2015[M]．北京：中国统计出版社，2015.

---

① 根据《中国统计年鉴 2015》相关数据计算。

② 国家统计局 . 2015 年国民经济运行稳中有进、稳中有好 [EB/OL]. 国家统计局网，2016–01–19.

2. 消费结构升级拉动的人口城镇化将呈加快趋势

（1）工业化和产业发展拉动的城镇化有逐步放缓的趋势。总的看，近38年城镇化的快速发展，主要是靠工业化和产业发展的拉动。最典型的是城市围绕工厂而形成，“一厂一城”的现象比较普遍。当工业化总体上达到一定水平，甚至出现产能过剩时，工业主导下的城镇化，对消费的抑制和人口城镇化的排斥作用开始显现。近年来，有些地方出现的“鬼城”就是工业城镇化导致的典型现象。高度依赖资源开采和重化工业而形成的“工业城镇”、“工厂城镇”发展模式，如果不能适应消费升级和人口城镇化的需求变化尽快转型，城镇支柱产业的衰退必然导致城镇的衰弱。

（2）消费结构升级推动的人口城镇化将进入加速阶段。进入发展型新阶段，城乡居民基本的生存性需求减少，发展性消费需求全面提升。尤其表现为农村居民和农业转移人口对教育、医疗、养老、文化等服务型消费需求以及耐用消费品需求快速增长。

——从农村内部看，随着经济发展和农民生活质量的提高，包括专业承包经营人员、私营企业主以及其他农村先富起来的人口，为追求生活质量和更好的发展前景，逐渐向城镇尤其是县城迁移。

——从进城农业转移人口看，一部分农民工经过长期奋斗，逐步在城镇有了稳定就业，也具有较高收入，尽管他们还是农村户籍，但生活方式和消费方式已经市民化。

——在城市有稳定工作、居住条件和稳定收入（但总体收入不高）的农民工群体，特别是随着城镇社会保障制度、住房制度、教育等基本公共服务范围的不断拓展，他们也会逐步把子女、父母接到身边，从而带动人口的城镇化进程。

——对于相当一部分没有、短期也不可能拥有稳定工作和居住条件的农民工和年龄偏大的农民工，会选择在原籍中小城镇购房解决父母与子女的市民化。

3. 城乡一体化制度创新将加速人口城镇化进程

（1）城乡基本公共服务制度并轨将推动农民工市民化进入提速阶段。长期以来，农民工不能均等地享受城镇教育、医疗、养老、住房等基本公共服务，严重阻滞了农民工市民化进程。2006 年国务院出台的《关于解决农民工问题的若干意见》，对农民工的社会保障制度建设做了较为全面的规定。特别是最近 5 年，农民工的社会保障制度逐步健全，城市住房保障制度开始把农民工纳入保障范围，农民工子女逐步享受与城市居民子女基本均等的义务教育，这一系列促进农业转移人口与城市居民享有均等化的基本公共服务政策措施，推动了农民工及其家属融入城镇化进程。

（2）户籍制度改革将提速人口城镇化。2011 年以来，国务院先后出台《关于积极稳妥推进户籍管理制度改革的通知》《国家新型城镇化规划（2014–2020 年）》《关于进一步推进户籍制度改革的意见》等政策文件与规划，把加快户籍制度改革作为推进新型城镇化的重要举措，目的就是逐步取消城乡居民因户籍制度差别而导致的基本公共服务差距，保障城乡居民公平分享城镇化成果。总的看，“十三五”，户籍制度改革的加快将进一步推动人口城镇化进程。

专栏 2.1

十八届三中全会以来中央关于户籍制度改革的主要部署

2014 年 3 月 16 日，国务院印发的《国家新型城镇化规划（2014 — 2020 年）》明确提出，要建立居住证制度，全面推行流动人口居住证制度，以居住证为载体，建立健全与居住年限等条件相挂钩的基本公共服务提供机制，并作为申请登记居住地常住户口的重要依据。

2014 年 7 月 24 日，国务院印发的《关于进一步推进户籍制度改革的意见》，提出建立“以人为核心、科学高效、规范有序的新型户籍制度”和进一步调整户口迁移政策，统一城乡户口登记制度，全面实施居住证制度等发展目标。

2014 年 9 月 12 日，国务院印发的《关于进一步做好为农民工服务工作的意见》，提出农民工及其随迁家属在输入地城镇未落户的，可依法申领居住证，持居住证享受规定的基本公共服务。在农民工输入相对集中的城市，主要依托社区综合服务设施、劳动就业社会保障服务平台等现有资源，建立农民工综合服务平台，整合各部门公共服务资源，为农民工提供便捷、高效、优质的"一站式"综合服务。

2015年12月20-21日举行的中央城市工作会议提出，要推进规划、建设、管理、户籍等方面的改革，要提升管理水平，着力打造智慧城市，以实施居住证制度为抓手推动城镇常住人口基本公共服务均等化，加强城市公共管理，全面提升市民素质。

2016年1月1日，《居住证暂行条例》（国务院令第663号）正式实施，规定在全国建立居住证制度，推进城镇基本公共服务和便利向常住人口全覆盖，要求各地积极创造条件，逐步提高居住证持有人享有的公共服务水平。

资料来源：中改院课题组整理。

二、"让农民工成为历史"

农民工市民化是推进人口城镇化的核心。到2020年"让农民工成为历史"，这不仅是个经济问题，也是个重大的社会问题。总的来看，2020年有条件、有必要让"农民工"这个不合理的称谓退出历史舞台。

1. 常住人口城镇化率与户籍人口城镇化率差距缩小到10%左右

（1）将二者差距控制在10%左右作为预期性指标。2000–2013年，我国常住人口城镇化率与户籍人口城镇化率的差距从10.5个百分点扩大到近18个百分点①。2.7亿农民工虽然在城市工作，但难以享受与城市居民均等的教育、就业、社会保障等基本公共服务，仍处在"半城镇化"状态。从现实情况看，农民工问题成为城乡二元制度结构矛盾的焦点。到2020年，应将常住人口城镇化率与户籍人口城镇化率差距缩小到10%左右作为全国城镇化转型发展的预期性目标，即常住人口城镇化率达到60%，户籍人口城镇化率达到50%，其他人口纳入流动人口管理。

（2）部分地区差距可以缩小到5%～10%。对于山东、江苏、吉林、黑龙

① 根据《中国统计年鉴2014》和《人口和就业统计年鉴2014》相关数据计算。

江、青海、宁夏等省份，常住人口城镇化率与户籍人口城镇化率差距已在10%左右，可以相应加快户籍人口城镇化进程（见表2.1）。例如，2012年江苏省常住人口城镇化率与户籍人口城镇化率相差7个百分点。根据《江苏省新型城镇化与城乡发展一体化规划（2014–2020年）》，把“有序推进农业转移人口市民化作为推进新型城镇化和城乡发展一体化的首要任务”，户籍人口城镇化率与常住人口城镇化率差距缩小到5%。

（3）对于二者差距较大地区，可以设置缓冲时间和采取过渡性办法。对于农业转移人口的主要流入地，缩小常住人口城镇化率与户籍人口城镇化率差距难度较大。一方面，可以先实现公共服务由户籍人口向常住人口扩展；另一方面，逐步消化存量，优先将有稳定就业、稳定住所、连续居住多年和参加当地社会保障的农民工群体实现市民化。对于流动性大的农业转移人口，将其纳入流动人口管理。

表2.1：2013年我国常住人口与户籍人口城镇化率比较（单位：%）

地区	常住人口城镇化率	户籍人口城镇化率	差距
全国	53.73	35.93	17.80
北京	86.30	80.92	5.38
天津	82.01	62.80	19.21
山东	53.75	42.97	10.78
上海	89.60	90.03	–0.43
江苏	64.11	57.43	6.68
浙江	64.00	32.02	31.98
福建	60.77	34.20	26.57
广东	67.76	53.69	14.07
海南	52.74	37.83	14.91
河北	48.12	32.37	15.75
辽宁	66.45	51.67	14.78
吉林	54.20	46.98	7.22
黑龙江	57.40	48.92	8.48
山西	52.56	33.74	18.82

续　表

地区	常住人口城镇化率	户籍人口城镇化率	差距
河南	43.80	22.60	21.20
安徽	47.86	22.92	24.94
湖北	54.51	34.64	19.87
湖南	47.96	22.26	25.70
江西	48.87	26.59	22.28
内蒙古	58.71	41.27	17.44
广西	44.81	19.43	25.38
重庆	58.34	40.02	18.32
四川	44.90	28.82	16.08
贵州	37.83	16.38	21.45
云南	40.48	27.24	13.24
西藏	23.71	17.34	6.37
陕西	51.31	38.01	13.30
甘肃	40.13	27.55	12.58
青海	48.51	42.22	6.29
宁夏	52.01	39.81	12.20
新疆	44.47	42.59	1.88

数据来源：国家统计局．中国统计年鉴 2014 [M]．北京：中国统计出版社，2014；国家统计局人口和就业统计司．中国人口和就业统计年鉴 2014 [M]．北京：中国统计出版社，2014.

2．实现基本公共服务常住人口全覆盖

根据《2014 年全国农民工监测调查报告》，2014 年，外出农民工工伤保险、医疗保险、养老保险、失业保险、生育保险的参保率分别为 29.7%、18.2%、16.4%、9.8%、7.1%，"五险"参保率尽管比 2008 年分别提高 5.6、5.1、6.6、6.1 和 5.1 个百分点（见表 2.2），但与城镇职工相比，参保率明显偏低。"十三五"，以提高农民工社会保障参保率为重点，让有稳定就业和生活的农业转移人口平等地享受教育、就业、社会保障、医疗、住房等方面的基本公共服务，努力实现基本公共服务常住人口全覆盖。

表 2.2：外出农民工参加社会保障的比例（单位：%）

	2008 年	2009 年	2010 年	2011 年	2012 年	2013 年	2014 年
养老保险	9.8	7.6	9.5	13.9	14.3	15.7	16.4
工伤保险	24.1	21.8	24.1	23.6	24	28.5	29.7
医疗保险	13.1	12.2	14.3	16.7	16.9	17.6	18.2
失业保险	3.7	3.9	4.9	8.0	8.4	9.1	9.8
生育保险	2.0	2.4	2.9	5.6	6.1	6.6	7.1

数据来源：根据国家统计局发布的 2012-2014 年《全国农民工监测调查报告》整理。

3．把进城落户农民工纳入城镇住房保障体系

住房是农民工进城最大难题，也是农民工在城镇过上稳定生活的一个重要指标。2014 年，在务工地自购房的农民工仅占 1%，参加住房公积金的农民工比例仅为 5.5%[①]。由于农民工收入相对房价明显偏低，农民工短期内很难买得起一、二线城市房产，需要通过多种方式满足农民工的基本住房需求。例如，将符合条件的外来务工人员纳入各级政府公共租赁住房保障范围的同时，对招用农民工比较多的企业，在符合规划的前提下，可以考虑出台政策鼓励支持企业在依法取得的土地上建设农民工的宿舍楼；促进住房租赁市场发展，可以参照上海的做法，实行 5% 的综合税率，以降低房屋出租人的税负。

4．基本实现“四个融入”

农民工市民化就是要逐步实现农民工与城市居民身份统一、权利一致、地位平等，实现农民工及其家属生活方式、消费方式的市民化，最终使农民工融入城镇成为新市民。借鉴广州、珠海等地的实践经验，通过设置开展全方位的专业化、个性化、优质化融合项目培训，加快推进农民工在文化、经济、政治、生活等领域融入当地社会，努力实现农民工“上岗有培训、劳动有合同、子女有教育、生活有改善、政治有参与、维权有渠道、生活有尊严”，有效促进农民

① 国家统计局 .2014 年全国农民工监测调查报告 [EB/OL]. 国家统计局网，2015-04-29.

工及其家属“个人融入企业、子女融入学校、家庭融入社区、群体融入社会”。

5．农民工市民化的时机成熟

（1）农民工主体结构已发生深刻变化。新生代农民工融入城市的意愿强烈，而且新生代农民工正向“全职非农”转变。目前，“80后”的农民工占农民工总数的比重接近60%(见表2.3)。有调查表明，新生代农民工没有从事过农业劳动的比例高达85%①；20岁以下的农民工中有高达61%的人愿意留在城市②，其教育程度、对城市生活的向往、从事的行业等都决定他们中的大部分不会再回到农村。农民工主体的变化以及经济社会发展的进程，决定了农民工市民化很难再往后推10年。

表2.3：2010-2014年农民工年龄构成变化情况（单位：%）

	2010年	2011年	2012年	2013年	2014年
16～20岁	6.5	6.3	4.9	4.7	3.5
21～30岁	35.9	32.7	31.9	30.8	30.2
31～40岁	23.5	22.7	22.5	22.9	22.8
41～50岁	21.2	24.0	25.6	26.4	26.4
50岁以上	12.9	14.3	15.1	15.2	17.1

数据来源：国家统计局.2014年全国农民工监测调查报告[EB/OL].国家统计局网，2015-04-29.

（2）明确农民工市民化时间表。

——先用3年左右的时间，使有条件的农民工市民化。把解决有相对稳定的工作、有相对固定的居所、有留在城市意愿的农民工市民化作为“十三五”重要的约束性指标。满足以上三个标准的农民工占到70%～80%，其他人口纳入流动人口管理（见表2.4）。北京、上海、广州、深圳等大城市的条件可以比中小城市更高一些。

① 调查显示：85%的新生代农民工未从事过农业生产[EB/OL].新华网，2012-04-24.

② 空心化农村如何“养活中国”？[N].人民日报，2012-03-20.

表 2.4：符合农民工市民化的条件、标准及比重

农民工市民化的基本条件	参考标准	符合标准的农民工比重
有相对稳定的工作	1 年及以上	70% 以上
有相对固定的居所	租住房、单位安排的宿舍、自购房	80% 以上
有留在城市的意愿	务工所在地城市、务工所在地城镇、老家所在城市、老家附近的小城镇	60% 左右，新生代农民工在 80% 以上
现有符合农民工市民化比重和数量	2.7 亿农民工中，60% ～ 80% 符合市民化基本条件，人数达到 1.6 ～ 2.2 亿人；新生代农民工中 80% 以上符合市民化基本条件。	

资料来源：中改院课题组整理。

——再用 3 ～ 5 年左右的时间，通过深化户籍制度改革和城乡基本公共服务均等化的制度安排，基本解决存量农民工的市民化。

三、人口城镇化是“十三五”转型发展的“最大红利”

“十三五”，面对经济下行压力，加快人口城镇化进程，将释放出新的发展红利：不仅有利于拉动消费，还有利于拓宽投资空间，为去产能、去库存创造有利条件。

1. 人口城镇化是扩大内需的最大优势

（1）人口城镇化是扩大投资的最大载体。“十三五”，人口城镇化进程将带来城市基础设施、公共服务设施和住宅建设等巨大投资需求。据预测，如果名义城镇化率从 2013 年的 53.73% 提高到 2020 年的 60%，带来的投资需求将达到 42 万亿元人民币[①]。比如，城市正规停车位缺口高达 5000 多万个，仅这一项就可能会带动 3 万亿元左右的投资[②]。

① 财政部力推 PPP 模式助力城镇化：投资需求达 42 万亿 [N].21 世纪经济报道，2014-09-26.

② 新型城镇化“任务清单”明确 催生巨大投资潜力 [EB/OL]. 央广网，2015-05-14.

（2）人口城镇化将拉动 13 亿人的消费需求。农业转移人口向城镇迁移，将带来巨大的消费"累积效应"，有利于扩大城镇消费群体，推动消费结构升级和消费潜力释放。2014 年我国城乡居民消费水平比为 2.9：1，以此推算，到 2020 年，户籍人口城镇化率提高到 50%，城镇将新增近 2 亿农业转移人口，估计将累计带来 3.3 万亿元左右的新增消费规模[①]。

2. 人口城镇化将延长传统人口红利

有研究显示，1982–2009 年，在 10% 左右的年均 GDP 增长率中，全要素生产率的贡献率为 1.0 个百分点，而接近一半的贡献来自于劳动力从农业转移到非农产业带来的资源重新配置效率的提升[②]。"十三五"是我国人口红利的历史转折期，劳动年龄人口占比持续下降，人口老龄化加快，人口抚养比提高。近年来出现的"民工荒"是人口红利减弱的突出表现。外出农民工已经从 2010 年的平均增长 5.5% 下降到 2014 年的 1.3%（见图 2.2）。"十三五"，通过户籍制度、基本公共服务制度改革，推进农业转移人口市民化，优化劳动要素配置，将明显增加城镇劳动力供给，并由此延长人口红利期。

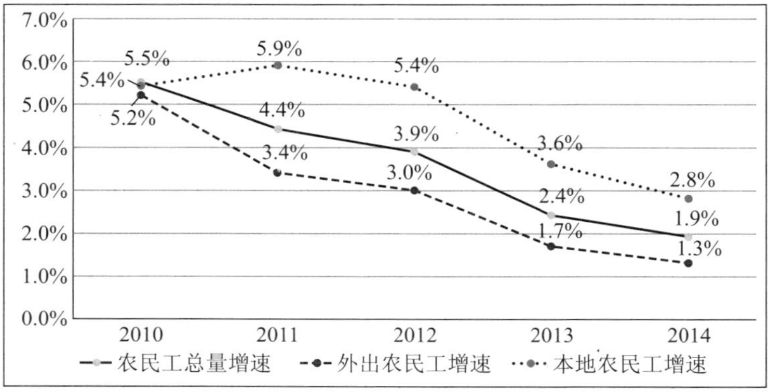

图 2.2：2010–2014 年农民工总量增长速度（单位：%）

数据来源：国家统计局 . 2014 年全国农民工监测调查报告 [EB/OL]. 国家统计局网站，2015-04-29.

① 根据《中国统计年鉴 2015》相关数据计算。

② 蔡昉 . 对人口红利的几点认识 [N]. 经济日报，2015-06-18.

3. 人口城镇化将提高全要素生产率

“十三五”是我国经济迈向中高端的关键阶段。国际经验表明，处在越高发展阶段的国家，经济增长越是依靠全要素生产率的提高。农民工是未来我国劳动力供给的重要来源，其受教育程度关乎我国经济发展质量和产业结构的转型升级。根据国家统计局公布的《2014 年全国农民工监测调查报告》，21 ~ 40 岁之间的农民工群体占比达到 53%，他们处于最佳就业期。但从受教育程度看，高中及以上农民工仅占 23.8%（见表 2.5），接受过技能培训的农民工只占 34.8%。未来 5 年，加快破除城乡二元户籍制度，加快提高农民工尤其是“80 后”、“90 后”、“00 后”农民工受教育程度和技能水平，人口红利将转型升级为人力资源红利，由此推动全要素生产率的提高。

表 2.5：2014 年我国农民工文化程度构成（单位：%）

受教育程度	农民工合计	外出农民工	本地农民工
未上过学	1.1%	0.9%	1.6%
小学	14.8%	11.5%	18.1%
初中	60.3%	61.6%	58.9%
高中	16.5%	16.7%	16.2%
大专及以上	7.3%	9.3%	5.2%

数据来源：国家统计局 .2014 年全国农民工监测调查报告 [EB/OL]. 国家统计局网，2015-04-29.

第二节　“十三五”：以居住证制度取代城乡二元户籍制度

进入人口城镇化发展的新阶段，城乡二元制度结构改革滞后的矛盾全面凸显，突出表现为传统的城乡二元户籍制度已经成为制约农业转移人口市民化和城镇化质量提升的重要的制度性障碍。2020 年基本形成人口城镇化发展新格局，关键是让传统的户籍制度退出历史舞台，在全国范围内全面实行居住证制度。

一、城乡二元户籍制度形成的历史条件已经改变

我国城乡二元户籍制度的产生有着深刻的政治、经济原因，在不同历史时期曾发挥着一定作用。经过近38年的改革开放，传统户籍制度赖以存在的经济基础和社会基础已逐渐减弱，户籍制度改革滞后与人口城镇化进程的矛盾日益凸显，需要以更大的决心和魄力加快户籍制度改革。

1．私人产品短缺时代成为历史

1958年出台的《中华人民共和国户口登记条例》，开始将城乡居民分为"农业户口"和"非农业户口"，通过对居民常住、暂住、出生、死亡、迁出、迁入、变更等人口登记，以法律形式严格限制农民进入城市。特别是在3年经济困难时期，国家为缓解商品粮供应紧张问题，控制农村人口向城市流动，严格执行户籍制度和统购统销制度。1963年，公安部开始以是否吃国家计划供给的商品粮为依据，进一步将户籍分为"农业户口"和"非农业户口"。此后，随着国民经济调整等一系列重大事件的影响，我国城乡分割的二元户籍制度不断强化，人口流动被严格限制。

改革开放以来，随着经济快速发展，物质产品极大丰富，吃饭、穿衣等私人产品的严重短缺已经成为历史。2000–2014年，城乡居民恩格尔系数分别从39.4%、49.1%下降到30.0%、33.6%（见图2.3）。产生于计划经济、短缺经济时代的城乡二元户籍制度不仅成为解决"三农"问题的主要障碍，而且抑制了内需潜力，尤其是严重抑制农业转移人口消费潜力的释放。

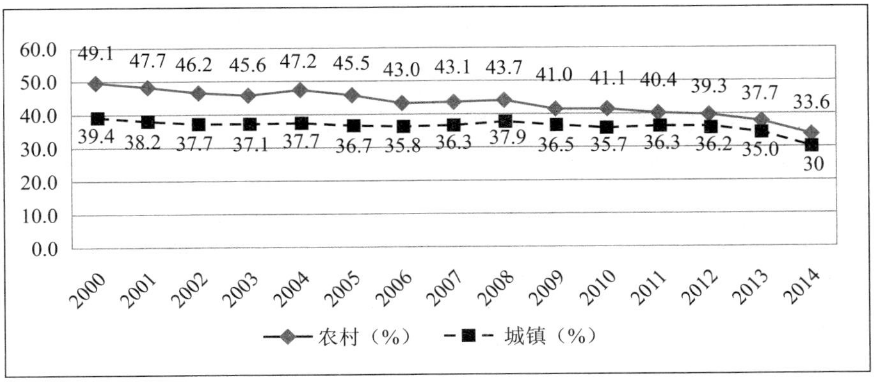

图 2.3：2000–2014 年我国城乡居民恩格尔系数变化趋势（单位：%）

注：2014 年恩格尔系数是根据食品烟酒支出 / 消费支出计算得出。

数据来源：国家统计局．中国统计年鉴 2015[M]．北京：中国统计出版社，2015.

2．工业主导的城镇化弊端凸显

我国 20 世纪 50 年代就确立了“农业支援工业、农村保障城市”的战略，农业成为重化工业所需资本的积累来源。城乡二元户籍制度成为我国重化工业发展战略下的产物：一方面，通过粮食统购统销和工农产品价格“剪刀差”，将农业剩余转化为工业积累和城市建设。改革开放前 20 年，国家以工农产品价格“剪刀差”形式从农业提取的经济剩余高达 6000 亿元 ~ 8000 亿元[①]；另一方面，通过户籍制度限制农业劳动力向城市非农部门迁移，以维持城市工业发展和农业基础的稳固。这一制度安排导致了城乡发展的严重失衡和城镇化进程的停滞。1966–1978 年，我国城镇化率仅由 17.86% 提高到 17.92%。

3．劳动力红利的消减

改革开放以来，廉价的劳动力要素转化为劳动力成本优势，成为支撑我国经济快速增长的重要动力之一。城乡二元户籍制度为长期保持这一优势发挥了重要作用。从 2011 年开始，我国出现人口红利消减的趋势。根据第六次人口普

① 韩俊．中国：由城乡分割走向城乡协调发展 [J]. 中国发展观察，2004（04）.

查数据，2010 年，15 ~ 59 岁劳动年龄人口的总量到达峰值 9.4 亿[①]，此后就开始出现负增长，预计到 2020 年降至 9.1 亿。人口红利的消减导致劳动力成本上升。根据国家统计局数据，2003–2014 年，农民工工资年均增长 13.6%，[②]高于同期的 GDP 增长速度。劳动力低成本优势的减弱是近年来劳动密集型产业向东南亚迁移的重要原因之一。“十三五”，如果户籍制度改革不能取得实质性突破，当人口结构变化与城乡二元制度结构产生叠加效应时，不仅劳动力供给会减少，还会产生农民工返乡的“逆库兹涅茨现象”，进一步加速人口红利的消失。为此，释放人口红利需要加快破除城乡二元户籍制度障碍。

4.“回不去”的新生代农民工

与传统农民工相比，新生代农民工正由“亦工亦农”向“全职非农”转变。一方面，新生代农民工普遍缺少务农经验，85% 的新生代农民工从来没有从事过农业生产，“亦工亦农”正在成为历史；另一方面，许多新生代农民工出生在城市，农地二轮承包时就没有分到土地，而且他们中的多数人对土地的情结弱化，进城后就不想再回去种地。可以说，他们是没有务农常识和经验的“中国式农民”，仅在户籍上保留了农民身份。这部分人群如果长期被排斥在城市公共服务之外，将会增加社会不稳定因素。相反，如果户籍制度改革实现实质性突破，这个庞大的劳动者群体将成为推动我国产业转型升级的重要人力资源，也将成为巨大的新兴消费群体。

5. 依靠户籍制度控制人口流动已经失效

改革开放以来，原来以控制人口流动为主要目标的户籍制度实际上并未完全阻挡农业转移人口流动的步伐。根据《中国流动人口发展报告 2015》，“十二五”时期，我国流动人口年均增长约 800 万人，2014 年末达到 2.52 亿人。

---

① 卫计委 . 劳动年龄人口 2011 年后回落，老年人口不断上升 [EB/OL]. 人民网，2015-07-10.

② 根据国家统计局相关数据计算。

流动儿童和流动老人规模不断增长，预计到2020年，我国流动迁移人口将增长到2.91亿人[①]。

从国际经验看，目前世界上实行户籍或居住证制度的国家，几乎不存在农业和非农业区分的城乡二元户籍模式，人口可以自由迁徙。例如，在日本，户口随人走；在印度，公民只要在新地方找到工作，其日常生活、子女上学和当地人并无区别；在我国台湾地区，户籍登记的内容主要反映当事人基本人口生存状况，不记载任何有反映社会角色的内容，实行“户警分立”管理。为缓解“大城市病”，在一些国家的发达城市，主要采取住房面积、收入水平、居住年限等经济手段来提高大城市门槛。借鉴其他成熟经验，我国完全有条件通过经济手段来替代“制度歧视”，实现人口城镇化的有序推进。

二、深化户籍制度改革要有新思路

“十三五”，深化户籍制度改革，不是在原有制度上的修修补补，更不是强化城乡二元户籍制度，而是以全面实施居住证制度为目标，推进人口管理理念、人口管理制度、人口管理主体的重大变革。

1. 由对人口的控制向对人口的服务与管理转变

（1）由限制人口流动向引导和服务人口流动转变。人口在城乡、区域之间流动是经济社会发展活力的重要体现，通过劳动力资源的重新配置可以有效提高全要素生产率。《国家新型城镇化规划(2014-2020年)》提出，“促进人口有序流动、合理分布和社会融合”。深化户籍制度改革，首要任务是推进对流动人口由“限制”向“引导和服务”转变，实现对流动人口的精细化管理。

——建立有利于人口流动的政策体系。例如，加快推进各种社会保障制度之间的转移接续，为流动人口在城乡、区域间转移就业提供制度保障。

——优先解决已经在城镇就业、居住和参保达到一定年限的人员落户。确

---

① 《中国流动人口发展报告（2015）》发布[N]. 光明日报，2015-11-12.

保农民在农村的各项权益，减少其后顾之忧；同时为农民进城常住或落户创造资本积累，增强进城定居的吸引力。

——引导农业转移人口向中小城镇就业和生活，实现就近城镇化。把加快发展中小城镇作为优化城镇规模结构的主攻方向，加强产业和公共服务资源布局引导，提升质量，增加数量。

（2）由人口控制向公共服务转变。户籍制度从一开始就具有人口控制的目的和浓厚的行政化特征，维持社会治安稳定是其主要工作目标，重控制、轻服务，重短期、轻长期，应急管理色彩浓厚，服务意识不足。改革开放以来，随着人口城镇化进程加快和流动人口规模增加，以防范控制为主要目的的人口管理模式弊端日益突出。例如，近年来大量留守老人、留守儿童、留守妇女引发的社会问题以及进城农民工的劳资纠纷，对传统的防范控制型人口管理模式提出了严峻挑战。

——由应急管理向疏导管理转变。从现实问题看，以治安管理为主的人口管理模式，越来越难以适应人口城镇化所带来的社会结构深刻变化和利益主体多元化趋势。例如，农民工合法权益有效保护的长效机制尚未建立，其中突出的是劳资矛盾没有缓冲机制。有序推进人口城镇化，需要在公平原则下，通过法律、政策等手段，构筑有效的谈判沟通和意见表达平台，尤其是对于弱势一方，在其利益受损时，能够通过制度化的形式和渠道有效地进行利益表达，保护自身合法权益，或获得相应的行政、司法救济。

——由人口管制向人口服务转变。重点是加快社会保障制度改革，通过建立多层次的社会保障制度，以适应流动人口多样化社会保障需求，努力实现公共服务常住人口全覆盖。

（3）由“以证管人”向“大数据”管理服务转变。“以证管人”是我国人口管理的主要手段，即通过暂住证、外来人口就业证、婚育证、房租出租许可证等证件掌握人口信息。实践证明，由于大量流动人口的非正规就业和居无定所，“以证管人”的人口管理模式，不仅难以准确掌握流动人口信息和提供精准服务，却给常住人口带来“人在证途”、“证明你妈是你妈”的诸多困扰。随着

“大数据”等现代信息技术的广泛应用，有必要、有条件通过建立公民信息大数据库网，构建现代化的社会治理体系，实现“一证走天下”和精准服务。

专栏 2.2

美、日、澳三国的证件功能及证件办理

1. **美国拥有一证即可走遍全国。**每一个美国公民基本上都有一个社会保障卡号，这个社保号不仅适用于所有的服务项目，也是美国政府部门鉴别公民身份的最重要依据。凭着这个社保号，持有者可以走遍美国，而不需要办理各种“居住证”等证件。美国没有户籍制度，各级政府是从DMV（机动车辆处）获得公民信息。美国关于驾照的规定是：驾驶人员每到一个地方停留超过15天，就必须到DMV登记，否则会被视为持无效证件驾驶。在美国，几乎所有的公民都有驾驶执照，而不会开车没有驾照的人可以到DMV办身份证，其外观与驾照是一样的。

2. **日本主要是用医疗保险号码作为身份区别。**日本有一套国民健康保险制度，医疗体系比较完善。日本国民和在日本居住一年以上的外国人，都被要求加入国民健康保险交纳保险费，并领取国民健康保险证，需要认证身份的时候，可以出示驾照、健康保险证、户籍证明、外国人登记证明等。

3. **澳大利亚的邮局可以办理很多证。**澳大利亚邮局不仅可以办理银行和金融机构的存取款等，还能代办出生证、结婚证、护照、驾照、持枪证、死亡证等各种证件服务项目。

资料来源：美国：一证走遍全国 [N]．广州日报，2014-02-24.

2．由城乡二元户籍制度向居住证制度的转变

（1）以居住证制度取代城乡二元户籍制度是重大历史突破。2016年1月1日，《居住证暂行条例》正式开始施行，不仅标志着我国告别暂住证时代，也标志着户籍制度改革进入新阶段。

——居住证制度突破户籍制度的身份等级划分，实现身份平等。户籍制度带有深刻的身份烙印，城市户口和农村户口之间存在着等级差异，存在60多种城乡不平等的社会福利。实施居住证制度，就是不再区分城市和农村户籍，在城里居住就是城里的居民，在农村居住就是农村的居民；农民和市民只有职业

的不同，没有身份和权利的不同。

——居住证制度突破户籍制度单纯的人口控制功能，突出服务与管理并重。随着人口流动规模的扩大，以人口控制为主要功能的户籍制度对劳动力资源优化配置的制约越来越大。居住证制度的核心是突出居住概念和服务理念。一方面能够替代暂住证发挥流动人口登记和管理的作用；另一方面以居住证制度为依托，实现基本公共服务向流动人口的扩展。比如广东的居住证制度，除了为居民提供社会福利以外，还具有金融服务、公交服务、电子政务、消费信贷等多项服务功能。

——居住证制度是目标，不是过渡。近 10 年来，户籍制度改革一直没有停止，但总体改革严重滞后，甚至在某些方面有强化倾向，比如户籍制度与限购房、限购车相结合，强化了户籍色彩。“十三五”深化户籍制度改革，不是一般的改革创新，而是创造条件让传统二元户籍制度退出历史舞台，全面实施居住证制度。

（2）到 2020 年基本建立全国统一的居住证制度。“十三五”，按照十八届五中全会提出的“实施居住证制度，努力实现基本公共服务常住人口全覆盖”的目标要求，需要重点推进五个方面的改革。

——扩大覆盖范围。当前，很多地区存在居住证覆盖率低的问题，各地可以探索通过多种形式提高居住证覆盖范围，积极发挥居住证作用。例如，将非正规就业、长期居住在违章建筑内的流动人口纳入居住证体系；允许外来人口根据其所持有的暂住证作为连续居住证明免费换取居住证；要求企业为员工办理居住证等措施提高办证率。争取到 2016 年年底，基本实现流动人口居住证制度全覆盖。

——降低申领门槛。从实践情况看，部分地区申领条件偏高，不利于掌握流动人口的信息，也容易使居住证变成第二个户籍，丧失公平性。根据《中国流动人口发展报告 2013》，流动人口主要就业于私营部门或从事个体经营，他们中的相当比例既无社会保险也无租赁住房证明，很难达到居住证申领条件（见表 2.6）。因此，居住证申领条件应尽量低，按照“低门槛、阶梯制、累进式”的改革路径，细化相关规定，尽量扩大政策的覆盖范围，在保基本的前提下，为不同条件的流动人口提供相应的公共服务。

表 2.6：五个省市居住证的申领条件及未达到申领条件的政策安排比较

地区	居住要求	就业和缴纳社会保险要求	申领居住证要求	未达到申领居住证要求的政策安排
深圳市	合法稳定居住满 12 个月	合法稳定就业，自办理居住登记之日起至申领居住证之日止，参加社会保险连续满 12 个月或申领居住证之日前二年内满 18 个月	同时满足	申报居住登记
上海市	合法稳定居住地	合法稳定就业，连续缴纳社保 6 个月；或因投靠具有上海市户籍亲属、就读、进修等需要在本市居住满 6 个月	同时满足	办理居住登记
郑州市	拟居住满 30 日和居住地址证明	提供就业证明	同时满足	申报暂住登记
成都市	已购买房屋或办理了房屋租赁登记备案，且连续缴纳社会保险费满 6 个月	签订劳动合同且连续缴纳社会保险费满 6 个月	拟居住一年以上且满足任一项即可	拟居住七日以上的申报居住登记；拟居住一个月以上的办理《成都市临时居住证》
江苏省	拟居住满6个月，并提供居住证明	尚无明确要求	仅需居住证明	申报居住登记

资料来源：根据陆杰华，李月《居住证制度改革新政》（国家行政学院学报，2015［05］）以及《深圳经济特区居住证条例》《上海市居住证管理办法》《郑州市居住证管理暂行办法》《成都市居住证管理规定》《江苏省流动人口居住管理办法》整理。

——提高服务水平。积极创造条件，逐步扩大为居住证持有人提供公共服务和便利的范围，提高服务标准。在保基本的前提下，增加居住证所涵盖的教育、就业、社会保障、医疗卫生、计划生育、住房保障、文化体育、证照办理等领域的公共服务，使“居住”与“福利”挂钩，根据居住时间、缴纳社会保险和对本地的经济贡献，建立“累进制”福利模式，享受不同水平的公共服务和权益；同时，要合理设置居住证制度体系，既要防止城市内部产生新的社会分化，又要避免形成“福利洼地”（见表 2.7）。

表 2.7：五个省市居住证持证人部分福利待遇情况比较

地区	教育	就业	住房	其他
深圳市	满足一定条件，可按照有关规定享受基本公共教育	申请职业技能培训补贴和职业技能鉴定补贴	尚无明确规定	满足一定条件，还可以依照有关规定享受公共文化、就业扶持、社会救助、住房保障等方面相应的权益
上海市	持证人子女可在上海市接受义务教育，参加全日制普通中等职业学校或全日制高等职业学校自主招生考试，满足一定条件，可参加高中学校招生和普通高等学校招生考试	参加职业技能培训；参加劳动模范、职业资格评定和考试	持证人可申请上海市公共租赁住房；在上海市缴存和使用住房公积金	其配偶和同住子女可按照本市有关规定参加本市社会保险，享受相关待遇
郑州市	持证人子女可享受与进城务工人员随迁子女相关的入学政策	享受职业技能培训和公共就业服务	满足一定条件，可购买限购商品房和申请公共租赁住房	经市政府确定可享有一些权益和公共服务
成都市	满足一定条件，持证人可安排其子女入学接受义务教育。《临时居住证》持证人子女，根据当年入学政策办理相关手续	享受公共就业服务	尚无明确规定	按照规定享受居住地人民政府提供的社会保险等其他公共服务
江苏省	享有与当地户籍人口同等的基本公共教育；结合随迁子女在当地连续就学年限等情况，逐步享有在当地参加中考和高考的资格	享有就业服务	尚无明确规定	满足一定条件，可逐步享有与当地户籍人口同等的中等职业教育资助、就业扶持、住房保障、养老服务、社会福利、社会救助等权利

资料来源：根据陆杰华，李月《居住证制度改革新政》（国家行政学院学报，2015［05］）以及《深圳经济特区居住证条例》《上海市居住证管理办法》《郑州市居住证管理暂行办法》《成都市居住证管理规定》《江苏省流动人口居住管理办法》整理。

——完善技术手段。准确的人口信息数据是全面实施居住制度的基础条件。为此，需要尽快建立动态的、全国联网、部门互联互通的国家人口基础信息库和管理系统，统一社会信用代码制度和相关实名登记制度，完善社会信用体系。实施各部门数据库对接工程，整合公安、人社、计生、民政、住建、工商等部门掌握的本部门数据资源和采集系统，均储存在人口数据库中，实现数据的自动对比和更新。

——推进制度并轨。一是推进居住证与户籍制度并轨，统一以人口登记和服务管理为主要功能的居住证制度；二是推进省际间居住证制度衔接；三是到2020年基本建立以身份证号为唯一标识、全国统一的居住证制度。

（3）分类、分步建立全国统一的居住证制度。

——2～3年内，剥离户籍制度的福利分配功能，在中小城镇全面取消户籍制度，一步到位建立居住证制度。除大城市外，中小城市和建制镇全面放开户籍政策，有合法稳定住所，包括租房的人员，本人以及同居生活的配偶、未成年子女、父母等，都可以在当地申请登记常住户口；在特大城市、大城市实施户籍和居住证并存的制度，逐步提高和改善持有居住证居民享有的公共服务水平，根据地方财力条件逐步放宽有固定工作岗位的农业转移人口落户。

——3～4年内，除某些特大城市、大城市外，其他中等城市的户籍制度基本放开，全面实施居住证制度。以居住证为载体，建立健全与居住年限等条件相挂钩的基本公共服务提供机制；居住证持有人享有与当地户籍人口同等的劳动就业、基本公共教育、基本医疗卫生服务、计划生育服务、公共文化服务、证照办理服务等权利；结合随迁子女在当地连续就学年限等情况，逐步享有随迁子女在当地参加中考和高考的资格；不得以退出土地承包经营权、宅基地使用权、集体收益分配权作为农民进城落户的条件。

——到2020年，在全国范围全面实行以身份证号码为唯一标识的居住证制度。居住证持有人享有与当地常住人口同等的基本公共服务；城乡居民实现在常住地依照当地标准，行使公民的各项基本权利，包括选举权、被选举权等；居住时间短的人口纳入流动人口管理体系。

3．由治安部门的管理向人口服务部门的管理转变

（1）建立以民政部门为主的人口综合服务管理系统。人口服务与管理不仅是个治安问题，还涉及劳动力供给、就业服务、计划生育、社会保障、教育等社会问题。从现实情况看，以公安部门为主的人口管理模式难以适应多元化人口服务与管理目标要求。借鉴我国台湾地区经验，实行"户警分立"。打破人口服务管理的"条块分割"，整合信息网络资源，探索建立以民政部门为主，由公安、统计、卫生、工商、教育、社保部门共同参与的人口综合服务管理系统，提高人口服务管理效率。

（2）增强社区服务功能，实现政府治理和社会调节、居民自治良性互动。依托居委会和社区工作站成立社区管理服务中心，实行人口登记、统计、计生、民政、劳动保障等业务"一站式"受理，提供"一条龙"服务；通过公安和社区的合作式服务管理，提高服务管理效率。

专栏 2.3

部分国家和地区人口管理部门及功能

美国：负责人口管理的部门是社会保障总署。每个公民自出生起就有属于自己的"社会保障号"，其在美国人口管理中具有不可替代的地位，它几乎是美国政府进行所有人口管理活动的基点。存储社会保障号信息的电脑系统在美国已经实现了真正意义上的联网，各个地区、行业、部门都能通过社会保障号去查一个人的个人情况。

英国、德国、法国等西欧国家：负责人口管理的主要是"民事登记"、"人事登记"、"生命登记"等部门，人口管理依靠的是市场和法制手段，侧重于为公民提供便利的服务。

中国香港地区：负责人口管理的部门是入境事务处，不仅致力实施有效出入境管制和执行法律，也为本港居民提供多项服务，包括签发香港特区护照和其他旅行证件、签证及身份证，处理国籍事宜，以及办理生死及婚姻登记手续。

资料来源：中政院课题组整理。

三、全面实施居住证制度的条件总体具备

总的看，户籍制度改革经过多年的探索并取得重要成果，“十三五”全面实施居住证制度已具备条件，关键是下决心打破利益格局，实现深化户籍制度改革的实质性破题。

1．居住证制度包含了户籍的部分功能

近10年来，户籍制度改革步伐加快，各地居住证制度不断探索，政策效果持续显现。从各地实施的居住证制度与现行户籍制度比较看，城市户籍居民可以享受城市全面的社会保障及其福利权益；持有居住证（不包括临时居住证）人口能够享受到部分与居住地户籍居民同等的服务和待遇。二者尽管还存在差别，但差距在缩小，户籍制度所强调的以身份为标准来获取福利和权益在淡化，居住证所强调的以居住、就业和缴纳社会保险为标准来获取福利和权益在增强，这为到2020年在全国范围内建立统一的居住证制度奠定了重要基础（见表2.8）。

表2.8：不同层级或类别人群的权益比较——以上海为例

人口类别 政策措施	户籍居民	居住证 （较多积分）	居住证 （标准积分）	短期居住或无居住证的流动人口
教育	享有义务教育资源以及参加上海卷高考的权利	子女可申请接受义务教育，可在本市参加高中阶段学校招生考试、普通高等学校招生考试	子女可申请接受义务教育，可参加本市全日制普通中等职业学校自主招生考试和高等职业学校自主招生考试	是否可以申请接受义务教育不确定；且不可参加本地高考
社会保险	城镇职工基本医疗和养老保险以及失业保险；或者小城镇社会保险；最低生活保障	本人及其配偶和同住子女可以按照本市有关规定参加本市社会保险，享受相关待遇	参加本市社会保险的，享受相关待遇	无任何社会保险待遇

续 表

人口类别 政策措施	户籍居民	居住证 （较多积分）	居住证 （标准积分）	短期居住或无居住证的流动人口
住房保障	享有参加住房公积金和住房补贴的权利；享有经济适用房和廉租房政策待遇	按照本市有关规定，可申请本市公共租赁住房，按照国家和本市有关规定，可在本市缴存和使用住房公积金		无住房保障安排
其他福利制度	享有居住证持有者所享有的待遇之外的诸如意外伤残赔偿和住房动拆迁补偿安置等多方面的特殊权益	按照国家和本市有关规定，在本市免费享受基本的计划生育技术服务，同住子女可按照国家和本市有关规定，在本市享受国家免疫规划项目的预防接种等基本公共卫生服务，并享有护照、机动车驾驶证等证照办理权利		国家规定的基本项目的计划生育技术服务

资料来源：《上海市居住证暂行规定》《上海市居住证暂行规定实施细则》《上海市居住证积分管理试行办法及其实施细则》《上海市居住证管理办法》。

2．基本公共服务均等化加快推进

近年来，国务院出台《关于解决农民工问题的若干意见》等一系列促进以农民工为重点的流动人口市民化的政策措施，农民工子女教育、职业培训、公共卫生和社会保障享有水平不断提高。十八届五中全会提出，“全面实施城乡居民大病保险制度”、“整合城乡居民医保政策和经办管理”、“实现职工基础养老金全国统筹”等改革举措，为“十三五”以实施居住证制度为目标推动城镇常住人口基本公共服务均等化创造了有利的政策条件。

3．流动人口融入城市愿望强烈

根据《中国流动人口发展报告 2015》，2014 年，流动人口在现居住地居住 3 年及以上的占 55%；打算在现居住地继续居住 5 年及以上的占 56%[①]。随着流动人口在现居住地居住时间的增长和居住意愿的增强，全面实施居住制度的社

① 国家卫生计生委流动人口司．中国流动人口发展报告 2015[M]．北京：中国人口出版社，2015.

会需求越来越大。

4．信息科技手段为推行居住证制度提供技术保障

在大数据时代，信息科学技术的飞速发展不仅为推行居住证制度提供了坚实的技术保障，也为拓展居住证功能开辟了广阔的空间。目前，身份证已经可以联网管理，对人员的属地管理和跨区域管理已经基本实现。借鉴美国等国家和地区经验，利用大数据等现代信息技术，以个人身份证号为核心形成新的居住证制度，实现居住证对其记录一生、管理一生、服务一生。

四、加快推进配套制度改革

从近几年各地户籍制度改革的探索实践看，由于配套制度改革滞后，缺少全国统一的政策指导，各地居住证制度差异较大，影响其实施效果。到2020年，全面实施全国统一的居住证制度，需要中央尽快出台配套改革措施。

1．明晰各级政府的基本公共服务责任

（1）强化中央政府在基本社会保障服务中的责任。尽快实现由中央统一标准，统一提供，改变其政策不统一、主要由地方提供的局面。

（2）规范中央和省级政府在基础教育、公共卫生和基本医疗服务中的责任。进一步细化中央和省级政府的服务范围、支出比例、管理权限等，按照受益范围确定支出责任分担比例；针对流入地和流出地义务教育经费衔接困难的问题，实行义务教育全国通用的教育券制度。尽快出台全国统一的异地高考方案。

（3）强化地方政府在公共就业服务中的责任。公共就业服务的受益范围基本上是地方性的，溢出效应不大，应由地方政府承担主要支出责任。

2．以流动人口变动为基础，建立财力与事权动态匹配的财税体制

（1）完善中央转移支付制度，保障流入地的财力。以多种渠道增加一般性转移支付比例。在每年的增量上，多安排一般性转移支付，逐步增加其比例；

将清理和取消的专项转移支付资金转化为一般性转移支付；实施中央对流入地流动人口基本公共服务的奖补机制。

（2）建立辖区财政责任机制，实现城镇基本公共服务常住人口全覆盖。人口流入地政府和财政在测算人均数时要按全部人口数来计算，而非按财政供养人口来计算，以实现基本公共服务的全覆盖。以调整财政支出结构为重点，从流动人口创造的财政收入中拿出一定比例用于流动人口基本公共服务的投入，解决流动人口基本公共服务供给难题。

3. 加快建立城乡统一的社会保障制度

（1）2020年实现“实际全覆盖、保障基本需求、城乡制度统一、转移续接无障碍”。到2017年，将符合条件的各类人群纳入制度体系，重点做好农民工、非公有制经济组织从业人员、灵活就业人员的参保工作；提高保障水平，缩小待遇差距，实现对重点人群“保基本”的目标。到2020年，整合城乡居民基本医疗保险制度、城乡最低生活保障制度，实现制度统一、转移续接无障碍，建成公平可持续的社会保障制度，基本实现基本公共服务均等化。

（2）推动城乡社会保障制度并轨。打破以身份为基础的社会保险制度设计架构，以建立共享社会保障制度为目标，推进城乡社会保障制度统筹发展。适时推动制度结构相同、筹资机制相似、待遇水平相差不大的城镇居民医疗保险和新农合并轨运行。同时，通过统一筹资渠道、统一基金管理、统一机构管理、明晰权益办法，使各类城乡社会保险制度统筹发展。

（3）完善社会保障的转移接续和异地就医机制。借鉴欧盟跨国养老保险权益计算办法，建立职工基本养老保险待遇“分段计算，归并发放”的新机制，使劳动者的养老金权益不会因跨地区流动而损耗。进一步完善《城乡养老保险制度衔接办法》，保障流动人口的合法权益，探索建立失业、生育保险的转移接续办法。

4. 让农业转移人口带着“土地财产权”进城

（1）把家庭承包土地纳入财产权法律保护范畴。建议在《土地管理法》第二条中增加一款“赋予农村土地使用权人的土地用益物权，使其拥有对土地使用权依法享有占有、使用、收益的权利”；建议将第十四条“土地承包经营期限为三十年”修改为“实现农村土地承包关系稳定并长久不变”；法律将其界定为“农民财产权”，纳入财产保护范畴。

（2）从法律上赋予农民住房财产权的完整产权。尽快结束现行法律限定农民宅基地“一户一宅”、转让限于本村的半商品化状况，赋予农民宅基地及其房屋所有人完整的财产权；发放统一的、具有法律效力的宅基地证书，从法律上赋予农民对宅基地使用权用益物权性质，赋予其占有、使用、收益、转让、抵押的完整权利。

（3）实现农村建设用地平等入市。建议在《土地管理法》第九条中增加一款“县级以上地方人民政府应当建立城乡统一的土地市场，主要通过市场配置土地资源”，为农民土地使用权的流转提供法律依据和制度保障；建议尽快出台建立城乡统一建设用地市场的实施方案，以严格规划和用途管制为前提，建立公开、公正、公平的统一交易平台和交易规则，打破目前地方政府独家垄断供地的格局，活跃土地二级市场，促进土地抵押、租赁、出让市场的发展和完善。

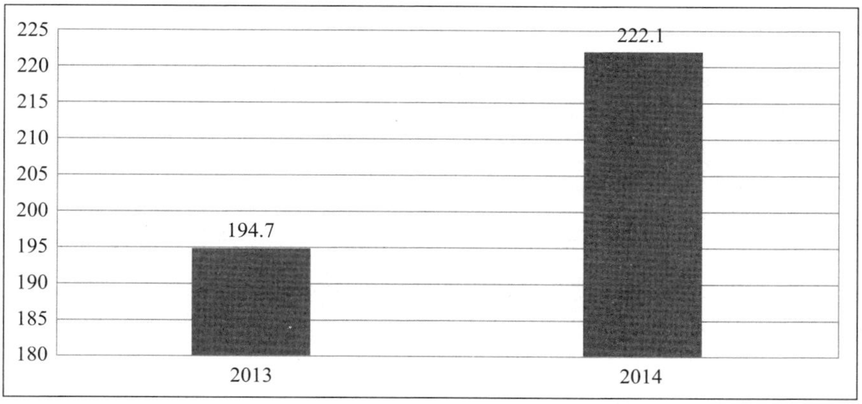

图 2.4：2013-2014 年农村居民家庭人均财产净收入（单位：元）

数据来源：国家统计局．中国统计年鉴 2015[M]．北京：中国统计出版社，2015.

第三节 “十三五”：着力推进中小城镇发展

在全国范围实施统一的居住证制度，需要处理好大中小城市人口规模调控与提高居住证承载福利的关系。“十三五”，以加大对中心城市的基础设施建设为重点，还是以加大中小城镇公共资源配置为重点，是投资战略方向的一个大判断。建议“十三五”要以中小城镇公共资源均衡配置为重点，加大投资，使中小城镇成为吸纳农业转移人口的重要载体。

一、中小城镇发展严重滞后是我国城镇化的突出短板

多年来，我国一再强调大中小城市和小城镇协调发展，但成效甚微。由于公共资源配置向大中城市倾斜的状况尚未根本改变，中小城镇发展相对滞后，并成为人口城镇化进程中的突出短板。

1. 中小城镇发展严重滞后

（1）中小城镇辐射的城镇化率低。据相关统计，目前，我国中小城镇及其直接影响和辐射的区域城镇化率仅为35%左右，远低于全国55%的平均水平①。

（2）中小城镇发展质量低。以京津冀为例，高度发达的中心城市下的中小城镇发展滞后，已经成为京津冀一体化的短板；由于京津冀周边小城镇生产和生活基础设施发展滞后，使很多建设中的新城成为“睡城”，远未发挥疏散人口的功能。

（3）中小城镇萎缩。根据相关研究，1990–2012年，大城市比重由1990年的12.8%增加至2000年的13.8%，然后迅速增加到2012年的24.4%；中等

① 我国中小城市城镇化率仅为35.1%，未来20年将是城市化主战场[EB/OL]. 新华网，2013–10–21.

城市的比重由 1990 年的 25.8% 增加到 2012 年的 38.2%；小城市数量则显著减少，比重由 1990 年的 61.4% 下降到 2000 年的 53.1%，到 2012 年进一步下降到 37.4%①。根据国家统计局数据计算，2014 年，全国地级及以上城市中，大城市、中等城市和小城市的比重分别为 48.97%、33.56%、17.47%②，小城镇发育严重不足。

2. 中小城镇发展滞后增大了户籍制度改革难度

（1）增加大城市户籍改革的难度。2001 年以来，以县域为主的中小城镇户籍制度放开的步伐加快，但大中城市仍是农业转移人口的主要集聚地，主要原因是中小城镇吸引力不足。根据《2014 年全国农民工监测调查报告》，2014 年，在外出农民工中，流入地级以上城市的农民工占 64.7%，跨省流动农民工有 77% 流入地级以上大城市。特大城市、大城市人口持续膨胀，不仅现行户籍制度改革难以突破，而且以城市增容费、“限购”、清理“三无人员”、禁止“地下室出租”和居民住房“群租”等行政手段强化了城乡二元制度结构。

（2）放开中小城镇户籍效果甚微。近 20 年来，我国小城镇的人口占城镇总人口比重减少了 10%③。主要原因在于政府的注意力和公共财力没有投向小城镇，很多支农补贴和扶植政策绕过了中小城镇。由于中小城镇对流动人口的吸引能力不足，尽管很多中小城镇已经放开户籍，但很难吸引农业转移人口落户。

3. 中小城镇发展空间巨大

（1）中小城镇吸纳农业转移人口能力有增强的趋势。从现实情况看，大城市接纳大量的农业转移人口的能力逐步减弱，而中小城镇在吸纳就业、促进城乡基本公共服务均等化的作用逐步显现。在全国已转移的农村劳动力中，乡镇

---

① 魏后凯等 . 中国城镇化和谐与繁荣之路 [M]. 北京：社会科学文献出版社，2014.

② 国家统计局 . 中国统计年鉴 2015[M]. 北京：中国统计出版社，2015.

③ 仇保兴 . 城镇化应守住哪些“底线”——在上海管理科学研究院谈城镇化 [N]. 解放日报，2014-02-22.

企业等县域中小企业吸纳50%以上，东部经济发达地区农村劳动力在中小城镇就地转移的高达90%以上[①]。

（2）居住证制度改革与房地产去库存相结合，稳定房地产市场。化解房地产库存与城镇居住证制度改革相结合，加快推进农业转移人口在中小城镇落户安家，将会取得一举多得的效果。全国一线城市房价基本都突破万元以上，二线城市房价也达到一定高位，农业转移人口很难买得起房；而县域为主的中小城镇大都在3000元/平方米左右，购房成本远低于一、二线城市。国家统计局数据显示，截至2015年10月末，商品房待售面积68632万平方米[②]，而这些库存主要分布在三、四线城市。

（3）中小城镇户籍制度改革难度小。近年来，中小城镇户籍基本放开，据《2014年全国农民工监测调查报告》数据显示，小城镇外出农民工中，省内乡外流动占46.1%。“十三五”率先在中小城镇实施居住证制度，建立城乡一体化的体制机制，推进农业转移人口就地城镇化，更具备条件，现实性也更强。

4．中小城镇蕴含巨大的投资和消费潜力

（1）加大中小城镇公共资源配置蕴含着巨大投资潜力。根据相关规划，“十三五”仅县级市与县城的污水处理厂、配套管网及改建污水处理厂的投资就将超过千亿元；以中小城镇为重点的全国性网络建设投入预计超过1万亿元[③]。

（2）加快中小城镇发展蕴含着巨大消费潜力。初步测算，2015年，城乡居民消费水平相差16705元[④]，如果1.6亿外出农民工中，有50%流向小城镇并能

---

① 迟福林．以公共资源配置均等化为重点的中小城镇发展[N].中国经济时报，2014-01-06.

② 国家统计局.2015年1～10月份全国房地产开发投资和销售情况[EB/OL].国家统计局网.2015-11-11.

③ 姚轩杰．宽带基础设施外溢投资待启动，中小城镇潜力大[N].中国证券报，2013-08-08.

④ 国家统计局．中国统计年鉴2015[M].北京：中国统计出版社，2015.

落户，由此带来的新增消费将达到 1.4 万亿元；如果 2.7 亿农民工中有 60% 集中在中小城镇，由此带来的新增消费将达到 2.7 万亿元。

二、发展中小城镇重在打破行政等级化的公共资源配置体制

中小城镇发展滞后，与行政等级化的公共资源配置体制直接相关。实现公共资源配置向中小城镇倾斜，成为加快人口城镇化进程的重要条件。

1. 公共资源配置不均成为大中小城镇发展失衡的突出因素

（1）基本公共产品供给不均衡。突出表现在中小城镇医疗、卫生、教育等基本公共服务资源配置落后。以医疗资源配置为例，根据《中国统计年鉴 2015》，2014 年每千人口医疗卫生机构床位数城市为 7.84 张，农村仅为 3.54 张，相差 2.21 倍；城市每千人口卫生技术人员数为 9.70 人，农村仅为 3.77 人，相差 2.57 倍。大城市集中了我国 80% 的优质医疗资源，其中的 80% 又集中在大医院。全国排名前 50 的医院主要分布在“北上广”①。

（2）中小城镇基础设施发展滞后。2014 年，我国城市用水普及率、燃气普及率、污水处理率、城市生活垃圾无害化处理率分别达到 97.64%、94.56%、85.94%、91.77%；以县城主体的中小城镇，以上 4 项指标分别为 88.89%、73.23%、80.19%、71.58%②。

2. 根源在于行政等级化的城镇管理体制

（1）公共资源按行政级别配置，形成公共福利“洼地效应”。公共资源分配按照等级制划分，最多的是省级，然后是副省级城市、地级市、县级市，中小城镇得到的公共资源最少。行政等级化的公共资源配置机制，不仅造成中小

① 迟福林．以公共资源配置均等化为重点的中小城镇发展 [N]. 中国经济时报，2014-01-06.

② 住房和城乡建设部 .2014 年城乡建设统计公报 [EB/OL]. 住房和城乡建设部网，2015-07-03.

城镇公共资源配置严重不足，对流动人口缺乏吸引力，也是造成大城市快速扩大、盲目扩张的重要体制性因素。

（2）土地指标集中于行政级别高的城市，中小城镇用地指标紧缺。目前，土地建设用地指标绝大部分都集中在大中城市，县和县以下分配到的比例非常小。以河南省为例，到 2020 年县级以上及省级产业集聚区用地指标占 96%，小城镇用地指标只占 4%[①]。中小城镇由于缺乏新增建设用地指标，不少乡镇居民住房、学校、医院等基建和公共服务设施建设多年无法改善。有的中心城镇人口密度在每平方公里万人左右，导致房价高企、学校大班制、基层医院看病难等一系列问题。

（3）公共财政资源不断向行政级别高的城市集中。一方面，行政级别高的城市，可以利用行政手段集中辖区内其他城镇的财政资源。根据《中国城市统计年鉴 2014》计算，2013 年，直辖市市辖区的人均公共财政收入是县和县级市的近 6 倍；人均财政支出，前者是后者的近 4 倍（见表 2.9）。另一方面，中小城镇财政留成比例偏低。现行的增值税分成比例县级财政留成比例较小，并且经济越发达的镇，财政收入留成比例越低，真正留在镇里能够支配的财力并不多，远不能满足城镇建设和城镇公共服务的基本需求。

表 2.9：2013 年不同层级城市人均财政收支及比较

	县和县级市	地级市市辖区	省会城市市辖区	直辖市市辖区
人均财政支出（元）	5329.6	9984.1	12537.3	21317.7
人均财政收入（元）	3324.2	7224.2	11752.5	18592.5
人均财政支出比	1	1.9	2.4	4.0
人均财政收入比	1	2.2	3.5	5.6

数据来源：根据《中国城市统计年鉴 2014》计算得出。

① 李松 . 调查称小城镇"抢地"冲动强烈 违规违法问题凸显 [J]. 半月谈，2013(13).

3. 以公共资源配置的“疏散”来“治堵”和“兴城”

在行政等级化的城镇管理体制下，公共资源配置的行政中心偏向和大城市偏向的“双重偏向”特点突出，从而导致城镇规模结构失衡。北京、上海等特大城市以及省会城市、中心城市为缓解交通拥堵等“大城市病”，不断依靠行政级别优势，通过行政手段增加基础设施、公共产品投入，以提高人口承载力，或通过户籍、限购等行政手段，限制人口流入，但“大城市病”愈加严重。例如，尽管北京实施了最严格的限制外来人口的户籍政策，但 2013 年北京人口总量达到 2115 万人。2000–2013 年，北京常住人口年均增长接近 60 万，总人口增长了 752 万[①]。

与大城市形成鲜明对比的是，中小城镇由于行政等级较低、规模小、基础设施落后、公共服务短缺及人口承载等综合功能较弱，普遍缺少产业支撑和“人气”。例如，北京周边部分新城变成有业无市的“睡城”，难以起到载体作用。这表明中小城镇发展滞后重要的不是产业问题，而主要是教育、医疗、文化等公共资源的配置难以满足转移劳动力的需求。

三、推进大中小城市协调发展

形成大中小城市协调发展，关键在于促进公共资源均衡配置，以公共资源均衡配置促进基本公共服务均等化，实现人口的合理流动和城镇的科学布局。

1. 加大中小城镇公共资源投资

（1）填平户籍制度形成的公共福利“洼地”。欧美发达国家城镇化发展经验表明，城市化合理布局重在公共资源的均衡配置。例如，美国哈佛大学设在马萨诸塞州剑桥镇；德国几千人口的小镇也拥有均等的区域交通、通讯、供电、供水等基础设施网络；在挪威，两万人的小城镇也有大学，教育、医疗、文化，大体同城市接近。公共资源的均衡配置为城镇均衡发展创造了良好的条件，加

---

① 报告称北京应弱化户籍福利 明确外来人口落户条件 [N]. 光明日报，2014–05–27.

之方便的生活配套条件，使小城镇拥有大城市无法比拟的优越性。提高我国中小城镇的“人气”，避免“见城不见人”问题，关键在于增强就业的吸纳能力、生活的便利程度和优质公共服务的可获得性。

（2）填平行政等级制度形成的公共福利“洼地”。目前，我国大量农民工即使无法获得与城市户籍人口同等的公共福利也争相涌向大城市，不愿意在中小城镇落户，主要原因在于不同规模、不同等级城市之间的公共资源配置严重失衡。例如，特大城市、大城市的人均道路面积、每万人拥有的公交车数量、图书馆和影剧院、三甲医院、重点高校数量等公共设施指标，都远远高于中小城镇。为此，“十三五”有序引导农业转移人口向中小城镇集聚，重要的是解决政府公共服务资源的配置与行政级别脱钩问题，把更多的发展权下放到基层中小城镇，加大对中小城镇公共资源投入，让农业转移人口在小城镇愿意生活、能够生活、充分就业、有能力买房。

2. 把公共资源均衡配置作为中央地方财税体制改革的重点

提高县级政府增值税分成比例，同时实施消费税共享政策；加大各级政府对中小城镇的转移支付力度，实现新增财政城市建设资金主要用于中小城镇，实质性地提高中小城镇人口集聚功能[①]。

3. 改革用地制度

城镇建设用地指标向吸纳人口较多的中小城镇倾斜，引导产业布局向中小城镇转移；同时，用地计划指标要向保障性住房、医疗卫生、教育、社会保障等领域倾斜，提高中小城镇人口承载能力；尽快实施服务业用地与工业用地“同地同价”政策，推动中小城镇服务业发展和乡镇工业转型升级，提高中小城镇吸纳就业的能力。

---

① 迟福林．转型抉择——2020：中国经济转型升级的趋势与挑战 [M]. 北京：中国经济出版社，2015.

4. 重点改善中小城镇的公共基础设施

特大城市将交通、供水等基础设施向周边中小城市和小城镇延伸，推进特大城市中心城区公共服务功能向周边中小城市和小城镇扩散，用综合交通网络和信息化网络把大中小城市和小城镇连接起来；设立专项资金，加强中小城市和小城镇基础设施建设，完善公共服务设施；发挥政策性金融的优势，加大对小城镇公共设施、公共服务、城镇民生等公益性领域的金融支持。

第四节 以“人”为核心的城市治理

随着人口城镇化进程的加快和流动人口规模的扩大，向以居住证制度为载体的城市治理提出了新的挑战。“十三五”，需要以“人”为核心，加快转变城市发展方式，促进城市治理体系和治理能力现代化。

一、从人口城镇化走向“人”的城镇化

近年来中改院一直呼吁人口城镇化，原因就在于，如果没有一定规模的人口城镇化，以“人”为核心的城镇化就缺少重要基础。“十三五”，实现以“人”为核心的城镇化目标，加快推进人口城镇化进程是重中之重。

1. 人口城镇化是以“人”为核心的城镇化的首要任务

所谓人口城镇化，是指农民流入城市就业并长期生活，成为城市新市民和逐步融入城镇的过程。“人的城镇化”是最高目标，首要的是要加快推进“人口城镇化”进程。一方面是实现“量”的改变，推进农业转移人口由农村向城镇的空间迁移；另一方面是实现“质”的提升，农业转移人口不仅实现劳动力的城镇化，更重要的是实现作为消费主体的城镇化，使农业转移人口在经济、社

会、文化、价值观等各方面从传统农业社会向现代城市社会转型。

2. 新型城镇化的核心是人口城镇化

我国的城镇化道路，规模城镇化的色彩比较突出。例如，以工业化为主导、以做大经济总量和承载投资为主要目标、以土地批租为重要手段、以劳动力城镇化为主要特点。这种城镇化模式在推动经济增长的同时，也积累了投资消费失衡、产能过剩、资源浪费、环境破坏等问题。进入发展型新阶段，这种规模城镇化的矛盾问题日益凸显，难以为继。

我国规模城镇化的突出问题是常住人口城镇化率明显高于户籍人口城镇化率。在这种情况下，实现“人的城镇化”，首先要推动规模城镇化向人口城镇化转型，使户籍人口城镇化率达到一定水平。如果没有较高的户籍人口城镇化率和城市发展质量，就很难实现“人的城镇化”。

3. 把人口城镇化作为城镇化转型的出发点、落脚点

从“人口城镇化”走向“人”的城镇化，是一个分步实施的过程。如果到2020年人口城镇化问题不解决，尤其是4亿左右的农民工及其家属不能实现市民化，不能真正融入城市，那就是不成功的城镇化。不能只把解决城市的环境问题、交通问题等作为衡量城镇化的标准，这是一个表层问题。需要把解决人口城镇化作为城镇化转型的出发点和落脚点。一是坚持以人口城镇化带动工业化的转型升级，带动产业结构调整，由此将形成服务业发展的大环境，以服务业主导的城镇化增强农业转移人口吸纳能力；二是坚持以人口城镇化带动城乡一体化。通过人口城镇化拉动城乡一体化，应当成为城镇化转型发展的重大任务；三是以人口城镇化带动中等收入群体的持续增加。到2020年，人口城镇化基本格局初步形成，对提高中等收入群体规模将产生决定性影响[①]。

---

① 迟福林．转型抉择——2020：中国经济转型升级的趋势与挑战[M]. 北京：中国经济出版社，2015.

二、创新城市治理方式

2015 年的“深圳滑坡事件”暴露出城市治理的短板。2015 年中央城市工作会议提出，“促进城市治理体系和治理能力现代化”。实现这一目标，关键在于确立以人为核心的城市治理理念，创新城市治理方式。

1．推进城镇发展方式转变

（1）推进服务业主导的城镇化转型升级。全面实施居住证制度，促进人口有序流动，对我国工业主导的城镇化模式提出了挑战，迫切要求推进服务业主导的城镇发展方式转型升级。“十三五”，如果服务业就业吸纳能力保持在当前GDP 吸纳就业能力的水平上（150 万人 ~ 170 万人），每年按 7 个百分点增长估算，每年吸纳的就业将至少达到 1050 万人 ~ 1200 万人。这将为有效吸纳农业转移人口创造重要条件。另外，服务业主导的城镇化将进一步提高劳动者报酬比重，为城镇常住人口消费升级提供可能，也进一步带动了城镇服务业集聚，提升了城镇化质量。

（2）推进城市集约发展。近几年，超级城市和特大城市出现了比较严重的交通堵塞、环境污染等问题，是大城市粗放发展、大中小城市和小城镇空间布局不合理、城市管理能力不足等城镇化发展质量不高的主要表现。例如，2000-2013 年，城镇建成区面积增长 93.6%，远高于城镇人口 59.3% 的增长速度；但从城市容积率这个指标看，一线城市的容积率普遍偏低：北京住宅用地容积率限制在 2.8 以下，上海为 2.5 以下，香港高达 10，纽约则高达 12。如果与首尔密度相当，广州还可以在现有土地上多容纳 420 万人口，深圳还可以多容纳530 万人口[①]。短时期内，人口流动的主要区域是城市群和中心城市，需要加强城市精细化管理。

---

① 韩俊 . 新型城镇化的路径考量 [EB/OL]. 央视网，2014-04-15.

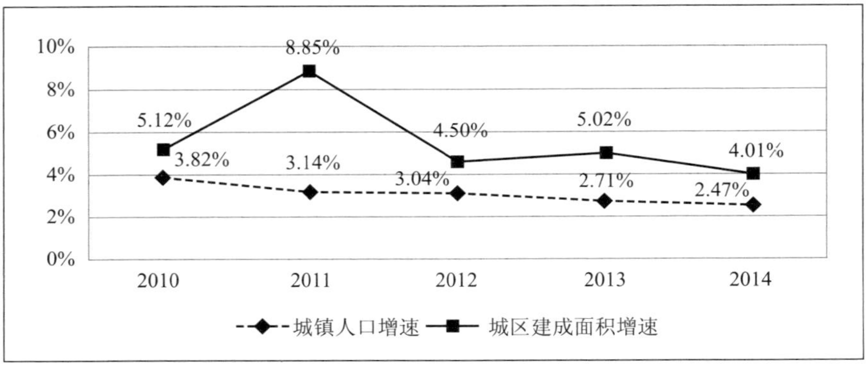

图 2.5：2010–2014 年城市建成区面积与城镇人口增速比较

资料来源：根据 2009–2015 年《中国统计年鉴》计算得出。

（3）推进城市绿色发展。以新能源汽车为例，有专家预测，到 2020 年我国汽车市场的年销量可能达到 3000 ~ 3200 万辆，由此加剧环境污染及能源问题。我国汽车行业要实现可持续发展，就必须走绿色低碳的发展之路。目前我国新能源汽车的整体发展状况与外国的差距相对较小，加快发展新能源汽车对解决能源、环保、低碳等发展问题，促进城市可持续发展将发挥重要作用。

2. 以"多规合一"为抓手创新城市治理体制

按照统一规划体制、统一重要资源利用、统一基础设施建设、统一产业布局、统一生态环境治理、统一要素市场、统一基本公共服务等思路，以大中小城市和小城镇的互联互通推动区域一体化，以地区间城镇的互联互通优化经济发展空间格局。

3. 以智慧城市推动城市治理现代化

（1）实现城市间的信息共享。着力打破由于行政分割、管理分治、部门利益等原因造成的信息分割分治格局。完善城市综合管理运行体系，构建城市部门间横向联合、纵向贯通的合作机制；加强省与省之间信息贯通和合作机制，实现跨地区信息共享。

（2）以智慧城市改进公共服务能力。"十三五"应着重在与城乡居民生活息息相关、社会关注度高的领域实现率先突破，改进公众生活方式，提高民众幸福指数。为此，需要积极开展智慧社区、智慧楼宇、智慧校园、智慧医院、智慧乡村等建设示范，推广智能技术在城市交通、公共安全、社会民生、家庭生活等领域的应用，让广大居民都能体验城市智慧化带来的便民、利民、惠民，享受智慧城市带来的美好生活。

（3）以智慧城市推动大中小城市合理布局，提升中小城镇吸引力和集聚力。破解大中小城市发展失衡的矛盾，需要加快提升中小城镇的吸引力，减轻人们对大城市的依赖，特别是对大城市优质公共资源的依赖。“十三五”重点是将智慧医疗、智慧教育、智慧交通、智慧物流、智慧环保、智慧规划、智慧城管向中小城镇延伸，通过物联网、云计算、大数据、空间地理信息等技术缩短大中小城市的空间距离，增强小城镇居民对优质公共资源和公共服务的可及性。这不仅能缓解大城市人口压力，也有利于推动公共资源配置均等化，大大增强中小城镇的“人气”集聚力。

4. 打造高效的公共安全保障与应急工作系统

通过网络化信息系统提供的数据共享、信息处理与决策辅助功能，提高应对生产安全事故、自然灾害、群体性事件、恐怖事件等突发事件的监测、预警、预案及应急管理与处置能力，提升城市管理能力；进一步优化和整合政府服务资源，提高对公众、企业、社区、家庭、学校、医院的信息服务能力，实现城市管理的主动化、智能化、便捷化、时效化、安全化，全面提升城市管理的质量和效益。

Breakthroughs
in Transformation

第三章

消费结构变革

由物质型消费为主向服务型消费为主的转型

“十三五”，13 亿人的服务型消费全面快速增长，是我国经济转型版图上的最大亮点和最大优势。服务型消费将引发经济结构、社会结构、制度结构的深刻变革，对供给侧结构性改革提出客观要求。

“十三五”，随着我国进入工业化中后期，消费结构开始由物质型消费为主向服务型消费为主转型。13亿人的服务型消费全面快速增长，既是我国经济转型升级的最大亮点和突出优势，也是经济转型升级的重要推动力。为此，把扩大13亿人的服务型消费作为供给侧结构性改革的重大任务，不仅能够有效缓解转型“阵痛”，而且能够为产业创新提供广阔的市场空间，为经济转型提供源源不断的新动能。总的来看，把握我国进入服务型消费新时代的大趋势，就能抓住转型发展的历史机遇，赢得供给侧结构性改革的主动权。

第一节 “十三五”：服务型消费全面快速增长的新阶段

我国进入发展型新阶段，重要特征是服务型消费全面快速增长。服务型消费蕴含的巨大潜力，不仅是经济增长的突出优势，而且是经济转型升级的新动力。把握消费升级的大趋势，释放13亿人的服务型消费新需求，引领服务型消费新供给，成为“十三五”深化供给侧结构性改革的战略重点。

一、由物质型消费为主向服务型消费为主转型的大趋势

随着我国进入中高收入阶段，消费主体发生历史性变化，全社会正进入大众消费的新时代。与过去相比，城乡居民消费结构由物质型消费为主向服务型消费为主转型的趋势和特点越来越明显。

1. 消费主体的历史性变化

（1）中等收入群体成为重要的消费主体。“十三五”我国进入中高收入阶段，将有 3 亿左右的人口成为中等收入群体[①]。中等收入群体受教育程度较高，更加注重生活品质，愿意花费更高价格获得质量更高、更安全的服务和产品。中等收入群体的趋优消费成为推动消费结构由物质型消费为主向服务型消费为主转型的重要力量。

（2）“80 后”、“90 后”、“00 后”等新生代消费主体的崛起。目前我国“80 后”的总人口数是 2.28 亿，“90 后”是 1.74 亿，“00 后”是 1.26 亿[②]，三大群体总人数大约为 5.28 亿，成为服务消费、时尚消费、互联网消费的主力军。他们的消费观念、消费权利、消费意识、消费话语正在深刻影响着整个商业环境。近年来，很多品牌包括世界名牌，都将我国的“80 后”和“90 后”确定为自身最大的目标客户。

（3）人口老龄化与老年消费群体的扩大。截至 2015 年年初，我国 60 岁以上的人口占到总人口的 15.5%，达到了 2.12 亿[③]。根据人社部的相关预测，到 2020 年，我国 60 岁以上人口占比将达到 19.3%[④]。老年消费群体的扩大，正在

① 苗树彬，方栓喜 . 扩大中等收入群体是个大战略 [N]. 光明日报，2013-04-23.

② 人口恐慌：90 后比 80 后少了 30%，00 后还更少，这意味着什么 [EB/OL]. 北京证券网，2015-05-31.

③ 杜军帅 . 截至 2014 年底中国 60 岁以上老年人口已达 2.12 亿 [N]. 人民日报，2015-06-12.

④ 周頔 .“人口老龄化”困扰中国 [N]. 民主与法制时报，2015-11-24.

带动健康服务、养老服务等服务业快速发展。

2. 物质型消费在消费中的比例持续下降

（1）物质型消费需求增速趋缓。城镇居民的物质型消费需求增长速度明显放缓，2011–2014 年年均增速（1.54%）不到 2000–2010 年年均增速（8.67%）的 1/5；农村居民的物质型消费需求增长也开始进入下降通道，2011–2014 年年均增速比 2000–2010 年年均增速下降了约 5 个百分点①。

（2）物质型消费需求占比下降。近年来，城乡居民的耐用消费品的普及度不断提高，物质型消费总体上处于饱和状态。例如，虽然城乡居民用于食品、衣着的消费支出规模在上升，但其在整个消费中所占的比重不断下降。从城乡居民消费结构看，1990–2014 年，城镇居民消费支出中食品和衣着的人均消费规模从 864.7 元提高到 7501.5 元，支出占比从 67.61% 下降到 44.94%；农村居民消费支出中食品和衣着的人均消费规模从 199.9 元提高到 2811.0 元，支出占比从 53.34% 下降到 41.85%②。

（3）物质型消费供给能力由不足转向过剩。随着工业化进程的不断加快，我国作为全球第一制造业大国，物质型消费供给总体上由短缺走向过剩，一般的物质型消费产品供给趋于饱和。经过“井喷式”的消费扩张后，彩电、冰箱、空调、电脑、汽车等“大件”消费品进入寻常百姓家，在物质型消费领域，很难再找到产品不过剩的行业。

3. 服务型消费需求全面快速增长

（1）服务型消费占比不断提高。城乡居民消费结构由物质型消费为主向服务型消费为主升级，突出表现在信息消费、健康消费、旅游休闲消费、教育消

① 数据来源于《2015 中国统计年鉴》，其中物质型消费主要包括食品烟酒、衣着、居住三大项。为了保持数据的一致性，均采用人均现金消费支出。

② 数据来源于《2015 中国统计年鉴》，为了保持数据的一致性，均采用人均现金消费支出。

费、文化消费、养老消费、绿色消费等服务型消费全面快速增长。2000–2014年，我国城镇居民人均服务型消费支出从1960.92元提高到7563.44元，年均增长9.4%，2014年服务型消费支出比重达到45.32%的高位。以城镇居民人均医疗保健、交通通信、文教娱乐三大服务型消费支出占比为例，如果按1985–2014年的平均增速增长，到2020年三大服务型消费支出比重将接近39%；如果年均占比提高0.8 ~ 1个百分点，到2020年三大服务型消费支出比重将超过40%。同时，随着服务型消费需求的不断释放，城镇居民服务型消费比重有望年均提高0.5 ~ 0.6个百分点，到2020年达到50%左右，成为城镇居民的消费支出大头[①]。

（2）服务型消费增长迅速。即使在宏观经济不景气的背景下，旅游、娱乐、文化等消费增长速度依然强劲。以电影消费为例，2015年，全国城市院线观影人次12.6亿，同比增长51.8%；全国电影总票房收入440.69亿元，同比增长48.7%；单片票房纪录从10亿元出头直接拉升到24.39亿元[②]。

4. 物质型消费服务化趋势明显

（1）物质型消费服务化。以食品消费升级为例，不仅要吃得好，吃得安全，还要享受更优质的餐饮服务和饮食文化。现实中，能更好满足消费者所需服务的餐饮企业更受到市场欢迎，老百姓也愿意接受略高的价格。比如“海底捞”，就是凭借优质服务，成长为一家大型企业；而一些传统的餐饮企业品牌，由于服务跟不上，正日渐衰落。

（2）物质型产品融入服务元素。即使是传统的物质型消费，也需要融入服务元素才能满足客户需求。在物质型产品中大量融入增值服务，成为从传统消费向新型消费升级的突出特点；更多服务元素的植入也在快速改变传统产品的应用结构。例如，手机已不再是一种简单的通讯工具，而是引入了各类互联网

① 迟福林．转型抉择——2020：中国经济转型升级的趋势与挑战[M]．北京：中国经济出版社，2015.

② 邱玥．告别2015文化消费持续发力[N]．光明日报，2016-01-14.

增值服务，各种线上线下服务已经远远超出手机本身的价值。总的来看，如果传统物质型产品不贴近客户融入服务元素，就很难再找到销路。

5. 服务型消费成长的潜力巨大

未来5～10年，服务型消费的增长不仅速度快，而且呈现潜力大、规模大的突出特点。尤其是信息消费、健康消费、旅游休闲消费、教育消费、文化消费、养老消费、体育消费、绿色消费八大领域服务型消费正在快速成长，其中任何一项消费每年都能够带来万亿元级别的市场空间。

专栏3.1

八大领域服务型消费增长潜力巨大

1.**信息消费**。根据2013年《国务院关于促进信息消费扩大内需的若干意见》，到2015年我国信息消费规模将超过3.2万亿元，年均增长超过20%，并带动相关行业新增产出超过1.2万亿元。其中，基于互联网的新型信息消费规模将达到2.4万亿元，年均增长30%以上；电子商务交易额超过18万亿元，网络零售交易额突破3万亿元。

2.**健康消费**。2013年10月14日，《国务院关于促进健康服务发展的若干意见》提出到2020年，我国健康产业总规模达到8万亿元以上。我国仍然是世界上最具吸引力的市场之一，同时也是增长最快的市场。

3.**旅游休闲消费**。1994—2013年，我国城乡居民旅游人数和总费用年均增速分别为10.10%和18.63%，均超过同期经济增速和城乡居民收入增速。值得关注的是，农村居民旅游总花费和人均旅游费用年均增速分别超过城镇居民1.6个百分点和8.11个百分点，这表明农民的旅游需求正在释放。

4.**教育消费**。《2014年中国教育市场发展报告》显示，目前半数以上家庭的教育培训消费超过5000元，其中近三成过万元。截至2013年年底，我国居民储蓄总额达到45万亿元，其中教育消费支出达到2万亿元。这为我国教育市场提供了广阔的发展空间。保守估计，未来几年，我国培训市场规模将达到1万亿元。

5.**文化消费**。文化领域需求的快速上升也带动了文化产业的迅速发展。据统计，我国城镇居民的文化支出占比从2004年的6.6%提高到2012年的7.3%，预计到2020年全国文化消费需求总量将达到16.65万亿元。

6.**养老消费**。根据《中国老龄产业发展报告（2014）》，2014年我国老年人市场消费潜力为 4 万亿元，预计到 2020 年将提高到 8 万亿元，我国老龄产业正进入快速成长期。

7. **体育消费**。2015 年，中国体育产业增加值达到 4000 亿元。按照《国务院关于加快发展体育产业促进体育消费的若干意见》提出的目标，2020 年达到 3 万亿元，需要保持每年 50% 的增速；到 2025 年达到 5 万亿元，每年的增速将达到近 30%。

8. **绿色消费**。我国绿色需求和绿色消费起步较晚，但随着人们绿色消费理念的不断强化而发展迅速。有调查显示，94% 的城市消费者愿意为"绿色"产品和服务多支付 45% 的费用。例如，绿色建筑近年来开始成为消费热点。2011 年我国城镇节能建筑仅占既有建筑总面积的 23%，到 2020 年我国绿色建筑占新建筑比重将超过 30%，这将带来巨大的绿色消费空间。

资料来源：中改院课题组整理。

二、服务型消费成为拉动经济增长的新引擎

服务型消费的全面快速增长正在改变我国的经济增长格局。从近年来的情况看，服务型消费领域的产业发展速度远高于 GDP 增速，成为我国缓解经济下行压力的重要因素。在服务型消费的推动下，消费成为经济增长重要驱动力的阶段性特征逐步加强。

1. 服务型消费领域的产业发展速度远高于 GDP 增长

服务型消费领域的产业发展速度不仅远远高于传统工业，而且远高于 GDP 增长。根据国家统计局初步核算数据，2015 年，我国 GDP 增速为 6.9%，第二产业增长率为 6.0%，而服务型消费领域的相关产业大都保持两位数的增长，全国实物商品网上零售额增长 31.6%，远超过社会消费品零售总额的增长速度[①]。

2. 服务型消费为主的消费成为经济增长的主要驱动力

在服务型消费带动下，消费成为拉动经济增长的重要引擎。服务型消费的

① 国家统计局 .2015 年国民经济运行稳中有进、稳中有好 [EB/OL]. 国家统计局网，2016-01-19.

快速增长，使投资与消费在拉动经济增长中的地位作用发生历史性变化，消费在拉动经济增长中的"主角"地位逐步确立。2011 年，消费对经济增长的贡献率达到 62.83%，首次高于投资贡献率（45.35%），投资、消费对经济增长的贡献率首次出现拐点（见图 3.1）。2014 年，我国最终消费支出贡献率为 51.6%；2015 年，最终消费对 GDP 增长贡献率为 66.4%，比上年高出 14.8 个百分点，消费在拉动经济增长中"第一推动力"的地位逐步稳固。

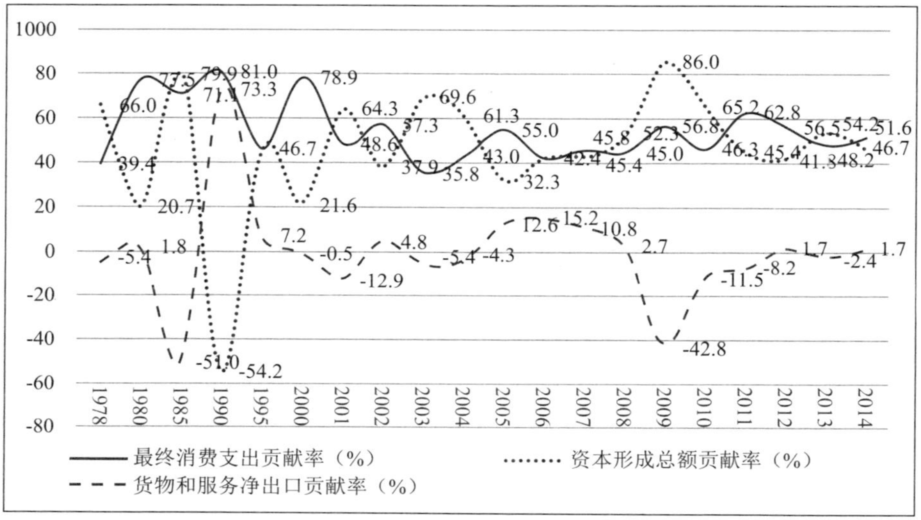

图 3.1：1978–2014 年三大需求对经济增长的贡献率（单位：%）

数据来源：国家统计局．中国统计年鉴 2015［M］．北京：中国统计出版社，2015.

3．服务型消费带来巨大的投资需求

以健康消费为例，健康消费将带动医疗健康产业投资需求快速增长。随着城乡居民的医疗健康需求快速释放，我国将成为增长最快、规模最大的医疗市场。据麦肯锡报告，预计到 2020 年，我国医疗卫生市场总规模将突破 1 万亿美元；据中国科学技术战略研究院研究预测，到 2020 年，我国仅生物医药产业将形成约 8 万亿元的支柱产业[①]。

① 张彬 .2020 健康产业或达 10 万亿 央企积极布局健康产业 [N]. 经济参考报，2013–04–12.

4. 服务型消费成为引领创新创业的重要载体

根据《2014年度创业者报告》，创业者最看好的行业基本上都是服务行业。例如，2014年年底，全国网店直接带动就业累计逾1000万人，其中大学生创业的网店带动就业人数约为618万人，贡献率达到六成[①]。许多大学生将云计算、智能终端等新技术运用到服务型消费领域。被称为“淘宝第一村”的浙江义乌青岩刘村，凭借着“全球小商品集散地”的货源优势，电子商务犹如雨后春笋，在义乌遍地开花。这个原本仅有1486名村民的村庄，现在容纳了8000多人，淘宝网店超过2000家，年成交额达数10亿元[②]。再以“滴滴”、“快的”为例，这两家成立仅3年的打车软件公司，已经对传统的出租车领域形成了巨大的冲击，成为众多年轻人青睐的智能出行平台。

三、消费结构升级成为经济转型升级的驱动力

在传统工业投资下行压力巨大、出口面临复杂多变形势的特定背景下，服务型消费全面快速增长、热点纷呈，是“十三五”经济转型升级的突出亮点和突出优势。把握服务型消费新时代的历史机遇，我国有望走出一条产业转型升级的新路子，有效化解传统工业增速下降带来的各类经济风险。

1. 服务型消费推动经济服务化

服务型消费全面快速增长，大大加快了我国经济的服务化进程。2001–2008年，我国服务业占GDP的比重一直徘徊在40%左右。但从2012年开始，服务业比重明显提高，当年比重提高超过1.2个百分点。到2015年末，服务业增加值增速已经连续12个季度超过GDP和第二产业的增速。2008年国际金融危机爆发以来，在国内外经济形势发生深刻复杂变化的背景下，我国服务业增加值从2008年的13.1万亿元增长到2013年的26.2万亿元，已经实现了规模上

① 陈旭佳. 大学生网店创业带动就业618万人[EB/OL]. 中国政府网，2015-07-28.

② 于土航. 让民间高手有用武之地[EB/OL]. 中国政府网，2015-03-16.

的倍增[①]，2015 年服务业增加值更是高达 34.16 万亿元[②]。

2. 服务型消费推动高端制造的兴起

"服务型消费 + 高端制造"正在塑造"中国智造"的新模式。尽管智能制造发轫于西方，但最大的消费市场在中国。可穿戴智能设备、家用机器人成为国人服务型消费的热点，也是我国高端制造业企业角逐的热点。据《可穿戴设备研究报告》显示，2015 年，我国智能可穿戴设备市场规模为 125.8 亿元，增速高达 471.8%[③]。2014 年，随着智能信息技术的快速发展，我国家用智能机器人的科研和应用呈爆发式"井喷"。2015 年被称为中国家用机器人推广与普及的市场"元年"。例如，海尔首次推出即将进驻智能家用机器人市场的 8 大系列 39 款智能无线产品[④]。

3. 服务消费带动技术升级

无论是服务业还是制造业，技术升级与服务需求都呈现出融合的趋势。以软件开发为例，尽管一些新的硬件生产对软件开发仍有比较大的需求，但软件开发最大的要务是适应消费者最直接的服务需求。例如，苹果手机的核心就是采取新的软件开发模式，把服务变成软件，创新消费者服务模式，使消费者更便捷、更舒适，手机使用功能更强大。在制造业中，技术升级与消费者服务需求也越来越紧密地结合在一起。有望形成重大技术突破的 3D 打印技术，重要的特征是把生产环节与消费环节无缝连接在一起，未来 3D 技术将被广泛运用到医疗、汽车等服务领域。

---

① 迟福林 ."十三五"：走向服务业大国的转型与改革 [N]. 经济参考报，2015-02-16.

② 国家统计局 .2015 年国民经济运行稳中有进、稳中有好 [EB/OL]. 国家统计局网，2016-01-19.

③ 2015 年中国可穿戴市场规模超 125 亿 增 471.8%[EB/OL]. 中国证券网，2015-12-24.

④ 张婷婷，王建 . 海尔与山西嘉世达签约战略合作协议 [EB/OL]. 人民网，2015-11-25.

4．服务消费带动新支柱产业兴起

从国际经验看，中等收入阶段迈向中高收入阶段，服务型消费的快速增长将带动一批生活性服务业成为支柱产业，形成新的朝阳产业，这是一个国家经济服务化的客观趋势。例如，目前发达国家健康产业占 GDP 产值比重达到 15%[①]。未来 5 年，随着房地产业、重化工业在拉动经济增长中的作用减弱，我国需要在服务业领域培育支柱产业。

按照国际上的标准，产业增加值在国民生产总值中所占比重达 5% 左右的产业可以达到支柱产业水准。我国有条件在生活性服务业领域培育几个重点的支柱产业。例如，大健康产业占 GDP 的比重将接近 5%，“十三五”头两三年就有望跻身支柱产业之一；据测算，2014–2050 年，我国老年人口的消费潜力占 GDP 的比例将从 8% 左右增长到 33% 左右，养老产业有望成为最具发展潜力的支柱产业之一[②]。

第二节 “十三五”：消费结构变化下的经济社会生活变革

消费结构变化是一场深刻的革命。我国进入消费新时代，服务型消费正在引发经济社会生活等方方面面的变化。13 亿人的服务型消费全面释放，意味着生活方式、生产方式、商业模式、社会结构走向现代化，意味着共享社会发展基本格局的形成，并引发政策和制度结构的深刻变革。培育发展新动力、拓展发展新空间、构建产业新体系，需要把释放 13 亿人的服务型消费作为供给侧结构性改革的战略重点。

---

① 美国健康产业的发展及启示 [EB/OL]. 美迪医疗网，2012–10–18.

② 陈郁 .2050 年我国老年人口消费潜力将达 106 万亿元左右 [N]. 经济日报，2014–12–03.

一、服务型消费引发生活方式的深刻变革

消费升级是对生活方式的再塑造，也是生活方式转变的集中体现。当前，人民日益增长的物质文化需求的内涵发生深刻变化，重要的表现是服务型消费正在塑造新的社会生活方式。新阶段满足人民日益增长的物质文化需求，关键是形成服务型消费的有效供给。

1．更加追求生活品质

随着"80后"、"90后"、"00后"等新生代社会群体逐步成长为社会的中坚力量，人们对生活品质的追求越来越高，由此形成推动产业变革的新动力。

——追求"变"。新生代社会群体更加追求差异化，个性化、多样化消费逐步成为主流，由此模仿型、排浪式、总量化的消费时代基本结束。

——追求"质"。数量型的消费需求逐步让位于质量型的消费需求，服务内涵多、服务含金量高的商品更容易受到消费者的追捧。

——追求"潮"。休闲娱乐成为时尚，比如人们追求功能更多、品质更高的房地产等。

——追求"便"。人们追求更为便捷的生活，比如，互联网购物取代实体店购物，成为时代潮流。2015年，我国社会消费品零售总额同比名义增长10.7%，而全国网上零售额增长了33.3%①。

2．更加追求绿色、健康

我国进入高收入阶段，人们更加追求绿色、健康的生活方式，由此形成全社会推动绿色转型、绿色增长的新动力。

——人们更加关注生态环境。比如面对日趋严重的雾霾，近年来出现了购

① 国家统计局.2015年国民经济运行稳中有进、稳中有好[EB/OL].国家统计局网，2016-01-19.

买新鲜空气的现象，环境保护成为一个重大社会问题。

——人们对绿色食品的追求形成新潮流。调查显示，94% 的城市消费者愿意为绿色产品和服务多支付 45% 的费用[①]。

——人们对健康服务的需求急剧攀升。医疗器械进入家庭，大数据健康领域的可穿戴智能设备开始流行。

——健身运动成为全民时尚。到健身馆健身成为流行和时尚，由此推动体育产业成为快速成长的朝阳产业。

3．更加追求教育、文化

人们对高质量教育、文化产品的需求急剧增大。如今，经济条件稍微好一点的家庭送孩子上各类兴趣班、送孩子出国留学越来越普遍。美国国土安全局的统计数字显示，2005-2006 学年，仅有 65 名中国籍中学生持因私护照赴美读中学；而到了 2012-2013 学年，美国私立高中已有 23795 名中国籍学生，7 年间增长了 365 倍[②]。

二、服务型消费引发生产方式的深刻变革

服务型消费在重塑社会的生产方式，并引领生产方式走向现代化。社会生产的本质越来越趋近于服务，社会生产从大批量生产走向大规模定制化时代，“互联网 +”正在前所未有地颠覆和重构传统产业。供给侧结构性改革，需要充分考虑生产方式现代化的大趋势。

1．以生产为中心转向以服务为中心

进入服务型消费新时代，大工业时代的以生产为中心，转向以服务为中心。总的趋势是：尽管社会仍然需要简单的加工制造，但加工制造在经济中的作用

① 单憬岗．以绿色发展推动海南绿色崛起——专访中国（海南）改革发展研究院院长助理夏锋 [N]. 海南日报，2015-11-13.

② 赴美读高中人数 7 年增 365 倍 [N]. 深圳商报，2014-03-11.

越来越小；服务在整个社会化大生产中的地位作用凸显，经济越来越服务化；生产的本质是服务，制造商越来越倾向于提供整体服务解决方案；价值创造越来越向服务环节倾斜，简单加工制造环节的利润越来越微薄。

2. 大规模定制化时代的到来

消费者对个性化、差异化产品需求的增长，促使传统的大批量标准化、流水线生产向大规模定制化转型。总的趋势是：不少消费者在服装、配饰、家居用品、家装、汽车等领域选择私人定制产品，企业按客户需求定制相关产品；在传统行业利润微薄的条件下，采用大规模定制化生产，可使企业获得差异化的竞争力，并保持相对较高的利润率；消费者参与产品研发和设计，消费者与生产者互动越来越成为制造业形成差异化产品和服务、降低市场风险的重要手段。

3. "互联网 +"对传统产业的创造性颠覆和重构

服务型消费新时代，消费和生产都越来越离不开互联网带来的增值服务，由此引发"互联网 +"对传统产业的颠覆和重构，"拓展网络经济空间"被写入国家"十三五"规划建议中。

——互联网企业创造性颠覆传统产业。例如，电子商务对实体店是一种创造性颠覆，大数据对教育、健康等的流程再造对传统的学校和医院也是一种创造性颠覆。

——越来越多的传统制造业依托"互联网 +"完成自我改造。越来越多的互联网企业依托把握客户终端的优势介入金融等传统行业，成为颇具竞争力的跨界入侵者。

——即使是互联网企业，也需要自我创造性颠覆才能赢得新的发展空间。例如，腾讯的手机 QQ 是传统互联网业务在移动端的落地，后来通过微信完成了自我颠覆、自我升级。

三、服务型消费引发商业模式的深刻变革

服务型消费新时代，企业获得盈利和可持续发展的方式发生深刻变化，创意经济不断崛起，企业越来越表现为提供服务方案的解决者，越来越依赖于专业化的核心竞争力。我国形成创新驱动的新格局，需要塑造微观基础。从企业层面看，独特的商业模式是实现创新驱动的关键。

1. 企业发展更加依赖于创意

能不能形成新的创意，满足消费者差异化、多样化的需求，成为企业立于不败之地的关键因素，由此推动创意经济时代的来临：创意密集型产业取代土地、劳动力密集型产业成为一个大趋势，创意决定着企业的生死存亡；越来越多的新企业靠创意产生，如 iPhone 手机，就是一个创意成就伟大企业的典型；创意产业以消费者体验作为基础，人们看重的不只是品牌，而是对于品牌的体验，这种独享的体验核心是优质服务、差异化服务。星巴克总裁霍华德·舒尔茨曾说过，“星巴克出售的不是咖啡，而是对于咖啡的体验”。

2. 企业更多地成为服务解决方案供给商

与传统企业生产一种产品或服务不同，新时期的企业，尤其是创新型企业，越来越多成为服务解决方案供给商。

——发现用户新的消费需求。为客户新需求的满足提供整体解决方案，成为创新型企业的重要特征。例如，华为、阿里巴巴等，主要是靠提供解决方案获得新的市场。

——提供解决方案。即使是传统的制造业，也需要通过提供整体解决方案延长价值链。例如，汽车行业 4S 店的蓬勃兴起，为汽车消费者提供全程服务，成为企业扩大盈利来源的重要途径。

——创新服务模式。越来越多的制造业产品出售后，有后续的服务盈利。例如，智能可穿戴设备，产品成为后续服务的载体，服务成为延长产品生命周

期的措施。

3. 企业越来越依赖于专业化的核心竞争力

由于消费者对服务质量的苛刻追求，一种服务的解决方案，往往需要多家专业化企业联合完成。在这种情况下，企业越来越依赖于专业化的核心竞争力：没有专业化的企业越来越难以生存，专业化成为企业盈利的核心条件；即使竞争力很强的大企业，也需要强化专业化的核心业务，将自身提供的具有基础性的、共性的、非核心的业务剥离出来后，外包给企业外部专业服务提供商来完成；以服务外包重组价值链、优化资源配置，成为降低成本、提高质量的重要手段。

四、服务型消费引发社会结构的深刻变革

从国际经验看，进入中高收入阶段后，服务型消费重塑社会结构，将引发深刻的社会转型。服务型消费塑造出新的中产阶层，并深刻改变原有的就业结构、城乡结构。服务型消费引发的社会结构调整，是使发展成果惠及大多数人、走向共建共享发展模式的重要体现。

1. 服务型消费推动中产阶层的兴起

消费塑造人的社会角色。从发达国家的经验看，服务型消费塑造了新的中产阶层。一般来说，中产阶层作为一个社会角色，很重要的特征是具有趋优消费，不仅仅是满足于传统的物质型消费，还追求生活质量，追求服务型消费。收入指标只是定义中产阶层的指标之一，有钱不敢花、有钱没文化、有钱不追求服务型消费的人不能算是真正意义的中产阶层。目前，我国的中产阶层大约是3亿人左右，充分满足全社会日益增长的服务型消费需求，使更多社会成员生活品质大幅提高，估计到2020年，中产阶层将会扩大到6亿人左右，占比提高到40%左右，初步形成橄榄型社会结构的新格局。

以服务业为主导的产业结构，能够有效提高劳动报酬，推动更多劳动者跨

入中产阶层行列。总体而言，服务业占比越高的国家，其劳动者报酬占比越高的概率也比较大。根据中改院课题组测算，2006–2012 年期间，我国各省服务业占比与劳动者报酬占比之间的相关系数达到 0.97，服务业占比每提高 1 个百分点，劳动者报酬占比提高 0.38 个百分点。

2. 服务业成为扩大就业的主渠道

中产阶层的扩大，伴随着白领岗位对蓝领岗位的替代。服务型消费促进中产阶层的扩大，还带来服务业就业岗位的增加，并且伴随着白领阶层的增加。以美国为例，随着经济结构由工业主导向服务业主导转型，白领阶层的规模从 20 世纪 40 年代的 1000 万左右上升到 20 世纪 70 年代的 5000 万，30 年间扩大了 5 倍，1980 年白领阶层已占全部劳动力的 50% 以上[①]。

目前，发达国家服务业就业比重大多在 70% ~ 80%，而我国 2014 年只有 40.6%，服务业发展的潜力很大。国家统计局公布的数据显示，2015 年服务业占 GDP 的比重达到 50.5% 的历史最高水平。未来 5 年，服务业增加值按年均 8% 增长测算，每年新增就业将达到 1200 万人左右[②]。就是说，只有形成以服务业为主体的产业结构，才能形成新增就业不断扩大的新常态。

3. 服务型消费促进城乡一体化

城乡居民的差距很大程度上表现为消费差距。2014 年，我国城乡居民人均消费差距为 2.9 : 1，大致 3 个农村居民消费相当于 1 个城镇居民。从未来的发展趋势看，一般的物质型消费如彩电、冰箱、电脑在农村都开始普及，城乡居民的消费差距将主要来自于服务型消费。如果农民的教育、医疗、养老等基本公共服务型消费和文化、娱乐、保健等非基本公共服务消费得到有效满足，城乡差距会大大缩小，城乡一体化进程会大大加快。从 2014 年我国各省的实际情

① 王惠绵 . 扩大中等收入群体是个大战略 [N]. 深圳商报，2014–03–11.

② 胡健 . 李克强解读 GDP 数据：1 个百分点带动 130 万人就业 [N]. 每日经济新闻，2013–11–07.

况看，服务业比重越高的省份，城乡收入差距越小，二者呈现显著的负相关。根据中改院测算，第三产业占比每提高一个百分点，城乡收入差距就缩小 0.014 个百分点。"十三五"，如果服务业占比提高 10 个百分点，城乡收入差距就有望缩小 0.14 个百分点（见表 3.1）。

表 3.1：2014 年各省第三产业占比与城乡收入差距（单位：%；倍）

省份	第三产业占比	城乡收入差距	省份	第三产业占比	城乡收入差距
北京	77.9	2.57	湖北	41.5	2.29
天津	49.6	1.85	湖南	42.2	2.64
河北	37.3	2.37	广东	49	2.63
山西	44.5	2.73	广西	37.9	2.84
内蒙古	39.5	2.84	海南	51.9	2.47
辽宁	41.8	2.60	重庆	46.8	2.65
吉林	36.2	2.15	四川	38.7	2.59
黑龙江	45.8	2.16	贵州	44.6	3.38
上海	64.8	2.30	云南	43.3	3.26
江苏	47	2.30	西藏	53.5	2.99
浙江	47.8	2.08	陕西	37	3.07
安徽	35.4	2.50	甘肃	44	3.47
福建	39.6	2.43	青海	37	3.06
江西	36.8	2.40	宁夏	43.4	2.77
山东	43.5	2.46	新疆	40.8	2.66
河南	37.1	2.38	全国	48.1	2.75

数据来源：国家统计局．中国统计年鉴 2015[M]．北京：中国统计出版社，2015.

4．服务型消费有利于调整利益结构

近年来，由于国民收入分配结构不合理，财富不断向政府和垄断行业集中，居民收入差距扩大和贫富差距增大，严重影响了国民消费需求的有效释放。从消费结构升级的趋势看，释放服务型消费需求，提高服务型消费比重，有利于调整利益结构。例如，释放教育、医疗等服务型消费需求，既需要政府加大教育、医疗等公共服务支出和不断提高基本公共服务均等化程度，也需要通过市

场开放扩大服务的有效供给，这一过程将对初次分配格局和再分配格局产生深刻影响：有利于缩小城乡、地区、群体间的收入差距；有利于打破服务业垄断格局，从而减少垄断造成的收入分配不平等；有利于优化政府支出结构，形成更加合理的政府、企业和居民的分配格局。

第三节　“十三五”：消费结构变革驱动投资转型

我国进入服务型消费新时代，供给侧面临突出的结构性矛盾，表现在物质型消费的某些供给过剩与大多服务型消费供给不足的矛盾并存。关键问题在于，要在加快从投资主导向消费主导的转型上尽快达成共识，适应服务型消费趋势，加快改变以传统重化工业项目为主的投资结构，实质性扩大服务业领域的投资。

一、消费需求与消费供给的结构性矛盾

我国当前的产能过剩主要是结构性问题，并非三次产业的全面过剩，而是某些工业领域的产能过剩与大多服务型消费供给不足并存，其中生活性服务业领域供给不足的矛盾尤为突出。

1．物质型消费供给过剩

物质型消费供给过剩，不仅表现在传统制造业，新兴制造业也开始出现产能过剩问题，甚至有的项目一上马，市场供给就已经出现过剩。2010 年，我国超过美国成为全球制造业第一大国。按照全球制造业的一般标准，当企业产能利用率在 90% 以下且持续下降时必然形成产能过剩。统计资料显示，目前我国制造业的平均产能利用率约为 60%，不仅低于美国等发达国家当前工业利

用率 78.9% 的水平，也低于全球制造业 71.6% 的平均水平[①]。工信部公布的最新统计数据显示，在中国目前 24 个行业中，有 22 个存在着严重的产能过剩[②]。据“2013 中国企业经营者问卷跟踪调查”显示，我国目前有 19 个制造业产能利用率都在 79% 以下，有 7 个产业产能利用率还在 70% 以下，只有 2 个接近 79%[③]。与此同时，风电设备、多晶硅、光伏等战略性新兴产业同时出现产能过剩。数据显示，2012 年我国光伏设备产能利用率只有不到 60%，风电设备产能的利用率不到 70%。

2. 服务型消费供给严重不足

（1）服务型消费“有需求而缺供给”。我国作为一个成长中的经济体，服务型消费热点不断涌现，但在教育、养老、健康、文化等服务型消费供给短缺的矛盾比较突出。

（2）教育服务供给严重不足。例如，当前移动教育的需求不断增长，但供给却相对不足。有研究表明，未来 5 年我国移动教育市场规模将达到 1500 亿元，但目前能提供的服务仅为 1.6%[④]。

（3）养老服务供给严重不足。我国进入人口老龄化社会，老年健康管理服务业、老年康复护理业、老年家政服务业等需求全面快速增长，大约有 1 万亿元的需求。但是，目前每年为老年人提供的产品与服务不足 1000 亿元。在一些特大城市，要进公立养老院，如果 50 岁开始排队，要排上 30 年，甚至 40 年，养老服务供给严重不足。健康服务业发展严重滞后，占 GDP 的比重不足 5%，与美国健康服务业占 17.6%、其他 OECD 国家 10% 左右的比重相去甚远[⑤]。

（4）文化消费需求供给不足。2014 年我国文化产业增加值占 GDP 比重为

① 周彦武 . 中国城镇化早已结束 [EB/OL]. 和讯网，2012-12-08.

② 张锐 . 产能过剩覆压中国制造业 [N]. 中国经济导报，2012-09-27.

③ 林火灿 . 建立长效机制化解产能过剩 [N]. 经济日报，2014-11-18.

④ 赵正 . 移动教育：颠覆传统 K12 教辅市场 [N]. 中国经营报，2014-07-19.

⑤ 匡贤明 . 从物质型消费走向服务型消费 [N]. 上海证券报，2015-04-04.

3.76%，2015 年可望超过 5%[①]。与美国相比差距巨大，目前我国文化产业占世界文化市场比重不足 5%，而美国则占了 42%[②]。

（5）体育产业发展严重滞后。全球体育产业比较发达的国家，体育产业增加值大约占 GDP 的 1% ~ 3%，美国体育产业增加值占其 GDP 的 3%。2014 年，我国体育产业增加值占 GDP 的比重仅为 0.63%[③]。

3. 有效供给不足导致服务型消费大量外流

服务型消费供给不足，还包括因质量问题引发的有效供给不足。随着我国中高收入群体的快速增加，人们更加追求高质量的服务型消费，并且愿意在这些方面花钱。但从总体上看，由于相关产业转型缓慢，服务型消费供给质量不高的矛盾日益凸显。大量服务型消费流向国外，而不是拉动我国自身的新兴产业发展，成为我国产业转型升级的“切肤之痛”。

以教育为例，人们对高质量教育的需求快速增加，但国内教育质量多年来改善缓慢。我国自费出国留学人数由 2011 年的 31.48 万人增长到 2014 年的 42.3 万人[④]，如果按人均支出 10 万元估算，需要支出 4000 多亿元人民币，而且留学人员呈现低龄化趋势。再以旅游为例，高收入群体对高质量旅游的需求攀升，但国内旅游业价格居高不下、服务质量差、宰客等现象比较突出。近年来，我国居民出国旅游人数大幅增长，国人在海外购物、美容、医疗保健等相当普遍。据中国国家外汇管理局统计，2014 年海外支出达到创纪录的 1648 亿美元，较 2013 年增加 28%。有数据显示，2015 年中国出境游客消费支出预计高达 1940 亿美元[⑤]。

---

① 国家统计局 . 2014 年文化产业增加值占 GDP 比重为 3.76%[EB/OL]. 中国经济网，2015-11-26.

② 让“互联网 +”为文化市场开辟新天地 [EB/OL]. 重庆文明网，2015-11-02.

③ 左义 . 体育产业增加值大约占 GDP 的 1% ~ 3%，美国体育产业增加值占 GDP 的 3%[EB/OL]. 腾讯体育网，2015-12-23.

④ 2014 年中国出国留学人数近 46 万 “海归”逾 36 万 [N]. 新民晚报，2015-03-10.

⑤ 国家统计局 .2015 全球旅游购物报告发布 [N]. 人民日报（海外版），2015-11-07.

二、关键是推进投资转型

随着我国消费需求结构的升级，服务型消费领域有巨大投资需求和投资空间。问题在于，政府主导、工业投资主导的传统模式严重扭曲了投资消费关系，其结果是投资领域存在的突出的结构性矛盾，既有重化工业投资过度、产能过剩的问题，也有服务领域投资不足、供给短缺的突出矛盾。

1. 供求失衡的根源是投资消费结构失衡

某些物质型消费领域产能过剩与大多服务型消费领域供给严重不足并存，重要的原因就在于我国投资消费结构长期失衡，投资结构与消费结构不匹配。从投资率和消费率变动趋势角度看，1978–2014 年我国投资率总体呈现上升趋势，1982 年处于历史最低点，仅为 31.9%；2011 年上升到历史最高点，为 47.3%，上升幅度达到近 17 个百分点；到 2014 年，投资率仍然保持在 45.9% 的高位（见图 3.2）。据 IMF 保守估计，我国过度投资规模可能达到 GDP 的 12%[①]。

与投资率不断提高相比，我国最终消费率总体呈现下降趋势，1981 年处于历史最高点，达到 67.1%；2010 年降到历史最低点，只有 48.2%。居民消费率由 1978 年的 48.8% 下降到 2010 年的历史低位 34.9%，直到 2011 年和 2012 年才开始出现 0.8 个百分点的回升。2014 年，我国最终消费率与居民消费率分别为 51.4% 和 37.9%，仅回升到 2006 年的水平[②]。

在人均 GDP 处于 5000 美元 ~ 6000 美元的阶段，我国的投资率高于美国 30 个百分点以上，高于新加坡近 10 个百分点；而消费率和居民消费率则分别比美国低 33.4 和 28.6 个百分点，比韩国低 16.5 和 18.1 个百分点，比俄罗斯低 18.8 和 14.9 个百分点，比新加坡低 11.2 和 14.9 个百分点[③]。

---

① （英）马丁・沃尔夫 . 中国不应再拖延改革与调整 [N]. 金融时报，2014–04–12.

② 匡贤明 . 从物质型消费走向服务型消费 [N]. 上海证券报，2015–04–04.

③ 匡贤明 . 从物质型消费走向服务型消费 [N]. 上海证券报，2015–04–04.

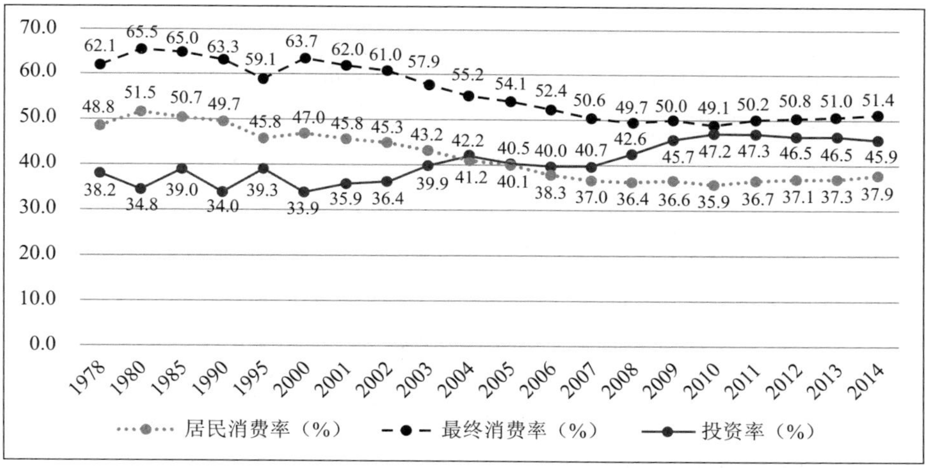

图 3.2：1978–2014 年我国最终消费、居民消费率和投资率变化趋势

数据来源：国家统计局．中国统计年鉴 2015[M]．北京：中国统计出版社，2015.

表 3.2：不同国家人均 GDP 处于 5000 ~ 6000 美元阶段时的消费率和投资率

国别	时间点（年）	人均 GDP（美元）	消费率（%）	投资率（%）
中国	2011	5445	49.1	48.3
	2012	6100	49.2	48.1
世界	2002	5323	–	20.6
	2003	5918	–	20.7
日本	1976	5111	67.58	31.7
	1977	6230	67.74	30.7
韩国	1989	5438	64.01	33.9
	1990	6153	63.56	37.5
新加坡	1981	5579	58.67	44.8
	1982	6051	55.6	46.2
美国	1971	5360	80.86	19.1
	1973	6461	78.98	20.7
德国	1974	5457	75.73	24.68
	1975	6035	78.93	22.78
俄罗斯	2005	5337	66.23	20.08
	2006	6947	66.10	21.17

续 表

国别	时间点（年）	人均GDP（美元）	消费率（%）	投资率（%）
巴西	2006	5793	80.34	16.76
	2007	7197	80.15	18.33

注：以现价美元计。

数据来源：根据世界银行数据库数据计算得出。

2. 以消费结构升级为导向的投资转型

（1）调整投资结构。在去产能的过程中，切实将产能过剩的重化工业和过度基础设施投资降下来，把投资的重点转向教育、医疗、社会保障等公共消费领域上。这不仅能够改善国内消费预期，而且能够有效缩小城乡差距和化解社会矛盾。

（2）优化投资来源。从现实情况看，政府主导的投资模式越来越难以持续。比如造成产能过剩加剧、投资的边际效益递减、金融风险增大等问题。而且政府主导的投资对社会投资产生一定的“挤出效应”，社会力量参与不足。为此，不能再继续把政府投资作为继续扩大投资的主渠道。政府投资主要应集中在保基本、社会效益回报率高的领域，把竞争性领域更多让给社会投资，发挥政府投资的“四两拨千斤”作用。一方面，调整政府投资的存量，重点是调整国有资本战略配置，以公益性为导向加大对社会领域的投入；另一方面，重点释放社会资本活力，扩大民间资本投入。

（3）形成多元化投资主体。现实看，我国工业领域市场化程度较高，服务业领域竞争严重不足。近年来，老百姓抱怨较多的主要是教育、医疗、电信等服务行业的垄断和由此形成的高价格、低品质服务。在服务业领域尤其要打破行政垄断，引入政府采购、PPP模式，通过竞争提高质量、降低价格，形成有效供给。

三、加大生活性服务业领域的投资

2015年11月，国务院出台了《关于加快发展生活性服务业促进消费结构升级的指导意见》，要求重点发展贴近服务人民群众生活、需求潜力大、带动作用强的生活性服务领域。这就需要从经济转型的全局出发，加大生活性服务业领域的投资力度。

1. 加大社会需求最急迫的生活性服务业投资

居民和家庭服务、健康服务、养老服务、旅游服务、体育服务、文化服务等是社会需求量大、有效供给不足的重点领域。在这些领域，都可以放开市场，放开价格，发挥市场在调节供求关系中的决定性作用。建议尽快在这些领域全面推行负面清单管理，全面放开市场门槛，广泛调动包括社会资本、外资在内的多种所有制企业做大“蛋糕”，切实提高服务质量，形成一批知名品牌，在释放服务型消费需求上取得实质性突破。

2. 加大人口城镇化相关生活性服务业投资

与人口城镇化相关的生活性服务业投资将是“十三五”最具潜力的投资领域。未来5年，加快推进基本公共服务均等化，推动大中小城市和小城镇公共资源均衡配置，推动加大人口城镇化相关生活性服务业投资，将收获多重的转型红利：一是有利于缓解经济下行压力，寻求具有发展潜力的经济增长点；二是有利于提升人口城镇化水平，实现共享发展；三是有利于释放农村大市场的消费潜力，形成城乡一体化的新格局。据测算，我国每增加一个市民，在教育、医疗、文化、基础设施等领域需新增综合投资至少10万元，人口城镇化率每提高1 ~ 1.5个百分点，需新增1500 ~ 2000万人，年综合投资大概在1.5 ~ 2万亿元。人口城镇化率提高1个百分点，将拉动最终消费增长约1.6个百分点[①]。

3. 培育、做大生活性服务业支柱产业

（1）把健康产业培育作为重要支柱产业。加大健康产业投资，鼓励社会资本进入健康体检、健康咨询、健康文化、健康旅游、体育健身等领域，推动医

---

① 梁达．以人口城镇化来释放巨大内需潜力[N]. 上海证券报，2013-01-09.

疗卫生行业向大健康产业延伸，争取到2020年，大健康产业占GDP的比例由目前的4%～5%提升到10%左右。

（2）把文化产业培育作为重要支柱产业。加大投资力度，推进文化创意和设计服务等新型服务业发展，推动文化服务产品制作、传播、消费的数字化、网络化进程，推进动漫游戏等产业优化升级，推动移动多媒体广播电视、网络广播电视等新媒体、新业态。推动传统媒体与新兴媒体融合发展，争取到2020年形成一批实力较强的文化企业集团，使文化产业增加值占GDP的比例由目前的6%左右提升到8%左右。

（3）把养老产业培育作为重要支柱产业。鼓励社会资本进入基本生活照料、康复护理、精神慰藉、文化服务、紧急救援、临终关怀等领域，为养老服务提供专业化的服务，运用网络信息技术实现养老产业升级，形成一批社会信誉度高、服务优质的专业化养老机构，到2020年使养老产业对GDP的拉动作用由目前的3%左右增加至6%左右。

第四节　“十三五”：推动房地产由规模型转向服务型

房地产业是我国重要的支柱产业，在出现结构性过剩的背景下何去何从，成为社会各方面关注的焦点。我国进入服务型消费新时代，房地产不再是简单满足基本居住需求，而是融入了大量的服务型需求。“十三五”，在去库存的同时，推动房地产业由规模型转向服务型，已成为房地产业可持续发展的重要方向。

一、房地产处于从规模型转向服务型的历史拐点

多年来，我国形成了以满足基本居住需求为目标、以规模化扩张为主要特点的房地产发展模式，并推动房地产行业成为重要的支柱产业。今天，随着房地产消费需求的变化，传统老路越走越窄，压力越来越大。

1．规模型房地产发展不可持续

（1）房地产去库存压力巨大。2014 年下半年以来，我国新建商品住宅库存量明显上升。据国家统计局公布的数据显示，截至 2015 年 10 月，商品房待售面积 68632 万平方米，比 9 月增加 2122 万平方米，我国商品房待售面积再创历史新高。根据中国社科院《中国住房发展报告 2015–2016》的数据，以 2015 年商品住房总库存计算，总库存预计达 39.96 亿平方米，其中，期房库存即在建房待售面积 35.7 亿平方米，去化周期达 4.5 年，现房待售面积方面，库存 4.26 亿平方米，去化周期为 23 个月。

（2）房地产投资增速快速下滑。2010 年，我国房地产投资增速为 33.2%，达到历史的高点 , 近 5 年来一路下滑，2015 年，全国房地产投资增速下滑至 2.8%，比 2014 年回落 7.7 个百分点，成为 1998 年以来的最低位（见图 3.3）。

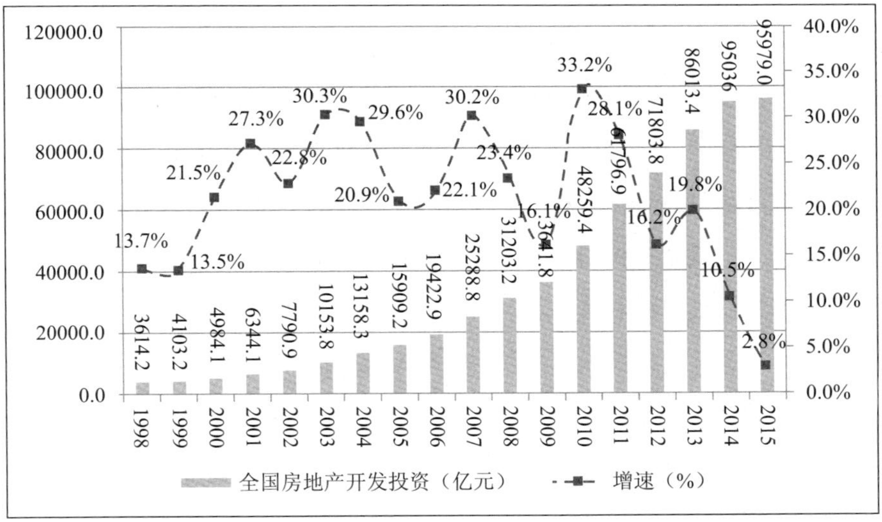

图 3.3：2015 年房地产投资增速达近 16 年最低值

数据来源：国家统计局 . 中国统计年鉴 2015[M]. 北京：中国统计出版社，2015；国家统计局 .2015 年国民经济运行稳中有进、稳中有好 [EB/OL]. 国家统计局网，2016-01-19.

2．服务型房地产需求逐步增大

当前，居民住房供求关系开始发生重要变化：一是随着我国人口老龄化进程加快，房地产刚性需求与以往相比在减弱，规模发展的峰值已过；二是“80后”、“90后”逐步成为购房的主要群体，这部分群体更加追求房地产的服务品质，更加追求个性化的房地产服务，单纯居住型房产已不能满足这部分社会群体的需求；三是随着城镇化进程加快，人们的生活工作节奏明显加快，一家人都参加工作成为普遍现象，房屋不仅承载着家庭对居住功能的需求，还需要满足家人对健康、医疗以及家政等服务的需要；四是随着社会中高收入群体的扩大，人们对房产服务功能需求明显提升，养老地产、旅游地产、文化地产受到购房者追捧。

3．部分房地产企业开始转向服务型

近年来，在房地产行业出现结构性过剩的背景下，抓住客户个性化需求，有针对性在房地产建设中融入特殊的服务元素，成为房地产商创造新盈利模式的关键。例如，人口老龄化和人们对健康服务快速上升的需求，房地产行业与医疗健康产业的创新合作，对于促进房地产行业的转型升级，改变以满足单一住宅需求为主的房地产供给体系，提升房地产行业的含金量具有重要作用，从而给房地产行业投资带来新气象。以万科为例，2014 年以来，全面启动“万科驿”项目，项目针对大学毕业生和刚刚来到发达地区的新移民，旨在提供舒适的居住环境和交流平台。该项目已经在重庆、厦门、广州、东莞、西安等地启动或正式实施，入住率基本都在 80% ~ 90% 之间①。

二、房地产去库存与转型发展同步推进

短期看，房地产“去库存”很重要，但更重要的是为传统房地产转型发展找到一条出路。从房地产业中长期可持续发展来看，重要的出路是向服务型转

---

① 陈舒，陆芸．服务化有望成为中国房地产市场新增长点 [EB/OL]. 新华网，2015-10-30.

型。“十三五”，要在推进去库存同时，加快房地产业转型。

1. 去库存与人口城镇化有机结合

“去库存”应当着眼于加快人口城镇化进程。按照《国家新型城镇化规划（2014–2020 年）》提出“3 个 1 亿人”的目标，其中包括“努力实现一亿左右农业转移人口和其他常住人口在城镇落户”。如果到 2020 年这批进城落户农民全部纳入城镇住房体系，按人均住房 30 平方米的标准（2012 年城镇居民人均住房面积为 32.9 平方米），将带来新增住房需求 30 亿平方米。为此，建议把“努力实现一亿左右农业转移人口和其他常住人口在城镇落户”作为房地产去库存的重要手段，采取降低房地产首付比例、农民工带着“土地财产权”进城、国家购买廉租房等一揽子综合性方案解决一亿人的住房问题。尤为重要的是，把大力发展中小城镇与解决三、四线城镇房地产库存相结合，实现农业转移人口就地城镇化与“安居乐业”的双重目标。

2．以房地产向服务型转变降低经济运行风险

在我国经济对房地产依赖性较高的情况下，如果不及时去库存，就会给经济带来巨大的下行压力。2014 年，我国房地产固定资产投资达到 9.5 万亿元，占固定资产总投资比重达 18.5%，许多省份高度依赖房地产投资。据《第一财经日报》统计显示，2014 年上半年，固定资产投资中对于房地产投资依赖度排名前 10 的分别是上海（55%）、北京（52%）、海南（46%）、贵州（33%）、重庆（33%）、广东（32%）、浙江（30%）、福建（26%）、云南（26%）、辽宁（22%）。但同时也应当看到，不改变结构的去库存，只能解决短期问题，只能解决一时的供过于求。从中长期来看，如果房地产向服务型转型过慢，会导致经济继续保持对规模型房地产的惯性依赖，从而不利于行业的可持续发展。

3．以房地产向服务型转变扭转企业业绩下滑

在传统规模型房地产模式下，我国房地产市场整体低迷，房地产总体利润

空间不断缩小，房地产企业业绩分化严重。据统计，1998-2014 年，我国房地产开发投资由 3614.2 亿元增长到 95036 亿元，年均增速超过 20%。但企业利润快速下滑，2014 年，营业利润同比负增长近 36%（见图 3.4）。2015 年上半年，在 144 家房地产上市公司中，67 家收入同比下滑，74 家盈利下降甚至扩大亏损①。

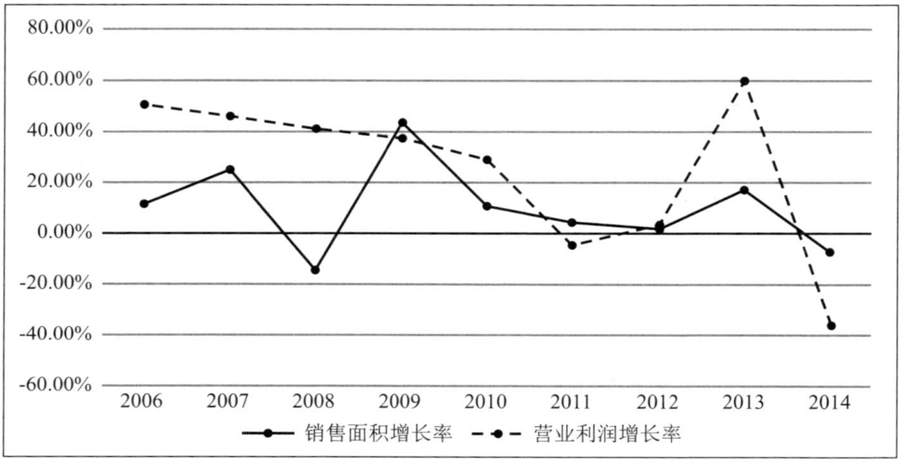

图 3.4：2006-2014 年我国房地产销售面积和营业利润变化情况

数据来源：国家统计局．中国统计年鉴 2015[M]．北京：中国统计出版社，2015.

在房地产整体低迷的大背景下，万科、保利、恒大等服务型转型领先的企业却逆势而上，获得比较好的业绩。万科 2015 年中期报告显示，公司上半年净利润 67.9 亿元，同比增长 23.6%；保利地产上半年净利润的增速更是超过 40%②。2015 年前 11 个月万科、恒大、中海和碧桂园四家房企销售金额已经超过千亿，其中万科同比增长 20.06%，恒大同比增长 42.8%③。

① 罗政．房企业债分化 上市公司谋转型 [N]. 经济参考报，2015-09-10.

② 罗政．上半年房企业绩分化 部分上市公司寻求转型 [N]. 经济参考报，2015-09-10.

③ 吉雪娇 .11 月 25 家房企销售金额同比大涨 17%[N]. 金融投资报，2015-12-25.

三、初步形成房地产服务化的新格局

从发达国家的经验看，房地产完全可以通过服务化保持在国民经济中的支柱产业地位。如美国，至今房地产仍是重要的支柱产业，关键在于完成了房地产服务化的进程，使得房地产能够以质取胜。在去库存的同时，“十三五”初步形成房地产服务化的新格局，我国房地产业发展将会获得新的发展空间。

1. 探索服务型房地产新业态

适应房地产业需求变化，形成服务型房地产新业态是房地产保持“朝阳行业”的重要途径。如果能够抓住住房消费新热点，相当一部分房地产企业仍能够获得新的发展空间。例如，以养老产业为例，老年人在生活照料、医疗卫生、康复护理等方面的需求在不断增加。据中国社科院老年研究所测算，目前中国养老市场的商机约 4 万亿元人民币，到 2030 年有望增加至 13 万亿元[①]。这个巨大的养老服务需求主要是通过社区养老、家庭养老实现，而服务型房地产正是养老服务消费释放的载体。

“十三五”应当着力推动房地产细分市场的发育，在具有良好市场潜力和发展前景的商业地产、养老地产、旅游地产、产业地产、文化地产等领域，形成专业化的细分市场，形成一批具有专业品牌、高品质的房地产商，推动房地产形成新的产业链，实质性提升房地产行业附加值，扭转行业利润不断下滑的局面。

2. 发展服务型房地产新模式

过去通过高额投资拿地、快速建房实现资产增值的房地产盈利模式已经无法适应新形势。未来房地产商将不再是单纯卖房子，而是提供综合性、高品位的增值服务。除了为客户提供具有高性价比的产品、户型设计之外，还需要提

① 中国社科院测算中国养老市场 2030 年 13 万亿 [N]. 国际金融报，2015-11-30.

供高质量的生活服务、物业管理、产权服务、租售服务、置业服务、商业综合配套服务等。

适应不同群体的住房需求变化，"十三五"需要超越原有的以住宅为主的发展模式，转向以服务为中心实现商业模式创新。这就需要在房地产领域推行大规模定制化服务模式，使相当一部分房地产商能够把设计、研发作为核心业务做精做专，形成为客户量身定做、以提供整体解决方案的发展新模式。

3．发展"互联网 + 房地产"

以互联网思维改造传统房地产业，正在催生出新的商业机会和商业模式，正在深刻改变房地产业的生态，无论是房地产行业开发策划、销售、后期服务等一切环节都离不开互联网。"十三五"，支持房地产企业运用大数据、云计算、移动互联等新技术提升服务水平，发展客户参与房地产设计的新产品、新模式、新平台，成为房地产转型升级的重中之重。

第五节 "十三五"：形成消费驱动经济增长的新格局

以全面释放服务型消费潜力为重点，形成消费拉动经济增长的新格局，对"十三五"转型闯关成功具有决定性意义。深化供给侧结构性改革，需要在形成服务型消费有效供给的体制环境上尽快取得突破，争取到 2020 年消费总规模达到 50 万亿元左右，使消费对经济增长的贡献率稳定在 65% 左右，基本形成服务型消费引领新业态快速发展的新格局。

一、形成服务型消费有效供给的制度环境

从改革实践看，缺乏市场、缺乏竞争是阻碍服务型消费释放的重要体制根源。这就需要以推动市场化供给为重点，全面激发服务业企业活力，形成保障

居民放心消费的体制机制，形成服务型消费有效供给的市场环境。

1．以公平竞争为重点创新服务型消费供给体制

（1）破除服务型消费供给制度瓶颈。放开市场，引入竞争，鼓励和引导各类社会资本投向社会急需的服务型消费领域。简化审批流程，取消不合理前置审批事项，加强事中事后监管。放宽新注册服务业企业场所登记条件限制，允许居民在家创业。

（2）扩大市场化服务供给。教育、文化、卫生、体育、养老等领域可以通过市场化供给的环节、非基本公共服务领域全面放开价格，生产经营环节对社会资本全面放开，为大众创业、万众创新提供服务平台。

（3）利用外资提升服务质量。过去工业领域如汽车等领域，通过中外合资迅速提升了供给质量，可以为服务型消费领域借鉴。参考工业领域经验，支持健康、养老、体育等服务领域外商投资便利化程度，放宽外商投资比例，更多采用中外合资的形式提升服务质量，创建具有国际影响力的服务品牌。

2．着力改善服务型消费市场环境

（1）完善市场监管。提高服务业消费市场监管标准，实行统一执法，形成企业规范、行业自律、政府监管、社会监督有机结合的监管体系。建立完善全国统一的信用信息共享交换平台，实施失信联合惩戒，逐步形成以诚信为核心的服务业监管制度。

（2）保护消费者权益。完善网络服务的质量担保、损害赔偿、风险监控、网上抽查、源头追溯、属地查处、信用管理等制度，引入第三方检测认证等机制，有效保护消费者合法权益。

（3）加强服务型消费基础设施建设。在教育、文化、体育、养老、健康、家政、旅游休闲等领域形成信息化公共服务平台，形成支撑中小企业创新创业的服务平台。

3. 完善服务型消费质量标准体系

建立健全服务型消费质量标准体系是完善市场秩序、扩大服务型消费的重要条件。加快建立家政、养老、健康、体育、文化、旅游等服务型消费领域标准体系，推动消费质量标准与发达国家接轨。健全服务型消费质量管理制度、诚信制度、监管制度和监测制度为核心的服务质量治理体系。规范服务质量管理制度，加强质量诚信制度建设，完善服务质量社会监督平台。加强认证认可体系建设，创新评价技术，形成完善的服务业认证认可制度。

二、到 2020 年消费总规模达到 50 万亿元

在工业去产能、房地产去库存的大背景下，扩大服务型消费有效供给，需要把消费以 10% 左右的增速作为供给侧结构性改革的重要目标，确保到 2020 年消费总规模达到 45 ~ 50 万亿元，为缓解经济下行压力、推进经济转型创造新动能。

1. 以 10% 左右的消费增速拉动经济增长

2015 年，社会消费品零售总额达到 30.1 万亿元，同比增长 10.6%，而同期 GDP 增速为 6.9%。就是说，消费增长如果低于 10.6%，GDP 增速有可能会比 6.9% 更低。"十三五"，在工业去产能、房地产去库存的背景下，投资面临很大的不确定性，而且随着全球经济下行压力增大，出口增长相当困难。如果投资、出口形势持续恶化，消费如果不能以 10% 左右的速度增长，未来 5 年保持 6% ~ 7% 的经济增长是有一定困难的。

2. 消费增速下降应引起高度重视

尽管"十二五"期间，我国社会消费品零售总额由 2011 年的 18.39 万亿元增长到 2015 年的 30.09 万亿元，年均增速达到 13.4%。但应当清醒地看到，消费增长率总体上是呈现下降势头的。2011 年，社会消费品零售总额增长率为

17.1%，5 年来一路下滑至 2015 年的 10.6%（见图 3.5）。在工业去产能、房地产去库存的条件下，客观地看，消费以 10% 左右的速度增长是有一定难度的。

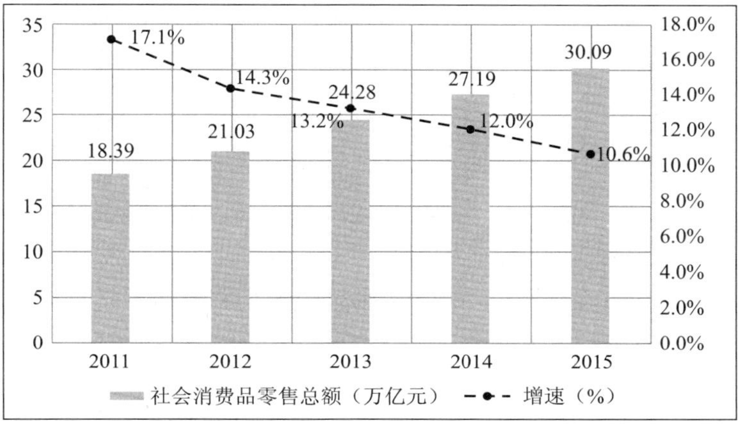

图 3.5：2011-2015 年社会消费品零售总额增长情况

数据来源：根据历年统计年鉴整理。

3．关键是扩大服务型消费供给

把握好服务型消费全面快速增长的战略机遇，在消费供给创新上有大的突破，明显改善消费环境，城镇居民服务型消费比重有望年均提高 0.5 ~ 0.6 个百分点，到 2020 年达到 50% 左右，成为城镇居民的消费支出大头，农村居民服务型消费比重明显提高，“十三五”我国社会消费品零售总额才有条件保持 10% 左右的增速。按照这个增速，到 2020 年，我国社会消费品零售总额将达到 48.3 万亿元（见图 3.6）。这样的消费增长规模，可以为去产能、房地产去库存创造有利条件，赢得时间，最大限度地避免“转型阵痛”。

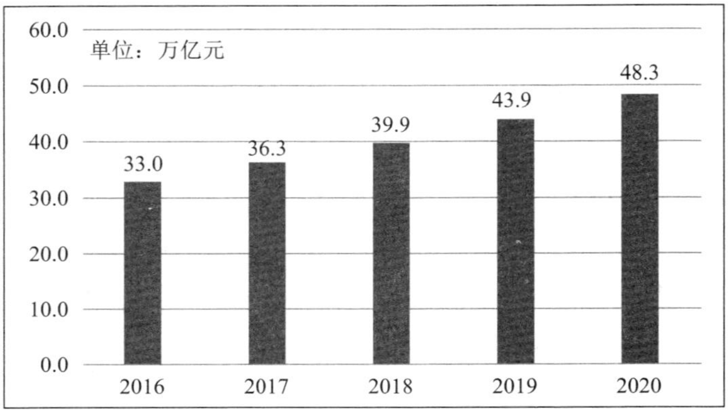

图 3.6：2016-2020 年我国社会消费品零售总额预测

数据来源：中改院课题组预测。

三、消费对经济增长的贡献率稳定在 65% 左右

“十三五”扩大服务型消费供给，重要的目标是把消费对经济增长的贡献率稳定在 65% 左右，由此形成投资消费动态平衡的新格局，从根本上化解产能过剩。

1. 消费对经济增长的贡献率不应低于 60%

尽管 2013-2015 年，消费对经济增长的贡献率从 48.2% 增长到 66.4%，但应当看到，这是在产能过剩严重的条件下实现的。也就是说，未来在过剩产能“出清”的条件下，消费率对经济增长的贡献率还应当更高。从国际经验看，出口主导型经济体最终消费率要比一般国家偏低，但即便如此也不会低于 50%。例如，日本 1980 年最终消费率为 55%，韩国 1990 年为 52.3%，马来西亚 1990 年为 51.8%，泰国 1990 年为 56.6%，台湾地区 1980 年最终消费率也有 51.5%，其他市场经济国家的最终消费率没有低于 60% 的[①]。我国初步实现消费主导，至

① 石明明，刘向东．空间、消费黏性与中国低消费率之谜 [J]. 中国人民大学学报，2015（03）.

少应当能够使最终消费率达到出口主导国家的最低水平。

2．使消费对经济增长的贡献率稳定在65%左右

总的来看，“十三五”期间，消费对经济增长的贡献率将稳定在60%～65%的区间，可以在确保6%～7%经济增长的条件下，实现投资消费的动态平衡。但是从近5年来看，波动幅度很大（见图3.7）。即使2015年全年消费对经济增长的贡献率达到66.4%，但这是在投资增速快速下降条件下实现的，一旦投资增速快速反弹，消费对经济增长的贡献率很有可能再次回落。

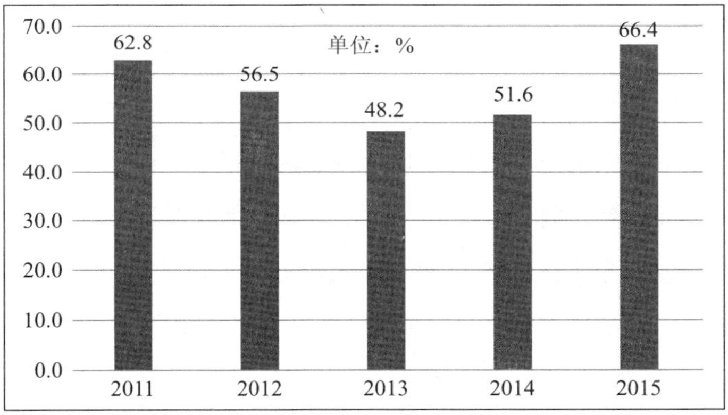

图3.7：2011-2015年前三季度我国消费对GDP增长的贡献率

数据来源：国家统计局．中国统计年鉴2015[M]．北京：中国统计出版社，2015.

3．形成以服务型消费拉动投资的良性循环

使消费对经济增长的贡献率稳定在65%左右的合理区间，要避免走投资主导拉动经济的“回头路”。如果走了“回头路”，不仅不利于工业去产能和房地产去库存，还会积累更大的经济运行风险。稳定经济需要增加投资，但投资的增加应当建立在消费驱动的前提下，建立在投资效益提升的基础上。未来几年，比较理想的状态是通过供给侧结构性改革，以服务型消费拉动投资，在产业创新的条件下，实现投资消费两旺。

四、以服务型消费引领新业态快速发展

服务型消费全面快速增长，蕴含着产业创新的巨大潜力，并为产业创新提供了重要条件。未来几年，以发展“互联网＋服务业”为重点，鼓励各类市场主体创新服务业态和商业模式，形成服务业创新驱动的新格局十分关键。

1．形成“互联网＋生活性服务业”新业态

（1）到2020年形成一批生活性服务业网络消费新业态。加快线上线下融合，培育新型服务消费。拓展服务维度，精细服务环节，延伸服务链条。积极运用互联网等现代信息技术，改进服务流程，扩大消费选择。

（2）以“互联网＋”形成家庭服务、健康服务、养老服务新业态。引导家庭服务企业多渠道、多业态提供专业化的生活性服务，推进规模经营和网络化发展，创建一批知名家庭服务品牌。以大数据升级改造健康服务业，建立覆盖全生命周期、业态丰富、结构合理的健康服务体系。积极运用网络信息技术，发展紧急呼叫、健康咨询、物品代购等适合老年人的服务项目，创新居家养老服务模式，完善居家养老服务体系。

（3）以“互联网＋”形成教育、文化、旅游、餐饮服务新业态。加快推进教育培训信息化建设，发展远程教育和培训，促进数字资源共建共享。加快数字内容产业发展，推动文化服务产品制作、传播、消费的数字化、网络化进程，推进动漫游戏等产业优化升级。积极发展移动多媒体广播电视、网络广播电视等新媒体、新业态。推动传统媒体与新兴媒体融合发展，提升先进文化的互联网传播吸引力。开发线上线下有机结合的旅游服务产品，推动旅游定制服务，满足个性化需求，深化旅游体验。发挥实体店的服务、体验优势，与线上企业开展深度合作。推动住宿餐饮企业开展电子商务，实现线上线下互动发展，促进营销模式和服务方式创新。

2. 形成“服务型消费＋高端制造”的新业态

（1）到 2020 年形成一批“服务型消费＋高端制造”的新业态品牌。以内需为导向发展具有市场潜力的可穿戴智能设备、家用机器人、智能家居等行业，争取形成一批具有国际竞争力的国产品牌。

（2）支持企业发展可穿戴智能设备。发展大健康智能可穿戴设备，在智能眼镜、手套、手表、服饰等形成一批专业化的国产品牌。

（3）支持企业发展家用机器人。以娱乐、教育、保洁等具有市场前景的家用机器人为起点，支持企业发展各类家用机器人，实现家用机器人升级换代，形成一批专业化国产品牌，推动家用机器人广泛应用。

（4）支持企业发展智能家具。推动将组合智能、电子智能、机械智能、物联智能融入家居产品的产业创新，形成一批知名的国产品牌，使智能家居走进千家万户。

3. 以服务型消费引领智慧城市新业态

随着物联网、大数据、云计算及移动互联网的快速发展，智慧城市建设步伐加快。智慧城市是综合运用新一代信息技术，使城市规划、建设、管理、运营智慧化的城市发展新理念和新模式，由此将产生一批智慧教育、智慧医疗、智慧旅游、智慧政务、城市运营中心、平安城市、应急指挥、智慧城管、指挥交通、智慧环保、智慧社区、智慧物流及智慧园区等新业态。从国际经验看，智慧城市是一项庞大的系统工程，可以为大量专业化的中小企业提供参与机会。支持实力强大互联网企业为智慧城市提供整体解决方案，通过细分市场形成产业链，将专业服务外包给中小企业，为大众创新、万众创业提供机会，到 2020 年，形成一批比较成熟的智慧城市产业集群，形成一批专业化的知名国产品牌。

Breakthroughs

in Transformation

第四章

“二次开放”

以全面实施自由贸易战略为重点的开放转型

“十三五”，我国扩大对外开放与新一轮全球自由贸易形成历史交汇。以服务贸易为重点全面实施自由贸易战略，加快服务业市场的双向开放，在开放中创造有利于经济转型升级的外部条件，在开放中推进全球自由贸易进程，在开放中提升我国参与全球治理的制度性话语权，成为“二次开放”的历史使命。

"十三五"，我国扩大对外开放与新一轮全球自由贸易形成历史交汇。加快以服务贸易为重点、以全面实施自由贸易战略为路径的"二次开放"，不仅直接影响我国经济转型全局，还将决定我国在全球经济格局和治理格局中的作用与角色。

第一节 "十三五"："二次开放"的历史新起点

适应全球服务贸易快速增长的新趋势，"十三五"，我国需要以服务贸易为重点全面实施自由贸易战略，以此推动全球贸易新格局与新规则的形成，促进我国在全球经济治理中发挥更大作用。

一、新一轮全球自由贸易的大趋势

2008 年国际金融危机爆发以来，全球贸易进入增长放缓期、结构调整期、规则重构期的"三期叠加"阶段，服务贸易成为全球贸易增长的新动力，全球贸易投资规则加速重构。在这个特定背景下，我国既面临"二次开放"的历史机遇，又面临"二次开放"的历史挑战。

1. 服务贸易成为全球自由贸易的新引擎

(1)服务贸易增速快于货物贸易。据世界贸易组织(WTO)统计,2000 年全球服务贸易额(不包括政府服务)为 1.44 万亿美元,到 2014 年已经达到 9.8 万亿美元,接近 10 万亿美元大关。2001-2014 年,全球服务贸易在大多数年份以高于 GDP 和货物贸易的速度增长。自 2012 年以来,全球服务贸易增速在大多数年份约为货物贸易增速的 3 ~ 5 倍。2014 年,全球服务贸易增长率为 6%,而同期全球 GDP 增速只有 2.5%,全球货物贸易增速仅为 0.8%(见图 4.1)。服务贸易的快速增长给全球贸易带来新的动力。

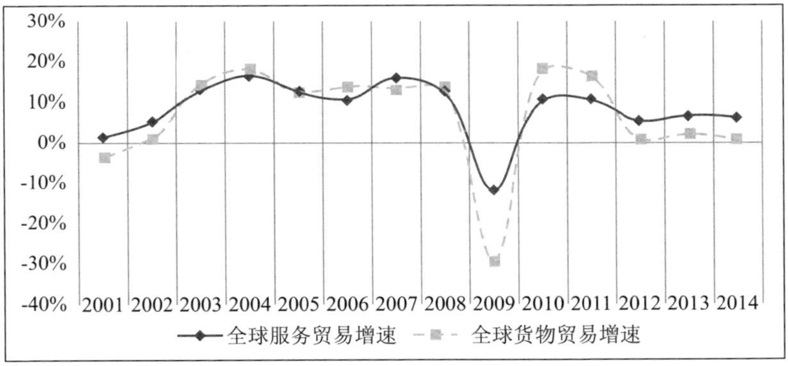

图 4.1:2001-2014 年全球服务贸易与货物贸易增速

数据来源:根据 WTO 历年《世界贸易报告》和《国际贸易统计》数据整理。

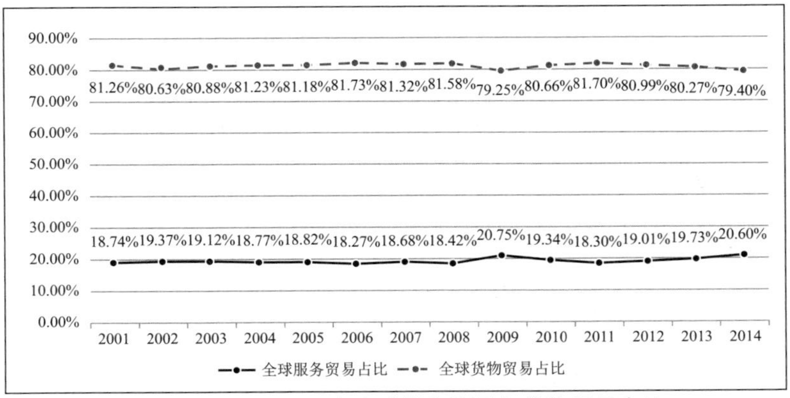

图 4.2:2001-2014 年全球服务贸易与货物贸易占比

数据来源:根据 WTO 历年《世界贸易报告》和《国际贸易统计》数据整理。

（2）服务贸易成为全球贸易新的增长点。一是货物贸易的快速增长带动物流、销售、信息、金融等服务贸易的快速增长，货物贸易与服务贸易相互促进的新格局正在形成；二是发达国家与新兴经济体之间的分工不断深化，新兴经济体制造业升级更加依赖于发达国家以设计、研发为重点的生产性服务业，由此形成服务贸易的巨大市场；三是各国之间人员的往来，带动跨国旅游、留学教育、交通运输等服务贸易呈现快速增长的势头。

（3）服务贸易成为拉动世界经济增长的新动力。一是新兴服务正成为服务贸易新的增长点。随着大数据时代的到来，计算机与信息服务、通信服务等新兴服务贸易增长势头迅猛，成为拉动全球经济增长的新动力；二是服务贸易驱动全球资源优化配置。发达国家的生产性服务业主导了制造业的全球配置，引发制造业流向成本更低的地区，形成了全球资源优化配置的驱动力；三是新兴经济体开始成为服务贸易出口的新生力量。2000 年以来，中国、印度、俄罗斯、巴西等新兴经济体服务出口年均增速均高于北美及西欧地区的年均增速。目前，新兴经济体在全球服务贸易出口中的占比突破了 30%，在旅游、建筑、运输服务、其他商业服务、计算机与信息服务五大服务产业出口中的占比在 40% 左右[①]。中国和印度已跻身全球十大服务贸易出口国行列[②]。

（4）服务贸易成为新一轮贸易自由化的聚焦点。上一轮贸易自由化聚焦于货物贸易，在新一轮贸易自由化进程中，服务贸易不仅是双边和区域自由贸易协定的聚焦点，也开始成为全球多边自由贸易协定的聚焦点。在多哈服务贸易谈判受阻的背景下，占全球服务贸易 70% 的 23 个 WTO 成员开始进行《国际服务贸易协定》（TISA）谈判[③]。按照该《协定》，谈判议题从传统服务业扩大到电子商务、信息服务、环境服务和能源服务等新兴服务业。《国际服务贸易协定》在推动全球服务贸易自由化中的作用逐步增强。

---

① 赵瑾 . 服务贸易商机涌现 [EB/OL]. 人民网，2015-12-20.

② WTO.2015 International Trade Statistics[R]，2015.

③ 赵瑾 . 全球服务贸易接近 10 万亿美元 服务贸易商机涌现 [N]. 人民日报，2015-12-20.

2. 区域贸易协定成为自由贸易的主要载体

（1）区域自贸协定的数量快速增长。根据 WTO 官网公开数据，截至 2016 年 1 月 18 日，全球范围内已有 417 份区域自由贸易协定生效，其中，货物贸易协定 136 份，服务贸易协定 1 份，货物与服务贸易协定 129 份，比 10 年前增加了 2 倍[①]。

（2）新一代区域贸易协定成为塑造自由贸易新规则的载体。近年来，许多国家尤其是欧美发达国家签订的区域贸易协定涵盖的内容不仅包括货物贸易自由化涉及的关税和非关税壁垒减让等内容，还包括服务贸易自由化、农产品贸易自由化、投资自由化、竞争规则、政府采购、国有企业、中小企业、环境标准和劳动标准在内的新一代贸易投资议题。无论从关税减让的范围、程度、过渡期看，还是从贸易投资便利化的安排看，这些协定都呈现出更高水平的自由化趋势。

（3）超大型区域贸易协定牵动影响全球自由贸易进程。例如，《跨太平洋伙伴关系协定》（TPP）有 12 个成员国，GDP 总量占全球约 40%，人口总数占全球约 13%[②]；《跨大西洋贸易与投资伙伴协定》（TTIP）覆盖全球两个最大经济体，经济总量、外贸总额和人口规模分别约占世界的 45%、28% 和 12%[③]，货物贸易约占全球的 33%，服务贸易约占全球的 42%[④]；《区域全面经济伙伴关系协定》（RCEP）包括 16 个经济体，涵盖全球约 1/2 的人口，GDP 总量约占全球的 1/3[⑤]。这些超大型区域贸易协定对全球贸易投资格局和自由贸易规则的影响日益增大。

---

① Some Figures on Regional Trade Agreement notified to the GAPTT/WTO and in force[EB/OL].WTO 官网，2016-01-18.

② 国务院发展研究中心 .TPP 的前世今生 [J]. 中国经济报告，2015（11）.

③ 跨大西洋贸易与投资伙伴关系协定（TTIP）[EB/OL]. 商务部政研室网，2015-01-23.

④ 根据 *WTO 2015 World Trade Report* 数据测算。

⑤ 区域全面经济伙伴关系协定（RCEP）有望年底前实质性完成 [EB/OL]. 中商情报网，2015-10-13.

3. 全球进入新一轮贸易投资规则重构期

（1）发达国家主导新一轮贸易投资规则重构。首先，发达国家正在加速建立双边、多边和区域自贸区网络。截至2015年12月15日，美国已签订14个自贸协定，同时正在加速推进TPP和TTIP等谈判①；欧盟已与19个国家签订了自贸协定，正在与美国加快TTIP谈判②；日本已建成14个自贸区，积极参加TPP谈判，加快与东盟等自贸协定谈判③。其次，发达国家主导推动以市场准入为核心的“第一代”贸易规则向以规制融合为核心的“第二代”贸易规则转变。“第一代”贸易规则主要是拆除关税壁垒，而在“第二代”贸易规则中，如投资、政府采购、贸易便利化、相互认证、资本流动等一系列的内部管制要进一步加强，由此也对国内的规制和立法提出更高的要求④。

（2）TPP、TTIP与贸易投资规则重构。由于TPP和TTIP具有明显的排他性，一旦签订实施，将对世界经济产生重要影响：一是有利于扭转国际金融危机爆发以来欧美经济下行的颓势，巩固美国为首的发达国家主导地位；二是产生巨大的贸易转移效应，两大自贸区以外的国家的贸易空间将会受到明显挤压；三是TPP和TTIP的高标准给新兴经济体和发展中国家带来明显压力；四是TPP与TTIP形成“合围”，无论从贸易空间还是治理空间，都对我国形成客观挤压。

二、我国服务业市场双向开放与全球自由贸易进程的历史交汇

上一轮全球化中，我国制造业市场开放与全球货物贸易需求扩张形成历史交汇，推动我国成为制造业大国和贸易大国。在新一轮的全球自由贸易大趋势下，我国服务业市场双向开放与全球自由贸易进程再一次形成历史交汇。从经

---

① 美国国际贸易部网 .Free Trade Agreements[EB/OL]，2015-12-15.

② 欧盟委员会官方网 .Free Trade Agreements[EB/OL]，2015-12-15.

③ 日本外务省官方网 . 自由贸易协定 [EB/OL]，2015-12-15.

④ 盛斌 . 读懂开放型经济新体制的新意 [N]. 解放日报，2015-06-07.

济转型和结构调整的迫切需求看，我国已经站在由货物贸易为主到服务贸易为重点实现开放转型的历史关口。

1．“一次开放”与制造业全球化的历史交汇

在工业化初期，我国抓住全球货物贸易需求扩张和发达国家制造业转移的历史机遇，推动制造业开放与制造业全球化的直接融合，成为全球第二大经济体和第一大货物贸易国，为全球经济和贸易增长作出巨大贡献。当前，在全球经济服务化的背景下，以工业市场开放为重点的“一次开放”空间日益缩小，亟须转向以服务业市场开放为重点的“二次开放”。

2．“二次开放”与服务业全球化的历史交汇

一方面，全球已经进入服务经济主导时代，服务业占世界经济的比重超过70%(2012)[①]，服务贸易总额占世界贸易总额的1/5(2015)[②]；另一方面，随着我国城乡居民消费结构由物质型为主向服务型为主转变，我国服务贸易需求快速上升，对服务业市场的双向开放提出了迫切要求。在这个特定背景下，加快服务业市场的双向开放和以服务贸易为重点的全球自由贸易进程形成历史交汇。

表4.1：“一次开放”与“二次开放”

	“一次开放”	“二次开放”
起点	工业化初期（国内环境） 制造业全球化（国际环境）	工业化中后期（国内环境） 服务业全球化（国际环境）
目标	经济增长 一次转型 积极融入全球分工体系	经济可持续发展 二次转型 积极打造更有效的全球产业链和价值链
重点	货物贸易 制造业市场开放	服务贸易 服务业市场开放
路径	加入WTO等全球治理机制	全面实施自由贸易区战略

① 商务部部长助理仇鸿：服务业占世界经济总量比重为70%[EB/OL]. 人民网，2012-04-26.

② WTO.2015 World Trade Report[R]，2015.

续 表

	"一次开放"	"二次开放"
体制	构建外向型经济体制：围绕出口导向战略形成一系列鼓励和扶持出口型工业发展的体制机制	构建开放型经济新体制：以自由贸易为导向构建对外开放的体制机制
角色	国际规则的接受者、参与者、跟随者	国际规则的改革者、塑造者、主导者

资料来源：中改院课题组整理。

3. 我国站在"二次开放"的历史新起点

（1）"十三五"是开放转型的历史窗口期。"十三五"，推动由货物贸易为主向服务贸易为重点的开放转型，已经成为我国由制造业大国走向服务业大国必须要闯的"关口"。无论是提高生产性服务业比重以推动生产型制造业向服务型制造业转型，还是服务业自身的结构升级，都需要进一步扩大服务贸易和扩大服务业对外开放，来引进国外服务业的先进技术、经验、人力资源。

（2）全面深化改革与对外开放直接融合。

——推动投资体制改革与服务业市场对外开放直接融合。在服务业市场对内开放和对外开放协调发展的基础上，逐步形成对内资和外资一视同仁的市场环境。

——推动市场监管转型与降低、取消贸易壁垒直接融合。推动以负面清单为重点的投资体制改革以促进服务贸易发展。

——推动财税金融体制改革与产能"走出去"直接融合。发挥财税金融体系在"转移一批"产能进程中的引导作用，积极推动国际产能合作，促进过剩产能"转移"。

——推动国内自贸区建设与加快实施自由贸易区战略直接融合。实现内外联动的开放，以此加快双边、多边自由贸易进程。

（3）加快以服务贸易为重点、以全面实施自由贸易战略为路径的"二次开放"。与推动我国制造业全球化的"一次开放"相比，"二次开放"的历史使命是以服务贸易为重点全面实施自由贸易战略，在开放中创造有利于经济转型升级的外部条件，在开放中推进全球自由贸易进程。

三、我国在推动全球自由贸易进程中的重要角色

未来 5 年，把握我国服务业市场双向开放与新一轮全球自由贸易历史交汇带来的历史机遇，以扩大服务贸易开放加快经济转型进程，将给全球经济和贸易持续增长注入新动力。

1．为全球经济贸易持续增长提供新动力

（1）我国服务贸易增长势头迅猛。进入新世纪以来，我国服务贸易持续快速增长。根据 WTO 统计数据，2001–2014 年，我国服务贸易总额在绝大多数年份保持两位数的增长，规模从 719 亿美元一路攀升到 6043 亿美元，14 年间扩张了 8 倍多（见图 4.3）。2014 年，服务贸易增速为 11.8%；2015 年前三季度，继续保持着快速增长的良好势头，同比增长 15.9%，服务贸易占对外贸易的比重为 14.6%[①]，预计全年总额将超过 6500 亿美元，增长 10% 以上[②]。

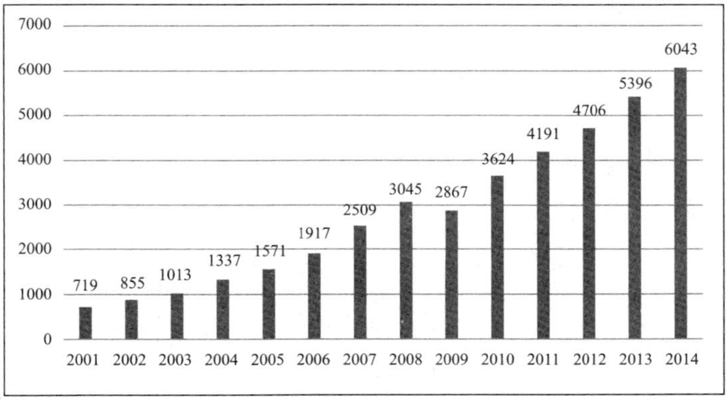

图 4.3：2001–2014 年中国服务贸易进出口情况（单位：亿美元）

数据来源：国家统计局．中国统计年鉴 2015[M]．北京：中国统计出版社，2015.

---

① 今年前三季度我国服务贸易进出口总额增长 15.9%[EB/OL]. 新华网，2015–11–05.

② 2015 年我国服务贸易增速预计在 10% 以上 [EB/OL]. 新华网，2015–02–19.

（2）我国服务贸易增速远远超过货物贸易。过去3年，服务贸易增速均超过GDP增速，比货物贸易增速高出1倍以上。2012年，服务贸易的增速为12.3%，货物贸易的增速为6.2%；2013年，服务贸易的增速为14.7%，货物贸易的增速为7.5%；2014年，服务贸易的增速为11.8%，货物贸易的增速为3.5%[①]。随着城乡居民服务需求的快速上升，我国服务贸易增长进入快车道，将为全球贸易和经济增长注入新动力。

2．推动双边、多边自由贸易进程

（1）成为全球多边贸易体系的积极建设者。自2001年加入WTO后，目前我国对外总体关税水平已从15.3%降至9.8%[②]，并不断削减非关税贸易壁垒，积极推进贸易便利化措施；面对WTO多哈回合谈判受阻，我国积极推动WTO框架下《贸易便利化协定》谈判，并已完成国内核准程序，为多哈回合尽快取得突破作出了努力；我国已正式提出加入《国际服务贸易协定》（TISA），还支持在《反倾销协定》中引入强制性的从低征税规则，积极参与《信息技术协定》（ITA）扩围谈判，完善争端解决机制等。

（2）成为双边、多边自贸进程的积极推动者。在WTO多哈多回谈判受阻的形势下，我国加快实施自由贸易区战略，加快双边、多边自贸区建设，以此推进双边、多边自贸进程。十八届三中全会、五中全会都提出，“要以周边为基础加快实施自由贸易区战略，形成面向全球的高标准自由贸易区网络”。不久前，中央出台的《关于加快实施自由贸易区战略的若干意见》提出，“坚持与推进共建‘一带一路’和国家对外战略紧密衔接”，“逐步构筑起立足周边、辐射‘一带一路’、面向全球的高标准自由贸易区网络”。当前，我国已经签署并实施14个自贸协定，涉及22个国家和地区[③]。依托“一带一路”建设，我国将在推动双边、多边、区域性、全球性自贸进程中发挥更加积极的作用。

---

① 根据《中国统计年鉴（2013–2015）》测算。

② 我国总体关税水平仍保持9.8%[N]. 经济日报，2015–01–12.

③ 商务部．中国自由贸易区服务网[EB/OL]，2016–01–21.

（3）成为对外开放体制机制的积极创新者。以上海自由贸易试验区为首的四大自贸区不断加快对外开放体制机制的改革创新，在缩减负面清单、推进贸易便利化、加快资本项目可兑换、以金融为重点加快服务业开放以及转变政府职能等方面，不断积累有益经验并向全国推广。山东、黑龙江、内蒙古、贵州、江西、浙江、云南、广西、陕西、海南、湖南、甘肃等省份都在“十三五”规划建议中提出要申报或联合申报自贸试验区。国内自贸区建设进程不断加快，对我国加快对外开放体制与制度创新具有重要意义。

3. 以公平可持续为导向推动全球贸易投资规则重构

（1）加快构建开放型经济新体制。目前我国主导制定的国际标准数量，仅占国际标准总数的0.7%[①]。以服务贸易为重点的“二次开放”，重在放宽投资准入、规制合作、市场监管、法律保障等方面形成开放型经济新体制，使我国在全球和区域贸易投资协定谈判中掌握更多的主动权。

（2）以公平可持续为导向推进全球治理变革。为了塑造有利于转型发展的外部环境，进一步改变我国在全球经济治理中贡献与地位不相匹配的格局，需要以“二次开放”推进全球治理变革，积极参与和主导构建开放包容的多边机制和治理平台，与各国建立平等互信、包容互鉴、合作共赢的新型伙伴关系，构建开放、包容、公平、可持续的全球经济新秩序。

（3）成为全球贸易投资规则的重要推动者。随着自由贸易战略的全面实施，通过国内自由贸易区先行先试积累经验，以此提高适应高标准的新型国际经贸、投资准则的能力。另外，以主动改革形成中国经验和中国方案，改善我国与贸易伙伴的双向市场准入，全面增强我国在全球贸易投资规则制定上的影响力和话语权。

① 韩霁．中国企业争取国际标准话语权[EB/OL]. 环球网，2015-10-20.

第二节　“十三五”：形成以服务贸易为重点的对外开放新格局

加快形成以服务贸易为重点的对外开放新格局，积极推动服务业市场双向开放，既是“二次开放”倒逼市场化改革的重点，也是形成有利于经济转型升级外部环境的关键所在。

一、推进以服务贸易为重点的外贸转型

长期以来，在出口导向战略下，我国形成了重点支持货物贸易尤其是加工贸易发展的体制机制，这使我国成为“世界工厂”和工业大国。进入服务贸易时代，我国亟须推进以服务贸易为重点的对外贸易转型，推动“中国制造”向“中国智造”的转型升级，助推服务业主导的产业结构的形成。

1. 服务贸易成为对外贸易的“短板”

（1）服务贸易占比过低。2014 年，我国已经成为世界第二大服务贸易国、世界第二大服务贸易进口国和第五大服务贸易出口国，但服务贸易占对外贸易总额的比重仍然较低。2014 年，我国服务贸易额占外贸总额的比重仅为 12.3%，比全球平均水平低 8.3 个百分点。2014 年，我国服务贸易额为 6043 亿美元，不足货物贸易额的 1/7。我国货物贸易额在全球货物贸易总额中占比超过 10%，而服务贸易额在全球服务贸易额中占比仅为 6.2%。在世界前十大服务贸易国中，我国人均服务贸易额仅为 448 美元，是美国的 12%，德国的 6%，日本的 16%[①]。

（2）服务贸易仍以传统服务为主体。我国服务贸易出口主要集中在运输、

---

① 根据 *WTO International Trade Statistics* 数据测算。

旅游等比较传统的领域，金融、教育、医疗等现代服务贸易占比较小的格局仍未有很大改变。2014 年，旅游、运输服务和建筑服务三大传统服务进出口占服务贸易总额的 62.6%，而金融、保险、计算机和信息服务咨询分别仅占 0.14%、0.86%、3.51%、8.89%①，这些数据表明我们与服务贸易发达国家存在较大差距。

（3）服务贸易竞争优势不突出。1995–2014 年，我国服务贸易连续 20 年逆差，并且逐年扩大。2007 年，我国服务贸易逆差为 76 亿美元，2014 年服务贸易逆差达到 1980 亿美元，扩大了 26 倍②。2015 年 1–9 月，我国服务出口额为 1716 亿美元，进口额为 3237 亿美元，服务贸易逆差达 1520.7 亿美元，同比增长 30.9%③。我国服务贸易竞争力指数远低于英国、美国、法国等服务贸易出口大国。美国是全球最大的服务贸易顺差国，服务贸易顺差 2318 亿美元④。而我国则是全球最大的服务贸易逆差国⑤，我国服务贸易的比较竞争优势主要集中在资源、劳动力密集型传统行业，在知识、技术密集型行业处于明显的竞争劣势地位。2013 年，我国生产性服务贸易逆差为 663.8 亿美元，占当年服务贸易逆差的 56.0%⑥。作为推动“中国制造”向“中国智造”转变重要支撑的生产性服务业发展严重不足，使我国制造业在全球产业链和价值链中仍处于较为低端的位置。

（4）服务贸易开放程度明显低于货物贸易。当前，我国服务贸易限制指数（0.366）仍高于英国（0.140）、美国（0.180）、德国（0.180）、日本（0.230）、韩国（0.230）、法国（0.260）等世界主要发达国家水平。与其他金砖四国相比，我国服务贸易限制指数仅低于印度（0.660），但高于巴西（0.230）、俄罗斯

---

① 2014 中国服务贸易发展总体情况分析 [EB/OL]. 中国商情报，2015–05–07.

② 国家外汇管理局 . 2014 年中国国际服务贸易逆差 1.2 万亿 [EB/OL]，2015–01–27. 注：26 倍为名义值变化，未计算汇率影响。

③ 商务部 . 中国服务贸易状况 [EB/OL]. 商务部网，2015–11–05.

④ 2015 年贸易数据 [EB/OL]. 美国商务部经济分析局网，2016–01–12

⑤ 2015 世界贸易组织国际贸易统计 [EB/OL].WTO 网，2016–01–12.

⑥ 根据国家统计局 2014 国家统计年鉴数据整理。

（0.260）和南非（0.350）。一些行业仍对市场准入进行严格的限制，一些行业尚未开放。例如，快递、广播、空运、电信、法律、审计、保险、商业银行等领域的服务贸易限制指数分别为0.868、0.784、0.591、0.529、0.524、0.5、0.496和0.492，服务贸易限制相对较大，处于低度开放水平①。

2. 实现2020年服务贸易占比达到20%

（1）把服务贸易占比达到20%作为“十三五”预期性指标。抓住新一轮服务贸易自由化的历史机遇，提高服务贸易比重，争取到2020年我国服务贸易占对外贸易的比重至少达到20%。为此，要确保“十三五”服务贸易实现14.5% ~ 17%的增速，即至少保持略高于金融危机后的增长势头，才能使以服务贸易为重点的“二次开放”释放出与“一次开放”相当甚至更大的红利：到2020年，我国服务贸易总额占世界服务贸易总额的比重将由2014年的6.2%提高至10%；形成传统服务贸易和现代服务贸易均衡发展的贸易结构，争取在电信、信息技术、电子商务、健康医疗、教育等现代服务贸易领域形成竞争新优势。

专栏4.1

2020年服务贸易实现占外贸总额20%需要实现怎样的增长？

若中国未来GDP增速保持在6.5% ~ 7%，2020年中国GDP总量预计为15.11 ~ 15.54万亿美元；外贸总额占GDP比重若保持在45% ~ 50%之间，2020年预计为6.8 ~ 7.8万亿美元（见表4.2）；2020年，若想实现服务贸易占外贸总额比重的20%，则需要实现服务贸易平均增速14.5% ~ 17%的目标。实现服务贸易平均增速14.5% ~ 17%，则至少要保持高于金融危机后的增长势头（见表4.3）。

资料来源：中改院课题组整理。

① 杨长湧.我国扩大服务业对外开放的战略思路研究[J].国际贸易，2015（04）.

表 4.2：2020、2030 中国 GDP、外贸总额、服务贸易总额及占比预测

“十三五”预测指标	2014 年（基期）	2020 年	2030 年
中国 GDP（增速 6.5%）（亿美元）	103548	151091.3	283619.1
中国 GDP（增速 7%）（亿美元）		155397.6	305690.7
外贸总额（占 GDP 的比重 45%）（亿美元）	49058.3	67991.07	127628.6
外贸总额（占 GDP 的比重 50%）（亿美元）		77698.81	152845.3
服务贸易总额（占外贸总额的比重 20%）（亿美元）	6043	13598.2（情景 1：GDP 增速 6.5%，外贸占比 45%）	25525.7（情景 1：GDP 增速 6.5%，外贸占比 45%）
		15539.8（情景 2：GDP 增速 7%，外贸占比 50%）	30569.1（情景 2：GDP 增速 7%，外贸占比 50%）
服务贸易平均增速（基期为 2014）	——	14.5%	9%
		17.0%	11%

数据来源：根据世界银行数据库、2015 中国国家统计年鉴数据测算。

表 4.3：2001–2014 年我国服务贸易发展状况（单位：%）

2001–2014 年	中国服务贸易平均增长率	17.8
	中国外贸总额平均增长率	17.8
2001–2007 年（危机前）	中国服务贸易平均增长率	23
	中国外贸总额平均增长率	27
2008–2014 年（危机后）	中国服务贸易平均增长率	12.1
	中国外贸总额平均增长率	9.4

数据来源：根据《2015 中国国家统计年鉴》、WTO《世界贸易报告》及《国际贸易统计》计算得出。

（2）2020 年形成以服务贸易为重点的对外开放新格局。在世界经济增长持续放缓、外部需求萎缩、国际贸易竞争更趋激烈的背景下，要实现服务贸易年均两位数的增长，以此形成以服务贸易为重点的对外开放新格局，既需要以

服务贸易为重点加快国内自贸区建设，加快培育服务贸易竞争新优势，也需要以"一带一路"加快双边、多边自贸进程，扩大与贸易伙伴的服务业市场双向开放，为扩大服务贸易创造有利的市场环境。

3. 2020年服务贸易占比有条件达到20%

（1）消费结构升级和人口城镇化的带动。随着消费升级和人口城镇化进程加速，到"十三五"末，城镇居民服务型消费占比有条件由目前的不到40%提升到50%左右①。服务型消费的快速增长将带动服务贸易的增长。

（2）产业结构转型升级的带动。无论是制造业服务化，还是服务业自身的结构优化，都将带动服务贸易比重进一步提升。

（3）"一带一路"战略的带动。例如，"十三五"，"一带一路"重大基础设施互联互通项目落地，将显著带动相关服务贸易增长。由此，"十三五"，服务贸易占比有条件每年提高1.5个百分点左右。

二、破题以服务贸易为重点的国内自贸区建设

应对全球贸易格局和规则变化的新趋势和新挑战，我国需要以服务贸易为重点加快国内自贸区建设，对更加开放的体制机制、更高标准的经贸规则进行先行先试，探索符合经济转型升级需要的最优开放模式，为我国推动全球自由贸易进程、参与全球贸易投资规则制定提供实践依据。

1. 国内自贸区建设重在破题服务贸易开放

（1）以市场开放促进服务贸易。服务业对外开放是上海、天津、广东、福建四大自由贸易试验区先行先试的重要内容。四大自由贸易区的开放试验有效拉动了服务贸易。以上海为例，2014年，上海服务贸易进出口额为1754亿美

① 迟福林."十三五"：经济转型的新趋势、新结构、新动力[EB/OL].中国改革论坛网，2015-11-14.

元，较2010年增长67.5%，年均增长13.8%，约占全国服务贸易规模的30%；服务贸易在对外贸易中的比重持续上升，由2010年的22.1%提升至2014年的27.3%，2015年前三季度服务贸易占对外贸易的比重已经超过30%①。

专栏4.2

四大自贸区服务业开放情况

2013年，上海自由贸易试验区选择在金融服务、航运服务、商贸服务、专业服务、文化服务、社会服务六大领域18个行业扩大开放，暂停或取消投资者资质要求、股比限制、经营范围限制等准入限制措施，营造有利于各类投资者平等准入的市场环境②。新设的天津、广东、福建自贸试验区复制了上海自贸试验区在“准入前国民待遇＋负面清单”模式上的成功经验。

2015年4月起，四个自贸区共用一张负面清单，实施外商投资企业设立及变更备案制度，在投资管理、贸易监管、金融开放和市场监管等领域加快改革创新，在简政放权、优化服务等方面先行先试。2015年4月20日，我国出台《自由贸易试验区外商投资准入特别管理措施（负面清单）》，列出适用于上海、广东、天津、福建四个自由贸易试验区的不符合国民待遇等原则的外商投资准入特别管理措施。《自贸试验区负面清单》依据《国民经济行业分类》（GB/T4754—2011）划分为15个门类、50个条目、122项特别管理措施。其中特别管理措施包括具体行业措施和适用于所有行业的水平措施③。

相比上海自贸区2014版的负面清单，四大自贸区共用的《自贸试验区负面清单》，门类减少了3个，特别管理措施减少了17条，缩短了12.2%，提升了自贸试验区的开放度和透明度。

四大自贸区在开放程度方面是相近的，目标一致但各有侧重。比如说广东自贸易试验区主要任务是推动粤港澳经济的一体化，特别是在服务业方面。2015年，粤港澳在《内地与香港关于建立更紧密经贸关系安排》（CEPA）框架下基本上实现服务贸易的自由化，服务贸易部门有160个，广东对港澳地区开放的有153个，这是广东自贸试验区特有的④。

资料来源：中改院课题组整理。

① 上海欲三年建成全球重要服务贸易中心城市[EB/OL]. 第一财经网，2015-12-07.

② 国务院公布上海自贸区6大领域18大行业开放清单[EB/OL]. 中国网，2013-09-27.

③ 全国四个自贸区共用一张清单[EB/OL]. 一财网，2015-03-23.

④ 两地服务贸易自由化基本实现[N]. 羊城晚报，2015-11-28.

（2）服务贸易开放空间仍然巨大。目前，国内4个自贸区在实施负面清单管理方面取得了明显成效，在服务业市场开放领域走在全国前面，尤其上海自贸区在金融市场开放方面有重要突破。但与内外需求相比，自贸区在服务贸易开放上仍然限制较多，例如《自由贸易试验区外商投资准入特别管理措施（负面清单）》（国发办〔2015〕23号）列出的122项的负面清单中，有80余项针对服务业①。建议到2020年，负面清单中服务贸易项目缩小到40项以内，为其他地区实施负面清单管理提供可复制、可推广的重要经验。

2．加快对服务贸易开放制度的先行先试

（1）实施服务贸易负面清单管理模式。进一步缩小投资准入的负面清单，实行更加开放的服务贸易市场准入机制，加快推动跨境服务由正面清单管理向负面清单管理转变，减少负面清单中的限制性措施；率先出台覆盖内外资的大负面清单制度。

（2）打破开业权、人员移动、技术性等服务贸易壁垒。打破开业权等技术性壁垒，取消与主要贸易成员国或地区自然人流动壁垒，推动学位、培训、执业资格认证等国家间互认，为专业人才和专业服务双向流动提供便利。

（3）采取与服务贸易特点相适应的通关管理模式。推动关检合作"三个一"②和"单一窗口"建设，加快实现信息互换、监管互认、执法互助。探索全产业链保税监管模式，加快生产性服务业进口绿色通道建设，实行一站式通关。

（4）在试验基础上提出服务贸易新规则。以国内自贸区为平台，探索整合国内外规则，加快涉外经济体制改革，建立与国际接轨的市场开放和市场运行体制和政策体系。到2020年，初步形成中国版国际贸易规则，特别是服务贸易新规则。对反倾销规则、全球供应链自由化、自然人流动、电子商务、对外投资保护等新议题进行压力试验和隔离试错。在试验的基础上，将全球价值链、

① 迟福林．"十三五"：以结构性改革推动转型升级[N]．经济参考报，2015-12-16．

② 关检合作"三个一"通关模式即指一次申报、一次查验、一次放行。

基础设施互联互通、发展援助、电子商务、产业园区等纳入新的双边多边自贸协定。

3. 以服务贸易为重点优化自贸区布局

（1）实现沿海、沿边、内陆合理布局。在加快四大自贸区建设的基础上，选择在以服务业为主导、服务业发展较快的其他沿海、沿边和内陆地区建设产业侧重点不同的自由贸易试验区。

（2）推动一批边境合作区升级为自贸区。“十三五”，应推动一批边境合作区升级为自贸区，创新开放模式，在服务贸易自由化和服务业市场开放上加大力度，形成特色鲜明的服务贸易基地，扩大我国与周边地区信息、金融、保险、物流运输等相关服务贸易，促进文化、中医药、软件和信息服务等新兴服务出口，培育服务贸易竞争优势，形成服务贸易出口新的增长点。

（3）与主要贸易伙伴合作建设跨境合作贸易园区。目前，我国企业正在投资建设 69 个具有境外合作贸易区性质的项目，分布于 33 个国家，涵盖加工制造、资源利用、商贸物流、科技研发等多种类型①。应当把服务贸易特别是跨境金融服务作为境外经济合作区建设的重要任务，为我国服务业企业走出去搭建境外平台；结合当地需求，与当地政府协商，在境外合作贸易园区内推行服务贸易自由化便利化政策，便于企业的跨境投融资活动；推动本币交易，加快人民币与当地货币的合作，推进人民币国际化。

三、关键是服务业市场的双向开放

“十三五”，如果能够在服务业市场的双向开放上取得重大突破，我国就会抓住“二次开放”的历史机遇，就会形成以服务贸易为重点的对外开放新格局，就会形成经济转型升级的重要推动力。

---

① 姜煜．中企正在建设 69 个境外合作经贸区 分布 33 个国家 [EB/OL]. 中国新闻网，2015-10-14.

1. 以服务业市场双向开放提升服务贸易比重

（1）服务业市场开放是扩大服务贸易的关键。服务业市场开放蕴含巨大的贸易投资空间。从发达国家的经验看，服务业市场开放大大促进了服务贸易发展。在存在有效需求的前提下，一个部门越开放，往往这个部门的贸易投资的规模越大。服务业外商直接投资(FDI)与服务贸易存在正相关，初步估算，服务业外商投资每增加1个百分点，服务贸易增长0.79个百分点[①]。如果"十三五"能提高服务业开放程度，将大大促进我国服务贸易的发展。

（2）我国服务业市场对外开放滞后。当前，服务业市场已经成为最大的投资市场。2000–2014年，我国服务业实际利用外资占比由25.7%提高到55.4%[②]。"十三五"，随着服务需求的持续释放，服务业引入外资的潜力和空间仍然巨大。有研究表明，开放对我国制造业增长的贡献约为28%，而对服务业增长的贡献仅为7%[③]。由于我国服务业领域的对外开放严重滞后，服务业难以充分利用国际先进技术和管理经验，制约了服务业的有效供给，导致国内的教育、医疗等服务消费外流的问题比较突出。

（3）服务业双向市场开放面临许多障碍。加快新兴国家服务业市场开放，打破发达国家服务贸易出口管制，成为扩大服务贸易的"双重任务"。

——新兴经济体服务业市场开放不足。根据WTO服务贸易总协定的标准，印度仅承诺开放12项、占比21%的服务贸易市场，远低于欧盟承诺开放42项、占比75%的服务贸易市场[④]。

——发达国家对服务贸易出口管制还相当多。发达国家在电子技术、航空、信息通讯技术、生命科学技术、能源环境等领域都处于领先位置，但尚未对发展中国家开放。尽管美欧等发达国家普遍采取负面清单模式，但仍可通过技术

---

① 中改院课题组根据国家统计局《2014年中国统计年鉴》数据测算。

② 张飞. 放开服务行业 释放市场红利 [N]. 上海证券报，2015-04-14.

③ 迟福林. 走向服务业大国的转型与改革——2020年中国经济转型升级的大趋势 [J]. 上海大学学报（社会科学版），2015，32(01).

④ 迟福林. 以扩大自由贸易为重点 加强投资合作 [N]. 中国经济时报，2015-09-22.

壁垒、国家安全审查等手段限制外国企业进入。美国政府的采购通过“提高技术标准”、“增加检验项目”和“技术法规变化”等技术壁垒政策，提高外国产品和服务的进入门槛，削弱外国产品竞争力①。

2．推动与自由贸易伙伴的双向市场准入

（1）加快建立双边和区域服务贸易协定。打破一些国家对我国服务贸易的壁垒，共同削减关税和非关税壁垒。率先在新兴经济体、欧洲等国家和地区取得突破。加快拓展与主要贸易国家在金融、信息、物流业等服务业领域的开放合作，把服务业开放和服务贸易自由化作为双边、多边合作的重点。

（2）签订投资相互保护和促进协定，支持企业“走出去”。适应我国产业转移的趋势，加快与周边国家签订投资保护和促进协定，为我国制造业企业走出去提供法律保障；加快与“一带一路”沿线国家签订投资保护和促进协定，推动我国企业与“一带一路”沿线国家企业进行产能合作和产业合作；加快与发达国家签订投资保护和促进协定，督促美国和欧盟承认我国市场经济地位，给予我国的企业和投资与其他市场经济国家企业和投资同等的地位和待遇，不单独设置针对我国企业的技术壁垒、国家安全审查制度等。

（3）推动政府采购市场互惠对等开放。发达国家政府采购的规模一般占年度 GDP 的 10% 左右②，新兴市场的政府采购规模也在不断扩大。2014 年，我国政府采购规模为 17305 亿元，占全国财政支出和 GDP 的比重分别为 11.4% 和 2.7%③，未来还有很大发展空间。“十三五”，我国应积极加入 WTO《政府采购协议》（GPA），推动 GPA 例外条款的修改完善，减少外国政府采购对我国企业的歧视；完善国内政府采购法律法规，逐步减少政府采购对外资不合理的限制，提高政府采购的透明度；在双边和多边贸易协定谈判中，把政府采购市场的对

---

① 陈德铭 .GPA 谈判：警惕不对等的开放 [EB/OL]. 国家财经新闻网，2015-06-21.

② 崔英 . 金融危机背景下我国政府采购领域商业贿赂治理对策研究 [J]. 北京理工大学学报（社会科学版），2009（06）.

③ 去年政府采购规模达 17305 亿元 [EB/OL]. 光明网，2015-07-31.

等互惠开放作为重要内容，逐步扩大我国政府采购市场的开放范围。

3．有序扩大服务业对外开放

（1）降低外资准入门槛。加快推行准入前国民待遇和负面清单模式，缩小负面清单的限制范围。实行服务业外商投资登记备案制。在一般服务贸易部门，外国公司设立变更相关审批逐步改为备案管理。实行外商投资企业信息申报及共享公示制度。

（2）有序推进重点领域开放。推进金融、教育、文化、医疗等服务业领域有序开放，放开育幼养老、建筑设计、会计审计、商贸物流、电子商务等服务业领域的外资准入限制。

（3）向自贸协定伙伴优先开放。与加快实施自贸区战略相结合，在我国经济转型和产业升级亟须的服务领域、与贸易伙伴优势互补的服务领域，优先向自贸协定伙伴开放。参照内地对香港服务贸易开放的办法，对自由贸易协定伙伴扩大服务贸易部门的开放，在更多以“商业存在”服务模式为主的领域给予自由贸易协定伙伴国民待遇，加快推进服务贸易的双边开放。

（4）大力发展服务外包业务。服务业外包逐步取代制造业外包成为全球化的新趋势。建议研究制定《中国国际服务外包产业发展“十三五”规划》：重点发展软件和信息技术、研发、设计、互联网、医疗、工业、能源等领域的服务外包；加快发展教育、健康护理、文化创意、金融、交通物流、科技服务等领域服务外包；着力提升服务外包业务的附加值，增加服务外包示范城市数量，培育若干个具有特定服务区域（特定对象国）和特色领域（特定产业）供应链整合能力的示范城市；尽快出台相关政策，在全国范围内普及推广示范城市品牌、技术、信用方面创建的成功经验，推动服务外包市场的规范和快速发展，充分利用服务外包提升全国服务业发展水平。

第三节 “十三五”：以“一带一路”推进双边、多边自贸进程

面对世界贸易格局和规则变化的新趋势，我国需要把实施更大范围、更加主动的自贸区战略作为建设“一带一路”的重要抓手，以此形成新一轮对外开放的制高点。

一、以建设自贸区网络为目标加快“一带一路”建设

适应日益增强的双边、多边自由贸易需求，“一带一路”以扩大自贸区网络为目标，以服务贸易为重点，以基础设施互联互通为依托，在推动全球经济合作中加快经济转型步伐。

1. 以建设自贸区网络为重要目标

（1）推动双边、多边自由贸易进程。2015 年 12 月 17 日，国务院印发《关于加快实施自由贸易区战略的若干意见》，提出“坚持与推进共建‘一带一路’和国家对外战略紧密衔接”，“逐步构筑起立足周边、辐射‘一带一路’、面向全球的高标准自由贸易区网络”。“一带一路”以建设自贸区网络为目标，目的是推动全球性、区域性自由贸易进程。未来 5 ~ 10 年，应以“一带一路”沿线国家为重点建立更多双边、多边自贸区，显著降低与主要贸易伙伴的关税和非关税贸易壁垒，加快双边、多边、区域、全球的自由贸易进程。

（2）形成区域大市场。以“一带一路”战略节点的国家和地区为重点，打通“一带一路”自由贸易大通道，以自贸区为重点促进区域经济一体化，逐步形成互利共赢的亚欧非大市场。推动“一带一路”自贸区网络建设与完善全球多边贸易体系相结合，整合亚太地区区域贸易协定，防止亚太地区陷入贸易“碎片化”和恶性竞争的局面。

（3）构建互利共赢、共同发展的贸易投资规则。以“一带一路”为抓手，将全面深化对外开放与争取全球经济治理话语权结合起来，在加快实施自由贸易区战略中主导构建均衡发展、互利共赢的贸易投资新规则，尤其是逐步成为服务贸易新规则的“引领者”。通过实施自贸区战略，制定既适应我国经济转型需要、又有利于推进全球自贸进程的贸易规则，在推动形成国际经贸规则新体系中发出更多中国声音、注入更多中国元素。

2．以服务贸易为重点

（1）释放“一带一路”服务大市场的需求潜力。抓住全球服务贸易快速发展的历史机遇，把提高服务贸易开放水平作为加快实施自贸区战略的重点，扩大与自由贸易伙伴的服务贸易相互开放，加快服务业市场双向开放，形成“一带一路”服务大市场。

（2）在推动产业升级中增强服务贸易竞争优势。通过有重点、有顺序的双向服务贸易开放，推动我国产业结构调整升级，在走向服务业大国的进程中培育服务贸易竞争新优势，加大服务出口的政策支持力度，逐步改变我国服务贸易逆差的局面。

（3）推动服务业市场双向开放。在全球需求萎缩、市场成为最稀缺资源的背景下，利用13亿人服务业大市场的优势，推动服务业市场的双向、对等、互惠开放，促进服务贸易自由化、便利化，充分发挥服务业市场双向开放对调结构、转方式、促就业的作用。

3．以基础设施互联互通为依托

（1）加快国际大通道建设。打通“一带一路”在陆上、海上、空中的贸易流、物流、人流、信息流通道，形成放射性、网络化的交通布局，着力构建连接我国与自由贸易伙伴的经济大走廊，提升贸易物流便利化水平。

（2）形成基础设施互联互通新格局。这是加快实施自贸区战略的重要保障，其本身也会带来大量的自由贸易和投资需求。需要加快推进“一带一路”

沿线油气管道、电网、信息网等关键基础设施“无缝衔接”；推进通关便利化，尽快实现大通道、大通关；建设“一带一路”能源合作经济圈，促进全球能源安全和可持续发展。

（3）构建基础设施合作的多边机制。“一带一路”沿线许多国家和地区都提出了区域性基础设施投资计划，许多计划具有重叠性、互补性。需要把整合全球性、区域性的基础设施投资计划作为加快实施自由贸易区战略的重要任务，在全球自贸区网络建设的大框架下对基础设施投资合作进行战略布局，避免“零和博弈”，形成“共赢”格局。

二、2020 年争取中欧自贸区的重大突破

在世界贸易格局和规则复杂变化的形势下，建立中欧自贸区是我国逐步构筑立足周边、辐射“一带一路”沿线国家和地区、面向全球的自贸区网络的关键一步，具有全局性、共赢性、战略性的重大意义。

1. 中欧自由贸易的需求巨大、空间巨大

（1）经济转型升级蕴含中欧贸易的巨大需求。中欧作为世界两大经济体，相比于中欧经济总量占世界经济总量的 1/3，双方贸易总量在全球贸易总量中的占比仅为 1.5% 左右，中欧经贸合作还有巨大的拓展空间①。

（2）经济结构高度互补蕴含中欧贸易的巨大空间。经过近 38 年的改革开放，我国在一些工业、制造业部门和基础设施领域积累了全球领先的技术和经验，但目前服务业尤其是生产性服务业发展仍是“短板”。欧盟已经进入后工业化时期，经济服务化的特点十分突出，尤其是电子技术、航空、信息通讯技术、生命科学技术、能源环境等生产性服务业和健康管理等生活性服务业有独特的优势，有先进的技术和成熟的管理经验。中欧经济结构之间的差异，意味着中欧巨大的贸易空间。

---

① 迟福林布鲁塞尔呼吁推进中欧自贸区进程 [EB/OL]. 中国新闻网，2015-07-01.

（3）中欧自由贸易的最大潜力在服务贸易。服务贸易已经成为中欧贸易的主要增长点。近年来，我国服务贸易净进口迅速增长，从1997年的32.2亿美元到2014年的1980亿美元，增加了61.5倍，年均增长率达到25.7%[①]。到2020年，如果我国服务贸易总额达到1.2万亿美元、与欧盟的服务贸易比重由2013年的13.2%提高到20%，双方服务贸易总额将达到2000～2200亿欧元[②]。2013年，欧盟对中国服务贸易顺差为120亿欧元[③]，2014年为62亿欧元[④]。中国在欧盟服务贸易顺差国中位列第三（和美国并列）。欧盟在许多服务业领域有贸易优势，特别是在旅游贸易、运输服务、专有权利使用权和特许权、保险服务等领域，对中国出口服务的空间仍然很大。

2. 以自由贸易为重点深化中欧“一带一路”合作

（1）加强投资合作。从趋势看，基础设施投资的范围正快速向电信、信息、文化等“软件”拓展，尤其是服务贸易依托的基础设施投资需求正快速上升。如果中欧服务贸易占中国服务贸易的比重提高到20%，将为“容克计划”与“一带一路”基础设施投资合作提供动力。

（2）深化金融与货币合作。中欧自由贸易带来贸易结算、贸易保险、税务、金融担保等金融服务需求，同时也直接带动中欧货币合作，将为欧元稳定发展和人民币国际化创造有利条件。

（3）推进产能合作与产业合作。我国居民在健康服务、老年服务、教育文化等领域的潜在需求巨大，而欧盟国家在这些服务行业有成熟的管理经验、技术和高端人才，以自由贸易带动中欧产业合作，将实现双赢格局。

（4）推动绿色环保技术创新合作。欧盟在绿色能源、低碳技术、环境治理技术等领域走在全球前列，而我国拥有全球最大的清洁能源市场和相对较低的

---

① 根据国家外汇管理局2014年中国国际服务贸易公布数据整理。

② “中欧改革论坛启动研讨会”召开 中欧自贸区研究启动[N].光明日报，2015-03-16.

③ 2013年欧盟对外服务贸易顺差升至1730亿欧元[EB/OL].驻德经商参处，2014-06-26.

④ 2014年欧盟服务贸易继续扩大但顺差下降[EB/OL].驻德经商参处，2014-04-14.

制造成本，亟须欧盟的先进技术和经验支持。在这些领域扩大自由贸易，将有力带动中欧企业的创新合作。

3. 尽快启动中欧自贸区可行性谈判

（1）推进中欧投资协定谈判和中欧自贸区谈判同步进行。面对经济全球化的新趋势，尤其是从构建亚欧大市场的现实需求出发，谈判同步进行意义重大，也是形势所迫，越早做越好。

（2）尽快开展可行性联合研究。中欧智库交流合作可以为共建中欧自贸区提供智力支持、舆论氛围和民意基础。建议中欧政府委托智库开展中欧自贸区可行性联合研究，鼓励各类智库围绕中欧自贸区开展广泛的合作交流。

4. 关键在于打破服务贸易壁垒

（1）提高服务贸易开放水平。推动中欧服务贸易自由化、便利化，逐步打破开业权、人员移动、技术性等服务贸易壁垒，逐步建立产品认证、体系认证的互认机制，在降低补贴、政府采购、技术许可、环境标准等方面达成共识，促进中国巨大的服务需求市场与欧洲充足的服务业人力资本、生产能力和先进技术相结合。

（2）发展中欧贸易园区和产业合作园区。充分利用上海、天津、广东、福建等国内自贸试验区，以及粤港澳服务贸易自由化、北京市服务业综合试点等服务业对外开放试点，加快探索中欧贸易自由化的体制机制和相关改革；设立中欧深度合作的示范园区，创新中欧产业园区合作机制，先行试验中欧自由贸易的制度与政策，积极探索中欧贸易投资规则和标准的对接。

（3）加快服务业市场双向开放。在医疗健康、设计研发、养老服务、职业教育等服务市场领域，我国需要加快放宽对欧盟企业的市场准入。欧盟需要减少在电子技术、航空、信息通讯技术、生命科学技术、能源环境等领域对中国的出口管制。深化中欧金融服务领域的开放合作，鼓励欧洲金融机构积极发展人民币以及外币结算和金融业务。

三、把“10+1”自贸区升级版建成“一带一路”多边自贸区范本

建设中国 – 东盟自贸区升级版是我国以周边为基础优化自贸区建设布局的重中之重。“十三五”，在落实中国 – 东盟自贸区升级版协议的基础上，以“类欧盟”为导向持续推动“10+1”贸易投资自由化和一体化，形成“一带一路”自贸区建设的带动示范效应。

1. 以“类欧盟”为导向

（1）以“类欧盟”为导向建设中国 – 东盟自贸区升级版。中国和东盟经济总量接近 13 万亿美元，占整个亚洲的 60% 左右[①]，“10+1”自贸区已经成为新兴经济体和发展中国家共同构建互利互惠、合作共赢的贸易投资规则的新范本。“十三五”，可以借鉴欧盟模式，在各国平等协商的前提下，加快实现我国与东盟 10 国的人流、物流、资金流、信息流在区域内无障碍流通和基础设施互联互通，逐步形成以自由贸易、共同市场、货币合作为重要特征的区域经济一体化格局。

（2）不断提升贸易投资自由化水平。降低敏感产品和服务的关税与非关税壁垒，缩短敏感行业准入过渡期；进一步降低或取消相互投资的准入门槛，实现商品要素有序自由流动、资源高效配置、市场深度融合，构建区内货物、服务和资本自由流通的统一市场。

（3）加强货币合作。建立服务于跨境资金流和服务业开放的较为成熟的区域金融市场。在各国仍拥有主权货币、形成有效的跨境金融稳定机制、实现高标准的风险监管水平的前提下，使人民币成为东盟区域的主要交易、结算货币。

2. 以服务贸易为重点

（1）“10+1”服务贸易相互开放的空间仍然很大。总体看，我国与东盟的

① “升级版”中国 – 东盟自贸区开创共赢新局面 [EB/OL]. 中国政府网，2015–11–27.

服务贸易自由化水平仍然低于东盟－韩国自贸区、东盟－日本自贸区、东盟－澳新自贸区。例如，在服务贸易领域，我国对东盟开放了30多个分部门，而韩国、日本、澳大利亚、新西兰则分别承诺开放85个、164个、85个和116个分部门①。我国与东盟进一步扩大服务贸易相互开放仍有较大空间。

（2）服务贸易开放逐步向内地与香港、澳门服务贸易自由化水平看齐。逐步将对香港和澳门的服务贸易开放承诺引入中国－东盟自由贸易协定；在缩短过渡期的基础上，力争使零关税的税目占比和贸易额占比达到95%～100%；逐步扩大自贸区谈判覆盖议题，在电子商务、竞争政策、政府采购、环境等新议题上达成共识，为建设2.0版本的升级版奠定重要基础；共同研究高标准的投资贸易规则，推动区域贸易投资规则不断升级。

（3）着力破除服务贸易发展的体制机制障碍。

——主动降低准入门槛。以教育、医疗健康、金融和文化娱乐为重点，有序扩大服务业市场开放。

——积极推动双向市场开放。逐步放开知识密集型的信息服务、金融服务、技术服务等服务贸易市场，协调劳动密集型服务与知识密集型服务的进出口，优化服务贸易内部结构。

——推进外商投资管理体制改革。尽快将外资管理从当前的“外商投资产业指导目录”转变为“负面清单”管理模式，重点加强对东盟投资企业的融资渠道建设，设置专项投资合作基金，提供信贷支持，建立与东盟经贸合作的信息平台。

3. 把“10+1”升级版的成功经验复制到其他自贸区建设中

（1）加快打造中日韩与东盟（“10+3”）自贸区。

——共同提高贸易投资便利化水平。参照中国－东盟自贸区升级版以及中韩自贸区的做法，积极推动“10+3”自贸区谈判。促进域内商品、服务、资金

① FTAAP有可能从RCEP扩容形成[N].21世纪经济报道，2014-11-07.

流动更加自由，加强产能和装备制造合作，共同推进东亚产业链、价值链提升，共同推进“21世纪海上丝绸之路”建设。

——提升“10+3”区域金融合作水平。进一步扩大本币互换和跨境贸易本币结算，加强清算机制建设。加强财政金融合作，共同应对区域内潜在的短期流动性干扰，共同建立高效的监管协调机制与预警机制。

——推动亚洲基础设施投资银行（简称“亚投行”）与亚洲开发银行（简称“亚开行”）的合作。把基础设施互联互通作为“10+3”自贸协定或“一揽子”经济合作协定的重要内容。加强亚投行与亚开行在加快“10+3”基础设施互联互通上的合作，尽快商议第一批重点共建项目清单。

（2）与欧亚经济联盟建立自贸区。

——重建丝绸之路。把建立自贸区作为丝绸之路经济带建设与欧亚经济联盟建设对接合作的重点。

——共建产业园区和跨境经济合作区。加快建设中国-白俄罗斯工业园，共同打造产业园区和跨境经济合作区。

——促进贸易便利化。加快中蒙俄、新亚欧大陆桥、中国-中亚-西亚、中巴经济走廊等战略通道建设，加快能源、电力、信息等互联互通建设，加快“大通关”体制建设，提高通关便利化水平。

（3）推动金砖国家自贸区进程。

——尽快开展联合研究，制定一个各国平等互利的多边自贸协定。推动包括技术标准、通关便利、检验检疫、贸易救济、知识产权、竞争政策、市场准入等内容的贸易投资便利化。

——以自由贸易为重点建立金砖国家更紧密经济伙伴关系框架。通过协商整合各国在推进双边多边贸易框架中形成的规则，在基础规则上达成基本共识，增强金砖国家影响全球贸易投资规则制定的合力。

第四节 “十三五”：推进全球经济治理变革

“十三五”是世界经济新格局与治理新格局形成的关键时期。积极推进全球经济治理变革，为经济转型与可持续发展争取有利的外部环境和条件，促进平等公正、合作共赢的国际经济新秩序的形成，是我国推进“二次开放”的重大任务。

一、全球经济治理结构变革正处于历史关口

面对全球经济转型和经济格局的深刻变化，全球经济治理体系变革正处在历史关口：既需要推进全球经济转型升级，又需要推动全球经济治理结构同步转型。顺利度过这个“关口”，使全球经济治理适应经济转型的客观要求，就能释放全球可持续增长的新动力[①]。

1．全球经济治理结构不适应全球经济转型

（1）国际金融危机凸显现行全球经济治理与经济转型的内在矛盾。国际金融危机已经过去8年，全球经济仍未走出危机阴影，世界经济持续增长面临诸多新的风险和不确定性。全球经济结构失衡和各国内部的经济结构失衡是导致危机的根本原因：现行全球经济治理不仅缺乏对促进各国经济转型和世界经济再平衡的有效机制，从而难以适应世界经济持续增长的需求，也缺乏有效的宏观政策协调框架来约束各国以邻为壑的政策和恶性竞争的行为，从而难以有效应对全球需求周期性扩张和收缩带来的挑战和风险。

（2）全球经济转型给全球治理带来新挑战。一是经济转型的动力不足，依靠需求管理政策刺激经济增长不仅难以持续，而且积累了越来越多的问题，触发新一轮经济危机的风险加大。二是经济转型缺乏稳定可预期的外部环境，主

① 迟福林．全球经济治理体系改革正处在历史关口 [N]. 上海证券报，2015-07-06.

要国家经济金融风险外溢、全球地缘政治复杂动荡等外源性风险加大经济转型的困难。三是随着科技创新、产业创新、金融创新步伐加快，金融安全等老问题未解决，网络安全等新问题又起，给全球治理带来新的挑战和风险。

（3）新兴经济体在全球治理中的话语权与其贡献不相匹配。新兴经济体已经成为世界经济增长和再平衡的主力。2013 年、2014 年，新兴 11 国（E11）经济增长率分别为 5.2% 和 4.9%[①]，显著高于全球经济增长（3.2%;3.4%）[②];2010-2013 年，新兴 11 国对全球经济增长的贡献平均达到 59%[③]；金砖五国的 GDP 和贸易额占世界的比重已经分别达到 21.8%（2014）[④] 和 16.4%（2013）[⑤]。但以金砖国家和新兴 11 国为代表的新兴经济体在全球治理中的话语权仍然较小，与其贡献不相匹配，反过来对其经济转型与可持续增长形成限制。

2. 现行全球经济治理制约了新兴经济体转型升级进程

（1）新兴经济体和发展中国家正处于转型升级的关键时期。近两年，随着外部需求的持续萎缩和内部经济转型的滞后，新兴经济体经济增长普遍放缓，一些新兴经济体面临经济增长失速的风险，中国经济也处于转型闯关的关键时期，亟须通过加快经济转型和结构调整来培育新的增长动力。

（2）全球治理体系转型滞后加剧新兴经济体经济转型的外部风险。

——全球自由贸易体制失序给转型带来不利的外部环境。发达国家主导的以 TPP、TTIP、TISA 为代表的多边贸易框架短期内过度提高门槛，新的贸易保护主义更加隐蔽，不利于新兴经济体和发展中国家利用自由贸易加快国内经济转型发展，也限制了全球自由贸易增长潜力的释放。

---

① 博鳌报告：新兴 11 国 2014 经济增速继续放缓 贸易增长停滞 [J]. 中国经济周刊，2015-03-23.

② 根据世界银行数据库数据测算所得。

③ 迟福林 . 全球经济治理结构处在历史关口 [EB/OL]. 中国网，2015-06-28.

④ 根据中国国家统计局金砖国家联合统计手册（2015）数据测算所得。

⑤ 根据 *WTO 2014 World Trade Report* 数据测算所得。

——发达国家宏观政策影响外溢增加转型的外部风险。现行治理体系下，发达国家可以通过多种途径转嫁危机，但新兴经济体却由此面临国际资本频繁流动、汇率大幅波动、贸易环境恶化等风险。

——能源等大宗商品价格剧烈波动增加转型的困难。现行治理体系缺乏对全球性经济金融危机的风险协调控制。石油等能源价格巨幅波动，不仅加剧主要依靠能源出口的新兴经济体的转型困难，而且给正处于工业化关键时期、对大宗商品有巨大需求的新兴经济体和发展中国家带来很大的不确定性和风险。

（3）新兴经济体转型升级要求加快全球经济治理变革。据预测，如果新兴经济体经济转型成功，到2030年新兴经济体与发展中国家在全球经济中的比重将从现在的38%提升至63%①，为世界经济持续增长作出巨大贡献。适应新兴经济体经济转型的需要，应以经济转型为导向加快推进全球经济治理变革。

3. 全球治理机制改革滞后

（1）以“三驾马车”为重点的治理机构改革滞后。面对世界经济转型需求和世界经济格局的复杂深刻变化，“二战”后建立起来的全球经济治理“三驾马车”——WTO、世界银行、IMF改革滞后，在维护全球经济、金融、安全秩序上越来越力不从心，尤其是IMF、世界银行等存在发达国家和新兴经济体话语权不平衡的先天缺陷，难以适应促进经济转型和全球可持续发展的需求。

（2）从G7到G20的转变仍面临诸多挑战。2008年的国际金融危机爆发以来，新兴经济体在世界经济中的份额进一步上升。2015年新兴经济体与G7的经济总量已经基本持平。在此趋势下，G20将逐步取代G7成为全球经济治理的重要平台。当前的问题在于，由于G20仍是一种非正式对话机制，在协调各国执行G20达成的共识上仍缺乏权威性、约束性，“议而不决，决而不行”的问题突出。以G20机制化为重点做实G20协调机制，是未来提高新兴经济体和发展中国家话语权的现实选择，也是全球治理结构再平衡的关键，对促进新兴

① 全球正处第三个经济“超级周期”，新兴市场增长是关键[N]. 南方日报，2013-11-11.

经济体经济转型和全球经济可持续发展意义重大。

二、积极推动服务贸易新规则的建立

适应全球自由贸易的新趋势，把推动建立服务贸易新规则作为我国参与全球经济治理的重要抓手，通过积极参与双边、多边和区域服务贸易协定，以及加快国内自贸区服务贸易开放试验，推动形成公正、共赢、包容发展的服务贸易新规则。

1．积极参与双边、多边和区域服务贸易规则制定

（1）把服务贸易作为双边和区域自贸协定谈判的重点。把服务贸易自由化作为商签双边和区域贸易协定的重要目标，积极参与和引领服务贸易规则制定。主动提出符合我国经济转型需要和全球自由贸易发展趋势的新议题，例如电子商务等。将服务贸易涉及的投资准入、知识产权、政府购买、自然人移动等列为开展双边自贸协定和区域贸易协定谈判的基本内容。

（2）积极建立双边和区域服务贸易协定。从服务贸易的区域分布看，全球有70%左右的服务贸易进出口集中在欧洲和亚洲。为此，建议以与我国服务业具有明显互补性的亚洲新兴经济体、欧洲发达国家和地区为重点，签订双边、多边和区域服务贸易协定；加快拓展与主要服务贸易伙伴在金融、信息、物流等服务业领域的开放合作，在一般竞争性的服务业领域加快双向市场开放；加快与主要贸易伙伴的服务贸易协定谈判，并以服务贸易为重点加快推动现有双边和区域自贸区的升级版建设。

（3）积极稳妥参与TISA谈判。根据经济转型和产业结构调整的需要，深入研究TISA关于准入前国民待遇和负面清单、国有企业、投资者—国家争端解决机制、跨境数据自由流动、金融、税收及补偿标准、知识产权、劳工规则、环境保护等议题对国内经济转型和深化改革的影响，统筹考虑对不同议题的出价，推动服务贸易主动、有序开放。

2. 加快国内自贸区服务贸易开放试验

加快上海自贸区等对 TISA 中的高标准条款进行压力试验和隔离试错，探索“服务贸易负面清单 + 准入前国民待遇”的开放模式；在《内地与香港关于建立更紧密经贸关系安排》和《海峡两岸经济合作框架协议》（ECFA）框架下建设服务业开放试验区，为推进服务贸易自由化积累经验；在试验基础上形成全国推广的时间表，减少外国所有权限制和其他市场准入限制、人员流动限制、其他歧视性措施以及监管透明度和管理要求等限制，逐步提高服务贸易开放水平。

3. 加快建立与国际贸易规则接轨的服务贸易法规体系

加快服务贸易领域的立法进程，尽快制定出台《中国服务贸易法》及相关配套法律，以法律形式对服务市场准入原则、服务贸易的税收、投资、优惠条件等加以规定；加快研究制定《服务进出口管理条例》《服务贸易促进条例》，建立不同层次、不同阶段相互协调的服务贸易法律法规以及切实可行的规章制度，推动我国服务贸易制度化、规范化。

三、推进以经济转型为导向的全球经济治理变革

适应全球经济转型与可持续发展的需求，更加积极地参与全球经济治理，以经济转型为导向推动国际经济治理体系改革，在促进形成平等公正、合作共赢、包容多元的全球治理新结构中不断提升我国制度性话语权。

1. 提升新兴经济体集体话语权

（1）提高新兴经济体在现有机制中的地位和话语权。改革现行国际治理机制，把推动全球可持续增长、促进新兴经济体经济转型升级作为重要目标。推进国际货币基金组织、世界银行的治理结构改革，增加新兴经济体和发展中国家的投票权，支持更多发展中国家平等参与现有的全球经济治理机制。

（2）积极创建新兴经济体和发展中国家平等参与的新机制。近年来，我国和其他新兴经济体通过构建新的多边机制积极参与全球和区域经济治理，例如，

“十二五”我国与金砖国家创建金砖国家开发银行，与“一带一路”沿线国家创建亚投行，以增量改革倒逼存量改革。“十三五”，我国应继续在创建全球性、区域性治理新机制上扮演积极角色，为提升制度性话语权创造条件。

（3）在全球治理改革的重大议题上共同发声。推动新兴经济体和发展中国家在国际货币体系和国际金融监管改革、应对气候变化、能源可持续发展、反贫困等领域共同发声。例如，金砖国家在第七次领导人峰会上发布《乌法宣言》，对全球金融秩序等重大国际议题表达了集体立场。

2．推进新老机制的合作与融合

（1）处理好 G7 与 G20 的关系。G7 机制仍将对国际事务发挥某些重要影响力，关键是使 G7 能够在 G20 框架下承担大国责任，使新兴经济体和发展中国家能在 G20 平台上谋求与贡献、与责任相匹配的话语权，平等参与 G20 议题选择和议程设置，促进国际秩序朝着平等公正、合作共赢的方向发展。

（2）推动亚投行与世行等共建多边金融合作网络。加快建设亚投行与金砖国家开发银行，助推世界银行和 IMF 的改革，完善全球多边开发金融网络，形成能有效化解风险、促进经济转型与可持续增长的全球金融治理新格局；建立全球基础设施投融资的对话平台，并充分利用现有的多边对话机制，加强多边金融机构的交流对话；建立全球基础设施投融资机构联席会议制度，通过建设信息共享平台、共建项目清单、人才交流机制等多种手段推动亚投行与世界银行、亚开行等多边金融机构的合作；积极推动亚投行在货币稳定、投融资、信用评级等领域与其他金融机构务实合作，在建设地区金融安全网中发挥积极作用。

（3）推动 WTO 多边贸易体系建设和自贸区网络建设相结合。支持新兴经济体和发展中国家参与 WTO 谈判，支持 WTO 框架下的服务贸易协定、信息技术协定、政府采购协定以及投资协定的建立和完善。积极参与区域贸易协定的整合，以“中国规则”、“中国标准”对现有国际规则和标准进行补充，打造开放包容的区域经济合作框架。

3. 加强宏观经济政策的国际协调

（1）加强各国的宏观政策对话交流。当前，发达国家和新兴经济体增长趋势分化，一些国家和地区的债务风险、金融风险仍然较大，演变为国际经济危机的可能性仍然存在。在这样的形势下，各国宏观经济变化及应对政策的信息沟通交流更为重要。应当利用 G20 以及 APEC 等区域、次区域合作机制和平台，加强各国宏观经济与宏观政策的信息沟通。

（2）提高宏观经济政策透明度、可预期性。提高利率、汇率、资本流动、贸易和国际收支政策的透明度，主动对宏观经济政策影响的外溢效应进行预估分析，积极引导预期；督促贸易合作伙伴提高宏观经济政策的透明度，共同建立全球性、区域性宏观经济风险的预警机制和防范机制。

（3）改革多边协调机制。在推动全球开放合作进程中改革多边协调机制。推进 APEC 等区域多边机制改革，支持和督促成员国在推动区域自由贸易和区域经济一体化上采取务实行动；参与构建国际性、区域性多边金融监管机制和平台，支持《巴塞尔协议Ⅲ》等国际金融治理规则落地；积极推动全球信用体系建设，与其他国家共建危机援助和应急管理的多边机制。

Breakthroughs
in Transformation

第五章

市场决定

由工业领域为重点向服务业领域为重点的转型

“十三五”，我国工业化进入中后期，市场配置资源的重点由工业领域转向服务业领域。服务业市场开放成为“十三五”市场化改革的“重头戏”，牵动影响转型增长全局。

改革开放近38年来，由于我国把握了工业化发展和全球货物贸易需求快速增长的大趋势，主动推进工业领域的市场开放，成为全球制造业第一大国。"十三五"，适应工业化中后期现代服务业发展的新趋势，推进服务业市场开放，既是我国走向服务业大国的现实选择，也是形成经济增长新动力的必然要求。

第一节 "十三五"：从工业市场开放到服务业市场开放

"十三五"，把握经济转型升级大趋势，加大经济结构调整力度，重点是以服务业市场开放加快现代服务业发展。这既是适应经济转型趋势和转方式、调结构的关键，又是下一步市场化改革的重大任务。

一、市场决定的关键在于服务业领域

改革开放以来，工业领域的市场开放极大地激发了市场活力，在推动我国快速工业化进程中扮演了重要角色。"十三五"，从工业市场开放到服务业市场开放，将为我国服务业发展带来强劲动力，并由此释放出市场化改革的新红利。

1. 工业领域的市场开放推动我国成为世界制造业第一大国

（1）工业市场开放推动我国工业化快速发展。从近 38 年改革开放的实践看，工业领域一直是我国市场开放的前沿阵地。我国正是抓住了全球化的重要历史机遇，加快工业领域的市场开放步伐，才能在充分利用国际、国内两个市场的基础上，推动了工业化快速发展。1978–2014 年，我国工业增加值年均增速达到 11.2%。尤其是加入 WTO 以来，工业化进程明显加快。2003–2011 年，我国规模以上工业增加值年均增长 15.4%，其中 2003–2007 年年均增速达到 17%[①]；工业增加值占 GDP 的比重和对经济增长的贡献率长期保持在 40% 左右，成为拉动经济增长的重要动力（见图 5.1）。

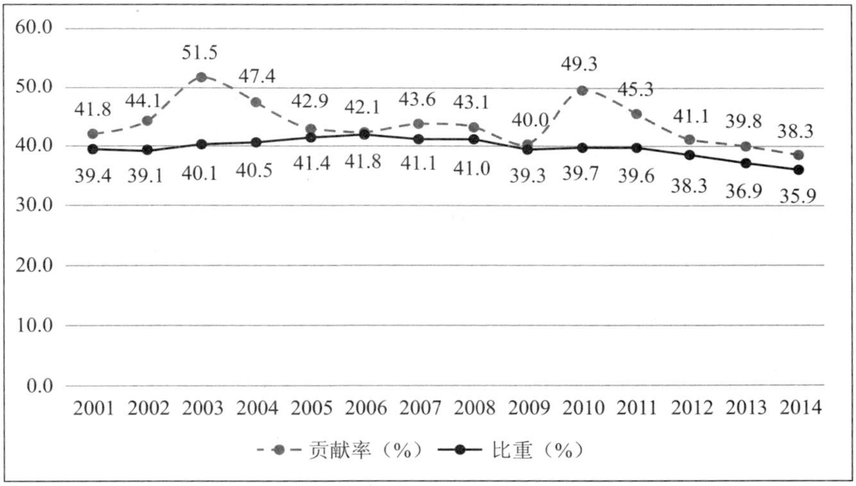

图 5.1：2001–2014 年我国工业增加值占 GDP 比重和对经济增长的贡献率

数据来源：国家统计局．中国统计年鉴 2015[M]．北京：中国统计出版社，2015.

（2）我国成为全球制造业第一大国。工业的快速发展使我国制造业在全球的影响力不断提升。据美国经济咨询公司环球通视数据，2010 年，我国制造业产出占世界的比重达到 19.8%，超过美国成为全球制造业第一大国；在世界 500

① 国家统计局．工业经济实力大幅提升 经济结构不断优化——从十六大到十八大经济社会发展成就系列报告之八 [EB/OL]. 国家统计局网，2012–09–04.

种主要工业品中，我国有220种产品产量居全球第一位[1]。尽管当前一些制造业领域产能严重过剩，但我国制造业在全球的竞争力仍然较强。据德勤和美国竞争力委员会发布的《2013全球制造业竞争力指数》报告显示，我国的制造业竞争力指数到2018年仍将位居榜首（见表5.1）。

表5.1：主要国家或地区制造业竞争力指数排名及预测

排名	2012年		2018年	
	国家或地区	指数	国家或地区	指数
1	中国	10	中国	10
2	德国	7.98	印度	8.49
3	美国	7.84	巴西	7.89
4	印度	7.65	德国	7.82
5	韩国	7.59	美国	7.69
6	台湾	7.57	韩国	7.63
7	加拿大	7.24	台湾	7.18
8	巴西	7.13	加拿大	6.99
9	新加坡	6.64	新加坡	6.64
10	日本	6.6	越南	6.5
11	泰国	6.21	印度尼西亚	6.49
12	墨西哥	6.17	日本	6.46
13	马来西亚	5.94	墨西哥	6.38
14	波兰	5.87	马来西亚	6.31
15	英国	5.81	泰国	6.24

数据来源：德勤有限公司与美国竞争力委员会.2013全球制造业竞争力指数[R].2013.

（3）工业企业的国际竞争力大幅提升。工业领域对外开放有力拓展了国内工业企业参与国际竞争的广度与深度，由此大幅提升了我国工业企业的国际竞争力。1995年，《财富》世界500强企业中，我国内地仅有2家上榜企业，2000年增加到9家，而到2015年，我国内地上榜企业达到94家，其中，工业

① 国家统计局.工业经济实力大幅提升 经济结构不断优化——从十六大到十八大经济社会发展成就系列报告之八[EB/OL].国家统计局网，2012-09-04.

企业约占三分之二[①]。

2. 市场资源配置的重点由工业领域转向服务业领域

（1）工业化进入中后期，市场配置资源的重点转向服务业领域。“十三五”，适应经济转型升级的新趋势、新结构，必然要求增长动力的转换。从国际经验看，由高附加值的现代服务业逐步取代低附加值的传统工业是产业结构演进的基本规律，也是一个国家由工业化中期走向工业化后期的客观趋势。当前，在我国进入工业化中后期的特定历史阶段，发挥市场在资源配置中的决定性作用，突出矛盾在服务业领域，关键在于服务业市场开放。

（2）服务业市场由放宽准入到“非禁即准”。改革开放以来，我国对服务业领域由行政管理到放宽市场准入，到20世纪末，一般性竞争领域的服务业市场已基本对社会资本放开，但对教育、医疗、电信、金融等服务业仍实行严格管制。进入新世纪，随着我国加入WTO，在放宽服务业领域外资市场准入的同时，为了打破社会资本进入教育、医疗、航空、金融等服务业市场的“玻璃门”，2005年和2010年，国务院先后出台“非公经济新旧36条”，鼓励和引导社会资本进入法律法规未明确禁止准入的领域。实践中，“非公经济新旧36条”在推动我国服务业发展中扮演了重要角色。尽管如此，受传统体制影响，社会资本进入服务业市场仍受到行政垄断、市场垄断等因素的掣肘。

3. 服务业市场蕴藏新的改革红利

（1）服务业领域社会资本投资增速超过工业。“十二五”以来，在加大工业领域市场开放的同时，服务业进一步向社会资本开放。当前，在工业领域投资下降的背景下，服务业民间投资的大幅增长在稳定经济增长中发挥了重大作用。2013年，服务业民间固定资产投资增速达到25.4%，超过工业4.7个百分点。近两年受宏观经济下行的影响，工业与服务业民间固定资产投资增速均出

---

① 财富杂志发布2015世界500强榜单，中国内地94家企业上榜[N]. 浙江日报，2015-07-29.

现大幅下降。据统计，2015 年，我国服务业民间固定资产投资同比增长 9.4%，与工业相当（见图 5.2）。

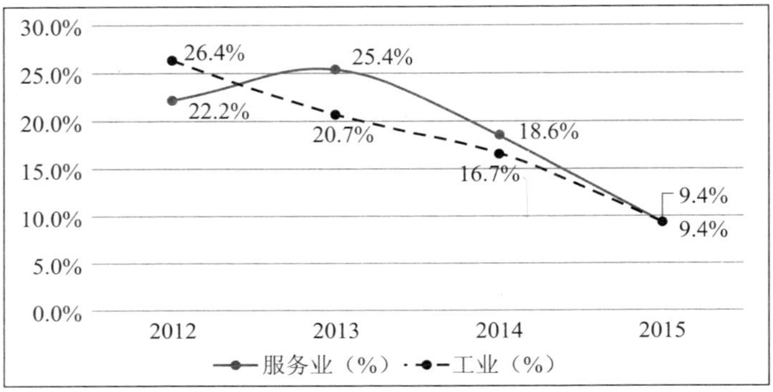

图 5.2：2012–2015 年服务业与工业民间固定资产投资增速

数据来源：根据历年国家统计局民间固定资产投资统计数据整理。

（2）服务业固定资产投资中社会资本占比过半。“十二五”以来，在我国转方式、调结构的过程中，服务业领域投资力度加大，服务业投资中社会资本比重明显提升。服务业民间固定资产投资由 2012 年的 10.1 万亿元增长到 2015 年的 16.4 万亿元，服务业民间固定资产投资占全社会服务业固定资产投资总额的比重由 51.3% 上升到 52.7%（见图 5.3）。

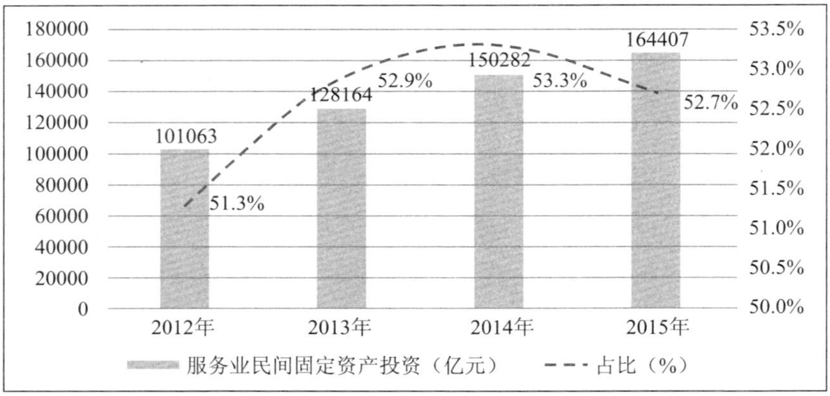

图 5.3：2012–2015 年服务业民间固定资产投资情况

数据来源：根据 2012–2015 年国家统计局全社会服务业固定资产投资和民间固定资产投资统计数据整理。

（3）服务业市场开放将给社会资本带来巨大的投资空间。随着教育、医疗等服务业市场逐步放开，社会资本进入服务业领域的势头加快，在满足社会多元化公共需求中扮演着重要角色。从教育领域看，截至 2014 年年底，全国共有各类民办学校（教育机构）15.52 万所，各类民办学校在校生达 4301.91 万人①。有机构预测，到 2018 年我国民办教育市场规模将超过 1 万亿元②。从医疗卫生领域看，2014 年我国民营医院已经发展到 12546 所，占全国医院数量的比重达 48.5%③。有机构估计，"十三五"期间，我国健康服务业的市场消费总规模将高于医疗消费总规模，健康服务业市场潜力高达 8 万亿元人民币④，这将给社会资本带来巨大的投资空间。

二、服务业市场开放是"十三五"市场化改革的"重头戏"

现代服务业发展直接依赖于服务业市场开放：形成服务业发展的市场环境，靠的是服务业市场开放；吸引社会资本投资服务业，靠的也是服务业市场开放；发展服务贸易，靠的更是服务业市场开放。多年来，由于市场开放的重心主要在工业领域，服务业领域成为市场化改革的"突出短板"，主要表现在"三低一高"。

1. 服务业市场化程度低成为新阶段市场化改革的"突出短板"

（1）服务业领域面临较为严重的行政垄断。我国工业部门 80% 以上是制造业，属于高度市场化部门，而服务业 50% 以上仍被行政力量垄断，属于垄断竞争部门⑤。社会资本进入服务业市场，不仅面临着国有垄断行业的排挤，还需要

① 教育部 .2014 年全国教育事业发展统计公报 [EB/OL]. 教育部网，2015-07-30.

② 中研普华公司 .2013-2018 年中国民办高校行业市场动态及发展前景预测报告 [R], 2013.

③ 国家卫生和计划生育委员会 .2014 年我国卫生和计划生育事业发展统计公报 [EB/OL]. 国家卫生计生委网，2015-11-05.

④ 王昌林 . 支撑 7% 的产业发展新动力 [N]. 光明日报，2015-08-07.

⑤ 张斌 . 中国经济趋势下行的逻辑 [N].21 世纪经济报道，2013-10-14.

到各级行政部门办理繁琐的行政审批事项。尽管国家一再强调社会资本可以进入法律未禁止的服务业领域，但由于行政垄断和行政管制的存在，社会资本进入教育、医疗、通讯、金融等服务业市场仍面临种种障碍，这使得服务业市场难以通过公平竞争来提高供给能力、供给质量和供给效率。

（2）服务业领域面临市场垄断。当前，教育、医疗、航空等服务业市场已经向社会资本开放。问题在于，这些领域的市场化改革滞后，国有企业在市场中仍处于垄断地位，体制外企业往往处于弱势地位。例如，当前我国民营医院数量已接近国内医院总数的一半，但民营医院在医疗卫生领域的市场份额只有10%左右[①]。

2. 服务业市场对外开放程度低

2013年以来，我国选择在上海、广东、天津和福建四省市设立自由贸易试验区。总的来看，服务业市场对外开放是4个自由贸易试验区的重要试点内容，尤其是金融、教育、文化、医疗市场，对外资开放力度比较大。从国际经验看，国与国之间的自由贸易协定中发达国家对服务业的限制一般比较少，约在30项以内；发展中国家会多一些限制，但一般也在40项以内（见表5.2）。尽管当前国内4个自由贸易试验区在服务业对外开放上取得了重要进展，但从4个自贸区共用的负面清单来看，对服务业的限制仍然比较多，在负面清单122项特别管理措施中，有80余项针对服务业，远高于国际一般水平，由此也制约了服务贸易的发展。

表5.2：国际投资协定负面清单限制措施的行业分类（单位：项）

签约方（甲/乙）	签约时间	分类标准	第一产业	第二产业	第三产业
美国	2003.05.06	CPC	0	2	29
新加坡			0	7	68
美国	2003.06.06	HS	0	2	28
智利			3	3	57

① 数量与公立医院持平却只占10%市场份额[N]. 青岛日报，2014-04-10.

续 表

签约方(甲/乙)	签约时间	分类标准	第一产业	第二产业	第三产业
美国	2005.01.01	HS	0	2	30
澳大利亚			1	0	27
澳大利亚	2008.07.30	CPC	2	1	37
智利			3	3	40
加拿大	1996.12.05	CPC	3	7	29
智利			3	5	33
日本	2007.03.29	CPC、JSIC	2	7	47
智利			3	2	26
日本	2011.02.20	ISIC、NIC	3	7	19
印度			12	14	7

资料来源：樊正兰，张宝明．负面清单的国际比较及实证研究 [J]．上海经济研究，2014（12）．

3．服务业的服务水平低

与发达国家相比，我国服务业占比偏低只是个表象问题，重要的在于服务业领域服务质量整体不高。例如，在电信领域，网速慢、服务投诉多。在旅游行业，消费者满意度连年下滑。据中国旅游研究院统计，全国游客满意度指数由 2012 年的 80.66 下降到 2014 年的 74.1。因服务质量问题引发的消费者投诉不断增多，截至 2014 年年底，我国消费者协会的万人服务投诉量为 2.08 件，较 2010 年的 1.49 件提高 39%①。

4．服务业的市场价格较高

政府对基本公共服务进行价格管制具有合理性，但相当多的服务业领域需要利用价格机制和竞争机制促进发展。现实的情况是，政府对服务业领域的价格管制过泛、过宽。根据 2015 年 10 月国家发改委公布的《中央定价目录》显

① 质量是服务业迈向中高端水平的关键 [N]. 中国质量报，2015-12-09.

示，中央政府定价涉及范围减少到7类20项，减少约80%①。但从目录看，水电气价格、邮政资费价格、银行服务价格等仍未放开。价格管制导致服务业市场价格扭曲。例如，电信行业是我国国有资本控股比例最高的领域之一，尽管近两年来在电信销售环节引入了社会资本，但由于竞争不充分，不仅服务价格高，而且服务质量改进较慢。根据Akamai公司数据统计，2015年我国的宽带平均上网速度全球排在第91位，仅为韩国的18%。但是，平均一兆每秒的接入费用却是发达国家的3 ~ 5倍②。

三、服务业市场双向开放的大趋势

无论从新一轮全球自由贸易的大趋势看，还是从国内经济转型升级的客观要求看，服务业市场双向开放是大势所趋。“十三五”，对内与对外开放并举，基本形成服务业市场双向开放的新格局。

1. 服务业市场对国内社会资本开放步伐加快

（1）加快生活性服务业市场开放。“十二五”期间，我国生活性服务业市场开放政策密集出台。2012年，国家《服务业发展“十二五”规划》明确提出要大力发展九大类生活性服务业，陆续出台了家庭服务业、养老服务业、健康服务业、体育、文化5个生活性服务业市场对社会资本开放的政策。2015年11月，先后出台了《国务院办公厅关于加快发展生活性服务业促进消费结构升级的指导意见》《国务院关于积极发挥新消费引领作用 加快培育形成新供给新动力的指导意见》等政策，要求扩大服务业市场对内对外开放力度。

专栏5.1

建立全国统一、开放、竞争、有序的服务业市场

《国务院办公厅关于加快发展生活性服务业促进消费结构升级的指导意见》指出：“建

① 李洪鹏，温如军．中央定价范围减少至7类20项[N]. 法制晚报，2015-10-21.

② 迟福林．“十三五”改革应以服务业开放为重点[N]. 经济参考报，2015-10-29.

立全国统一、开放、竞争、有序的服务业市场，采取有效措施，切实破除行政垄断、行业垄断和地方保护，清理并废除生活性服务业中妨碍形成全国统一市场和公平竞争的各种规定和做法。进一步深化投融资体制改革，鼓励和引导各类社会资本投向生活性服务业。进一步推进行政审批制度改革，简化审批流程，取消不合理前置审批事项，加强事中事后监管。取消商业性和群众性体育赛事审批。健全并落实各类所有制主体统一适用的制度政策，切实解决产业发展过程中存在的不平等问题，促进公平发展。支持各地结合实际放宽新注册生活性服务业企业场所登记条件限制，为创业提供便利的工商登记服务。积极探索适合生活性服务业特点的未开业企业、无债权债务企业简易注销制度，建立有序的市场退出机制。”

资料来源：国务院办公厅．国务院办公厅关于加快发展生活性服务业促进消费结构升级的指导意见（国办发〔2015〕85号）[Z]，2015-11-19.

专栏 5.2

加大服务业对内对外开放力度

《国务院关于积极发挥新消费引领作用 加快培育形成新供给新动力的指导意见》指出：“加大服务业对内对外开放力度。加快推进公立教育、医疗、养老、文化等事业单位分类改革，尽快将生产经营类事业单位转为企业。创新公共服务供给方式，合理区分基本与非基本公共服务，政府重在保基本，扩大向社会购买基本公共服务的范围和比重，非基本公共服务主要由市场提供，鼓励社会资本提供个性化多样化服务。全面放宽民间资本市场准入，降低准入门槛，取消各种不合理前置审批事项。积极扩大服务业对外开放，对外资实行准入前国民待遇加负面清单管理模式，分领域逐步减少、放宽、放开对外资的限制。按照服务性质而不是所有制性质制定服务业发展政策，保障民办与公办机构在资格准入、职称评定、土地供给、财政支持、政府采购、监督管理等各方面公平发展。”

资料来源：国务院．国务院关于积极发挥新消费引领作用加快培育形成新供给新动力的指导意见（国发〔2015〕66号）[Z]，2015-11-19.

（2）加快生产性服务业市场开放。2014年，国务院出台《关于加快发展生产性服务业促进产业结构调整升级的指导意见》，要求进一步放开生产性服务业领域市场准入，鼓励社会资本以多种方式发展生产性服务业。同年，国务院还出台《关于推进文化创意和设计服务与相关产业融合发展的若干意见》和《关于加快科技服务业发展的若干意见》，引导社会资本进入设计服务、科技服务等生产性服务业领域。

（3）加快公共服务业市场开放。在教育领域，2012年，教育部出台《关于鼓励和引导民间资金进入教育领域促进民办教育健康发展的实施意见》，鼓励社会资本以多种形式进入教育领域；2014年，国务院出台《关于加快发展现代职业教育的决定》，要求引导社会力量举办职业教育，积极支持各类办学主体通过独资、合资、合作等多种形式举办民办职业教育。在医疗卫生领域，2012年，国家颁布《“十二五”期间深化医药卫生体制改革规划暨实施方案》，提出支持发展非公立医疗机构；2015年，国务院出台《关于城市公立医院综合改革试点的指导意见》，鼓励社会力量参与公立医院改革，要求改革价格形成机制，理顺医疗服务价格。

专栏5.3

2013年以来我国出台的服务业市场开放政策

2013年1月，环境保护部出台《关于发展环保服务业的指导意见》。

2013年8月，国务院出台《关于促进信息消费扩大内需的若干意见》。

2013年9月，国务院出台《关于加快发展养老服务业的若干意见》。

2013年9月，国务院出台《关于促进健康服务业发展的若干意见》。

2014年2月，国务院出台《关于推进文化创意和设计服务与相关产业融合发展的若干意见》。

2014年7月，国务院出台《关于加快发展生产性服务业促进产业结构调整升级的指导意见》。

2014年8月，国务院出台《关于加快发展现代保险服务业的若干意见》。

2014年10月，国务院出台《关于加快发展体育产业促进体育消费的若干意见》。

2014年10月，国务院出台《关于加快科技服务业发展的若干意见》。

2014年11月，国务院出台《关于创新重点领域投融资机制鼓励社会投资的指导意见》。

2014年12月，国家发改委出台《关于开展政府和社会资本合作的指导意见》。

2015年2月，民政部、发展改革委、教育部等部委联合出台《关于鼓励民间资本参与养老服务业发展的实施意见》。

2015年5月，国务院出台《关于城市公立医院综合改革试点的指导意见》。

2015年10月，中共中央、国务院出台《关于推进价格机制改革的若干意见》。

2015年10月，国务院出台《关于促进快递业发展的若干意见》。

2015年11月，国务院出台《关于加快发展生活性服务业促进消费结构升级的指导意见》。

2015年11月，国务院出台《关于积极发挥新消费引领作用 加快培育形成新供给新动力的指导意见》。

资料来源：中改院课题组整理。

2. 服务业市场对外开放力度加大

（1）服务业市场对外开放进入新阶段。十八届三中全会明确提出，“推进金融、教育、文化、医疗等服务业领域有序开放，放开育幼养老、建筑设计、会计审计、商贸物流、电子商务等服务业领域外资准入限制”。2013年，上海自贸区设立的一项重大历史使命就是在金融服务、航运服务、商贸服务、专业服务、文化服务、社会服务六大领域扩大开放。十八届五中全会明确提出“有序扩大服务业对外开放，扩大银行、保险、证券、养老等市场准入”。2015年11月，习近平主席在G20峰会的讲话中明确提出“以服务业为重点放宽外资准入领域”等，标志着我国服务业市场对内对外开放开始进入一个新的阶段。

（2）充分利用外资的先进技术和先进管理经验提高服务业发展水平是个大趋势。据统计，2000年我国服务业实际利用外资占比仅为25.7%，到2011年升至约47.6%，首次超过制造业；2013年，我国服务业实际利用外资614.51亿美元，占全国利用外资总量的52.3%，超过第二产业6.1个百分点，占比首次过半；2015年，我国服务业实际利用外资在全国总量中的比重达到61.1%，是制造业的近2倍（见图5.4）。

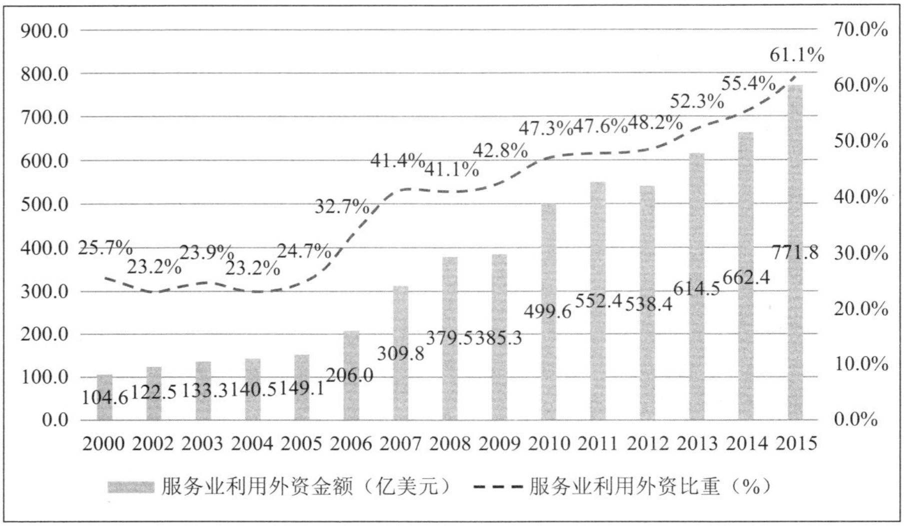

图 5.4：2000–2015 年我国服务业利用外资情况

数据来源：2011 年之前的数据来自李勇坚．我国服务业利用外资的战略思考 [J]．全球化，2013（10）；2011–2015 年数据来自商务部发布的外商投资统计数据。

3．基本形成服务业市场双向开放的新格局

（1）基本形成服务业市场对社会资本开放的新格局。适应服务业市场对国内社会资本开放的大趋势，未来 5 年，银行、证券、保险、电信等生产性服务业全面对社会资本放开，教育、医疗、健康等公共服务业基本实现市场化、社会化，服务业领域体制内外差别基本被打破；基本形成主要由市场决定的服务业价格形成机制。争取到 2020 年，服务业领域市场化程度达到 60% 以上，服务业固定资产投资中社会资本占比达到 60% 以上。

（2）基本形成服务业市场对外开放的新格局。适应新一轮全球自由贸易与国内经济转型升级的需求，有序扩大服务业对外开放，进一步放宽服务业市场准入，降低准入门槛，充分利用外资改善和提升我国服务业发展水平，在服务业领域全面实施负面清单管理。争取到 2020 年，负面清单中对服务贸易的限制范围缩小到 40 项左右，服务业实际利用外资占全国总量的比重达到 80% 左右。

第二节 “十三五”：以服务业市场开放为重点破题结构性改革

从实践看，我国向以服务业为主导的产业结构转型升级面临着一系列结构性矛盾，有需求侧的问题，更有供给侧的问题。“十三五”，需要以服务业市场开放为重点，着力解决政策性、体制性的结构性矛盾，使得供给和消费需求相适应，实现供给和需求的动态平衡。

一、释放新需求、创造新供给需要服务业市场开放

十八届五中全会提出，“释放新需求，创造新供给”。从实际情况看，新消费不断增长，但新供给不足，老供给过剩。“十三五”，以新供给释放新需求，关键在于服务业市场开放在多大程度上取得实质性突破。

1. 新的消费需求全面快速增长

随着我国由生存型阶段进入到发展型新阶段，城乡居民消费结构的升级使得消费热点由日用消费品转向各类服务产品，文化、教育、医疗保健、旅游等服务型消费正成为人们的消费热点。目前，我国城镇居民服务型消费占比大约为40%。其中，医疗保健、交通通信、文教娱乐三大服务型消费支出是服务型消费的主体。据统计，1990–2014年，我国城镇居民三大服务型消费支出占比由14.33%上升到34.81%，农村居民三大服务型消费支出占比由10.06%上升到37.02%（见图5.5）。估计城镇居民服务型消费支出的比重将由现在的40%左右增长到2020年的50%左右，甚至会超过50%，而一些发达地区将达到60%以上。

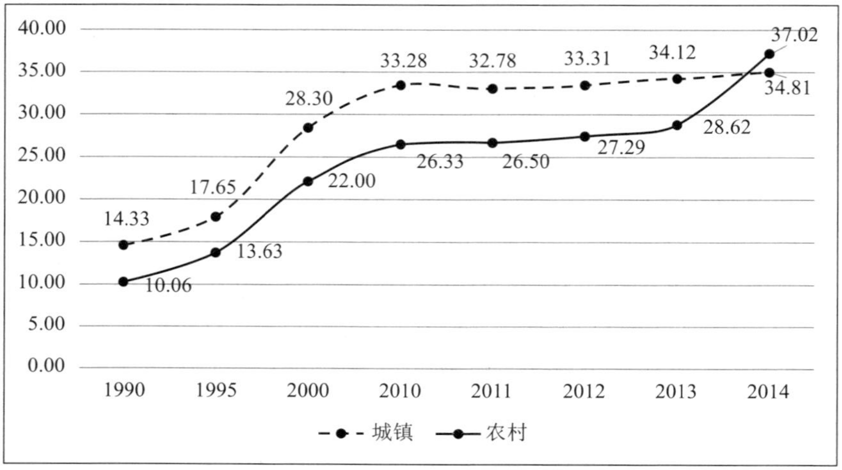

图 5.5：1990–2014 年城乡居民交通通信、文教娱乐和医疗保健三项服务型支出占现金支出比重（单位：%）

数据来源：根据 1991-2015 年《中国统计年鉴》计算得出。

2. 服务型消费有需求无供给矛盾的根源在于服务业市场开放度低

客观地看，新的供给可以释放新的需求。例如电讯领域，由于全球市场的开放，我国电讯业产值近几年年均增长都在 20% 以上。但从另一个侧面来看，由于我国服务业市场开放度低，消费有需求无供给的矛盾也比较突出，尤其是服务型消费需求长期得不到满足。以老年人消费为例，我国开始进入老龄化社会，目前老年人的养老消费至少有 1 万亿元的潜在需求，但实际市场供给大约仅有 2000 亿元[①]。国人服务型需求在国内得不到满足的情况下大量外流。例如，近年来我国居民出国旅游人数大幅增长，国人在海外购物、美容、医疗保健等相当普遍。据统计，2014 年，我国公民出境旅游人数达到 1.07 亿人次，旅游花费达到 896.4 亿美元[②]。

① 迟福林．"十三五"：以结构性改革推动转型升级 [N]. 经济参考报，2015-12-16.

② 国家旅游局 .2014 年中国旅游业统计公报 [Z].2015-12-21.

3. 服务业发展面临着政策与体制的结构性矛盾

当前，服务业市场供给不足反映出供给侧的结构性矛盾比较突出。以土地政策为例。2015 年第三季度，全国主要监测城市商服、工业地价分别为 6701 元 / 平方米和 757 元 / 平方米，两者相差 8.85 倍[①]。究其原因，主要在于现行的宏观政策与宏观体制结构带有鼓励工业发展、抑制服务业发展的某些特征。一是投资体制改革滞后，导致民间资本投资服务业领域困难重重，供需失衡的局面难以扭转；二是有利于服务业发展的“营改增”尚未完成，消费税改革进展缓慢，导致地方政府“重投资、轻消费”的行为模式难以改变；三是金融结构不合理，普惠性金融发展相对滞后，导致中小企业融资难的问题难以得到有效缓解；四是教育结构不合理，导致经济转型亟须的实用型、技术技能型人才严重短缺。因此，服务业发展面临着一系列的政策性、体制性的结构性矛盾，这些矛盾不解决，难以形成服务业市场开放的大环境。

二、以服务业市场开放促进投资结构转型

近几年随着服务业市场逐步开放，服务业领域的投资规模不断扩大，但与需求相比还有较大的差距，问题在于投资结构与需求结构不相适应。为此，需要在服务业市场开放中加快投资结构转型，推动投资结构与需求结构相适应。

1. 服务业投资逐步成为投资的重点

发展现代服务业需要加大对服务业的投资。“十二五”时期，由于一批生活性服务业领域向社会资本开放，我国服务业领域的投资规模不断扩大。据统计，2011–2015 年，我国服务业固定资产投资由 17.03 万亿元增长到 31.19 万亿元，服务业固定资产投资占全社会固定资产投资的比重由 54.7% 提高到 56.6%（见图 5.6）。

---

① 中国土地勘测规划院城市地价动态监测组 .2015 年第三季度全国主要城市地价监测报告摘要 [N]. 中国国土资源报，2015–10–16.

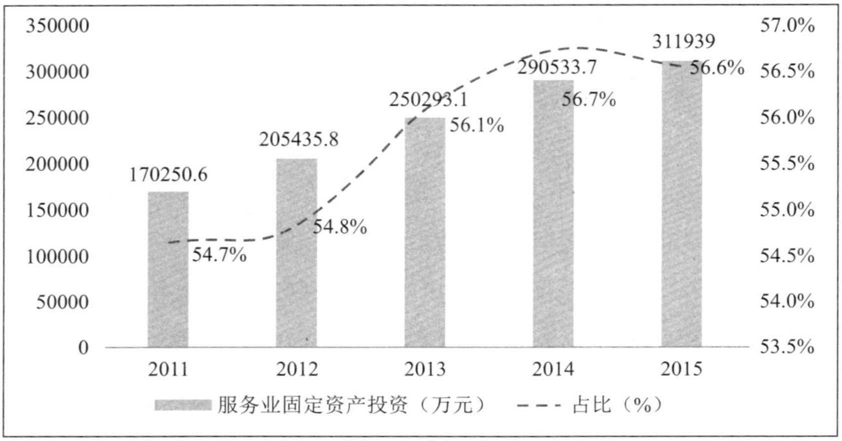

图 5.6：2011–2015 年我国服务业固定资产投资及其占比

数据来源：根据 2012-2015 年《中国统计年鉴》和《2015 年国民经济运行稳中有进、稳中有好》相关数据整理。

2. 适应服务型消费需求的投资严重不足

尽管服务业投资呈现增长的势头，但如果扣除房地产投资后，服务业领域的投资占比仍然偏少。统计数据显示，2015 年，扣除房地产投资后服务业固定资产投资占全社会固定资产投资比重仅为 39.2%[①]。从服务业固定资产投资结构看，全社会需求增长比较快的教育、医疗、文化、养老等服务业领域的固定资产投资占比严重偏低。2015 年，教育投资占比为 2.5%，卫生和社会工作投资占比为 1.7%，文化、体育和娱乐业投资占比为 2.2%，公共管理、社会保障和社会组织投资占比为 2.5%（见表 5.3）。客观地看，这与我国消费结构升级、产业结构调整的趋势不相适应。

表 5.3：2015 年我国服务业固定资产投资中教育、卫生等投资占比情况

	投资额（亿元）	占比（%）
教育	7723	2.5%
卫生和社会工作	5175	1.7%

① 根据国家统计局 2015 年全社会固定资产投资数据计算得出。

续　表

	投资额（亿元）	占比（%）
文化、体育和娱乐业	6724	2.2%
公共管理、社会保障和社会组织	7851	2.5%

数据来源：国家统计局 .2015 年全国固定资产投资（不含农户）增长 10%[EB/OL]. 国家统计局网，2016-01-19.

3．在服务业市场开放中调整优化投资结构

从当前的情况看，稳增长需要投资，问题的关键是投资要有市场、要有效益。这就需要突出消费的导向作用推进投资转型，扩大有真实需求的服务业投资比重，实现投资与消费的互动和融合。为此，建议：第一，与服务型消费需求快速增长趋势相适应，重点加大教育培训、家政服务、健康服务、养老服务、旅游服务、体育服务等生活性服务领域的投资。第二，从工业转型升级的现实需求出发，重点加大信息、研发、设计、物流等生产性服务领域的投资。第三，适应我国公共产品需求全面快速增长的基本趋势，把投资的重点转向教育、医疗、社会保障等基本公共服务领域。第四，尽快在电信、教育、医疗、金融等领域再推出一批向社会资本开放的重大项目。

第三节　“十三五”：以打破垄断为重点的服务业市场开放

“十三五”，发挥市场在资源配置中的决定性作用，突出矛盾在服务业领域。这就需要尽快打破服务业市场的行政垄断与市场垄断，全面放开竞争性领域服务市场价格，以形成统一开放、公平竞争的市场环境，使社会资本成为现代服务业发展的主体力量。

一、服务业市场需要对社会资本开放

服务业发展主要靠社会资本。"十三五"加快发展服务业，其主体是中小企业，关键在市场开放，重点是激活社会资本。

1．服务业市场创新创业主要靠中小企业

从国际经验看，服务业企业大都是从小企业开始成长壮大的，大资本的优势并不明显。例如，亚马逊、谷歌、脸谱（facebook）等国际服务业巨头，大都是从中小企业萌芽的。从国内实践看，以大企业为主做强服务业并不多见，某些大企业靠做大规模进入世界500强企业行列，但缺乏对市场需求变化的灵敏反映，在国际市场的竞争力并不强。阿里巴巴创立初始阶段也是个小企业，却在市场竞争中成为市值接近三千亿美元的大企业。从产业发展规律看，服务业门类繁多，个性化、差异化程度高，恰恰是中小服务业企业更能灵敏地反映市场需求，并通过公平竞争激活、做大服务业市场。这在客观上要求尽快出台相关政策，加快服务业市场对社会资本的开放，营造有利于中小企业发展的市场环境与政策环境。目前，我国中小企业尽管自身发展速度比较快，但同国际水平相比还是落后的。以每千人拥有企业数量为例，发达国家为45 ~ 55个，发展中国家为30个左右，而我国仅为16个，只有发达国家的三分之一[①]。造成此种情况的原因除体制及政策因素外，关键问题是服务业市场对中小企业、民营经济开放的程度及其吸引力远远不够。

2．社会资本的潜力巨大

与改革开放初期工业发展缺乏资本有很大的不同，现在我国发展服务业并不缺乏资本。一方面，我国形成了大量的居民储蓄。据统计，2003–2014年，我国城乡居民人民币储蓄存款由10.36万亿元增长到48.53万亿元，11年间扩

---

① 周天勇．促进创业和就业的微观动力[N]．中国经济时报，2013–08–22．

张了四倍多（见图 5.7）；另一方面，庞大的高净值人群成为社会资本投资的重要力量。有数据显示，2014 年末，我国个人可投资资产 1 千万元以上的高净值人群规模已超过 100 万人，较 2012 年增长了 33 万人，高净值人群总体持有的可投资资产规模达到 32 万亿元，这些高净值人群投资热情相对集中在创新行业和消费服务业（见图 5.8）。但与此不相适应的是，我国服务业市场面临不同程度的政策“玻璃门”或制度“玻璃门”。“十三五”，能否在经济转型升级上取得决定性成果，调动全社会的力量把服务业“蛋糕”做大，在很大程度上取决于服务业的市场开放进程。

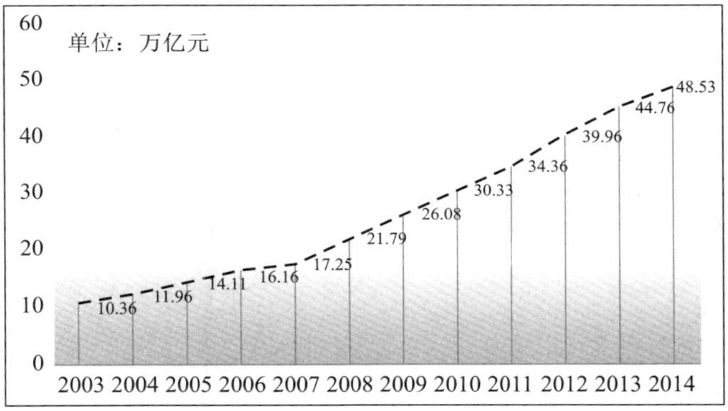

图 5.7：2003-2014 年我国城乡居民人民币储蓄存款

数据来源：国家统计局．中国统计年鉴 2015[M]．北京：中国统计出版社，2015.

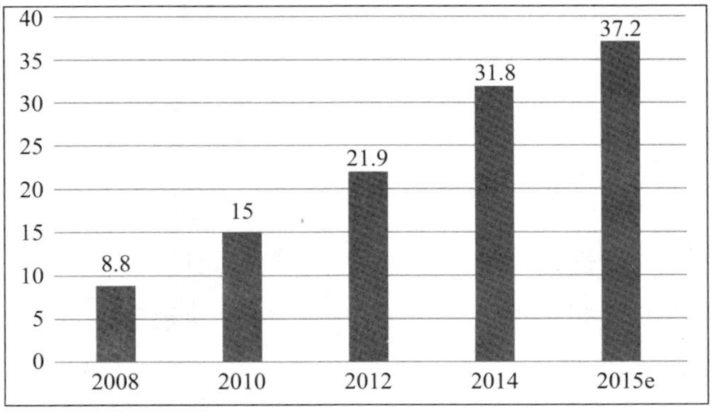

图 5.8：2008-2015 年我国高净值人群可投资资产规模

数据来源：招商银行．中国私人财富报告 [R]．2015 年 5 月．

3．加快服务业市场对社会资本开放

在银行、证券、保险、电信、邮政快递等行业进一步放开市场准入，取消某些不合理的经营范围限制，并实现由行政监管为主向法治监管为主的转变；实质性打破对社会资本的限制，鼓励支持社会资本进入教育、医疗、健康、文化等领域。以发展政府购买服务为重点，支持公益性社会组织在公共服务领域有所作为，发挥其独特的作用；加快公共资源配置市场化，在城镇公用事业领域特许经营权的出让上全面引入竞争机制，在行政系统服务资源配置方面规范完善政府采购。

二、服务业市场开放的关键是打破行政垄断和市场垄断

"十三五"，适应服务业市场对社会资本开放的新形势，破除服务业领域的行政垄断和市场垄断，全面推进垄断行业向社会资本开放，形成服务型消费多元供给的新格局。

1．推动服务业领域国有资本的战略性调整

将服务业领域的国有资本从一般竞争性领域中退出来，为国内社会资本和外资进入留下更大空间。与此同时，将服务业领域的国有资本主要配置在公共服务领域，使国有资本能够更多地满足全社会日益增长的公共需求，在公共服务领域作出更大贡献。

2．垄断行业竞争环节对社会资本全面放开

在以电力、电信、石油、民航、邮政等为重点的垄断行业，进一步破除各种形式的行政垄断。推进资本市场的国有股减持，在非自然垄断环节退出一部分国有资本，给民间资本进入这些领域腾出空间；全面实现自然垄断和竞争环节分离，在自然垄断部分强调国有资本主导，在竞争性环节对社会资本放开；完善基础领域的准入制度，对垄断行业要逐步放松或解除管制，广泛引入市场竞争机制，鼓励社会资本参与基础领域的公平竞争。

3．垄断行业自然垄断部分吸纳社会资本广泛参与

对国有资本继续控股经营的自然垄断行业，根据不同行业特点实行网运分离，放开竞争性业务。在自然垄断环节，通过BOT、TOT等多种形式鼓励社会资本参与投资；对银行、保险、航空等与民生密切相关的行业，全面向社会资本放开；对完全市场化的自然垄断行业和企业，则能退出的全部退出，暂时不能退出，或退出条件不具备的企业，探索进行混合所有制改革。

4．健全城市公用事业特许经营制度，积极引导社会资本参与

对城市公用事业，要尽快健全特许经营制度，形成合理的价格机制。实现城市公用事业政事分开、政企分开、事企分开，建立完善的市场竞争机制、企业经营机制和政府监管机制；打破垄断经营，引入市场竞争机制，提高城市建设运营效率；充分利用资本市场，彻底改变城市公用事业政府投资的单一模式，允许社会资本参与投资城市公用事业；利用已有的经营性公用事业资产，以特许经营方式积极引导社会资本参与，有效缓解公用事业建设资金短缺的状况。

三、尽快形成公平竞争的服务业市场环境

当前，服务业市场竞争仍不充分的重要原因是缺少公平竞争的市场环境。发挥市场在服务业领域资源配置中的决定性作用，必须加快形成统一开放、竞争有序的市场环境，才能与服务业市场开放相协调。

1．破除服务业市场壁垒

与制造业不同，服务业市场主要在当地，外地服务业企业的进入，短期内会对当地企业产生冲击和替代作用。因此，不少地方政府为了保护本地经济，对本地服务业企业进行不同程度的保护。“十三五”，要彻底打破市场分割和地区封锁。凡是法律法规没有明令禁入的服务业领域，都要向异地社会资本开放，建立全国统一开放、竞争有序的服务市场体系；允许服务业企业、服务产品自由进入全国各地市场，各地区凡是对本地企业开放的服务业领域，应全部向外

地企业开放；促进各类生产要素在全国范围自由流动，提高资源配置效率和公平性。

2. 建立公平、开放、透明的市场规则

（1）建立平等规范、公开透明的市场准入标准。放宽服务业投资准入标准，最大限度减少对服务业企业的经营服务、一般投资项目和资质资格的限制；在制定负面清单的基础上，依法开放各类资本平等进入负面清单之外的服务业领域。

（2）实现内外资同等待遇。凡国家法律法规未明令禁入的服务业领域，在向外资开放的同时，同步对国内社会资本开放，力争在“十三五”期间实现包括市场准入、准入后和经营过程中民企、外资和国企享受同等待遇。

（3）建立守信激励、失信惩戒机制。建立健全服务业企业信用信息采集、查询和征信管理制度，整合各地信用信息资源，加快形成全国统一的公共联合征信系统和市场主体信用信息公示系统，定期公布服务业企业信用信息，并建立失信企业的联合惩戒机制，构建诚实守信的营商环境。

3. 加快清理制约服务业市场开放的行政法规

（1）清理和废除妨碍全国统一市场和公平竞争的相关规定和做法。按照“非禁即准”的原则，清理与法律法规相抵触、制约各类市场主体进入服务业的规定和程序，严禁和惩处各类对违法实行优惠政策的行为。

（2）加快建立竞争政策与产业、投资等政策的协调机制。清理各种歧视性政策规定，在投资核准、股权比例、融资服务、财税政策等方面，同等对待各类市场主体，促进统一开放、竞争有序的市场体系建设。

（3）清理服务业收费。清理涉企行政事业性收费，积极探索建立“零收费”制度，加大服务业企业减负力度；各地根据实际确定服务业企业收费标准，按规定权限对中小服务业企业减免行政事业性收费。

四、主动放开服务业市场价格

价格真实反映供求关系，是市场在资源配置中起决定性作用的前提。“十三五”，除政府必须确保的基本公共服务领域之外，争取在绝大部分服务业领域放开价格管制，形成真实反映市场供求关系的服务业价格。

1. 深化服务业领域价格改革，充分发挥市场决定作用

（1）全面放开竞争性领域服务业价格。实践表明，竞争性领域服务业价格放开有利于充分利用市场竞争扩大服务业供给，提升服务业发展质量。十八届五中全会提出“全面放开竞争性领域商品和服务价格”。“十三五”，按照十八届五中全会精神，尽快放开竞争性领域服务价格，凡竞争性领域的服务业，政府原则上不进行价格干预。到2017年，实现竞争性领域和环节价格基本放开。

（2）完善垄断行业价格形成机制。垄断行业需要一定的价格管制，但竞争性环节的价格可以放开。为此，需要区分竞争性和自然垄断环节，建立不同的价格形成机制。对自然垄断环节的服务业，仍实行政府定价；对竞争性环节的服务业，政府全面放开价格控制，引入竞争机制，实行企业自主定价；加快推进水、石油、天然气、电力、交通运输等领域价格改革，放开竞争性环节价格。

（3）完善公共服务价格形成机制。区分基本公共服务与非基本公共服务，对其实行不同的定价机制。基本公共服务是政府必须兜底的公共服务，可以由政府通过管制形成较低的价格，但非基本公共服务可以放开价格管制。在“保基本”的前提下，加快形成非基本公共服务领域主要由市场决定的价格形成机制。政府定价范围主要限定在重要公用事业、公益性服务、网络型自然垄断环节；对基本公共服务领域，政府仍保留定价权以保障公益性；对非基本公共服务，如部分民办教育、社会办养老机构等，全面放开价格管制，完全由市场供求关系决定价格。

2．完善政府定价机制

（1）不断完善政府定价项目清单。对于纳入《中央定价目录》的商品和服务，“十三五”期间要定期评估价格改革成效和市场竞争程度，适时调整具体定价项目。同时，要推进政府定价信息公开，提高价格透明度，接受社会监督，使定价权力在阳光下运行。

（2）规范政府定价程序。根据《中央定价目录》，制定具体的管理办法、定价机制、成本监审规则，规范定价程序；完善政府定价过程中的社会参与，推行专家论证、社会听证等制度，保证定价程序规范、公开、透明，有效约束政府定价行为。

3．加强服务业市场价格监管

（1）加强价格主管部门的行政监管。价格主管部门要加强相关服务价格的动态监测和分析，及时反映市场价格动态；开展市场价格巡查，加大力度查处价格欺诈、哄抬物价等价格违法行为，切实保护消费者权益；加快推进宽带网络提速降费；建立健全服务业价格监督法规体系，依法监管服务业市场。

（2）完善价格社会监督体系。“十三五”，建立和完善服务业信息披露制度，加强社会公共监督；充分发挥全国四级联网的12358价格举报管理信息系统的作用，鼓励消费者和经营者共同参与价格监督；依托社会信用体系，推进价格体系建设，构建经营者价格信用档案，设立价格失信者“黑名单”，并对价格失信行为给予惩戒；充分发挥新闻媒体的舆论监督作用，切实维护服务业市场价格稳定。

（3）完善价格听证制度。鼓励消费者参与价格听证，合理确定服务提供商与消费者代表比例；鼓励社会中介组织参与价格听证，保证听证程序规范和公开，听证会全程接受社会监督。

第四节 “十三五”：以服务业市场开放引领现代服务业行动

落实十八届五中全会提出的“开展加快发展现代服务业行动”，需要以服务业市场开放引领现代服务业行动，并由此推进经济转型升级。

一、推动以研发为重点的生产性服务业加快发展

生产性服务业的发展程度关系到制造业转型升级的进程。适应“十三五”制造业由生产型向生产服务型转变的大趋势，推动生产性服务业向专业化和价值链高端延伸。

1．进一步放开生产性服务业领域的市场准入

（1）鼓励社会资本以多种形式发展生产性服务业。凡是法律、行政法规未明令禁止进入的生产性服务业领域，应全部向社会资本开放，不再对社会资本设置歧视性障碍，大幅减少前置审批和资质认定项目，鼓励社会资本参与发展生产性服务业。

（2）鼓励社会资本参与应用型技术研发机构市场化改革。一是支持企业与科研院所、高等院校等联合建立应用型技术研发机构，并给予财税、金融等政策支持；二是鼓励国有技术研发机构的科研基础设施和科技项目信息资料向社会开放，提供研发实验等技术服务；三是实施技术成果转化、转让奖励制度，鼓励企业研发人员以技术成果入股企业并参与收益分配，充分调动研发人员的积极性。

（3）鼓励社会资本参与国家服务业综合改革试点。据统计，2013 年，37 个试点区域中，有 29 个试点区域的服务业增加值增速高于全国平均水平[①]。在此

① 发改委．29 个服务业综合改革试点增速高于全国平均水平 [EB/OL]. 人民网，2014-08-06.

基础上：一是选择具备条件的城市和国家服务业综合改革试点区域，鼓励对城镇低效用地改造发展生产性服务业；二是鼓励社会资本参与国家服务业综合改革试点，更多依靠社会资本发展研发设计、商务服务、市场营销、售后服务等生产性服务业，提升我国服务业的综合竞争力。

2. 吸引外资设立生产性服务业企业

（1）探索对外商投资实行准入前国民待遇加负面清单的管理模式。凡国家法律法规未明令禁入的服务业领域，全部向外资开放，并实行内外资、内外地企业同等待遇；有序开放建筑设计、会计审计、商贸物流、电子商务等生产性服务业领域外资准入限制。

（2）实行服务业外商投资登记备案制。复制推广国内自贸试验区经验，逐步将服务业外商投资审批制改为登记备案制，除国家规定的重大和限制类项目外，对外资企业投资项目的审批，逐步实施备案制度，政府重点把好环境安全评估、事后监管两道关。

3. 鼓励国内生产性服务业企业"走出去"

（1）简化境外投资审批程序。按照市场决定和企业自主决策原则，清理"走出去"行政审批事项，缩小审批范围和减少审批环节，建立"一站式审批"，提高生产性服务业境外投资的便利化程度；强化企业的投资主体地位，将企业一般性境外投资项目的核准制改为备案制。

（2）建立境外投资的公共信息平台。通过公共信息平台，定期公开发布我国企业对外直接投资东道国的市场需求、法律法规、宏观政策、投融资制度、风险因素等信息；加强与当地政府相关部门的沟通协调，改善驻外企业的经营环境；建立投资风险预警机制，在投资国发生政策变化、政局变动和突发事件时，及时发出预警。

（3）建立境外投资贸易服务机构。支持金融、保险、民航、电信、物流等生产性服务业企业"走出去"；鼓励国内企业到境外设立研发中心和营销中心，培育一批未来具有全球竞争力的现代服务业龙头企业作为种子企业；尽快出台服务业企业境外投资扶持措施，加快服务业的人才培训和各项软硬件设施的建设，努力培养符合国际要求的高素质服务业人才。

二、全面放开生活性服务业市场

生活性服务业的发展程度直接关乎人口城镇化的发展水平。适应“十三五”人口城镇化的需要，全面放开生活性服务业市场，扩大服务供给能力。

1. 建立全国统一、开放、竞争、有序的服务业市场

（1）切实破除行政垄断、行业垄断和地方保护主义。“十三五”要确立以社会资本为主的服务业发展思路，下决心破除服务业领域的垄断，彻底打破市场分割与地区封锁，清理并废除生活性服务业中妨碍形成全国统一市场和公平竞争的各种规定和做法，建立统一开放、竞争有序的服务业市场体系。

（2）建立各类所有制主体统一适用的人才政策。现代服务业的发展更依赖于中高级人才的支撑。多年来，由于体制内外政策的差异，绝大多数中高级人才更愿意到体制内事业单位工作，而不愿意到民营企业、社会组织工作，尤其是教育、医疗等行业。为此，应当把实现服务业体制内外人才政策的平等作为实施国家创新驱动战略的一个重要任务，切实解决服务业发展过程中存在的人才不平等问题，促进公平发展。

（3）建立有序的市场退出机制。2015 年上半年，国家工商总局在上海浦东、江苏盐城、浙江宁波、广东深圳 4 地开展未开业企业、无债权债务企业简易注销试点。9 月份将试点地区扩大到天津、内蒙古等 7 省区，进一步优化了营商环境。总结试点经验教训，尽快研究出台全国简化和完善未开业企业以及无债权债务企业的注销程序，在全国全面推开。

2. 扩大生活性服务业的市场供给

（1）加快推进从事生产经营活动的事业单位逐步转为企业。加快取消转制

事业单位的行政级别，对于已经办理企业工商登记的转制单位，可以采取注销事业单位法人保留企业法人的形式直接转为企业；对转制后具备条件的企业，可以按照有关规定为职工建立企业年金和补充医疗保险，保障职工的合法权益；完善过渡政策，鼓励改制后的企业提供更多切合市场需求的生活性服务。

（2）加大农村生活性服务供给。将城镇生活性服务业网络向农村延伸，引导和鼓励有实力的大中型流通企业延伸连锁经营网点到农村，形成为农民日常生活服务的零售终端网络，提高农村居民生活便利化水平；加快农村宽带、无线网络、物流等信息基础设施建设，推进电子商务进农村综合示范；加快农村社区化建设，创新农村公共服务供给机制，改善村庄人居环境，切实减轻农民负担。

3．提升生活性服务业发展水平

（1）把教育、医疗卫生、健康养老等生活性服务业作为服务业市场开放的重点。在教育领域，加快放宽市场办学准入，鼓励支持社会力量在各教育层次举办民办学校，参与教育基础设施建设和运营管理。在医疗卫生领域，积极引导社会资本发展医药卫生事业，进一步放宽社会力量办医准入。在健康养老领域，充分利用现有资源发展健康养老产业，鼓励支持将现有部分培训疗养服务机构转化为社会化健康养老服务机构。

（2）支持具备条件的生活性服务业企业"走出去"。建立支持生活性服务业企业"走出去"的服务平台，提升知名度和美誉度，创建具有国际影响力的服务品牌；鼓励中华老字号服务业企业利用品牌效应，带动中医药、中餐等产业开拓国际市场。

（3）增强境外投资环境、投资项目评估等方面的服务功能。鼓励设立境外投资贸易服务机构，做好境外投资需求的规模、领域和国别研究，提供对外投资准确信息，为境外投资企业提供法律、会计、税务、信息、金融、管理等专业化服务。

三、推进政府购买公共服务

在全社会公共需求全面快速增长的新阶段，推进政府购买公共服务，既是创新公共服务供给方式的客观要求，又是提高公共服务质量和供给效率的重大举措。

1. 政府购买公共服务的大趋势

（1）公共服务社会化、市场化是大势所趋。进入发展型新阶段，尤其在全面深化改革的背景下，政府购买公共服务的主要目的是实现公共服务公开化、公正化和效益最大化。尽管我国 2003 年就开启了政府购买公共服务的进程，但由于公共服务体制创新滞后，在传统事业单位体制下，政府购买公共服务发展相当缓慢。例如，2014 年我国政府采购规模占全国财政支出的比重为 11.4%，其中服务类仅占 11.2%①；而欧美发达国家政府采购规模占财政收入的比例为 30% ~ 40%，服务类采购占采购规模的 50% 以上②。

（2）建立政府购买公共服务的新体制。“十三五”，如何充分利用社会资本的力量扩大公共服务供给，取决于政府的采购规模。十八届五中全会明确指出“创新公共服务供给方式，能由政府购买服务提供的，政府不再直接承办；能由政府和社会资本合作提供的，广泛吸引社会资本参与”。适应 13 亿人公共服务需求变化的大趋势，把形成多元供给主体、多元竞争主体作为发展和完善政府购买公共服务的基本目标，尽快取消政府购买公共服务过程中对市场组织和社会组织的某些歧视性政策。争取到 2020 年，形成法治化、规范化、透明化的政府购买公共服务的体制机制安排，使政府采购规模占财政支出比重达到 15% ~ 20%，服务类采购占政府采购的比重在 30% ~ 40%。

---

① 财政部国库司 .2014 年全国政府采购简要情况 [EB/OL]. 财政部网，2015-07-30.

② 迟福林 . 政府购买公共服务须开放竞争 [N]. 经济参考报，2014-04-30.

2. 加快公共服务业市场开放

（1）区分基本公共服务与非基本公共服务开放市场。

——非基本公共服务全面开放市场。对于养老服务、托幼、专业培训、健康保健、家庭服务等非基本公共服务，全面放开市场、引入竞争，发挥市场配置资源的决定性作用。

——基本公共服务引入竞争机制。义务教育、基本医疗卫生、基本住房保障、基本社会保险、就业服务、公共文化等基本公共服务，通过加大政府向社会购买公共服务的力度，鼓励企业和公益性社会组织参与。

（2）创新公共服务业市场开放的体制机制。凡是法律法规没有明令禁止的领域，都要有序向社会资本开放；借鉴发达国家经验，所有公共服务项目必须依法面向社会实行公开、公正和公平的招投标，引入市场竞争机制，探索通过合同外包、公私合营（PPP）、凭单制度等方式，推进公共服务市场化。

3. 加快形成政府购买公共服务的制度安排

（1）细化政府购买公共服务的指导目录。2015 年 1 月 4 日，财政部、民政部与国家工商总局联合发布了《政府购买服务管理办法（暂行）》，对政府购买服务的基本原则、购买主体和承接主体、购买目录和指导目录作出规定。建议进一步细化政府购买公共服务的指导目录，使其更具有可操作性。

（2）发展公益性社会组织。推进政府购买公共服务，需要解放思想，对体制内的事业机构与体制外的公益性社会组织一视同仁，遵循同样的游戏规则，把社会组织作为政府购买公共服务的重要承接主体。为此，建议尽快建立公益法人制度，赋予公益性社会组织公益法人地位。

（3）建立公平竞争机制。除某些特殊领域外，多数公共服务领域原则上都要引入竞争机制，建立政府购买公共服务的公示制度，通过合同、委托等方式向社会组织购买公共服务，最大限度地避免暗箱操作，以保证各类承接主体的公平竞争。实现体制内的事业机构与体制外的公益性社会组织之间的公平竞争，在同样成本下，谁能够提供更多的公益性，政府就向谁购买公共服务。

（4）将政府购买公共服务纳入《政府采购法》。实现政府购买公共服务于法有据，依法规定政府购买公共服务的范围和程序，使之规范化、制度化。

四、严格保护服务业知识产权

与工业相比，服务业更依赖于知识产权保护。从现实生活来看，而服务业知识产权保护更难。据统计，2014 年人民法院共新收各类知识产权案件 133863 件，比 2013 年上升 19.52%[①]。适应“十三五”营商环境国际化的大趋势，应着力加强服务业行业知识产权保护，为企业创业创新提供法治保障。

1. 实施严格的知识产权保护

（1）加大服务业知识产权犯罪打击力度。依法严厉打击侵犯知识产权犯罪行为，加强知识产权行政执法与刑事司法衔接，加大涉嫌犯罪案件移交工作力度；提高知识产权法定赔偿上限，针对情节严重的恶意侵权行为实施惩罚性赔偿；完善涉外知识产权执法机制，加强刑事执法国际合作，加大涉外知识产权犯罪案件侦办力度。

（2）建立健全知识产权保护预警机制。将故意侵犯知识产权行为纳入企业和个人信用档案；运用大数据、云计算等信息手段加强知识产权保护，提升预警防范能力；加大对中小企业知识产权保护援助力度，构建公平竞争的创新创业环境。

（3）加强服务业领域新业态的知识产权保护。加强互联网、电子商务等领域知识产权保护规则研究，完善相关法律法规；加快制定众创、众包、众筹的知识产权保护政策。

2. 提升知识产权对外合作水平

（1）积极参与国际知识产权规则制定。适应服务业市场对外开放的需要，

① 最高人民法院 . 中国法院知识产权司法保护状况（2014）[N]. 人民法院报，2015–04–21.

积极推动《TRIPS协定与公共健康多哈宣言》落实和《视听表演北京条约》生效；主动参与《专利合作条件》《保护广播组织条约》等国际规则修订的国际谈判；加快推进加入《工业品外观设计国际注册海牙协定》和《马拉喀什条约》进程。

（2）完善知识产权对外合作机制。加强与世界知识产权组织、世界贸易组织、亚太经合组织等国际和地区性组织的交流与合作，提升我国知识产权保护水平；深化与发达国家知识产权、经贸、海关等部门的合作，推动国内服务机构加强与国外相关组织的合作交流；推动相关国际组织在我国设立知识产权仲裁和调解分中心；探索建立"一带一路"沿线国家和地区知识产权合作机制。

3. 推动知识产权保护法治化进程

（1）出台《知识产权法》。建议将现有的《著作权法》《专利法》《商标法》等纳入到《知识产权法》中；参考《建立世界知识产权组织公约》《与贸易有关的知识产权协定》，明确我国知识产权保护的范围；对侵犯知识产权行为的惩治作出具体规定，做到有法可依。

（2）加强知识产权行政执法。建议赋予知识产权局行政执法权，加强重点领域知识产权行政执法，加强知识产权刑事执法和司法保护，积极营造良好的知识产权法治环境和市场环境；加强知识产权审查，实施重大经济活动知识产权评议，引导企业加强知识产权管理。

（3）加快建立知识产权法院。目前，北京、上海和广州已经相继设立了知识产权法院。建议"十三五"尽快在最高人民法院下成立知识产权法院，并在北京、上海、广州等试点的基础上，加快向全国其他地区推广试点经验；增加刑事判决、裁定的上诉案件，实现民事、行政、刑事案件"三审合一"；加强人才培养与引进，通过教育、培训、引进等多种途径，培养一批专业化的法官队伍。

专栏 5.4

关于成立知识产权法院的建议

1. **成立知识产权法院。**成立知识产权法院能够促进知识产权的创作、保护和运用，是“以知识产权为基础的国家”的体现，其首要职责是通过诉讼解决有关知识产权的纠纷，并且通过高水平的专家作出公正高效的判决，以合理地保护知识产权并提供相关的司法判决等司法信息。比如，英、美、日、韩等发达国家，都建立了相应的知识产权法院以解决知识产权纠纷问题。建议我国在最高人民法院下成立知识产权法院，并在各省（直辖市、区）高等法院设置知识产权法院分院。

2. **设置两级知识产权法院。**最高人民法院知识产权分院负责全国知识产权民事、行政和刑事案件的最终审判，负责全国各高级人民法院作出的知识产权民事、行政和刑事案件判决的复查和再审；负责对各省高级人民法院知识产权法院民事、行政和刑事审判业务的指导和监督。各省高级人民法院知识产权分院负责辖区内知识产权民事、行政和刑事二审案件的审理。

3. **设置专家委员会。**在全国范围内任命各个领域中高水平的技术专家，包括大学教授、公共研究机构研究人员、专利律师等，他们作为兼职官员每两年选聘一次。将专家委员的名单存放在专家库中，根据案件情况指定最适合的专家来解决相关的技术纠纷案件，尤其是难以理解并且需要专业知识进行解释的案件。

资料来源：迟福林．转型抉择——2020：中国经济转型升级的趋势与挑战 [M]．北京：中国经济出版社，2015.

五、实现服务业与工业政策平等

我国在工业化过程中建立起来的某些产业发展政策已经越来越不适应经济转型的现实需求。例如，在生产要素使用上，服务业与工业价格不平等，服务业用水、用电、用气、用地价格普遍高于工业。“十三五”形成以服务业为主导的产业结构，需要加快调整服务业发展政策的步伐，纠正对服务业不合理的歧视性政策，实现服务业与工业政策平等。

1. 调整服务业与工业用地政策

（1）加大现代服务业用地供给。

——提高现代服务业用地比例。在土地利用总体规划和城乡规划中统筹安排服务业发展用地规模、布局和时序，调整城市用地结构，将更多的土地应用到现代服务业领域。

——支持利用工业、仓储等用房、用地兴办符合规划的服务业。涉及原划拨土地使用权转让或改变用途的，经批准可采取协议出让方式供应。

（2）新增建设用地向生产性服务业倾斜。优先安排国家鼓励发展的高技术、高附加值、低消耗、低排放的新兴服务业项目用地。鼓励工业企业利用自有工业用地兴办促进企业转型升级的自营生产性服务业，对提高自有工业用地容积率用于自营生产性服务业的工业企业，经依法批准可按新用途办理相关手续。

（3）实现服务业与工业用地“同地同价”。鼓励地方试点，加大政策调整力度，对服务业用地给予各种优惠政策，大幅降低服务业用地价格，争取到2020年全国基本实现服务业用地与工业用地“同地同价”。

2. 实现服务业与工业平等竞争使用水电气等资源要素

（1）实现服务业与工业“同水同价”。“十三五”采取不同模式尽快实现服务业与工业用水同价：一是通过财政补贴或财政与供水企业共同承担的方式，将现行服务业用水价格直接降到工业用水价格水平；二是通过提高工业用水价格和降低服务业用水价格，将现行服务业用水与工业用水价格拉齐；三是简化城市供水价格分类，即除居民生活用水、特种行业（洗浴、洗车等高耗水）供水价格外，将原来的工业、行政事业、基建行业、商业、饮食业、服务业用水统一归类为其他行业供水价格。

（2）分步推进电价合并，实现商业电价与普通工业电价“同网同价”。第一步，先将商业电价与普通工业电价合并，两者归并为一般工商业用电电价；第二步，再将非工业和一般工商业用电合并为一般工商业及其他用电。

（3）实现服务业与工业用气同价。将“商业服务”和“工业生产”用气归并为“非居民生活用气”。根据各地实际情况，通过有升有降的价格调整方式，确定新的价格标准。建立起反映市场供求和资源稀缺程度的、与可替代能源价格挂钩的动态调整机制，加快理顺与可替代能源的比价关系。

3．实现服务业体制内外人才政策平等

（1）实现体制内外人才政策平等。全面放开体制外人才职称评定门槛。对于长期在非公单位工作、没有参加过职称评定的各类人才，打破逐级申报限制，允许根据工作能力、业绩等直接报评相应级别职称；对在非公单位、科技型中小企业发展中作出突出贡献的人才可以破格、越级评审职称。

（2）实现体制内外各类人才福利待遇平等。重点加快体制内外各类人才的社会保障水平平等。尽快出台实施细则，逐步提升非公有制机构和公益性社会组织各类人才的社会保障水平，最大限度地缩小体制内外各类人才基本社会保障水平；建立健全民办机构人才人事代理服务制度，保障各类人才在体制内外合理流动，鼓励高校毕业生、各类人才到民办机构从事工作；实现民办机构人才在户籍迁移、住房、子女就学等方面享受与当地同级同类公办机构同等的人才引进政策。

（3）国家对体制内外人才的重大科研活动进行同等支持。改变各类科研课题集中在体制内科研院所、知名高校以及科研与实际脱节的状况，实现各类新增科研课题向非公单位倾斜，向一线科研单位倾斜，鼓励和支持体制内事业单位人才到非公单位就业创业；对于非公单位自行提出、对国家和地方创新有重要影响的重大课题，政府给予应有的支持，形成“产学研一体化”的激励机制。

4．实现服务业体制内外政府采购政策平等

（1）政府采购中实现各类所有制企业政策平等。除明令禁止社会资本参与政府采购的项目外，其他领域政府采购项目均向社会资本开放；参与政府采购和招标投标、高新技术企业认定、申报政府计划项目、科技奖励、取得许可证

和资质等级证书以及安排使用的各类财政专项扶持资金，对各类所有制企业一视同仁，实行同等待遇。

（2）政府购买公共服务中实现事业单位与公益性社会组织平等。凡政府购买公共服务，除明令禁止社会资本参与的项目外都应向公益性社会组织放开。在教育、医疗、文化、养老等各个领域购买公共服务，都应当对事业单位和公益性社会组织实行同等待遇。

（3）实行政府对公益性社会组织稳定的财政支持。解放思想，打破以所有制为标准支持公共服务供给的做法，确立以公益性为标准支持公共服务供给的新体制。借鉴发达国家经验，对具有重大公益性的社会组织，财政可视具体情况逐年予以拨款，鼓励更多的社会组织从事公益性事业。

Breakthroughs
in Transformation

第六章

金融改革

双向市场开放下的金融监管转型

人民币“入篮”是新阶段我国金融开放的里程碑。“十三五”抓住人民币“入篮”的历史机遇，积极稳妥推进金融改革，尤其是加快推进金融监管转型，尽快完善既能适应现代经济需求、又能守住风险底线的金融体系。

"十三五"，金融监管与金融市场开放相适应，既是经济转型中的突出挑战，又是结构性改革的重大任务。2015 年 11 月 30 日，人民币加入国际货币基金组织的特别提款权货币篮子（SDR，以下简称人民币"入篮"），既是我国金融开放的标志性事件，又给双向市场开放下的金融监管带来了严峻挑战。国际经验表明，如果金融监管滞后于经济转型、滞后于金融开放，即使实体经济情况良好也有可能出现系统性风险。"十三五"深化金融改革，关键是适应金融有序、稳步开放的基本趋势，加快金融监管转型进程，构建起适应现代经济的金融体系。闯过这一关，既可为金融风险套上"紧箍咒"，也能为实体经济注入"强心剂"。

第一节 "十三五"：人民币"入篮"带动金融双向开放

人民币"入篮"，是中国的"金融入世"，体现了中国主动加快金融改革与开放的决心。使金融监管与金融市场开放相适应，成为我国推进经济转型和结构性改革的重大任务。

一、人民币“入篮”：金融有序开放进入新阶段

在我国近38年的改革进程中，开放始终发挥着重要的推动和倒逼作用。人民币成功“入篮”，是国际社会对我国深化金融改革的认可，同时也表明我国金融有序开放与改革进入了一个新阶段。

1.“入篮”标志着人民币进入国际货币行列

过去10多年来，我国在金融领域主动推进一系列改革，金融体制与国际市场不断接轨，并在自由使用货币方面达到了国际货币基金组织（IMF）提出的基本标准，奠定了人民币“入篮”的重要基础。

2015年11月13日，IMF发表声明，认为人民币符合“可自由使用”标准，并支持人民币加入特别提款权（SDR）货币篮子；11月30日，IMF执董会讨论通过了接受人民币“入篮”的决议，新的货币篮子从2016年10月1日起生效。在新的SDR“篮子”中，人民币占有10.92%的权重，仅次于美元和欧元，位居第三①。

2. 人民币“入篮”对全球货币体系有深远影响

（1）有助于改善国际货币体系。SDR合理性在于其广泛的代表性。人民币“入篮”有助于提升SDR作为国际储备资产的代表性和吸引力，对推进国际货币体系改革起到了促进作用。在人民币“入篮”后不久，美国国会参众两院批准了IMF改革方案，中国投票权占比将从3.996%提高至6.394%，升至第3位②。这是全球经济治理结构的一次重大调整。

（2）有助于加快国际经济再平衡。人民币“入篮”，有助于人民币在国际投融资、跨境资产配置等方面的多边使用取得更大突破，推动国际金融体系再平衡。随着人民币计价功能的扩大，国际贸易中能源、矿产、粮食等大宗商品

---

① 人民币“入篮”后权重位列第三 仅次于美元和欧元[N]. 中国日报，2015-12-02.

② 王传军. 美国会批准IMF改革 中国投票权升至第三[N]. 光明日报，2015-12-20.

开始用人民币计价，可以减少因结汇、购汇等带来的企业交易风险，将进一步降低这些商品成本，进而扩大销售。同时，随着人民币结算区域的不断扩大，人民币可以在越来越多的国家或地区使用，有助于释放国内居民出国旅游、探亲、留学等需求，从而为所在国带来巨大的消费。

3. 人民币“入篮”倒逼我国金融改革

（1）人民币“入篮”意味着对国际社会作出改革承诺。人民币“入篮”后，国际投资者的利益与我国的经济形势联系更紧密，他们将更加关注人民币和我国货币政策。比如，境外人民币资产持有者会更加关注我国央行的独立性。这对我国的金融治理能力、法治建设以及政策透明度等方面提出更高要求。

（2）人民币“入篮”要求金融改革提速。十八届五中全会提出，“扩大金融业双向开放，有序实现人民币资本项目可兑换”。让人民币成为可兑换、可自由使用的货币，对加快金融改革提出了新要求。首先，人民币“入篮”后，国内市场与国际市场互动将更加频繁，要求人民币汇率与利率更加市场化。其次，开放条件下金融环境更加复杂多变，要求商业银行尽快做好金融竞争的准备，在体制机制、治理结构、人才储备等方面尽快做好准备。最后，随着金融开放的不断推进，如何实施有效的金融风险防控，成为我国金融改革的重大课题。

（3）人民币“入篮”对开放条件下的金融宏观调控提出更高要求。从趋势看，我国资本管制将逐步减少，资本流动将更加便捷；外部风险向国内传导的速度也将更快。应对不好，就有可能引发系统性风险。此外，一旦人民币成为国际储备货币，我国将面临“蒙代尔不可能三角”挑战（即货币政策独立性、资本自由流动与汇率稳定三者不能同时实现）。作为13亿人的大国，货币政策独立性无疑是必须保留的战略选项，但在资本自由流动与保持汇率稳定之间如何保持平衡，对宏观政策是一个重大考验。

二、积极稳妥推进利率汇率市场化改革

人民币“入篮”既是历史机遇，也是重大挑战。在金融业双向开放的大趋

势下，在有效防范金融风险的同时，需要有序推进利率和汇率的市场化改革。

1. 在金融开放中继续稳妥推进利率市场化改革

（1）利率市场化取得明显进展，但还没有最终完成。金融开放的基础是利率市场化。过去几年，我国在利率市场化改革上取得了明显进展。2015 年 10 月 24 日，央行取消商业银行和农村合作金融机构等存款利率浮动上限，标志着我国存贷款利率完全放开。但存贷款利率放开并不意味着利率市场化改革的最终完成，我国还面临着利率形成机制市场化和完善利率调控机制等重大任务。

（2）形成利率市场的多元主体。使各类金融市场主体在竞争中形成均衡的市场利率。

（3）完善不同金融市场间利率关联机制。打破资金在各类市场间自由转移的制度障碍，完善政策利率向债券、信贷等市场利率的传导机制。

（4）完善央行利率调控的市场化机制。发挥存贷款基准利率的参考和指引作用，用好短期回购利率、再贷款、中期借贷便利等工具，形成市场收益率曲线。

（5）强化风险防控机制。利用差别存款准备金率等方式，约束利率定价行为，强化行业自律和风险防范。

2. 完善市场化的汇率形成机制

（1）稳步放开价格。进一步公开包括做市商在内的中间价形成机制的信息，让中间价由市场决定，并逐步扩大日波幅。推动外汇市场对外开放，延长外汇交易时间，引入合格境外主体，形成境内外一致的人民币汇率。

（2）完善汇率管理方式。更多采用市场化干预手段，减少行政干预。外汇市场出现短期异常波动时，主要通过市场手段来调节管理。

（3）有效管理人民币贬值预期。2015 年下半年以来，人民币汇率出现大幅贬值，国际市场上甚至形成贬值预期，导致资本持续流出，我国外汇储备显著下降。吸取亚洲金融危机教训，需要尽快对汇率进行预期管理，打破贬值预期。可以考虑实施以当前一篮子汇率水平作为中心汇率的宽幅区间管理方案，向国际市场释放出有能力管理汇率、稳定汇率的信号。

3. 有序推进资本项下可自由兑换

（1）充分发挥国内自贸区先行先试的作用。2015年，上海公布了《进一步推进中国（上海）自由贸易试验区金融开放创新试点 加快上海国际金融中心建设方案》（上海自贸区金融40条），其重要目标之一就是率先实现人民币资本项下可兑换，加快金融开放进程。需要更大程度地发挥上海自贸区在金融开放上先行先试的作用，为全国推广积累经验。

（2）逐步扩大资本项目人民币跨境使用。支持境内市场主体在国际支付中使用人民币计价结算，支持境外机构境内发行人民币债券。逐步放宽境内机构境外发行人民币债券的限制。在审慎原则下，稳妥扩大境内企业境外借用人民币试点范围。简化管理程序，逐步丰富境外机构投资境内银行间债券市场主体类型，稳步扩大投资规模。支持以人民币计价结算的国际原油期货尽快上线。

（3）拓宽双边货币合作。2009年以来，我国与33个国家签订了货币互换协议，总计金额超过3.1万亿元人民币[①]。进一步加强与相关国家中央银行的沟通和协调，在保障互换资金安全的前提下，扩大货币互换规模和范围，提高互换资金使用效率。

（4）完善金融开放的基础设施建设。加快人民币跨境支付系统建设，涉外经济统计、核算、管理中全面采用人民币作为主要计价货币，进一步方便市场主体使用人民币计价结算；继续完善人民币跨境收付信息管理系统建设[②]。

4. 以“一带一路”为重点加快形成人民币货币区

“一带一路”沿线涉及60多个经济体，与我国紧密相关，大宗商品资源丰富，发展潜力巨大。目前，我国已与哈萨克斯坦、乌兹别克斯坦等沿线30多个经济体的中央银行签署了双边货币互换协定；截至2015年11月30日，我国境

---

① 张茉楠.2015年四大事件标志国际金融秩序交替[N].华夏时报，2016-01-03.

② 央行.人民币跨境投融资渠道将进一步拓宽[EB/OL].证券时报网，2015-06-11.

外人民币清算行已有22个，有9个分布在“一带一路”沿线（港澳台地区、新加坡、卡塔尔、马来西亚、泰国、老挝、柬埔寨）。

随着大宗商品贸易、基础设施融资、产业园区建设、跨境电子商务以及亚投行、丝路基金等多边金融体制的落地实施，预计“十三五”人民币在“一带一路”区域的认可度将会明显提升，有可能在这个区域率先形成人民币货币区。在“一带一路”人民币货币区建设中，可以考虑把沿边地区作为突破口。这就要求积极稳妥地扩大人民币在沿边地区的结算范围，鼓励金融机构发展境外人民币贷款业务，支持金融机构在境外开发多种形式的人民币产品。

三、以人民币“入篮”为新起点稳步扩大金融开放

人民币“入篮”是我国金融开放的新起点。站在新起点上，尤其是在经济下行压力加大的背景下，适应经济转型升级的需求，稳步、有序地推进金融开放成为转型闯关的重大任务。

1. 尽快制定金融领域准入前国民待遇和负面清单

在2013年的第五轮中美战略与经济对话中，我国同意以准入前国民待遇和负面清单为基础与美国进行投资协定实质性谈判。作为竞争性服务行业，金融业需要用审慎监管代替对外资的准入和业务限制，有序推进金融业双向开放。

2. 支持金融机构“走出去”

构建政策性金融和商业性金融相结合的境外投资金融支持体系，推动金融资本和产业资本联合“走出去”；完善境外投融资机制，探索建立境外股权资产的境内交易融资平台；发展多种形式的境外投资基金，推进丝路基金、亚洲基础设施投资银行、金砖国家开发银行的有效运作[①]。

---

① 中共中央、国务院发布《关于构建开放型经济新体制的若干意见》[EB/OL]. 新华网，2015-09-22.

3．进一步降低外资金融机构准入门槛

“十三五”，有序推进金融业对外开放，形成公平、有序、良性、安全的金融生态环境。在银行业准入方面，逐步取消建立外资银行的年限要求；在证券业准入方面，逐步允许有条件的外资设立独资证券公司；在保险业准入方面，允许有条件的外资保险公司参与法定保险业务。

第二节 “十三五”：以守住风险底线为重点优化金融宏观调控

当前，我国经济下行压力加大，产能过剩、库存过多、杠杆过高等矛盾加大了经济运行的风险。2015 年中央经济工作会议明确提出了“三去一降一补”的重大任务。金融宏观调控的首要责任是守住风险底线，使市场在出清的进程中不发生系统性风险。

一、金融风险环境发生重大变化

人民币“入篮”，使我国对外开放进入到一个新的阶段。在这个开放新阶段，国际金融风险传导将更加直接；同时人民币“走出去”对宏观调控提出更高要求。如何在推动人民币国际化中有效防范可能带来的风险，对金融宏观调控提出了新的要求。

1．高度防范开放中的金融风险

随着世界金融一体化发展和金融创新的明显加快，金融风险越来越具有突发性、隐蔽性和破坏性。发源于美国的金融危机，在雷曼兄弟公司破产后迅速演变成全球金融危机和经济危机。直到现在，还有一些国家的经济仍处于衰退之中。随着我国金融开放不断推进，开放程度不断提高，在金融宏观调控中防范金融风险传导，守住不发生系统性、区域性金融风险的底线，需要引起高度重视。

从历史情况看，美元作为国际货币，其币值变化直接影响国际资本流向，并给其他国家带来经济和金融冲击。2015 年 12 月，美联储启动美元加息，美元很有可能进入升值通道，这将给全球经济和金融市场带来重大影响。我国当前的金融开放，一方面面临美元升值的影响，需要应对资本外流的严峻挑战；另一方面又面临经济下行的压力，需要发挥金融宏观调控的作用。在这个大背景下，既要推进金融开放，又要高度防范可能出现的金融风险。

专栏 6.1

美元周期与金融危机

20 世纪 70 年代初以来，美元大起大落时期全球经济大致出现了如下重要变化：

第一阶段（1971–1979 年）：美元下降周期。伴随着“尼克松冲击”，美元相对世界其他主要货币一次性贬值 15%，从此美元进入持续贬值周期。1971 年 –1979 年年底，美元指数贬值 27%。与此同时，伴随着美国和全球货币供应量的急速增长，同期石油、贵金属、基础原材料价格飞涨，美国经济和世界经济陷入史无前例的“滞胀”。

第二阶段（1980–1985 年）：美元强势上涨周期。为摆脱滞胀，1979 年保罗・沃尔克就任美联储主席，强力提升利率，也将美国推向了强势美元时代。截至 1985 年 2 月，美元指数曾一度高达 158，导致美元上涨幅度超过 80%。然而，同期全球金融市场却动荡不断，最为有名的是拉美债务危机。尽管外债过高是爆发拉美危机的内在因素，但早前弱势美元导致的资金源源涌入与美元强势回归后资金的大举撤出成为危机的加速器。

第三阶段（1986–1995 年）：美元下降周期。由于 80 年代以来，美国经济面临着贸易赤字和财政赤字的双重困扰，到 1985 年，美国政府试图运用综合贸易及竞争法案干预外汇市场,促使当时世界第二大经济体的日本货币升值。最为著名的便是 1985 年 9 月，美、日、德、法、英五国财政部长及央行行长在纽约广场饭店签订的广场协议，拉开日元急速升值的序幕。此后，日元大幅升值，国际资本在高利润的驱使下，大举投资日本的股市和房市，泡沫经济离实体经济越来越远，最终导致日本经济危机的爆发，日本经济陷入长期衰退。

第四阶段（1996–2001年）：美元上涨周期。美国互联网经济的全面爆发使得1996年美元开始进入上涨周期，当时以美国为首的信息科技革命吸引大量资金重新流回美国，参与直接投资和证券买卖。直到2001年，互联网泡沫破灭导致信用市场急剧萎缩，起源于1996年的强势美元周期导致本轮美元指数上涨约45%。与此同时，大量国际资金流回美国也加剧了亚洲市场资本流出，最为著名的是1997–1998年亚洲金融危机，当时亚洲各国资产泡沫加速破灭，经济与金融体系遭受重创。

第五阶段（2002–2014年）：弱势美元周期，期间全球金融危机出现。在长达十余年的美元疲软周期中，美国利率与汇率走势不一致，国内利率变化程度较大。首先，伴随着世纪初的网络泡沫破裂，以及其后的“9·11”恐怖袭击，投资者对美国经济和美元的信心深受打击，资金开始大规模流出美国。而为防止美国经济陷入持续衰退，美联储在2001年连续13次降息，创下了1981年以来“最为猛烈的降息轮回”，直至2004年6月，为防止通胀，格林斯潘与其继任者伯南克相继启动了17次加息。尽管加息成功地应对了通胀，但也加速了美国房地产泡沫的破灭，并随即由“次贷危机”演变成影响至今的全球金融危机。其后的数年，美联储相继推出三轮量化宽松政策，维持了美元本位制以来最长阶段的美元弱势格局。

总之，美元周期与全球经济周期有着紧密联系，当前一旦美元步入新一轮升值周期，对全球经济的影响必将是巨大的。

资料来源：沈建光．美元周期与金融危机逻辑与应对［EB/OL］．财经网，2015-03-03.

2．积极应对人民币国际化带来的风险挑战

（1）国际收支挑战。一国的货币要被用作国际货币，这个国家要有长期稳定的国际收支逆差，否则很难保证国际货币的流动性，而2015年之前我国的国际收支都是双顺差。

（2）全球央行挑战。人民币要作为国际货币，要求我国央行像美联储一样成为全球央行。美联储正面临着“特里芬困境”，要成为全球央行，我国央行势必也将面临这一问题。

（3）调控工具挑战。美国有庞大的以固定收益为代表的金融市场，美联储

调控货币政策主要是货币市场，主要工具是美国国债。而我国金融市场不发达，尤其是固定收益市场不发达，即使我国央行愿意承担全球中央银行责任，也会由于缺乏货币政策工具而难以进行有效调控。

二、去杠杆、去产能对金融宏观调控提出挑战

我国过去宏观调控，不是去产能，就是去杠杆，较少同时面临去产能与去杠杆的双重任务。2015 年中央经济工作会议提出了同时去杠杆、去产能、去库存的任务，这对金融宏观调控是一个重大挑战。

1. 高杠杆带来的金融风险不断加大

（1）非金融部门高杠杆风险突出。IMF 数据显示，2005–2012 年，中国非金融部门（居民部门、非金融企业部门和政府部门）债务占 GDP 比率整体呈上升趋势，杠杆率由 139.3% 升至 176.3%，近两年又继续升至约 210%，上升了 60 多个百分点。根据标普数据，2013 年年底，中国非金融类公司债务总额达到 12 万亿美元，为 GDP 总量的 120%。截至 2014 年年底，中国非金融企业债务规模为 13.8 万亿美元，超过美国的 13.7 万亿美元[①]。2015 年，我国债券市场发生多起的信用违约事件，信用风险逐渐暴露。

（2）金融机构“不良”呈现双升趋势。根据中国银监会公布的数据，不良贷款余额和不良贷款率在 2015 年均出现大幅攀升。截至 2015 年 9 月末，16 家上市银行的不良贷款余额约 9000 亿元，比 2014 年年末增加近 2300 亿元，增幅超过 30%；不良贷款率上升至 1.59%[②]。

（3）P2P 问题频发。2015 年，P2P 行业兑付压力快速上升，12 月份出现的问题平台 135 家，比 11 月增加 45 家，环比增长 50%。截至 2015 年年末，全国 P2P 问题平台数量达到 1361 家，其中跑路平台 785 家，提现困难平台 405 家，

① 张茉楠 . 化解资产负债表风险尚待供给创新 [J]. 金融博览，2015(04).

② 2015 年中国不良贷款率四大风险点暴露 [EB/OL]. 凤凰网，2015-11-26.

停业倒闭及其他问题平台 171 家[①]。

2. 同时去产能与去杠杆将加大金融风险

（1）产能过剩直接带来"不良"增加。从银行业不良贷款看，产能过剩行业的不良贷款率普遍高于平均水平。在不良贷款行业分布中，制造业要超过服务业。例如，2012–2014 年，采矿业和制造业的不良率均上升了 0.82 个百分点；而居民服务和其他服务业的不良率仅上升了 0.56 个百分点[②]。

（2）防止去产能带来资产负债表恶化。我国经济要实现健康发展，必须闯过"去产能"这一关。但在这个过程中，要高度关注去产能可能给金融领域带来的冲击。如果应对不好，很有可能造成银行资产负债表恶化，降低银行信贷投放意愿，使中小企业和新兴产业直接面临信贷收紧的冲击。这就需要警惕因银行资产负债表恶化而带来企业资产负债表恶化的"恶性循环"。

3. 统筹推进去产能与去杠杆

（1）去杠杆要以防风险为前提。既要加快推进去产能，又要防范可能带来的金融冲击，这就要求金融宏观调控体系以防范系统性风险为基本出发点。在策略上，对去产能和去杠杆要有轻重缓急之分。从我国经济转型升级的迫切需求看，去产能是第一大挑战，去杠杆不能操之过急。否则容易形成金融机构、政府、企业、居民的资产负债表同时恶化，进而加大经济的系统性风险。国际金融危机的一个深刻教训，就是四张资产负债表会相互影响、同时恶化。2015 年，我国出台地方债置换政策，就是稳住地方金融风险，为产能出清创造条件。

（2）扩大国债发行，在去产能上"以时间换空间"。"十三五"时期，可以考虑加大国债发行规模，发挥金融与财政协同作用，在适度去杠杆的同时为去产能提供稳定的宏观环境。

---

① 12 月 P2P 行业月报：出事平台暴增 50% 上海尤甚 [EB/OL]. 搜狐网，2016–01–04.

② 巴曙松 . 中国经济面临重大挑战考验金融体系：去杠杆、去产能 [EB/OL]. 凤凰财经，2015–11–13.

三、完善金融宏观调控体系

与过去相比，我国金融宏观调控的环境发生变化：从封闭条件到开放条件；经济增长由高速到中高速。这对金融宏观调控提出了更高的要求。

1. 优化金融宏观调控目标体系

保持物价总水平基本稳定，关注更广泛意义上的价格稳定。加大货币政策促进经济发展方式转变和经济结构战略性调整的力度。更多运用市场化的工具和手段，切实把好流动性总闸门，保持合理的社会融资规模，避免经济增长出现大的波动[①]。

2. 构建逆周期的金融宏观审慎管理制度框架

（1）加快建立系统性金融风险监测体系。加强对宏观经济运行的监测，重点关注经济波动对金融体系的冲击；建立有效的经济周期识别机制，对金融体系稳健性进行定期和不定期评估，建立常态化的压力测试机制；加强对区域性风险的监测，重点监测政府融资平台信贷风险、房地产市场风险，以及行业和地域风险，大型和超大型集团客户信贷风险。

（2）完善宏观审慎监管政策工具箱。加快宏观审慎监管专项工具制度建设，加快出台商业银行系统重要性识别与资本附加的制度方案，注意监管与货币政策等宏观经济政策的协调配合。

（3）加快建立高效的信息共享机制。尽快梳理宏观审慎监管职责的信息共享清单，建立全国性信息共享机制，实现宏观审慎共享信息机制的常态化、法制化[②]。

---

① 周小川．建立符合国情的金融宏观调控体系 [J]. 中国金融，2011(07).

② 王兆星．我国微观与宏观审慎监管变革 [J]. 中国金融，2015(05).

3. 加快完善国家金融防控机制

（1）建立国家金融安全审查机制。在开放条件下，要把国家金融防控机制建设作为重中之重。健全金融安全网，完善存款保险制度，建立风险识别与预警机制，以可控方式和节奏主动释放风险，全面提高风险防控和危机应对能力。

（2）完善反洗钱和反恐怖融资监管措施。建立金融处罚限制制度，有效应对极端情况下境外对我国实施的金融攻击或制裁。

（3）有效运用和发展金融风险管理工具降低杠杆。严格限制高杠杆的结构化产品，加强对各类杠杆融资的风险监测、识别、分析和预警，防范系统性金融风险[①]。

第三节 “十三五”：以供给侧结构性改革加快金融结构调整

“十三五”是我国推进供给侧结构性改革的关键时期。客观地看，当前我国金融结构与经济转型升级的趋势不相适应，金融“脱实就虚”、“脱小就大”、“脱农就城”的特点比较突出。实现供给侧结构性改革的突破，对金融结构调整提出了迫切需求。

一、着力推进金融与实体经济融合

金融要实现健康发展，重在与实体经济融合。“十三五”，金融改革要以服务实体经济为基本定位，加大金融与实体经济的融合，切实降低实体经济融资成本，为实现供给侧结构性改革的重大突破创造条件。

---

① 周小川．完善相关措施有效应对境外金融攻击 [N]. 人民日报，2015-11-25.

1．现行金融结构下中小企业仍然融资难、融资贵

尽管各方高度重视实体经济融资难、融资贵，出台了包括“盘活存量”和“用好增量”等在内的一系列政策措施，但实体经济“资金饥渴”一直没有得到实质性破解，尤其是中小微企业融资难问题依然十分突出。调查显示，小微企业要获得银行贷款，感到困难的占 41.8%；比较难的占 31.03%；非常困难的占 27.79%①。在融资成本上，金融机构对小微企业贷款的利率会在基准上再上浮 20% ~ 30%，加上担保费、资产评估费、财务顾问费等隐性成本，小微企业实际融资成本超过 10%②。

2．加大金融资源向实体经济配置

加大金融资源向实体经济配置，需要降低实体经济的融资成本，更需要加快金融市场产品创新，大力发展债券等融资工具。从国际经验看，高收益债券可以化解中小企业融资难的困境。通过高风险、高收益债券，吸引风险承受能力强的投资者进入，分担中小企业在企业转型、技术进步和创新过程中的风险。这就要求推进高收益债券及股债相结合的融资方式。此外，大力发展现代融资租赁、直接引用外资、项目融资、商业票据、出口信贷等其他融资方式，建设多层次金融市场，有效解决中小企业融资困难的问题。

3．提高直接融资比重，降低企业融资成本

2015 年中央经济工作会议在提出降成本任务时明确要求“降低企业财务成本，金融部门要创造利率正常化的政策环境，为实体经济让利”。当前，我国金融结构中直接融资比重过低、间接融资比重过高，成为抬高企业融资成本的重要原因。以增量法测算，2014 年我国直接融资比重仅为 17.4%。尽管世界银行等国际机构主要按存量法测算，但我国直接融资比重与发达国家相比仍有明

① 吴楚．中小微企业扶持政策不能“看上去很美，做起来很难”[N]．中国青年报，2015-03-08.

② 小微企业融资发展报告：四成融资成本超过 10%[N]．经济参考报，2013-04-08.

显差距。降低企业融资成本，需要大力发展直接融资体系，提高直接融资比重，发挥其在风险共担、利益共享、定价市场化和服务多层次方面的优势，更好地服务中小企业和创新型企业[①]。到2020年，争取使非金融企业直接融资占社会融资规模比重提高到25%，债券市场余额占GDP比例提高到100%[②]。

表6.1：2002–2014年我国直接融资规模与比重

年份	社会融资规模增量（亿元）	企业债券（亿元）	非金融企业境内股票融资（亿元）	直接融资规模（亿元）	直接融资比重
2002	20112	367	628	995	4.95%
2003	34113	499	559	1058	3.10%
2004	28629	467	673	1140	3.98%
2005	30008	2010	339	2349	7.83%
2006	42696	2310	1536	3846	9.01%
2007	59663	2284	4333	6617	11.09%
2008	69802	5523	3324	8847	12.67%
2009	139104	12367	3350	15717	11.30%
2010	140191	11063	5786	16849	12.02%
2011	128286	13658	4377	18035	14.06%
2012	157631	22551	2508	25059	15.90%
2013	173169	18111	2219	20330	11.74%
2014	164773	24329	4350	28679	17.41%

数据来源：国家统计局．中国统计年鉴2015[M]．北京：中国统计出版社，2015.

“十三五”，提高直接融资比重要积极培育公开透明的资本市场，推进股票和债券发行交易制度改革，重点加快债券市场发展。大力发展企业债券融资，强化债券市场的市场化约束机制，促进债券市场互联互通，积极发展私募债券市场，统一规则和监管；实施积极财政政策，扩大国债发行规模，探索市政债发展，以替代地方政府融资平台贷款。

① 祁斌，查向阳等．直接融资和间接融资的国际比较[J].新金融评论，2013(06).

② 《中共中央关于制定国民经济和社会发展第十三个五年规划的建议》辅导读本[M].北京：人民出版社，2015.

二、加大金融对社会资本开放力度

我国金融与实体经济融合不够，根本原因在于金融市场对社会资本的开放有限，难以形成适应实体经济尤其是中小企业发展需求的金融体系与金融市场。“十三五”，金融改革的重点是加大金融领域向社会资本开放的力度。

1. 社会资本参与金融有很大空间

近年来，我国不断加大社会资本进入金融领域的政策支持力度并取得比较明显的效果。从对上市公司股权结构的分析结果看，近10年我国国有资本对金融类上市公司的持股水平明显下降，社会资本逐步成为金融类上市企业的重要股东。

尽管社会资本大量进入金融领域，但社会资本参与金融的潜力仍相当大。中国家庭金融调查与研究中心的数据显示，2013年仍有22.3%的中国家庭有民间金融负债。中国家庭民间金融市场规模为5.28万亿元。相比2011年的4.47万亿元，规模上升18%[①]。发展民间金融仍有很大潜力。

专栏6.2

社会资本进入金融领域情况

2014年中国银监会开展了首批民营银行试点工作。深圳前海微众银行、上海华瑞银行分别于2014年12月和2015年1月获批开业；温州民商银行和天津金城银行于2015年3月获批开业。我国在鼓励和引导民间资本进入金融领域方面进行了有效探索与尝试。根据银监会2014年年报显示，目前已有100余家中小商业银行的民间资本占比超过50%，其中部分为100%民间资本。全国农村合作金融机构民间资本占比超过90%，村镇银行民间资本占比超过72%。

资料来源：中改院课题组整理。

① 民间金融发展报告：家庭民间借贷规模超过5万亿[N]. 扬子晚报，2014-02-27.

2. 合理界定准入门槛

（1）市场准入标准一视同仁。十八届三中全会提出，要保证各种所有制经济依法平等使用生产要素，坚持非公经济和公有经济权利平等、机会平等、规则平等。允许民营资本发起设立银行，在准入标准上也要一视同仁。从具体准入要求看，大多数国家主要集中在最低资本数额、高管人员经验、内控制度、IT 系统等方面，并且这些要求对所有申请人都一视同仁。

（2）适度降低准入门槛。民间金融在发展定位与经营业务上与一般国有大型金融机构有着很大的不同。应当根据实际情况，为各类民间金融机构建立合适的准入门槛。在加强监管的前提下，适当降低民间资本进入金融领域门槛，加快引导民间金融组织从“地下”走向“地上”，推动其向规范化、合法化、机构化转变。

（3）准入规则清晰明确。加快将民间金融纳入到合规合法的监管中来。在降低门槛时尽快完善对各类民间金融机构的准入规则。

3. 保障各类金融机构公平竞争

对各类金融机构一视同仁，在监管、审批等方面，不对民营金融机构设置过多障碍，造成“玻璃门”现象。针对民营金融机构在市场竞争方面的弱势地位，政府给予一定的扶持和政策倾斜，以实现各类金融机构的公平竞争。

三、发挥金融创新对产业转型升级的引领作用

我国经济转型升级正处于关键时期，金融创新对产业结构调整和升级具有重要的促进和引领作用。这就要求在加强金融风险防控前提下鼓励和促进金融创新。

1. 加大金融创新对“三农”的支持力度

（1）农村发展亟须注入金融资源。截至 2014 年年底，我国金融机构数量空白的乡镇还有 1570 个，金融服务的行政村覆盖率只有 75.36%，每 16 个行政

村才有 1 个服务营业网点。只有 27% 的农户能够从正规渠道得到贷款；面临资金困难时，76% 的农户选择向亲友借钱，非正规融资渠道成为农户筹资首选①。

（2）加大金融资源对农村的投入。“小康不小康，关键看老乡”，从解决农村金融短缺的突出矛盾出发，迫切要求加大金融资源对农村、农业和农民的倾斜。

（3）大力发展农村互联网金融新业态。依靠传统金融体系实现农村地区金融服务全覆盖，成本巨大，金融机构动力不足。这就需要大力发展农村互联网金融以有效破解这一难题。

——加快发展“互联网 + 农业”。利用互联网改造传统农业，加快传统农业的“上网触电”，鼓励电商进村入户；鼓励农民积极参与电商；加快发展农村物流。

——完善农村金融服务。加快发展以农村小额贷款为重点的金融服务，积极发展农民理财业务，提高农民财产性收入；依托互联网真实交易数据，对农民、农户进行有效增信；加快农村消费金融发展。

——发展农业众筹等新模式。吸引城镇资金直接流入到“三农”发展所急需的领域，有效扭转资金流出农村。

2. 加大金融创新对研发的支持力度

（1）金融是研发的重要催化剂。当前，我国正处于经济转型的关键时期，主要依靠要素投入的传统增长路径难以为继。适应大数据、云计算、移动互联网快速发展的趋势，主动应对“工业 4.0”的挑战，关键在于加大创新力度，改变我国创新相对滞后的局面。这就要求加快形成有效的金融支持系统，尤其是大力发展风险投资等。2015 年国务院公布的《关于大力推进大众创业万众创新若干政策措施的意见》，明确提出了关于金融支持创业创新的若干意见。从创新

① 中改院经济研究所．“十三五”：以农村互联网金融为突破重塑农村金融新格局 [J]. 北方经济，2015（08）.

者的实际需求看，需要进一步细化金融支持的具体措施。

（2）鼓励创新服务平台与金融机构加强合作。发挥创新创业服务平台的桥梁作用，支持众创空间、创新工场等新型孵化器与天使投资、创业投资、互联网金融机构等开展合作，创新投融资服务。建立科技创新企业数据库，支持金融机构开展科技金融服务和产品创新。加强科技创新企业信用体系建设，着力解决科技创新企业和金融机构之间的信息不对称，促进金融机构与科技创新企业有效对接。

（3）充分利用资本市场支持企业创新。支持创业企业上市或发行票据融资，鼓励创业企业通过债券市场筹集资金。积极研究尚未盈利的互联网和高新技术企业到创业板发行上市制度，在上海证券交易所建立战略新兴产业板。加快推进全国中小企业股份转让系统向创业板转板试点。研究解决特殊股权结构类创业企业在境内上市的制度性障碍，完善资本市场规则。规范发展服务于中小微企业的区域性股权市场，支持股权质押融资[①]。

3．加大金融创新对创业的支持力度

（1）鼓励金融机构发展支持创业的产品及服务。对于农民创业，抓住目前农村土地承包经营权流转制度改革、集体林权制度改革等有利时机，扩大农村有效担保物范围，探索开发土地承包经营权流转抵押贷款、林权抵押贷款、水域滩涂使用权抵押贷款等新产品；大力发展大学生村干部创业互保、联保贷款，灵活采取到期一次偿还、分期偿还等还款方式，扩大贷款覆盖面，提高贷款满足率。

（2）调动金融机构扶持创业的积极性。充分发挥公共财政的引导作用，采取贴息、补贴担保费用等方式，为金融机构提供信贷风险补偿，调动其开展创业贷款扶持业务的积极性。同时，利用财政资金成立公益性担保基金，为青年

① 国务院．关于大力推进大众创业万众创新若干政策措施的意见（国发〔2015〕32 号）[Z]. 中国政府网，2015-06-11.

创业提供担保；积极探索建立政府、银行、青年共同承担的风险防范机制。

（3）加大金融新业态对创业的支持。支持互联网金融发展，引导和鼓励众筹融资平台规范发展，开展公开、小额股权众筹融资试点，加强风险控制和规范管理。丰富完善创业担保贷款政策。支持保险资金参与创业创新，发展相互保险等新业务。完善知识产权估值、质押和流转体系，推动知识产权质押融资、专利许可费收益权证券化等服务常态化、规模化发展，支持知识产权金融发展[①]。

四、推进普惠金融制度创新

与一般企业和城乡居民不同，小微企业、农民、城镇低收入人群、贫困人群和残疾人、老年人等特殊群体很难获得商业金融服务，成为其发展的主要掣肘。2015 年年底，国务院出台了《推进普惠金融发展规划（2016–2020 年）》，对发展普惠金融作出了具体部署。“十三五”要实现“所有市场主体都能分享金融服务的雨露甘霖”的政策目标，关键在于加快普惠金融体制创新。

1. 以普惠金融创新推进精准脱贫

（1）加快普惠金融产品开发。适应特殊群体的特定情况，开发不同种类、小额、普惠性强的金融产品。有条件的地方，加快下放普惠金融产品的开发权，提高审批速度。

（2）优化普惠金融服务。在控制金融风险的前提下，尽可能减少普惠金融的办理时间和办理手续。加快困难群众获得贷款的速度，做到便捷贷款，便捷还贷。加快农村农业保险发展。鼓励农村金融机构发展农业保险。提高小微企业信用保险和贷款保证保险覆盖率，力争使农业保险参保农户覆盖率提升至 95% 以上。

---

① 国务院 . 关于大力推进大众创业万众创新若干政策措施的意见（国发〔2015〕32 号）[Z]. 中国政府网，2015–06–11.

（3）加快贫困地区的金融基础设施建设。

——加大银行在贫困地区的营业网点覆盖。提高金融机构基层覆盖率，鼓励银行网点在贫困地区下沉到乡镇，加大银行及各类金融机构对乡镇的营业网点覆盖，加大金融机构对于村镇一级的业务支持。

——提高对银行电子化设备下乡的覆盖率。实现村村有 EPOS 机等基础金融结算设备。加快互联网银行服务，利用手机银行、网上银行服务，推广农村便捷金融系统。

——加快建立并完善贫困地区金融信用体系。鼓励农村金融机构加快用户信用信息的搜集和共享，降低信用识别风险，为农户、农企提供增信服务。

2. 加大政府对普惠金融发展的支持

（1）保障普惠金融的资金供给。普惠金融要实现商业可持续性，除了普惠金融机构自身努力外，还需要得到政府的政策支持。进一步加大央行对普惠金融机构的定向降准力度，并采取低息杠杆工具，保障普惠金融贷款的充足性。

（2）加大对特殊群体的财政贴息力度。通过财政贴息减轻小微企业、农民等特殊群体负担。建立制度化的贴息政策，保障普惠金融贷款的实际利息不高于一般商业贷款利息。财力允许的地方，探索普惠金融贷款全贴息制度，使小微企业、农民等特殊群体可以享受到低息、无息贷款。此外，鼓励财政资金对农村专业合作社的普惠金融贷款予以部分贴息。

（3）对发展普惠金融业务的金融机构予以财政奖补。对特定额度以下的小额贷款，给予金融机构一定的奖励和风险补偿金。以此降低金融机构风险，调动其发展普惠金融业务的积极性。

3. 推动普惠金融与基层支农系统的融合

以普惠金融为支撑，加大农技部门对农户的技术支持，加大农村专业合作社对农户的市场信息支持，加大扶贫部门对农户的创业支持等，形成全方位的支农扶贫合力，形成“给农民贷款、教农民技术、促农民增收、保农民还款”的普惠金融服务体系。

第四节 “十三五”：以金融监管转型防范金融风险

我国金融面临稳步推进开放与加强风险防范的双重挑战。一方面，金融双向开放将对改革带来强大倒逼作用；另一方面，金融双向开放又不可避免地加大金融风险因素。既要稳步推进金融开放，不在风险面前“因噎废食”，又要积极完善制度，防范系统性风险，尤其做好极端情况下的风险防控预案。要实现这个目标，取决于金融监管体制的改革与完善。

一、金融市场异常波动凸显监管转型滞后

金融双向开放对金融监管带来新的挑战。尤其是金融开放中的金融创新，对现行监管体制提出严峻挑战。“十三五”，亟须加快金融监管转型以有效防范金融风险。

1．股市异常波动反映监管不到位

对 2015 年 6 月股市异常波动的原因，各方有不同的分析。有学者认为融资与场外配资是主因，监管部门放任配资、放大了杠杆，同时又武断地清理配资，引发了市场极度恐慌和混乱。也有学者认为，资本市场自身机制不完善，多空机制不均衡，带来了单边暴涨和单边暴跌的局面；全额冻结资金的新股发行制度对股市交易产生短期冲击[①]。但是，从整个过程看，股票市场的波动更深刻地反映出金融市场监管转型严重滞后于经济社会发展的现实需求，也滞后于简政

---

① 吴晓灵 . 股市异常波动反映资本市场制度缺陷 [EB/OL]. 新华网，2015-11-20.

放权的实际进程。监管部门在总结时也提出：这次股市异常波动充分反映了我国股市不成熟，不成熟的交易者、不完备的交易制度、不完善的市场体系、不适应的监管制度等，也充分暴露了证监会监管有漏洞、监管不适应、监管不得力等问题[①]。

2．互联网金融的某些乱象对金融监管提出新要求

由于进入门槛低、监管机制不完善，P2P在快速发展中难免鱼龙混杂、泥沙俱下。例如，一些平台和机构虽挂名普惠金融，实际上却是搞监管套利，非法集资。从e租宝、人人贷等问题平台看，互联网金融在机构法律定位与业务定位、资金第三方托管、内控机制等方面都存在一定问题，这对监管提出了新的要求。

3．现行金融分业监管体制不利于防范系统性金融风险

（1）监管部门既审批又监管，影响监管效果。一是重审批轻监管，监管严重不到位是资本市场异常波动的根源。二是难免出现机制性的腐败，救市中出现的内部人做空事件，反而加剧了市场下跌。三是解决不了监管专业性和技术性问题[②]。

（2）监管部门对新业态监管缺乏信息与有效手段。杠杆融资是本次股灾的重要原因之一。各类集合投资计划大举进入资本市场，民间配资、P2P平台、股权众筹、互联网理财产品等通过各种途径进入市场，加上对伞形信托的默认等，客观上加大了杠杆。证监会的单一监管很难全面了解这些资金面情况。监管部门在不清楚股市配资规模情况下强行去杠杆，直接引发了股市的“踩踏事件”。

（3）难以及时应对市场突发事件。市场情况瞬息万变，分业监管客观上难以对金融市场突发事件进行及时有效应对，容易错失监管最佳时机。

（4）监管部门的技术准备不充分。例如，在缺乏相应配套机制的情况下匆

---

① 肖钢．股市异常波动充分暴露证监会监管有漏洞[EB/OL]．证监会网，2016-01-16.

② 迟福林．股灾反映中国市场监管转型严重滞后[N]．新京报，2015-07-20.

忙推出熔断机制，不仅没有达到预期目标，反而造成了第三轮股市异常波动。尽管其出发点是好的，但由于技术准备并不充分，其结果直接造成整个市场流动性枯竭，最终被迫暂停。

二、尽快建立综合的国家金融监管机构

习近平总书记在金融监管改革方面明确提出，要坚持市场化改革方向，加快建立符合现代金融特点、统筹协调监管、有力有效的现代金融监管框架，坚守住不发生系统性风险的底线[①]。"十三五"，适应金融双向开放的大趋势，需要加快金融监管体制改革，着力提高监管的统一性、协调性和有效性。

专栏 6.3

习近平总书记论金融监管改革

关于加强统筹协调，改革并完善适应现代金融市场发展的金融监管框架。金融是现代经济的核心，在很大程度上影响甚至决定着经济健康发展。现代金融发展呈现出机构种类多、综合经营规模大、产品结构复杂、交易频率高、跨境流动快、风险传递快、影响范围广等特点。国际金融危机爆发后，主要国家均加大了金融监管体系改革力度，核心是提高监管标准、形成互为补充的监管合力和风险处置能力。

近年来，我国金融业发展明显加快，形成了多样化的金融机构体系、复杂的产品结构体系、信息化的交易体系、更加开放的金融市场，特别是综合经营趋势明显。这对现行的分业监管体制带来重大挑战。党的十八届三中全会就加强金融监管提出了完善监管协调机制的改革任务。近来频繁显露的局部风险特别是近期资本市场的剧烈波动说明，现行监管框架存在着不适应我国金融业发展的体制性矛盾，也再次提醒我们必须通过改革保障金融安全，有效防范系统性风险。要坚持市场化改革方向，加快建立符合现代金融特点、统筹协调监管、有力有效的现代金融监管框架，坚守住不发生系统性风险的底线。

资料来源：《中共中央关于制定国民经济和社会发展第十三个五年规划的建议》辅导读本[M]．北京：人民出版社，2015.

① 《中共中央关于制定国民经济和社会发展第十三个五年规划的建议》辅导读本 [M]. 北京：人民出版社，2015.

1. 合理制订综合监管方案

国际金融危机发生以来，主要经济体都对金融监管体制进行了重大改革。当前，各国金融监管体制主要有四种模式：机构型监管、功能型监管、综合型监管和双峰型监管，每种监管模式既有优点又有缺点①。

表 6.2：国际上的金融监管模式

监管模式	代表国家/地区	主要特征	主要优点	主要缺点
机构型监管	中国大陆、中国香港和墨西哥	根据金融机构的牌照类型和法律属性来划分监管机构	监管机构分工明确、专业化强；有助于防止监管单点失效	对金融机构间的交叉业务容易出现无人或过度监管；监管不一致；监管协调成本较高
功能型监管	巴西、法国、意大利和西班牙	根据金融业务的类型来分别设置不同的监管机构	易保持监管一致性和专业化；有助于提高监管效率	界定监管机构管辖范围难；协调成本大；监管过度竞争；规则适用性低；难以防范系统性风险
综合型监管	加拿大、德国、日本、卡塔尔、新加坡、瑞士和英国	由一个单独的综合性监管机构从防范金融业系统性风险和保护消费者利益两方面对所有金融部门进行监管	保持监管统一性；监管视角更为全面；避免监管机构过度竞争；强化问责制；更有效地配置监管资源	监管的单点失效；权力过于集中造成监管效率下降；内部部门沟通困难
双峰型监管	澳大利亚和荷兰	一类监管机构主要通过审慎监管维护金融体系安全，另一类监管机构主要通过行为监管保护消费者利益	缓和监管目标内在矛盾；获得综合监管全部优点；给予消费者充分保护	优先考虑哪个目标主观性强，有时无法两者兼顾；金融机构管理成本上升

资料来源：张晓朴．金融监管体制选择：国际比较、良好原则与借鉴 [C]．中国银行业监督管理委员会工作论文，2011-12.

① 张晓朴．金融监管体制选择：国际比较、良好原则与借鉴 [C]. 中国银行业监督管理委员会工作论文，2011-12.

从不同国家的监管实践的经验教训看，有以下几点可以借鉴：

——金融监管体系要有适应性。要适应金融机构、业务模式、金融市场的变化趋势。根据本国金融体系的发展水平、结构变化和风险变迁动态演进实施有效监管，关键是有效预警风险并动态配置监管资源，使监管能力建设与金融创新相适应。

——金融监管要有前瞻性。前瞻性是风险管理和金融监管的生命所在。金融监管者需要对金融风险提高警觉性，不能只在出现问题后才采取行动，要有预判、有预案。

——金融监管要有“威慑力”。在鼓励金融创新的同时，对金融违法违规不能只停留在风险提示、道义劝说上，要有强有力的惩罚举措[①]。

2．组建综合性金融监管机构

（1）强化金融监管统一性、协调性。以统筹监管系统重要金融机构、金融控股公司、重要金融基础设施为重点，强化综合监管和功能监管。从我国金融监管行政权力结构的现状出发，可以考虑组建国家金融监管总局，专司金融监管；形成与央行相互独立的格局[②]。

——建立统一的金融监管体制条件已经成熟。金融混业经营已成为现实，银行业、证券业、保险业等金融机构之间的业务分界日益模糊，对分业监管模式提出现实挑战，要求加快建立统一的金融监管。

——整合银监会、保监会和证监会职能，形成“统一领导、分级负责、条块结合”的金融监管新体制。银监会、保监会和证监会成为国家金融监管总局的专业执行机构。

——保持监管部门与央行的相对独立。如果把监管部门和央行合并，很有可能出现为了扩大货币效应而放松监管的情况，使监管成为“顺周期”的增长

① 刘鹤．每一次危机都意味着金融监管失败 [EB/OL]. 腾讯网，2016-01-11.

② 中改院．推动简政放权改革向纵深发展——关于“简政放权、放管结合、优化服务”政策落实情况的第三方评估报告 [N]. 上海证券报，2015-09-17.

工具，加大系统性风险。为避免货币政策目标和审慎监管目标发生冲突，宜保持监管部门与央行的相对独立。

（2）形成国家金融监管总局的垂直管理体系。从实践情况看，各地金融办对一些新型金融监管业务的监管能力不一。而且，当前综合监管越来越多地涉及到跨区域监管。这就要求国家金融监管总局实行自上而下的垂直监管格局。与此同时，加大与地方政府金融办的互动与协调，提高监管效率。

（3）提高央行的独立性。赋予央行独立制定实施货币政策的权力，增强货币政策的独立性。目前，提升央行货币政策独立性的时机与条件基本成熟。一是利率市场化改革进程很快，市场化操作工具的有效性逐步增强；二是可以提高央行应对经济波动的主动性，避免货币政策从谋划到出台因时滞过长而错过最佳时机；三是央行货币政策委员会成立多年，积累了独立执行货币政策的实践经验。建议将货币政策委员会提升为决策机构。在优化货币政策委员会人员组成结构的前提下，将其由咨询议事机构提升为决策机构，并通过规范的投票表决方式进行货币决策。研究修改《中国人民银行法》，确立央行独立制定实施货币政策的主体地位。

专栏 6.4

增强货币政策央行独立性的改革方案

方案 1：参照发达市场经济国家经验，央行依法独立行使货币政策决策职能。

方案 2：央行仍在国务院的统一领导下，依法独立行使货币政策决策职能，将央行货币政策委员会从目前的咨询议事机构转型为决策机构，增强其在决策中的分量。

为确保宏观政策稳定性连续性，可以考虑先行实施方案 2，待条件成熟时再实施方案 1。

资料来源：中改院课题组整理。

3．以功能监管替代机构监管，实现金融监管全覆盖

（1）由机构监管转向功能监管。只要具备金融业务的功能，就应成为金融

监管部门的监管对象，以实现监管的全覆盖。

——形成统一的监管规则。单一监管机构制定统一的监管规则，既能避免监管界限模糊导致的监管漏洞或者监管重叠，又能够避免监管套利以及金融机构陷于监管机构管辖范围之争的尴尬处境。无论哪种金融创新，都要纳入到监管范畴。在不触及系统性风险的基础上监管鼓励创新，一旦危及系统性安全，就要发出警告甚至予以惩罚。

——更全面、综合地监管金融机构。采取国家金融监管总局的模式，可以消除监管空白。监管机构能够全面检查金融机构各种类别具体业务的合规情况和潜在风险，全面评估其公司治理、风险管理等审慎性原则的贯彻情况，有利于全面识别金融机构风险，也能降低金融机构的管理成本，减轻企业负担。

——明确监管责任，强化问责机制。综合监管者既要对法定目标全权负责，还要对监管决策、监管成本及监管效率等负责。

——有效地针对被监管机构及其商业行为进行监管资源配置。将监管资源合理配置到风险最大的机构及其业务，提高监管效率。

（2）提高监管部门的专业化、技术化水平。监管最重要的是专业性和技术化。金融创新的不断深入要求加快提高监管部门的专业性。要做好监管制度和政策设计，对政策实施效果要有预演；对监管政策出台要有预案，避免政策“朝令夕改”，影响市场预期。

（3）推进金融领域的简政放权，强化事中事后监管。例如，在资本市场发展的新阶段，传统的新股发行审批制不利于资本市场发展。决策层已经明确推进注册制改革，并且在做相应准备。此外，监管部门既管审批又管监管，不可避免地对监管独立性带来影响。适应资本市场的健康发展需求，需要进一步推进金融领域的简政放权，实现金融监管从事前审批向事中防范和事后治理的转型。

（4）完善系统性金融风险监控机制。建立覆盖全国所有金融业务的风险监控体系；建立国家金融紧急应对机制，在紧急情况下可以宣布资本市场进入紧急状态，采取包括注入无限流动性在内的特殊措施，防控资本市场的系统性风险，防止其向其他领域漫延。

三、完善监管体系，提高监管效率

在调整金融监管行政权力后，需要加快完善监管体系，提高对股市、互联网金融以及普惠金融等的监管效率，既要促进金融创新，又要守住风险底线。

1. 完善股市监管体制

（1）优化股市杠杆结构。资本市场不可能没有杠杆，但也不能杠杆过高，这就要求监管部门把握好度。一方面，加强对证券公司的监管，进一步规范各类配资业务。包括加强证券账户实名制管理，完善合格投资者管理制度，规范证券公司第三方信息系统接入，明确交易记录保存期限以备追溯查询；禁止伞形信托下挂“拖拉机”账户，提高伞形信托劣后级认购门槛，限制最高配资杠杆比例等。另一方面，对清理配资和杠杆要把握节奏，不可操之过急，避免市场踩踏①。

（2）优化投资主体结构。目前，个人参与资本市场投资的收益免税，而投资公司参与资本市场投资，则要缴费营业税等相关税收。这个制度安排客观上鼓励发展散户而不利于机构投资发展，形成了我国资本市场以散户为主的投资格局以及与其他国家迥异的投资风格。应鼓励发展机构投资，以“投资公司”机制破解当前市场参与者以散户为主的局面。随着“营改增”的推进，可以考虑降低二级市场的证券投资实体的企业税负，推进市场参与者的机构化、大型化，促进投资行为的长期化、理性化。

（3）完善资本市场的基础制度。规范“董监高”行为，完善“董监高”减持机制；坚决打击市场操纵行为；把“T+1”制度尽快改为“T+0”制度，逐步放开涨停版。

---

① 清华大学国家金融研究院．完善制度设计，提升市场信心——建设长期健康稳定发展的资本市场 [R]，2015.

2. 完善互联网金融等新业态监管制度

（1）完善互联网金融的法治化监管。应尽快对相关法律进行细化，出台对互联网金融执行程序合法化的指导意见，保护相关者的合法权益。

（2）完善互联网监管技术。互联网金融利用信息数据进行发展，监管上也应注重信息技术的应用。实践中，有的第三方机构通过某些爬虫程序，可以挖掘 P2P 经营的细节特征，有效监测涉嫌诈骗的 P2P 平台，值得借鉴与推广。

（3）加强互联网金融的消费者保护。加强对消费者的宣传教育，强化风险意识；严厉打击互联网金融领域的不实宣传；构建在线争议解决、现场接待受理、监管部门受理投诉、第三方调解以及仲裁、诉讼等多元化纠纷解决机制；严格保护消费者隐私。

3. 完善普惠金融监管制度

（1）适应普惠金融特点，实行分类监管制度。由于农村生产、农民生活的特殊性，传统商业金融监管很难适用于农村普惠金融市场。可以考虑采取分类监管的方法：对于“系统重要性银行”，即相对规模较大，容易引发系统性风险的银行及其商业金融业务，由中央层面重点监管，以风险防范为重点；对于农村普惠金融，包括商业银行的小额贷款业务等，弱化行政监管，提高涉农贷款的不良容忍度，鼓励农村金融机构发放农户贷款、加大信贷支农力度。

（2）适度宽容普惠金融创新。适应农村贷款的发展需求，普惠金融需要大量创新，但这很容易突破现有金融监管的框架。这就需要监管部门在风险可控的前提下，对一定范围内的创新适度宽容。第一，鼓励普惠金融机构先行先试、积极探索。对相关政策法规并未明确禁止的普惠金融创新，在风险可控的前提下，监管部门应给予适度宽容。第二，及时提醒监管风险。为保证创新的安全有序，对普惠金融创新可能出现的风险进行及时提示；对普惠创新不规范的方面，督促其规范化。第三，适时推进监管改革。加快普惠金融监管的制度化、法律化。

（3）探索普惠金融监管的地方化。探索将普惠金融的监管责任下放至地方金融监管机关。普惠金融规模小、区域性强，对金融系统性风险影响不大。对于普惠金融，包括商业银行的小额贷款业务等，可以采取由国家金融监管部门技术指导、地方政府主要负责的监管模式，探索普惠金融监管的地方化。

Breakthroughs
in Transformation

第七章

共享发展
以提升公共性为重点的财税转型

无论是加快经济转型升级、实现供给侧结构性改革的突破，还是总体实现基本公共服务均等化，都对提升财政公共性提出迫切需求。“十三五”，以共享发展为目标，着力提升财政公共性，实现财税体制改革与转型的重大突破。

财税体制的转型与改革，既是我国经济转型升级和社会发展的重要保障，又是供给侧结构性改革的重大任务。在经济转型的大背景下，“十三五”，谋划财税体制改革，要以促进共享发展为目标，在明显提升财政公共性上实现重大突破。

第一节 “十三五”：以提升公共性为重点的财税体制改革

“十三五”，我国经济转型与社会共享发展互为条件：一方面，产业结构变革、人口城镇化、消费结构升级为促进共享发展创造了多方面的机遇；另一方面，提高全社会共享发展水平将形成经济转型的新动力。这就要求在“十三五”时期加快财税体制转型，通过调整财政收支结构、改革财政管理体制等，明显地提升财政的公共性。

一、经济转型对提升财税体制公共性的现实需求

在经济转型的大趋势下，“十三五”需要以提升公共性为重点深化财税体制改革，建立完善促进共享发展的财税体系，以此加快发展方式转变和结构调整，减轻转型闯关的“阵痛”，化解转型闯关的风险，降低转型闯关的不确定性。

1．加快发展方式转变与结构调整

（1）消费主导与提升财税体制的公共性。“十三五”，有效释放城乡居民潜在消费需求，实现由投资主导向消费主导的增长模式转变，需要尽快改变以往与投资主导和出口导向相适应的财税结构，加快以直接税为重点的税收结构调整。这就要求以提升财政公共性为重点，形成基本公共服务均等化的财政支出格局，充分发挥财税在促进消费主导经济转型上的积极作用。

（2）创新驱动与提升财税体制的公共性。加快由主要依靠廉价劳动力和资源能源投入的要素驱动型增长方式向创新驱动型增长方式转变，需要加大基本教育、公共医疗等直接影响人力资本积累的公共性支出，形成有利于创新创业的税收体制，提升财税体制的公共性。

（3）服务业主导与提升财政体制的公共性。形成服务业主导的产业结构，迫切需要提升财税体制的公共性，打破工业和服务业税负不平等的格局，形成加快释放服务型消费需求的公共财政支出格局，创造有利于服务业发展的财税环境。

2．减轻转型闯关的“阵痛”

（1）减轻去产能的“阵痛”。在钢铁、水泥、煤炭等行业去产能意味着一批企业会关停并转，势必带来失业和收入减少等问题。降低去产能的“阵痛”，需要提升财政的公共性，完善社会保障网，为基本公共服务提供可持续的财力保障。

（2）减轻结构性失业的“阵痛”。以去产能为重点的产业结构变革，必然会引起结构性失业问题。产业结构调整的速度越快，结构性失业的问题越突出，处理不好不仅会妨碍经济转型进程，而且会导致社会风险。为此，需要提升财税体制的公共性，发挥财税在引导劳动力市场结构调整优化中的积极作用。

（3）减轻价格波动过大的“阵痛”。在二次开放与全面深化改革直接融合的背景下，需要提升财税体制的公共性，利用财政资金引导、促进各类保险基金的发展，以此减轻因外部冲击导致的汇率、利率、能源价格等剧烈波动带来的“阵痛”。

3. 有效化解短期风险和危机隐患

（1）防止房地产价格过度波动的风险。房地产行业的“软着陆”直接影响宏观经济的稳定运行。房地产行业正面临深刻的转型调整，既要在三、四线城市以及部分二线城市去库存的过程中防范价格过快下跌带来的风险，也要防止一线城市房价回涨过猛带来的风险。这既需要稳妥推进房产税改革，又需要把完善保障性住房机制与房价调控紧密结合起来。

（2）防止地方债风险演变为危机。在治理地方债的过程中防范债务风险转化为财政金融风险，需要建立规范的地方政府融资体制。更根本的是，要尽快转变地方政府投资主导的财政行为，以提升财政的公共性为重点加强公共服务型政府建设。

（3）防止通缩预期强化的风险。外需疲软叠加国内去产能、去杠杆的影响，容易形成通缩预期，进而抑制消费和投资需求。避免经济下行强化通缩预期，需要把积极的财政政策和财税结构调整紧密结合起来，以增加赤字、盘活存量、优化结构、提高效率为途径，在加大结构性减税力度的同时扩大公共服务支出。

二、以财税改革为重点加快供给侧结构性改革

财税改革是破解结构性矛盾的重点，也是供给侧结构性改革的重大任务。推进结构性改革，重在减少财税对市场配置资源的干扰或扭曲，取消对无效供给和低效供给的财政支持，为扩大有效供给、释放有效需求、提高劳动生产率和技术创新创造有利的财税环境。

1. 经济转型的结构性矛盾与财税体制改革滞后直接相关

（1）过剩产能难以出清与财税改革滞后直接相关。产能过剩的形成与财政体制公共性不足有直接关联。不少地方把房地产、钢铁等作为支柱产业，并给予大量的财政补贴和税收优惠，这在很大程度上降低了企业生产成本，刺激企

业加大产品供给，最终导致大面积的产能过剩。在产能过剩严重的行业，出现不少因得到财政输血“僵而不死”的企业。

（2）税制结构不合理导致服务业发展的结构性矛盾突出。有效供给不足的矛盾主要集中在服务业领域。我国当前实行以扶持制造业为主的税制结构，使服务业用地、要素价格和劳动力成本明显高于制造业，扭曲市场投资行为，导致存在巨大消费需求的服务领域有效供给不足。

（3）投资、消费的结构性矛盾很大程度上因财政支出结构不合理所致。在以往很长时期内，财政支出结构客观存在重投资、轻消费的倾向，建设型财政的特点比较突出。要从根本上解决投资、消费的结构性矛盾，需要调整与优化财政支出结构，形成扩大教育、医疗、社会保障等基本公共服务支出的长效机制。这取决于财政支出结构的调整，取决于中央与地方政府的职能转变，取决于中央与地方财政关系的深刻调整。

2. 以加快财税结构改革扩大有效供给

（1）减少无效供给和低效供给。破解产能过剩的结构性矛盾，需要从根本上改变财税对资源配置的扭曲，逐步形成“税收中立”格局；还需要加强财税的社会“托底”功能以减少去产能带来的社会风险，释放中低收入者的潜在消费需求，为有效治理产能过剩创造有利的社会环境。

（2）扩大服务业有效供给。防止税收扭曲投资行为，重在以经济转型为导向加快税收结构调整，通过增值税改革等，实现制造业与服务业的公平税负；需要加快具有收入分配调节功能的直接税改革，提高直接税比重，加大对小微企业、创新型服务企业等所得税减免力度，扩大服务业的有效供给。

（3）形成需求引领供给、供给释放需求的良性循环。形成有效需求与有效供给的良性循环，需要发挥市场配置资源的决定性作用，根本在于改变经济建设型政府和竞争性地方政府格局。这就要求以提升公共性为重点深化财政体制改革，使财政支出结构适应全社会日益增长的公共服务需求，形成以促进共享发展为导向的中央与地方财税关系，倒逼政府职能转变和地方政府转型。

3．以促进共享发展为重点形成供给侧结构性改革的社会动力

（1）增加公共服务供给。过去10多年中，公共财政支出用于公共服务的比重不断提高。例如，2013年，国家财政性教育经费占全国教育经费的比重已经达到80%，比2005年的61%提高了近20个百分点。2014年，政府卫生支出占全国卫生支出的比重达到近30%，比2000年15.5%的占比提高了近一倍[①]。“十三五”，提升财税体制的公共性，应当以总体实现基本公共服务均等化为重要目标，进一步增强全体人民的获得感，减轻结构性改革给弱势群体带来的冲击，降低改革的阻力，增强改革的社会动力。这就需要以提升公共性为重点改革公共预算制度，优化财政支出结构，创新公共服务提供方式，提高财政支出效率。

（2）促进机会公平。把结构性减税的重点放在中小微企业，尤其是科技创新型中小企业；以就业、教育、医疗等领域基本公共服务均等化的财政制度安排，塑造市场统一、机会公平、流动畅通的劳动力市场；以财政改革推动公共资源配置均等化的制度安排，促进大城市和中小城镇协调发展；改变地方政府竞争性的税收优惠政策造成的市场分割格局，形成统一、公平的财政政策。

（3）建立更加公平可持续的社会保障制度。发挥公共财政在社会保障上的兜底作用，促进国有资本在社会保障上发挥更大作用，减轻企业的社会保障负担；鼓励社会资本进入养老服务、健康服务市场，扩大社会保障和社会服务的有效供给；形成有利于经济转型与产业结构调整的、更加公平更可持续的社会保障制度。

三、2020：建立适应经济转型趋势的现代公共财政体系

在内外形势的复杂深刻变化下，“十三五”经济转型升级与结构性改革的时间、空间约束全面增强。2020年能不能建立适应经济转型需求的现代公共财政体系，破解经济转型的结构性矛盾，成为深化财税体制改革的重大任务。

---

① 国家统计局．中国统计年鉴2015[M]．北京：中国统计出版社，2015.

1. 全面提升财政的公共性

（1）提升财政收入的公共性。财政收入方面，降低对土地财政的依赖，在优化税制结构中加大结构性减税力度，以实现制造业和服务业公平税负为重点强化财政收入的公共性。提高直接税比重，推动积极财政政策和优化税制结构相结合，争取“十三五”实现年均 1 万亿元的减税目标，形成税负公平的体制环境。

（2）提升财政支出的公共性。以基本公共服务的全覆盖、均等化为目标，争取到 2020 年，教育、医疗卫生、社保就业、保障性住房四项基本公共服务的财政支出占国家财政总支出的比重由 2012 年的 36.8% 提高到 60% 左右，占 GDP 的比重由 8.68% 提高到 15% 以上①。

（3）提升财政预算的公共性。提高财政预算的公开度、透明度，建立完善公众参与预算过程的机制与渠道，提升预算制定、实施、监督等环节的公共性和民主性。

2. 基本形成框架健全、结构合理的公共财政体系

（1）尽快形成全口径预算，完善政府预算体系。落实十八届五中全会精神，打通四大预算，形成统一的政府资产负债表，为提升预算的公共性奠定基础；建立跨年度预算平衡机制和中期财政规划管理制度，减少财政波动对经济增长和社会发展的影响。

（2）完善税收体系。基本形成与现代市场经济体系相适应、结构合理、公平可持续的政府税费体系，为形成以直接税为主的税制结构奠定重要基础；加快完善地方税体系，为以基本公共服务均等化为导向理顺中央与地方财税关系奠定基础。

（3）健全中央和地方政府事权与支出责任相适应、事权与财力相匹配的财政体制。清晰地划分各级政府事权，基本形成中央和地方政府责任清单与支出

---

① 财政收入有多少用于民生 [N]. 中国青年报，2015-03-07.

清单相对应、财力配置与支出清单相适应的格局，形成有利于提升公共性的中央与地方财税关系。

3．基本建立公开透明的现代财政治理结构

十八届三中全会提出，“财政是国家治理的基础和重要支柱”。“十三五”，适应国家治理体系和治理能力现代化的需求，与全面依法治国紧密结合，推动财政治理的法治化、科学化、民主化。这就需要提高财政治理的公开度和透明度，在财政政策的决策、执行、监督各个环节扩大社会参与，使财政成为“保障民权、限制公权”的重要工具。以此奠定国家治理现代化的重要基础。

第二节 “十三五”：以经济转型升级为导向的税收结构调整

合理的税制结构有利于增强经济转型与产业结构调整的有效激励，是理顺政府与市场、政府与企业、政府与社会关系的基本条件。“十三五”，要以经济转型升级为导向，加快税制改革，优化税制结构。

一、基本形成服务业发展的公平税负环境

能否为服务业提供公平的税收环境，改变长期以来“重化工业优先”的税制结构，对经济转型升级有重要影响。这就要求“十三五”在全面完成“营改增”改革基础上，加大增值税改革力度，形成支持服务业发展的公平税负环境。

1．全面完成“营改增”改革

“营改增”是形成制造业和服务业公平税负环境的关键举措。自 2012 年试点以来，“营改增”改革不断加快，目前还剩建筑业、房地产业、金融业和生

活服务业四大行业未改革。这四个行业涉及近1000万户纳税人，是目前已纳入“营改增”纳税人规模的两倍。中央已明确提出2016年要全面完成“营改增”改革，但这些行业户数众多、业务形态丰富、利益调整复杂，需要合理设计税率、计税方法、抵扣方式等税制要素，妥善安排过渡政策。

2．推进增值税改革

（1）降低税率。21个亚太经合组织成员中有18个国家和地区开征增值税及与其同性质的消费税、货劳税（文莱、中国香港和美国除外）。除我国外的17个成员国和地区的增值税平均标准税率为11.15%，而我国增值税两档税率均高于这一平均税率，显著高于日本（8%）、泰国（10%）、越南（10%）、新加坡（7%）、韩国（10%）和澳大利亚（10%）。可以考虑对现行的税率进行简化，在合并税率基础上降低税率。例如，交通运输业、粮食等民生产品的税率可以考虑统一降到10%以下；实行1档基本税率加2档优惠税率，即1档基本税率降低至13%，2档优惠税率分别为6%和零税率；对特定的区域，甚至可以考虑试行单一增值税率（8%左右）。

（2）降低小规模纳税人征收率。从当前的3%降至1%，以实质性减轻小微企业的税负。对全行业亏损的企业，参照小规模纳税人的征收率，实施增值税优惠税率，减轻企业负担，以此避免大面积企业倒闭潮。

（3）扩大增值税抵扣范围。考虑到鼓励创新型企业发展，除了技术创新所涉及的设备等固定资产抵扣范围外，把技术创新涉及的全部研发支出列入抵扣范围。

3．形成制造业和服务业公平发展的税收制度环境

（1）加大对生产性服务业的税收支持力度。2014年8月，国务院出台的《关于加快发展生产性服务业促进产业结构调整升级的指导意见》明确提出，“研发设计、检验检测认证、节能环保等科技型、创新型生产性服务业企业，可申请认定为高新技术企业，享受15%的企业所得税优惠税率。”在此基础上，

充分借鉴一些发达国家对生产性服务业的税收支持，制定进一步的优惠政策。

（2）适时清理税收优惠政策。以往区域优惠政策往往针对工业、大企业，不利于服务业的发展。国务院已经提出加快清理区域税收优惠政策，但由于经济下行压力加大的原因，2015 年 5 月暂停了税收优惠政策的清理工作。从转型升级的趋势看，应着眼于形成统一市场和促进公平竞争。短期内先做好相关的摸底工作，对暂停后可能带来的影响作出客观评估；一旦经济形势好转，及时重启税收优惠清理，为形成统一市场、促进服务业发展奠定坚实基础。

二、总体形成减负新格局

在需求疲软、实体经济压力加大的形势下，应加大结构性减税和降低税外综合成本力度，减少对实体经济的抽血。强化对创新创业的税收激励，尤其要避免中小企业因税费压力过大而导致的倒闭潮。

1. 加大结构性减税力度

（1）宏观税负偏高、税负结构不合理掣肘实体经济发展。如果用政府总收入[①]占 GDP 的比重来衡量企业宏观税负，2014 年政府总收入为 19.6 万亿元，宏观税负水平为 30.8%。根据世界银行的研究，我国最优宏观税负为 25% 左右，这表明我国至少还有 5 个百分点的减税空间[②]。

（2）重点是减轻小微企业税负。调查显示，微型企业、工商业企业中的小微企业税负，总体上高于其他类型企业的税负。微型企业和小型企业税收负担大约是大型企业的 2.5 ~ 3.6 倍、2.3 倍[③]。可以考虑适度提高小规模纳税人标准，形成小微企业的自动减税机制，如显著提高小微企业增值税、营业税起征点等。

---

① 大口径的政府总收入，除了财政收入外，还包括政府性基金、国有企业经营预算收入等。根据财政部公布数据，2014 年，我国政府基金收入为 5.4 万亿元，国有资本经营预算收入为 0.2 万亿元，加上财政预算收入，政府总收入为 19.6 万亿元。

② 诸建芳 . 中国的宏观税负 [EB/OL]. 证券网，2013-05-20.

③ 许生 . 企业税负现状调查与政策建议 [N]. 学习时报，2013-08-26.

（3）严格禁止征收过头税和过头费。由于经济下行带来财政支出压力，一些地方政府对企业征收过头税和过头费，加重企业负担。从实际出发，要把遏制各种乱收费和坚决不收过头税落实到位，需要改变税收增长硬指标的做法，解除税务部门“指标计划”的压力，实行依法征税。

2. 全面清理不合理收费

（1）大幅削减行政收费。尽管“十二五”期间国家取消了企业年检、绿化费等一批行政性事业收费，但根据财政部公开目录，目前仍有200多项行政事业性收费和政府性基金。为此，需要深化简政放权，进一步削减行政收费。“十三五”前期，对全国性的行政审批前置服务等行政收费项目进行全面清理、整合、削减和取消；到2020年，力争减少1/2以上的行政事业性收费，实质性减少企业承担的行政费用。

（2）实施行政收费清单管理制度。与政府权力清单和责任清单制度相结合，对保留的行政事业性收费、政府性基金和实施政府定价或指导价的经营服务性收费，实行清单管理，清单以外收费一律取消。

（3）提高行政事业性收费的透明度。将由“附加费”形成的政府性基金纳入预算管理；建立行政事业性收费的公众听证制度；行政收费清单实时对外公开，并对收费提供的服务内容进行公示，接受社会监督，提高透明度。

（4）全面清理“红顶中介”。“红顶中介”收费是企业负担过重的重要原因之一。2015年，国务院《关于清理规范国务院部门行政审批中介服务的通知》提出全面清理中介服务。与政府简政放权的改革相配套，尽快在全国范围内清除“红顶中介”，落实“严禁指定中介机构，行业协会商会类中介机构一律与审批部门脱钩”。加快行业协会商会去行政化，实现行业协会商会、市场中介组织与行政机关或挂靠单位在人员、财务资产、职能、办公场所等方面彻底脱钩，并对清理工作进行专项评估和公示。

3．实质性降低企业社保负担

（1）企业社保缴费率偏高。企业社保缴费率偏高不仅削弱了企业的竞争力，而且不利于我国应对经济下行压力。据国家人力资源和社会保障部对世界上 173 个国家社会保险费率统计，目前我国单位和个人缴纳五项社会保险费率之和为 40% 左右，在 173 个国家中位居第 13 位。中改院课题组初步测算表明，2012 年企业实际缴费率为 16.8% 左右，其中企业实际承担费率为 12%①。从精算平衡要求出发，养老保险总缴费率可以在当前实际缴费率的基础上略有提高，达到 20%；生育保险可以直接合并到医疗保险中。

（2）根据小微企业和服务业特点制定多档缴费标准。绝大多数小微企业属于劳动密集型企业，社会保险缴费额在企业成本中所占比重较大。适应小微企业和服务业特点，可以考虑如下调整：一是缴费所参考的社会平均工资要反映全体就业人员收入的实际情况，使其更接近真实的缴费能力；二是增加缴费政策的灵活性。考虑劳动密集型小微企业的实际，制定多档次缴费标准，适当下调缴费率。

（3）提高缴费制度的灵活性。借鉴新加坡经验，在经济下行压力加大的情况下，适当下调甚至缓交企业缴纳的社会保险费率，以有效应对经济形势波动。对于个别企业，当遭遇意外冲击而出现经营困难时，启动临时性社会保险费减免政策，帮助企业渡过难关。

三、优化税收结构

当前，直接税比重偏低制约了经济转型升级。"十三五"，迫切需要加快税制改革，以提高直接税比重为重点调整税收结构，形成有利于经济转型升级的税收体制。

---

① 中改院课题组．建设共享社会——2020'中国社会保障改革重大任务 [R]，2015-12.

1. 直接税比重偏低制约经济转型升级

一般来说，直接税比重高更有利于服务业发展、有利于消费释放、有利于收入差距调节[①]。我国目前有 18 个税种[②]，其中增值税、消费税、营业税、关税、资源税、城市维护建设税和土地增值税 7 个税种为间接税，其他 11 个税种为直接税。在税收收入上，直接税和间接税“四六开”，即直接税约占 40%，间接税约占 60%。根据十八届三中全会关于财税体制改革的总体部署，税制改革的基本方向是推动间接税为主向直接税为主转化，即由主要在生产经营环节征税转向主要在收入、财产、消费等环节征税，以此适应经济转型升级的需要。从国际上看，高收入国家直接税占比平均达到 63.56%[③]。到 2020 年，我国进入高收入国家行列的可能性相当大，目前不到 40% 的直接税比重明显偏低。适应我国经济转型升级的趋势，需要改变直接税比重偏低的格局。

表 7.1：2014 年我国税收总额及结构

税收总额（亿元）		119175.31	占比
间接税	国内增值税	30855.36	
	国内消费税	8907.12	
	进口货物增值税、消费税	14425.3	
	出口货物退增值税、消费税	-11356.5	
	营业税	17781.73	
	资源税	1083.82	
	城市维护建设税	3644.64	
	关税	2843.41	
	土地增值税	3914.68	
	小计	72099.6	60.50%

① 贾康：直接税和间接税比重失衡阻碍经济转型 [N]. 人民日报，2012-10-10.

② 现行 18 个税种包括增值税、消费税、车辆购置税、营业税、关税、企业所得税、个人所得税、土地增值税、房产税、城镇土地使用税、耕地占用税、契税、资源税、车船税、船舶吨税、印花税、城市维护建设税、烟叶税。

③ 刘国艳等 . 从国际比较看我国直接税与间接税比例关系 [J]. 财政研究，2015（4）.

续 表

直接税	企业所得税	24642.19	
	个人所得税	7376.61	
	房产税	1851.64	
	印花税	1540	
	城镇土地使用税	1992.62	
	车船税	541.06	
	船舶吨税	45.23	
	车辆购置税	2885.11	
	耕地占用税	2059.05	
	契税	4000.7	
	烟叶税	141.05	
	其他税收	0.45	
	小计	47075.71	39.50%

数据来源：国家统计局．中国统计年鉴 2015[M]．北京：中国统计出版社，2015.

2．加快个人所得税改革

（1）调整个人所得税改革思路。改革个人所得税，不能再走传统“提高起征点”的老路，可以考虑确立“宽税基、低税率、减税负”的新思路，把减轻纳税人的税负水平作为基本出发点。

（2）实现个税改革的重点突破。

——扩大税基主体。个人所得税应是“有收入即纳税”。应尽快实行综合与分类相结合的个人所得税，考虑家庭赡养等负担，对减去合理免税额后的居民全部收入进行征税。

——降低免征额，甚至取消免征额。这对低收入者是有利的，过去每提高一次定征额，高收入者获得的边际收益要远超过低收入者，反而扩大了收入差距。

——降低税率。现在工资、薪金所得税率是 3% ~ 45% 共七档税率。可以考虑进一步简化税率并降低边际税率。如果采取普遍征收的思路，税率可以考虑设计为 1% ~ 30%。

——实施负所得税制度。对于低保、贫困家庭，在缴纳所得税后，根据当地生活水平予以所得税返还，形成负所得税制度。这样可以加大对低收入者的保障力度。

3．完善财产税体系

（1）改变财产税收入比重过低的格局。我国当前的财产税都属于地方税，主要包括房产税、城镇土地使用税、土地增值税、契税和车船税等小税种。2014 年，四个税种收入之和仅为总税收的 3.72%，其中房产税占比仅为 1.56%[①]，财产税在调节收入分配中的作用远没有发挥出来。这就要求加快完善财产税体系，优化财产税结构。

（2）适时推出新房产税。目前，我国城镇家庭户均拥有住房已接近 1.1 套。根据 2013 年中国家庭金融调查的数据，我国城镇家庭自有住房拥有率为 87%。根据 2015 年抽样调查，城镇居民家庭住房自有率为 91.2%。近两成城乡居民家庭拥有两套以上住房[②]。我国居民房产持有情况与财产税的征收情况不相适应。过去几年，我国在重庆、上海进行了房产税试点，但一直未能落地和实际运行。"十三五"，应尽快推出新房产税，并且作为地方主体税种之一。一是全国普遍征收；二是扣除人均基本住房面积；三是作为地方主体税种之一；四是整合现有税种，合并城镇土地使用税、耕地占用税等。

（3）合并重复的财产税税种。有研究指出，契税与印花税存在重复课税问题[③]。在当前去库存压力加大的情况下，把契税与印花税合并征收，能够起到一定的作用。以 2014 年为例，全年契税约为 4000 亿元，印花税为 1540 亿元，全国商品房销售面积为 12.1 亿平方米。初步测算表明，如果把印花税合并

---

① 根据 2015 年中国统计年鉴，由中改院课题组测算得到。

② 社会蓝皮书 . 近 2 成城乡居民家庭拥有两套以上住房 [EB/OL]. 中国新闻网，2015–12–24.

③ 刘植才 . 我国财产税制存在的缺陷及其改革构想 [J]. 现代财经，2006（01）.

到契税中征收，商品房成本每平方米可以减少 127 元；如果把契税合并到印花税中，则每平方米可以减少 330 元成本。

第三节 "十三五"：总体实现基本公共服务均等化

"十三五"，提升财政体制的公共性，重点体现在总体实现基本公共服务均等化，尤其是在基础养老金全国统筹、大病保险、全面脱贫等方面的均等化实现重大突破。

一、实现职工基础养老金全国统筹

实现社会保障制度统一的重点和难点在于加快实现基础养老金全国统筹。"十三五"，要以基础养老金全国统筹为重点，实现养老保险制度统一的重大突破，啃下结构性改革的"硬骨头"。

1. 加快实现基础养老金全国统筹

（1）尽快形成中央、省级"双统筹"的基本格局。十八届五中全会明确提出，"实现职工基础养老金全国统筹"。参考各方意见，可以考虑按照"制度统一、管理统一、技术统一"的标准，尽快形成中央、省级"双统筹"的基本格局，既发挥中央兜底作用，又兼顾各地发展差异。建议具体做法是：各省级政府将本省养老保险统筹基金按一定比例上缴中央财政，并与中央财政共同出资构成中央层面的统筹基金，由中央财政在各省间调剂使用。在操作中，企业缴费的一部分直接划入全国统筹基金（比例 10%），余下的部分划入省级统筹基金。由中央政府支付国家基础养老金，由地方支付地方基础养老金。中央政府和地方政府分别确保两类基础养老金的支付和待遇调整。

（2）统一全国统筹基金的结付水平。社保全国统筹部分，无论个人职业、区域等，均享受无差别的待遇。这一水平由中央统一制定，不考虑省际差异，也不受省级统筹影响。

（3）实现省级实质统筹。省级政府上缴中央统筹基金后剩余的基金，建立省级统筹基金，兼顾地方经济发展水平、人口结构，进行有差别的给付。

2. 以健全统账结合制度为重点做大个人账户

（1）明确名义账户改革的基本方向。目前，完善个人账户的思路有两个：一是继续做实做大个人账户；二是采取名义账户制。从过去几年情况看，在资本市场不完善的情况下，个人空账规模不断扩大，地方政府也缺乏做实个人账户的积极性。借鉴国际经验，我国完善个人账户的改革方向在于尽快向名义账户制转型。名义账户不改变现有制度框架，只改变个人账户的管理办法，实行名义积累。个人缴纳的费用均在个人账户中采取名义记账的记录，并按一定利率计算收益。个人账户没有实际资金在内，劳动者退休时个人账户自动转为退休账户，以预期余年为标准向退休者发放养老金。

（2）做大个人账户。目前统账结合制度存在的最大问题是激励不足，重要原因在于“大统筹、小账户”，改革的基本方向是走向“小统筹、大账户”，以提高制度的激励性。如果保持养老保险总缴费率不变的情况下，可以采取“个人账户 16%，统筹账户 12%”的方案。

（3）明确账户的个人产权属性。个人账户应属个人所有，统筹账户与个人账户严格分开管理。个人账户不仅记载缴费情况，而且记载缴费的收益情况。个人账户持有者可以随时查看本人账户，掌握和了解其缴费指数化的情况，计算“名义资产”状况以决定退休的时间。在名义账户制下，记账收益率要与一定的指数挂钩，不能跑输 CPI，也不能与全国社保基金收益率相差太大。

3. 尽快实现养老保险无障碍转移接续

（1）解决农民工社保转移接续的问题。目前我国有约 2.7 亿农民工，其中 1.6 亿人在城乡间流动，6000 多万人跨省流动。但当前社保制度的统筹层次偏低、转移接续机制还不健全，导致农民工社保转移接续困难。2011 年全国开具基本养老保险参保缴费凭证以转移接续的人中，成功转移的人仅占 20%[①]。随着居住证制度的全面落地，“十三五”我国有条件解决农民工社会保障问题，尤其是社会保障的转移接续问题，实现“让农民工成为历史”。

（2）建立推进社保无障碍转移的机构。目前的社保经办机构属地管理，不利于全国社保关系的转移接续。可以考虑组建全国性的社会保险结算中心，负责全国流动人口养老保险基金的管理、收支与结算。借鉴国际经验，应尽快整合隶属于政府各社会保障主管部门的社会保障（险）经办机构，成立统一的、独立于政府现有行政部门之外的社会保障事务经办机构。

二、全面实施城乡居民大病保险制度

十八届五中全会明确提出，“全面实施城乡居民大病保险制度”。这是我国在建立基本医疗保险体系后，加快推进城乡基本公共服务均等化的又一项重大任务。“十三五”，全面实施城乡居民大病保险制度，健全制度、完善体系，为实现全覆盖奠定重要基础。

1. 实现大病保险制度全覆盖

（1）基本医疗保险保障水平较低。2003 年 SARS 危机后，我国加大了对基本医疗服务的投入，加强了基本医疗保险体系的建设。但总体看，我国基本医疗保险的保障水平还较低，仍以保基本为主。基本医保制度的三个目录[②]有较大的限制，某些病种医疗费用报销比例还比较小，一旦居民患上大病，基本医疗保险远不能抵消巨额花费，给家庭带来巨大经济压力。

（2）提高城乡居民大病保险覆盖率。在实现城乡居民基本医疗保险全覆盖

① 王品芝．民调显示四成受访者遇过社保转移接续问题 [N]. 中国青年报，2015-01-12.

② “三个目录”即《基本医疗保险药品目录》《基本医疗保险服务设施目录》《基本医疗保险诊疗项目目录》。

之后，城乡居民医疗保险体系建设的重点是全面实施大病保险制度。截至2014年年底，我国大病保险覆盖7亿左右城乡居民，约为城乡居民基本医疗保险参保总人数的70%。2016年年初，国务院出台了《关于整合城乡居民医疗保险制度的意见》，为实现城乡居民大病保险全覆盖奠定了重要基础。但要实现大病保险城乡居民全覆盖的目标，还有30%约3亿人口城乡居民（不包括城镇职工）需要被纳入，仍需要下大力气解决。

（3）探索建立城镇职工大病保险制度。在制度设计上，可以考虑把职工基本医疗保险的个人账户"一分为二"，一部分用于购买大病保险，另一部分用于购买长期护理保险。这既可以盘活和调动大量沉睡的医疗保险资源，又可以发挥共济作用。

2．提高大病保险的统筹层次

由于我国不同地区的人口结构、疾病谱、就医习惯差异较大、现有医疗资源分布不均衡，各项医保制度缺乏有效衔接和整合。在此背景下，医疗保险统筹层次过低扩大了医疗资源分布的区域和城乡差距。目前，城镇职工基本医疗保险和城镇居民基本医疗保险大多是市级统筹，而新农合大多以区、县级统筹为主。从可持续出发，大病保险到2020年要争取实现省级统筹。

3．尽可能不对退休人员征收基本医保费用

在当前的公共政策讨论中，实行职工退休人员医保的缴费参保政策关注较多。主张退休人员缴费的一个重要理由是基本医保的可持续性面临挑战。截至2014年，我国已有185个统筹地区的城镇职工医保资金出现收不抵支[①]。然而，面临经济下行的压力，社会政策更要发挥"托底"作用，贸然对退休人员征收医保费用，很有可能带来负面影响。建议这一政策的出台要慎重。

---

① 朱恒鹏．为什么退休职工医保缴费要重启[EB/OL]. 中国经济网，2016-01-07.

4．建立健全医保控费制度

大病医保可持续的关键在于尽快建立相互制约、相互平衡的医保控费机制。在现行体制下，医保经办机构、医疗服务机构（医院）和参保人之间有一定的相互制约，但约束力并不强，尤其是医保经办机构很难对医院和患者的医疗费用进行有效控制。为此，需要加快建立健全医保控费制度：一是主要由商业保险机构监督医疗服务机构的费用支出；二是医保经办机构监督商业保险机构，并与之合作；三是商业保险机构向参保人支付大病保险补偿金。

从操作层面看，医疗保险经办机构将医疗费用审查职能转移给商业保险机构，只负责对商业保险机构发现的问题进行复核处理，这大大缓解了医保经办机构监管力量薄弱的压力，既降低了行政成本，又提升了行政效率。

三、推动全面脱贫

全面脱贫是“十三五”全面建成小康社会的重大任务。落实中央扶贫开发工作会议“五个一批”的部署，实现精准扶贫、精准脱贫，需要充分发挥公共财政的引导、保障作用。

1．全面脱贫是实现共享发展的重大任务

经过近38年的改革开放，我国成功使7亿多农村贫困人口脱贫，成为世界上减贫人口最多的国家，也是全球率先完成联合国千年发展目标的国家，为全面建成小康社会打下了坚实基础[①]。按2010年的贫困标准，“十二五”我国贫困人口减少了9000余万，贫困率从17.2%下降到7.2%。尽管脱贫取得历史性进展，但脱贫形势依然严峻。2014年，全国农村贫困人口为7017万人，其中河南、湖南、广西、四川、贵州、云南6个省份的贫困人口都超过500万人；全国不仅有14个连片特困地区，除京津沪3个直辖市外，其余28个省级行政区

① 习近平．2020年贫困地区迈入全面小康[EB/OL]．新华网，2015-11-28.

都存在相当数量的生活在贫困线以下的群众[①]。全面解决7017万人的贫困问题，成为我国全面建成小康社会的“攻坚战”。

表7.2：我国贫困人口及贫困发生率

年份	2010年标准	
	贫困人口（万人）	贫困发生率（%）
2010	16567	17.2
2011	12238	12.7
2012	9899	10.2
2013	8249	8.5
2014	7017	7.2

数据来源：国家统计局．中国统计年鉴2015[M]．北京：中国统计出版社，2015.

2．加大贫困人口基本保障的财政投入

全面解决农村贫困问题，重点是不愁吃、不愁穿，保障其义务教育、基本医疗和住房，即“两不愁、三保障”；对1800万城镇低保人口，要通过完善各项保障制度来保障其基本生活；对1.3亿65周岁以上老人，要增加其养老服务供给、医疗服务便利化程度；对2.7亿在城镇务工的农民工，要让他们逐步享受到务工地的基本公共服务；对900多万城镇登记失业人口，要让他们有一项专业技能，实现稳定就业和稳定收入。这就要求各级财政优先保障政府兜底的领域，包括义务教育、基本医疗、养老保险、住房、低保、社会救济等。

3．整合财政扶贫投入体系

当前，大多数政府部门都有相应的扶贫资金，不同部门资金性质不同，资金管理办法不同，部门间资金整合难度大，形成了“各自扶贫，各撒胡椒面”的格局，效果并不理想。比如，有的省份设立了扶贫贷款贴息，但由于扶贫办本身缺乏基层工作系统，又没有与普惠金融机构有效合作，扶贫贷款贴息使用

① “中国式扶贫”面临历史大考[EB/OL]. 新华网，2015-06-22.

率较低。这就要求形成统筹机制，把分散在各部门的扶贫资金整合起来，提高财政支出效率。

四、发挥国有资本在促进共享发展中的战略作用

从我国经济转型升级和社会发展的趋势看，国有企业与国有资本的作用远未发挥出来，尤其在提升财政公共性方面，还有相当大的作为空间。

1. 提升国有资本的公共性

（1）明确国有资本的公益性目标。作为全社会共同的财富，国有企业要以促进全民福祉为目标。不同类型的国有企业促进全民福祉的途径不同：对于商业类国有企业，关键是要逐步提高其收益用于公共财政的比重。商业类国有企业在实现国有资产保值增值的基础上，逐步提高国有资本收益补充社会保障的比重和用于公共财政的比重，成为共享发展的坚实基础。对于公益类国有企业，应以保障民生、服务社会、提供公共产品和服务为主要目标，加大社会投资力度，更有效地为社会提供公共服务。

（2）提高国有资本收益上缴公共财政的比例。当前，我国国有资本收益上缴公共财政平均比例为12%～13%，而国际上国有企业平均分红率在30%～50%[①]。按照十八届三中全会提出的，"完善国有资本预算制度，提高国有资本收益上缴公共财政比例，2020年提高到30%"的要求，需要明确各个领域国有资本收租分红的约束性指标并严格落实。

表7.3：部分国家国有企业和国家持股基金的分红政策

国家	公司	行业	分红政策	国有股份红利获益人
捷克	CEZ	电力	要求留存5%的利润直到储备资金达到注册资本的20%。2003年分红为净收入的45%。	国家财产基金

① 汪同三、马庆钰解读十八届三中全会决定[EB/OL]. 人民网，2013-11-15.

续 表

国家	公司	行业	分红政策	国有股份红利获益人
法国	France Telecom	电信	在2000年、2003年和2004年获得盈利的年份里，以每股为基础，红利为利润收入的16% ~ 43%。法国电信在2002年遭受巨大损失，因此没有分红。未来的分红政策将取决于法国电信的“赢利能力、财务状况和董事会认为重要的其他事项”。法国电信“希望其分配政策能够更接近欧洲其他电信公司的水平”。	一般性预算和国家养老基金
德国	Deutsche Telekom	电信	2004年的每股红利为每股盈利的56%。由于2001-2002年度亏损，德国电信没有分红。董事会提出了一个分红政策建议，有待股东大会的批准。红利支付只应来自资产负债表上的可分配利润，也就是说，根据事前收入、损失或转移、支出留存收益作过调整。未来的分红政策取决于盈利、财务状况、现金需求以及税收、监管和法律等因素。	经济部
挪威	Statoil	石油	公司力图在考虑商业周期的情况下，将几年内的平均分红率保持在净利润的45% ~ 50%。为了保证财务的灵活性，红利政策可根据现金流、资金需求和投资计划等因素变化。	财政部
新加坡	PSA	港口	2003年红利相当于税前经营现金收入的61%。	淡马锡基金
瑞典	SJ	铁路	股本/资产比率达到50%的目标后，红利至少为净利润的三分之一。为了形成有效的资本结构，将支付特别红利。	财政部
瑞典	Vattenfall	电力	长期保持稳定的分红政策，通常为净利润的三分之一。	财政部

数据来源：高路易（Louis Kuijs），高伟彦（William Mako），张春霖．国有企业分红：分多少？分给谁？[EB/OL]，2005-10-17.

（3）尽快明确国有资本收租分红的约束性指标。到2020年，确保国有企业利润中10%用于社会保障支出。具体来看，可以考虑将烟草类国有企业收益上缴比例由目前的25%提高到2020年的40%；将资源类、垄断行业国有企业收益上缴比例由目前的20%提高到2020年的40%；将一般竞争类国有企业收益上缴比例由目前的15%提高到2020年的30%。

2. 加大国有资本对公共产品供给的保障作用

目前，国有资本收益用于民生等社会保障支出的比例严重偏低。以国有资本补充社保基金为例，2014年，国有股减转持收入补充社保基金为82.83亿元，仅占国有企业经营利润的0.33%。从央企的情况看，2014年，中央国有资本经营预算支出1419.12亿元。其中，调入公共财政预算用于社保等民生支出184亿元，国有股减持收入补充社保基金支出21.58亿元，占国有资本经营预算支出比重分别仅为13%和1.5%[①]，其余1200多亿元的经营收益通过不同途径又回流到央企。突出公共性，需要加大公共领域的国有资本配置规模。一是设立国有资本运营公司，推动国有资本战略布局调整。国有资本从房地产、酒店等一般竞争性领域退出，从自然垄断行业、城市公用事业的可竞争环节退出。二是与2020年实现基本公共服务均等化目标相适应，加大公共服务类国企投资。

3. 划转部分国有资本充实社会保障基金

当前，一些地方政府开始探索将地方国有资本划转充实社保基金。例如，山东省将山东能源集团、山东机场公司、山东盐业集团3家省管国企30%的国有资本划转充实社保基金[②]。根据中金公司测算，如果把国有企业股权每5年划拨10%给社保基金，至2030年划拨至40%后保持不变，那么分红收益折现后相当于2014年GDP的25.2%（相当于16万亿元）[③]，基本可以抵消转型成本。建议从国家层面加强国有资本划转充实社保基金的顶层设计，争取"十三五"划转3万亿元国有股到社保基金。需要尽快形成国有资本划拨社会保障基金的制

① 财政部.2014年中央国有资本经营预算收支情况[EB/OL].财政部网，2015-02-05.

② 山东省正式划转国资充实社保基金 首批划转33亿元[EB/OL].新华网，2015-05-18.

③ 国有资本划拨社保正制定细则 万亿国资划社保[N].华夏时报，2015-11-19.

度安排，实现划拨的机制化和规范化。第一，提高国有股划拨社保基金的比例，规定国有资产在首次发行股票时，考虑将划拨给社保基金的比例由目前10%提高到30%左右。第二，部分竞争性领域国有资本直接划归社保基金，并将国家控股比例过高的央企（包括金融企业）一部分股份（超过51%的部分）划拨社保基金。第三，借鉴发达国家的经验，考虑将国有资本上缴利润按不低于20%的比例划归社保基金。

专栏7.1

2020年有条件划转3万亿元国有股到社保基金

《2014年A股市值年度报告》数据显示，截至2014年年末，中国资本市场2592家上市公司A股市值总规模首次突破35万亿元，达到37.11万亿元。在各种所有制的市值表现中，国有企业表现分外夺目。2014年，央企上市公司市值达到151643.60亿元；同期，地方国有企业的市值总量达到99714.30亿元。按此计算，2014年我国国有企业在A股总市值规模达到25.14万亿元，占A股总市值的67.7%。

根据现行会计核算制度，划拨给社保基金的国有股均按市值记账。按照央企绝对控股公司的国有股东享有的净资产情况，如果到2020年划转3万亿元资产到社保基金，则划转股本占目前国有企业市值的12%左右，这样"十三五"年划转净资产占原国有股东持有净资产的比例平均只有2.4%左右。而目前，我国国有上市公司年均资产增值率都在10%左右。因此，到2020年划转3万亿元国有股到社保基金是完全有条件做到的。

资料来源：中改院课题组整理。

第四节　"十三五"：以共享发展为导向理顺中央地方财税关系

"十三五"，明显提升财政公共性，保障基本公共服务均等化总体实现，需要以共享发展为导向加快理顺中央和地方的财税关系。

一、按照共享发展的要求划分各级政府事权

“十三五”，加快政府职能转变，改变地方政府投资拉动增长的格局，关键在于形成以共享发展为导向的中央地方财税关系。

1. 中央地方事权划分不合理

（1）中央地方事权划分“上下一般粗”。即除了货币政策、对外事务、国防建设属于中央事权外，其他事权各级政府都有相应的职责。也就是说，地方政府拥有的事权几乎全是中央政府事权的延伸或细化，不可避免地导致中央地方权力不清、责任不明、效率低下。

（2）部分事权错位严重。一方面，地方承担了应由中央负责的事务，不仅造成权责脱节、地方动力不足，而且导致机构重叠、效率不高、职能异化、秩序紊乱。一方面，学前教育、农村改水改厕、村容村貌、社会管理等区域性的事项，本应由地方政府管理，但中央部委却介入太多，承担了大量微观职能。

（3）执行中“走形变样”。比如宏观调控、统一市场等职能，由中央统一行使，但在地方层面往往被“选择性执行”，对地方有利的就予以贯彻，对地方不利的就予以回避，影响了宏观调控效果。这些做法还被一些地方冠以“地方锦标赛”的名义加以总结和推广。

2. 明确中央政府事权

（1）适度加强中央事权。将国防、外交、国家安全等关系全国政令统一、促进区域协调发展等重大事务集中到中央，以提高服务水平和效率。具体来看，涉及国家主权、促进经济总量平衡和区域协调发展、保障要素自由流动、维护生态环境安全等领域的事务，需要完整地集中到中央，减少委托事权，确保政令统一、市场统一。

（2）强化中央政府宏观管理职责和能力。尽快推进宏观管理目标制定和政策手段运用机制化，增强宏观调控前瞻性、科学性、针对性、协同性，强化宏

观调控措施的权威性和有效性。

3．明确地方政府事权

（1）合理赋予地方事权。将区域性公共服务明确为地方事权；将具有地域管理信息优势但对其他区域影响较大的公共产品和服务明确为中央与地方共同事权。

（2）用好地方立法权。根据地方具体情况和实际需要用好地方立法权，统筹区域内经济社会发展，促进基本公共服务均等化。强化基层政府执行事权。市（县）政府直接面向基层提供公共服务，需要强化执行职责，减少经济发展职能。

（3）调动地方政府履行公共服务职责的积极性。十八届三中全会指出，"完善发展成果考核评价体系，纠正单纯以经济增长速度评定政绩的偏向。"从现实情况看，需要加快出台地方政府政绩评价体系，对省、市（县）、乡（镇）提出不同的考核办法。此外，在强调改革顶层设计的同时，也要看到基层创新的重要作用。充分发挥省级政府主动性，因地制宜，加强区域管理和统筹协调。鼓励各地从实际出发进行探索，及时总结经验，把基层改革创新中探索解决方法提升总结、复制推广，从而推动全国范围内的制度创新。

专栏 7.2

建立事权和支出责任相适应的制度

适度加强中央事权和支出责任，国防、外交、国家安全、关系全国统一市场规则和管理等作为中央事权；部分社会保障、跨区域重大项目建设维护等作为中央和地方共同事权，逐步理顺事权关系；区域性公共服务作为地方事权。中央和地方按照事权划分相应承担和分担支出责任。中央可通过安排转移支付将部分事权支出责任委托地方承担。对于跨区域且对其他地区影响较大的公共服务，中央通过转移支付承担一部分地方事权支出责任。

保持现有中央和地方财力格局总体稳定，结合税制改革，考虑税种属性，进一步理顺中央和地方收入划分。

资料来源：中共中央关于全面深化改革若干重大问题的决定 [EB/OL]. 新华网，2013-11-15.

二、加快形成稳定的地方主体税源

保障地方政府履行公共服务职能，需要加快地方财政能力建设，形成与事权、支出责任相匹配的稳定财力。

1．形成地方稳定的主体税源极为紧迫

（1）经济下行带来财政增收放缓的压力。我国财政收入开始由高速增长转为中低速增长。财政部数据显示，2014 年，全国一般公共财政收入 140350 亿元，较上年增加 11140 亿元，增速下滑至 8.6%，自 1991 年以来首次跌入个位的增长。

（2）“营改增”后地方主体税种缺位。“营改增”改革在 2016 年全面完成后，地方财力将不可避免地受到严重影响。在经济下行压力加大的背景下，一些省份的财政支付缺口已不断加大，形成稳定的地方主体税源更为迫切。

（3）土地财政难以持续。受房地产市场不景气的影响，2014 年，全国政府性基金收入增速快速下滑，2015 年 1–10 月呈现负增长状态。2014 年全国政府性基金收入 54093 亿元，同比增长 3.49%，增速较前一年下降 35.76 个百分点[①]。

（4）地方刚性支出压力不断加大。公共服务、社会管理等支出责任具有一定的刚性，难以压缩。尤其是在经济下行压力下，包括失业保险、养老保险在内的社会保障支出反而要增加。

2．优化中央地方财力配置

（1）重新划分中央地方财权。2016 年年初，中央调整印花税，将证券交易印花税由现行按中央 97%、地方 3% 比例分享全部调整为中央收入，这开启了理顺中央和地方税收收入的工作。下一步，要对一些重大税种进行调整，包括国内增值税、消费税、企业所得税等。

（2）依据公共服务事权合理划分中央和地方主体税种。考虑税种的属性和功能，将收入波动较大、具有较强再分配作用、税基分布不均衡、税基流动性

① 2014 年全国政府性基金收入增加 3.5%[EB/OL]. 中国政府网，2015–02–01.

较大的税种，划为中央税或中央分成比例多一些；将地方掌握信息比较充分、对本地资源配置影响较大、税基相对稳定的税种，划为地方税或地方分成比例多一些。收入划分调整后，地方财力缺口由中央财政通过转移支付解决[①]。

3．以消费税为重点构建地方税体系

（1）把消费税作为地方主体税种。把消费税作为地方政府的主体税种，可以抑制地方政府投资冲动，把更多的注意力放在改善消费环境等方面，也倒逼地方政府尽快转变为服务型政府。消费税具有税源集中，征收简便的特性。此外，随着经济发展和居民收入的不断增加，消费税课税范围有不断扩大的趋势，能为地方带来持续且不断增长的税收。

（2）“十三五”加快消费税改革步伐。第一，调整征收环节。从生产环节改为零售环节，从价内税改为价外税，实现消费税的价税分离。第二，调整征收范围。消费税首先应以扩围为主，成为一个普遍性的征税行为。第三，调整消费税税率。实行差别税率。对于奢侈品、高污染品等消费品，实行高税率甚至惩罚性税率。第四，把消费税作为地方主体税种，或作为中央地方共享、但以地方为主的税种。

（3）积极培育房产税、资源税等地方税种。我国房产税仍在试点阶段，税收规模较小，但从税基看其作为地方主体税种的潜力巨大。我国欠发达地区的消费税、房产税的税源较小，但这些地区能源资源蕴藏丰富，把资源税作为这些地区的主体税种具有现实意义。“十三五”应加快房产税、资源税等改革，使之逐步成为地方政府的重要的主体税种。

4．明显提高一般性转移支付比重

（1）以一般性转移支付保障基本公共服务财力支出。这几年，我国一般性转移支付比重逐步加大。2013 年对地方政府的一般性转型支付比重达到 57.1%，2014

① 潘盛洲．深化财税体制改革 [N]. 经济日报，2015-11-13.

年达到58.2%[①]。预计2016年左右就可以达到60%的目标。"十三五"，应进一步提高一般性转移支付占比的目标，争取到2020年一般性转移支付占比不低于75%。

（2）完善省以下一般性转移支付制度。一是进一步调整优化省级财政支出结构，大力压缩专项转移支付规模和种类，提高一般性转移支付比重。可以考虑省级一般性转移支付占省级财政转移支付支出的比重也提高到60%以上。二是省级新增财力和通过清理专项转移支付形成的可用财力，重点用于加大均衡性转移支付力度，加大扶贫攻坚力度。三是由市（县）政府负责的教育、医疗、社保、住房、农林水、公共安全等公共服务事项，由过去的专项转移支付，逐步纳入到一般性转移支付范围。

三、基本形成规范化、制度化的地方融资渠道

从防范地方债的财政风险出发，短期内需要加大地方债置换，中长期需要加快规范化、制度化的地方融资体制建设，特别是打开地方债与资本市场的通道。在"十三五"期间基本形成规范化、制度化的地方融资渠道。

1. 地方债风险仍然突出

近年来，我国地方政府性债务快速增长。截至2013年6月底，我国政府性债务余额约30.3万亿元，其中地方政府性债务总计17.9万亿元。相比于2010年年底，省、市、县地方三级政府性债务增加近7万亿元，年化复合增长率为21.7%[②]。2015年5月以来，地方政府债券紧密发行，债务规模不断增长。从实际情况看，由于财政收入增速下降甚至绝对额下降，地方政府面临比较大的偿债压力，由地方债引发的地方财政风险不容忽视。

2. 短期内加大债务置换

2015年，经国务院批准，财政部向地方下达置换债券额度3.2万亿元，主

① 增加一般性转移支付比例 加大地方自主性[EB/OL]. 中国广播网，2015-02-02.

② 国家审计署 . 全国政府性债务审计结果[R]. 国家审计署办公厅，2013-12-30.

要用于偿还当年到期的地方政府债务本金。被置换的存量债务成本从平均10%左右降至3.5%左右，不仅为地方每年节省利息2000亿元，而且为地方腾出资金支持重点项目建设创造了条件。预计2016年新增和置换地方债规模将达到6万亿元。但从风险防范出发，地方债风险不能完全依靠于债务置换来化解，需要加快形成规范的地方债制度安排。

3. 加快形成规范的地方债制度安排

（1）把地方债纳入全口径预算管理范畴。依法建立以政府债券为主体的地方政府举债融资机制；对地方政府债务实行限额控制，分类纳入预算管理，并严格限定赤字规模、举债程序和资金用途。

（2）建立政府综合财务报告制度。完善地方政府考核问责机制和信用评级制度；尽快编制地方政府资产负债表，摸清各级政府的家底，并向全社会和投资者加以公开，以便使投资者准确把握各级各地政府的偿债能力。

（3）加大对地方政府发债行为的监督和约束。加强人大的作用，地方债发行必须经过人大的审查批准；地方建立专门的债务管理机构，统一管理本级各部门所有政府性债务，对下级政府的政府性债务进行监督，同时不断加强社会监督。

（4）积极探索地方债资产证券化。这不仅能盘活地方债存量，而且可以大大促进直接融资发展。

——加快债券市场发展。目前我国债券市场的深度和广度不足，还有相当大的改进空间；资产证券化基础资产选择过于谨慎，范围相对偏小；信息披露、风险管理和投资者教育等基础市场制度仍需进一步完善等。

——完善资产证券化风险防控法律和配套机制建设。尽快制定《资产证券化法》，就资产证券化过程各环节涉及的法律问题作出规定，规范资产证券化操作，为资产证券化的大规模开展提供法律保障。

——依托地方国有资产等，设立偿债准备金和偿债基金，使地方政府在发债时就能够做好偿债准备。

Breakthroughs
in Transformation

第八章

绿色革命

以着力解决雾霾为重点的环境治理转型

雾霾频发表面上看是环境治理的问题，本质是经济发展方式转变的问题。“十三五”，推进绿色革命，要以着力解决雾霾为重点实现环境、产业和经济治理的转型。这是一场深刻的生产方式和生活方式革命。

2016年1月18日，习近平总书记在省部级主要领导干部学习贯彻十八届五中全会精神专题研讨班开班式上强调，“生态环境没有替代品，用之不觉，失之难存。”作为发展中大国，我国经济保持了30多年的快速增长，但资源、环境与生态保护面临严峻挑战，成为日益突出的社会问题。在大气、水、土壤等污染问题中，雾霾所引发的空气质量问题成为全社会感受最直接、反映最强烈的突出问题。面对雾霾频发，实现绿色发展、绿色生活，成为全社会的共同愿望与目标追求。表面上看，雾霾是环境治理问题，本质上则是经济发展方式转变的问题。“十三五”，遏制住雾霾肆虐势头，既需要实质性推进环境、产业和经济治理的转型，也迫切需要推动环境治理体系和治理能力现代化。

第一节 “十三五”：雾霾——经济转型的严峻挑战

伴随工业化、城镇化进程的深入推进，我国经济转型面临的生态环境压力日益凸显。以治理雾霾为突出表现的大气重污染，不仅是“十三五”我国环境治理面临的重大挑战，也成为经济转型成败的重要标志之一。

一、雾霾凸显转变经济发展方式的紧迫性

“十三五”，经济社会发展面临的资源与环境约束进一步增强。雾霾频发不仅给我国环境治理敲响了警钟，也凸显了转变经济发展方式的紧迫性。治理雾霾既有利于民生建设，也有利于减少经济损失，更关系到经济转型的成败。

1. 治理雾霾是最大的“民生工程”之一

（1）雾霾波及范围广，影响面大。2013 年以来，持续大规模雾霾污染涉及我国 17 个省、市、自治区近四分之一的国土面积，直接影响人口约 6 亿。2013–2015 年，虽然我国全年 PM2.5 平均浓度由 90 微克 / 立方米下降到 81 微克 / 立方米，但仍远高于世界卫生组织提出的 10 微克 / 立方米年均浓度限值。74 个城市空气质量总体超标天数比例为 68.4%，重度和严重污染的比例达到 30.2%，其中 PM2.5 超标尤其严重，平均超标率为 68.9%。2015 年北京有 49% 的天数空气质量不达标，其中重度污染天数占比 13%[①]。“全民防霾”迫在眉睫。

专栏 8.1

雾霾及其危害

雾霾是指雾和霾，雾是由大量悬浮在近地面空气中的微小水滴或冰晶组成的气溶胶系统，霾是指空气中的灰尘、硫酸、硝酸、有机碳氢化合物等能使大气浑浊的粒子。雾霾是指漂浮大气中的微粒、粉尘、气溶胶等粒子，在一定的湿度、温度等天气相对稳定状态下产生的天气现象。

雾霾主要成分是由二氧化硫、氮氧化物以及可吸入颗粒物组成，通常监测的细微颗粒物（PM2.5），即空气动力学当量直径小于等于 2.5 微米的污染物颗粒，本身既是一种污染物，又是重金属、多环芳烃等有毒物质的载体。雾霾来源主要是汽车尾气、供暖所产生的废气、工业排放的废气、建筑工地和道路交通产生的扬尘、家庭装修中产生的粉尘等。

据中国疾病预防控制中心检测，雾霾中含有 20 多种对人体有害的细颗粒和有毒物质，

① 北京 2015 年空气达标天数过半 46 天重度污染 [EB/OL]. 国际在线，2016–01–04.

包括酸、碱、盐、胺以及尘埃等。人长时间处于雾霾中，会引起气管炎、喉炎、肺炎、哮喘、鼻炎、眼结膜炎及过敏性疾病的发生。

资料来源：中改院课题组整理。

（2）雾霾严重威胁城乡居民身体健康。雾霾被称为民众健康的“隐形杀手”。雾霾中混杂的有害物质会对健康产生直接危害，包括对人体呼吸系统、心血管系统以及神经系统等带来损害。雾霾对人体健康的影响涉及全年龄段人群，容易诱发慢性支气管炎、皮肤过敏等人体潜在的并发症，对于易感人群如老人、儿童及孕妇等的健康影响尤为突出。

（3）治理雾霾关乎老百姓民生福祉。治理雾霾已成为民生关注的焦点。例如，华北地区的老百姓一早醒来，首先不是关心 GDP 是多少，而是关心当天是否为雾霾天气。雾霾牵涉人的基本生存环境，成为直接影响人们身体健康和生活质量的头等大事。正如十八届五中全会提出的，“绿色是永续发展的必要条件和人民对美好生活追求的重要体现”，治理雾霾成为维护人民群众身体健康的重大民生工程。

2．雾霾带来的经济损失难以估量

（1）雾霾肆虐带来直接经济损失和公众健康损失。有研究数据显示，2013 年北京市 PM2.5 重污染造成的健康损失约为 17.4 亿元（见图 8.1）。据北京大学一项研究报告显示，全国交通和健康的直接经济损失保守估计约 230 亿元，民航航班延误直接经济损失为 2.7 亿元，高速封路导致的收费损失近 1.88 亿元，雾霾事件导致的急 / 门诊疾病成本达 226 亿元，并且增大了政府的医疗保险压力[①]。

（2）雾霾带来的总体经济损失巨大。2013 年 1 月 14 日，由亚洲开发银行与清华大学发布的研究报告称，世界上污染最严重的 10 个城市有 7 个在中国，全国 500 个城市中，空气质量达到世界卫生组织推荐标准的不足 5 个。因空气

① 叶檀．霾里的中国 [EB/OL].FT 中文网，2015-12-14.

污染每年所造成的损失，基于疾病成本估算相当于 GDP 的 1.2%[①]。以 GDP 50 万亿元人民币计，1.2% 的损失在 6000 亿元人民币左右。

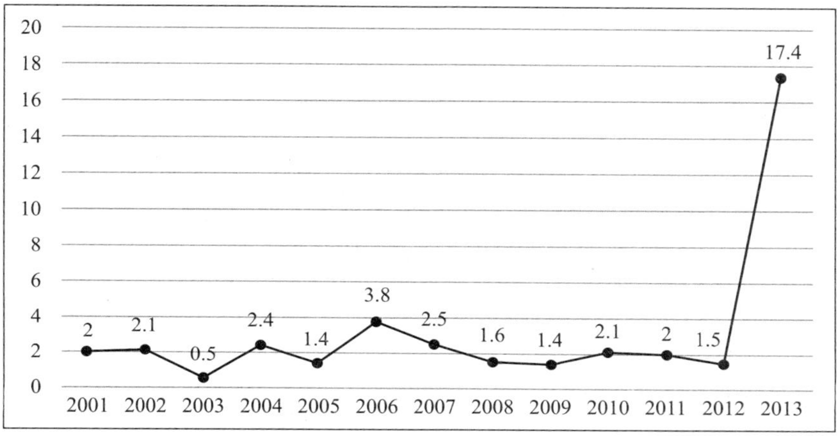

图 8.1：2001–2013 年北京市 PM2.5 重污染的健康损失评估（单位：亿元）

数据来源：慕泉，张世秋．中国 2001-2013 年 PM2.5 总污染的历史变化与健康影响的经济损失评估 [J]. 北京大学学报（自然科学版），2015(4).

3．治理雾霾关系经济转型成败

（1）传统发展方式背负严重“生态赤字”。过去 10 多年，我国 GDP 规模翻了两番以上，但面临的环境代价愈发突出。工业化过程日益增长的资源能源需求，造成了愈发明显的“生态赤字”，直观反映就是生态污染日益突出[②]。数据显示，2013 年北京 PM2.5 的污染源中，机动车排放污染占 22%，煤炭污染占 16.7%，工业喷涂污染占 16.3%，城市扬尘污染占 16%[③]，大气污染治理积重难返。

（2）雾霾频发拷问传统经济增长方式。经过 30 多年的快速发展，我国传统的

① 亚洲开发银行等 . 迈向环境可持续的未来：中华人民共和国国家环境分析报告 [R].2013.

② 世界自然基金会 . 中国生态足迹报告 [R].2010.

③ 王奉安 . 人无远虑，必有近忧 [J]. 环境保护与循环经济，2013(01).

高投资、高出口、高增长经济增长方式正面临日益严峻的资源环境约束。特别是雾霾造成的环境污染，与长期以来形成的粗放式经济增长方式密切相关。“十三五”，若雾霾治理没有大的成效，将直接降低民众对经济增长方式转变的信心。

（3）环境支出日益成为居民消费的刚性支出。“十三五”，随着城乡居民消费由物质型消费向服务型消费转变，医疗、健康等服务型消费的比重大幅提升。消费结构升级使得居民对空气等生态环境质量的要求明显提高，更愿意为生活环境质量改善进行支出。据 2015 年一项由天津大学组织的调查问卷显示，当前民众参与大气治理的意愿愈发强烈，62.3% 的被调查者可以接受因环境治理费用而增加年消费生活成本 3% 以上，8.9% 的被调查者愿意向环保基金会捐款[①]。

二、治霾的根本之策是经济转型

雾霾的产生本质上是粗放型的经济增长方式和产业结构性矛盾多年累积的结果。“十三五”，要从根本上治理雾霾，核心是推动经济转型升级，重点要从能源消费结构、产业转型升级等方面破题。

1．雾霾产生的根源是粗放式经济增长方式

（1）能源消费与利用方式亟待转型

——我国能源消费量巨大。2010 年我国能源消费量首次超过美国，成为世界第一大能源消费国。2010–2014 年我国能源消费年均增长 5%。2014 年我国能源消费总量为 42.6 亿吨标准煤，占全球能源消费总量的 23%[②]。从区域消费来看，长三角、珠三角、京津冀三地区域面积仅占我国国土总面积的 8% 左右，但在能源消费比重方面，煤炭占全国的 42%，汽柴油占 52%，二氧化硫、氮氧化物和烟尘的排放量均占全国的 30%，三个区域单位平方公里的污染物排放量

---

① 天津大学 . 建设美丽中国——留住 APEC 蓝社会实践调研报告 [R].2015.

② 国家统计局 . 中国统计年鉴 2015[M]. 北京：中国统计出版社，2015.

是其他地区的 5 倍以上[①]。可见，我国区域雾霾天气与本地能源消费规模和粗放型工业发展方式高度正相关。

——传统化石能源的消费比重依然过高。从能源消费结构来看，2009–2014 年，我国煤炭消费总量占比有所下降，但在一次能源消费中仍占到 70% 左右的份额。我国近 80% 的发电厂仍然以燃煤火力发电为主，天然气消费占比不到 6%，太阳能、风能等可再生能源消费占比仅为 1.8% 和 2%[②]。统计数据显示，除北京、天津外，华北地区煤炭在能源消费结构中占比近 90%，远超全国平均水平。京津冀地区每年燃煤消耗量为 4 亿吨，占全国的 1/10；京津冀加上山东的煤炭消耗量更是高达 10 亿吨，占全国的 1/4[③]。

——能源利用效率有待提升。2006–2012 年，我国每千克石油当量可产生的 GDP 由 4.3 美元增加至 5.1 美元，表明我国能源利用水平的提高。但横向对比看，我国与日本、德国、美国等发达国家的差距依然明显，单位能源产出效率不足德国的 1/2，也低于巴西、印度等发展中国家（见图 8.2）。

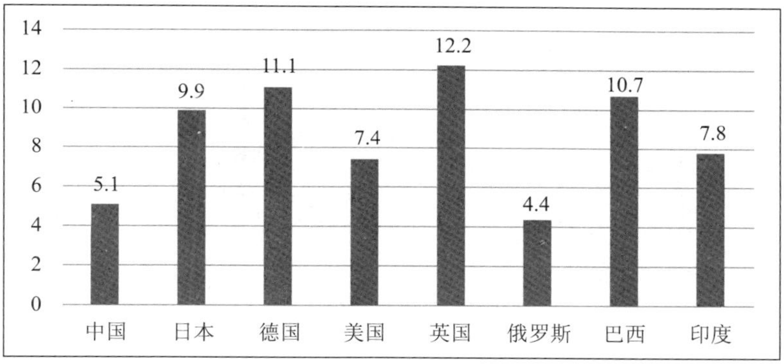

图 8.2：2012 年中国与部分国家单位 GDP 能源消耗对比
（2011 年不变价购买力平价美元 / 千克石油当量）（单位：美元）

数据来源：世界银行数据网站。

---

① 梁昊光 . 中国区域经济发展报告 (2013–2014)[M]. 北京：社会科学文献出版社，2014.

② 国家统计局能源统计司 .2009–2014 年中国能源统计年鉴 [M]. 北京：中国统计出版社，2015.

③ 杨艺华 . 为何京津冀污染严重：重化工业比重高燃煤消耗大 [EB/OL]. 新华网，2016-01-11.

（2）传统工业发展模式亟待转型。

——工业结构不合理。从工业内部结构来看，重化工业比重过高是导致雾霾频发的重要因素。长期以来，我国重化工业主要以“高投入、高耗能、高污染”为主，在生产过程中排放大量工业废气、烟尘与粉尘等。据统计，1999-2012年，我国轻工业产值比重由41.9%下降到28%，重化工业则由58.1%上升到72%，高于1978年15个百分点（见图8.3）。以重化工业为主的工业结构对我国能源消耗和环境保护带来巨大压力。

——产业结构调整成效不明显。尽管政府一直推进产业结构调整，重视提高消费在GDP中的比重，但实际上过去多年来投资占比却持续上升，高耗能、高污染的重化工业占GDP的比重仍呈上升趋势（见图8.3），而重化工业的单位产出能耗和由此带来的空气污染是服务业的9倍。例如，过去10年来，京津冀地区能源重化工业的比重大幅度提高，几乎占到整个工业部门产值的半壁江山。2013年京津冀地区能源重化工产业的产值总计4.4万亿元，占全国的11.8%；其中煤炭、钢铁、电力产值在全国的占比分别达12%、23%和13%[①]。

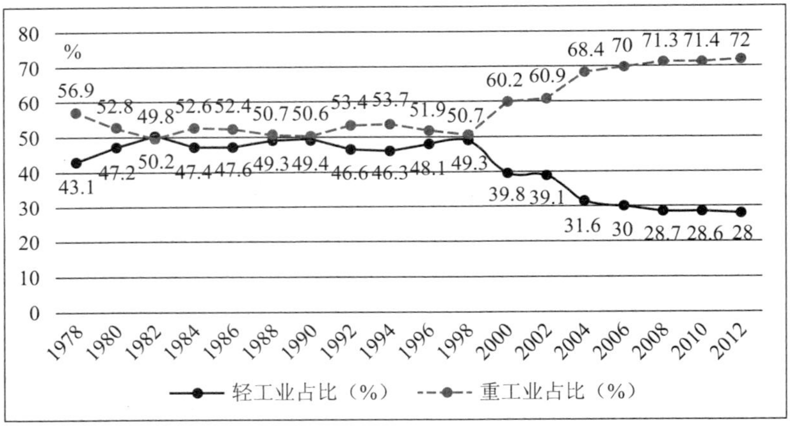

图8.3：1978-2012年我国轻、重工业比重（单位：%）

数据来源：国家统计局工业统计司．2013年中国工业经济统计年鉴[M]．北京：中国统计出版社，2013.

① 京津冀鲁煤耗高达10亿吨[N].人民日报，2016-01-12.

2. 治理雾霾重在转变经济增长方式

（1）传统环境治理方式需要改变。我国近年来环境治理投入巨大。据统计，2005-2013年，我国环境污染治理投资总额由2388亿元增加至9037.2亿元，占GDP比重由1.3%增加至1.6%；工业废气治理设施运行费用由267.1亿元增加至1497.8亿元，年均增加24%，投入保持较高增长趋势[①]。统计数据显示，2013年我国平均霾日数36天，比2012年偏多18天，较常年偏多27天，为1961年以来最多。其中，江苏、安徽、浙江、河南、河北、北京、天津等地部分地区，霾日数超过100天，处于高发态势[②]。

（2）产业转型升级是根本出路。治理雾霾，首当其冲是要减少导致雾霾产生的污染物排放。

——加快降低工业生产能耗与污染物排放。工业是资源消耗、污染物排放重点领域，工业排放的烟粉尘、二氧化硫、氮氧化物分别占全国排放总量的90%、70%、85%[③]。例如，京津冀地区二氧化硫、氮氧化物等主要大气污染物排放总量已超过环境容量的一倍以上。而单位工业增加值能耗每降低1个百分点，大气污染物排放可降低约2.3个百分点，对减小污染物排放作用明显[④]。

——引导产业转型升级。大力发展现代服务业特别是生产性服务业，通过降低第二产业的经济比重，提高第三产业的经济贡献率，从而在保持经济增速和经济总量不出现明显下滑的前提下，转变经济发展方式，加大节能减排力度。例如，以计算机、电子与通信设备制造业为代表的信息技术产业，成长速度快、全要素生产率高，能源和排放强度也较低，是产业升级的重点方向。数据显示，该行业每万元工业增加值仅消耗0.18吨标准煤和排放0.05吨二氧化碳，远低于

---

① 环境保护部.2005-2013年全国环境统计公报[R].2015.

② 林晖.2013年雾天与霾天“此消彼长”[N].新华每日电讯，2014-01-15.

③ 张峰.霾从哪里来[EB/OL].人民网，2016-01-09.

④ 中国社会科学院.2014中国可持续发展报告——重塑生态环境治理体系[M].北京：科学出版社，2015.

全国工业平均水平的5.6吨标准煤和21吨二氧化碳[①]。

三、治理雾霾牵动影响经济社会发展全局

雾霾问题已不是单纯的环境问题，而是复杂的经济社会问题。从这个意义上说，治理雾霾牵动影响经济社会发展全局。既关系我国生态文明建设进程，也关系提高政府公信力和履行国际责任担当等一系列重大问题。

1. 治理雾霾是建设生态文明的重中之重

我国能否实现从传统工业文明向生态文明的转型发展，绕不开解决雾霾这一关。多年来，我国在推进工业化进程中积累了一系列深层次的矛盾和问题。其中，粗放型发展方式不但使我国能源、资源不堪重负，而且造成大范围雾霾、水体、土壤污染等严重环境问题，成为生态文明建设的最大瓶颈。

2. 治理雾霾是提高政府公信力的重大挑战

良好的生态环境是最重要的公共产品，是最普惠的民生福祉。公平享受良好生态环境是人们的一项基本权益。总体来看，我国生态环境状况远远不能满足人民群众对“天更蓝、山更绿、水更清、环境更宜居”的热切期盼，生态产品已成为全社会最短缺的公共产品。特别是雾霾问题的大面积爆发，涉及范围广、影响程度深，解决不好大气污染等环境问题，不但会严重影响经济的可持续发展和老百姓的身体健康，还可能会影响政府的公信力。

3. 治理雾霾是大国的国际责任担当

伴随着全球化进程和我国对外开放的深入，环境问题的“外溢效应”愈发明显。近年来，我国自主自愿采取减排措施并加大实施力度，在全球气候治理当中的贡献和担当有目共睹。与此同时，我国雾霾问题不仅引起国内民众的忧

---

① 中国电子信息产业发展研究院．两化融合促进节能减排课题研究报告[R].2012.

虑，也日益受到周边国家和国际社会的普遍关注。我国作为拥有 13 亿人口的大国，推进现代化进程只能追求绿色增长，这也是我国作为经济大国在解决全球生态环境问题上所肩负的国际责任。到 2020 年，我国单位 GDP 二氧化碳排放量比 2005 年下降 40% ~ 45%, 这是对全世界作出的郑重承诺，以治理雾霾为重点的大气污染治理将牵动影响我国内外发展大局。

第二节　以治理雾霾推动形成绿色发展方式

习近平总书记强调，要“像保护眼睛一样保护生态环境，像对待生命一样对待生态环境，推动形成绿色发展方式和生活方式”①。伴随我国工业化、城镇化的快速推进，环境压力日益加大，生态环境作为经济发展的前置性、约束性因素更显重要。“十三五”，以治理雾霾为突破口，加快推进经济转型，基本形成绿色发展方式和生活方式，这既是一场深刻的生产方式和生活方式变革，又是一场深刻的制度革命。

一、以治理雾霾倒逼产业结构转型升级

“十三五”，我国经济要向形态更高级、分工更优化、结构更合理的阶段演进，必须走资源节约和环境保护之路。坚持绿色富国、绿色惠民，为人民提供更多优质生态产品，推动形成绿色发展方式和生活方式。

1. 以治理雾霾催生产业变革新机遇

（1）防霾培育消费新商机。例如，2011–2015 年，我国空气净化器产业保

---

① 习近平在省部级主要领导干部学习贯彻十八届五中全会精神专题研讨班开班式上发表重要讲话 [EB/OL]. 中国政府网，2016–01–18.

持30%的高速增长，2015年包括空气净化器在内的我国室内环保产业产值已高达800亿元[①]。此外，治理雾霾也带动了相关产业发展，例如，"十三五"，我国投入大气污染治理的费用高达上万亿元，制造业及化工领域的废气和扬尘都将纳入有序管理，由此将催生、带动多个产值高达百亿元的产业群。

（2）带动传统产业转型发展。例如，作为雾霾的重要诱因，汽车尾气的控制已成当务之急。由此，新能源车行业迎来快速发展机遇。数据显示，2012年我国新能源车销量1.3万辆，2014年达7.5万辆，2015年达33万辆[②]，呈较快增长态势。

2. 以治理雾霾倒逼环境治理机制的完善

（1）治理雾霾助推落后产能的淘汰。落后产能是环境污染的重要根源。特别是一些资源加工型小企业的生产工艺、生产设备、生产技术和管理方式较为落后，长期达不到污染减排要求，对生态环境构成很大威胁。以治理雾霾为重点，通过环境治理倒逼机制加快淘汰落后产能，可以为先进产能和新兴产业腾出发展空间。

（2）推动改造提升传统产业。改造提升传统产业是调整优化产业结构的重点。治理雾霾重在以环境倒逼机制推动资源型传统产业提质增效，推动企业加大技术改造力度，推广清洁生产，发展循环经济，提高资源综合利用和精深加工水平，实现产业高端化、集群化、规模化发展。

（3）推动战略性新兴产业培育和发展。当前，以低碳技术、新一代信息技术为核心的新一轮产业革命方兴未艾，世界各个国家和地区纷纷抢占新兴产业竞争制高点。以治理雾霾为契机推动战略新兴产业发展，不仅可以带来很好的经济效益，而且生态环境效益明显，是产业转型升级的重要方向。

---

① 易观智库.2015中国智能空气净化器专题研究报告[R].2015.

② 中国汽车技术研究中心等编著.2015中国新能源汽车产业发展报告蓝皮书[M].北京：社会科学文献出版社，2015.

二、以治理雾霾推动能源利用转型

由于资源禀赋和生产方式等因素，我国能源利用结构不合理，煤炭在我国一次能源消费比重过高，燃煤污染成为我国大气污染的重要来源。为此，推动能源利用转型已成为治理雾霾的重要选择。

1. 改善不合理的能源利用结构

（1）煤炭占我国一次能源消费比重过高。2014 年，煤炭占我国一次能源消费份额为 66%，仅次于南非（70.6%），是世界平均水平（30%）的 2 倍多[①]；而作为“清洁能源”的天然气占比非常低，份额仅为 5.6%，属于全球最低的国家之一，而世界平均水平为 23.7%, 以能源结构调整解决大气污染问题的迫切性显著提升。预计我国煤炭消费量有可能在 2019 年左右达到峰值，成为能源转型的重要阶段[②]。

（2）能源消费多元化是治理雾霾的重要途径。2013 年 9 月，国务院颁布的《大气污染防治行动计划》提出，到 2017 年，煤炭占能源消费总量比重降低到 65% 以下，京津冀、长三角、珠三角等区域力争实现煤炭消费总量负增长等，为扭转煤炭消费主导的局面打下基础[③]。从中长期来看，可再生能源、分散式生产、储存间歇式能源、基于能源互联网的智能分配，以及零排放的交通方式将成为未来能源革命的五大特征，技术创新推动全球能源格局将从“化石能源”到“多元化能源”时代，为从根本上治理雾霾创造了技术条件。

2. 能源利用向低碳化转型升级

（1）低碳化是能源利用结构调整的长期方向。摆脱对传统石化能源的依赖成为绿色转型、绿色增长的大趋势。

---

① 朱彤 . 对当前我国能源转型的理论思考 [N]. 光明日报，2015-12-24.

② 国家统计局能源统计司 .2010–2014 年中国能源统计年鉴 [M]. 北京：中国统计出版社，2015.

③ 梁昊光 . 中国区域经济发展报告 (2013–2014)[M]. 北京：社会科学文献出版社，2014.

——化石能源的低碳化。天然气将是化石能源中需求增速最高的品种，预计未来5年需求增速在15%左右[①]。

——非化石能源发展渐成主流。核电、风电、光伏依次为全球非化石能源三大主力。

（2）我国碳减排压力进一步增强。据统计，2014年，我国二氧化碳排放量为97.6亿吨，居全球第一。2000–2014年，二氧化碳排放年均增长7.6%[②]。2014年11月《中美气候变化联合声明》中，中国承诺到2030年碳排放达到峰值。尽管2009–2014年排放年均增速为4%，呈下降趋势，但时间约束进一步增强。

3. 能源利用效率和节能水平亟待提升

（1）我国能源效率总体偏低。我国能源利用效率约为36.3%，比发达国家低约10%，产品消耗与国际先进水平差距较大。例如，我国单位GDP能耗是世界平均水平的2.5倍，美国的3.3倍，也高于巴西、墨西哥等发展中国家。

（2）提升能效水平重在体制机制变革。一方面，要合理控制能源消费总量，推动能源设计和利用方式变革，大力发展分布式能源、推动煤炭生产和利用方式变革等，从消费端看，要加快智能电网、新能源汽车、分布式能源、储能技术等推动能源利用方式的变革和能源效率的提升。另一方面，要从根本上解决我国能源利用效率不高的问题，仅从能源行业自身入手是远远不够的，关键是从我国的国情出发，实现能源开发利用体制机制的变革，从而保障能源安全和供应。

三、以治理雾霾推进低碳经济发展

随着全球气候变暖问题日益严重，减少碳排放已成为全球共识，推进低碳

① 中国能源网研究中心．中国油气行业变革背景下天然气发展前景研究[R].2015.

② 王伟光，郑国光．气候变化绿皮书：应对气候变化报告(2015)[M].北京：社会科学文献出版社，2015.

经济发展，既成为实现产业向中高端水平迈进的必由之路，也成为我国环境治理攻坚、实现可持续发展的必然选择。

1. 我国实现碳减排目标挑战巨大

目前全球碳排放总量庞大，根据《全球碳计划2013研究报告》，2013年全球碳排放量进一步增加，达到创纪录的360亿吨。2011年我国碳排放量已居世界首位，占比达28%，且2012年二氧化碳排放增长率高达5.9%。中国政府在2009年12月的哥本哈根气候大会上承诺：到2020年中国单位国内生产总值二氧化碳排放量要在2005年基础上下降40% ~ 45%。从近年来环境恶化的情况看，实现这一目标面临巨大挑战。

2. 产业结构不合理加重我国碳减排压力

2015年，我国国民生产总值为676708亿元，其中第一产业60863亿元，第二产业274278亿元，第三产业341567亿元，分别占比9.0%、40.5%、50.5%，第二产业在三次产业贡献率中占比依然较高，工业部门的重化结构和生产技术水平落后加重了我国碳减排压力。

3. 加快推进低碳经济发展

（1）尽快制定低碳经济发展战略。从我国建设资源节约型、环境友好型社会和节能减排的工作需求出发，结合国家的“发展规划”、“能源规划”、“循环经济规划”和“节能减排规划”等，加快制定我国低碳经济发展战略和低碳经济统计评价指标体系。

（2）加快低碳产业发展。我国经济增长长期以来靠钢铁、煤炭、电力、化工、水泥等传统支柱产业拉动。加快发展现代服务业特别是生产性服务业和生活性服务业，有利于改善和优化传统的经济增长结构；通过积极推进高技术产业的发展，不断降低单位GDP碳排放的强度，实现低碳发展。

（3）推进低碳技术创新。加大低碳技术研发，大力开发可再生能源、碳储存等低碳技术和低碳产品；加快核电、水电等清洁能源开发和利用；持续提高森林、湿地等自然生态系统的碳汇功能；推进国际间低碳技术交流与合作。

（4）加强对低碳经济资金支持。通过财政补贴等多种方式，对生产企业环境治理产生的费用进行合理补偿，引导和鼓励企业开展环境保护，为低碳产业发展提供资金支持。建立健全金融支持体系，加大力度支持低碳行业和企业的融资需求，通过财政奖励企业进行低碳技术改造，鼓励社会资本进入低碳行业。

（5）建立健全发展低碳经济的法规体系。通过制定法律法规，限制高碳排放产业及不符合环保标准的产品进入市场；尽快建立和完善全国性的碳排放交易市场，确定区域性温室气体排放限额。

（6）加强低碳经济基地建设。在电力、冶金、石化等能耗高、污染重的行业先行开展低碳建设试点，积极打造“低碳经济发展区”、“低碳工业园区”，积极扩大低碳城市试点。

四、以治理雾霾推动城市发展转型

“十三五”是我国城市化快速发展的重要时期。治理雾霾不仅对我国城市传统发展路径带来新挑战，也对城市发展转型提出了新要求。

1. 城市大气污染物高强度排放诱发雾霾肆虐

我国主要城市的发展大多数以工业特别是重化工业为导向，由此带来的工业污染物排放是造成雾霾的重要原因之一。我国城市能源供应体系中，燃煤发电和燃烧供暖占比达43.4%，尤其是北方城市的供暖和发电，70%以上使用煤炭火力发电，带来大气污染物排放不可避免（见图8.4）。我国城市汽车保有量不断增加，2014年国内汽车保有量已将近1.4亿辆，主要集中在大中城市，汽车尾气已成为造成PM2.5指数推升的另一重要原因①。

① 戴彦德，薛进军，赵忠秀等.中国低碳经济发展报告(2014)[M].北京：社会科学文献出版社，2015.

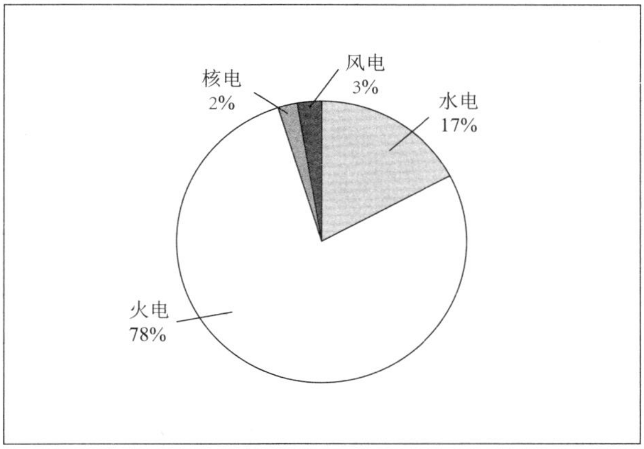

图 8.4：2014 年我国电力结构

数据来源：国家统计局．中国统计年鉴 2015［M］．北京：中国统计出版社，2015.

2．治理雾霾要加快城市产业结构调整

推动我国城市由现有的重化工业为主的经济结构逐步向使用新型能源、能耗低的战略新兴产业和服务业为主转型。我国城市发展过度依赖工业，挤压了服务型经济发展的空间，而现代服务业是世界公认的绿色产业。2015 年我国城市化率为 56.1%，其中工业城市占比过高，而发达国家城市化率普遍在 70% 以上，工业城市仅在 20% 左右[①]。因此，加快我国城市产业结构调整具有很大空间。

3．改善城市能源消费结构势在必行

我国城市能源供给大多依靠煤炭（见图 8.5）。要有效根治空气环境问题，必须对煤炭使用量严格控制，同时提升煤炭利用效率和清洁化水平，为治理雾霾创造良好基础；针对城市交通能源消费，要提倡大力发展轨道交通和公共交通，严格控制小汽车增长，尽量减少新增排放源。

① 陈琳，郝帅．雾霾背后中国城市发展模式之辩 [N]. 第一财经日报，2013-12-27.

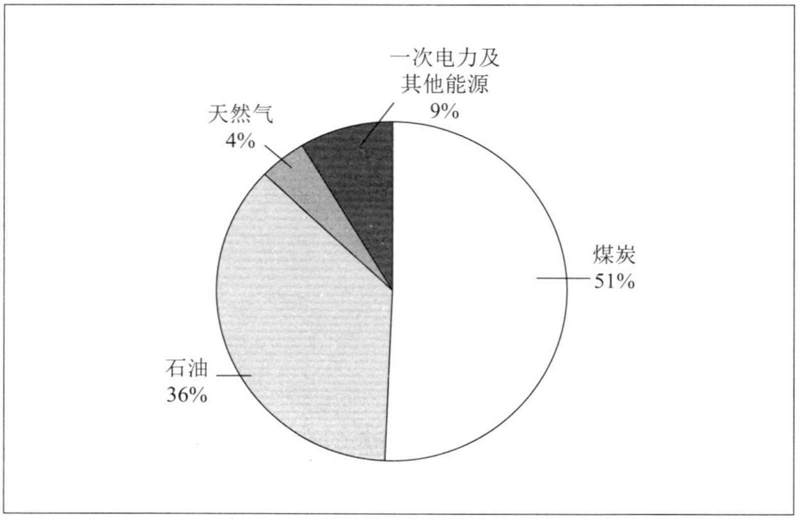

图 8.5：2014 年我国能源消费结构

数据来源：国家统计局．中国统计年鉴 2015[M]．北京：中国统计出版社，2015.

4．建设海绵城市缓解雾霾问题

水循环系统是连接大气、地表和地下的一个有机整体。长期大量开采地下水，不仅是引发地面沉降、海水倒灌和地下水污染的因素之一，也是导致雾霾难以消散的重要因素。例如，华北地区"晴天靠风吹，无风霾自来"现象，反映的是地区自循环功能的减弱，雾霾难以通过水循环系统稀释，当区域大气环流减弱时，再次成为重复叠加的恶性循环。2015 年中央城市工作会议提出，"建设海绵城市"；2015 年 10 月，国务院办公厅印发的《关于推进海绵城市建设的指导意见》提出，统筹发挥自然生态功能和人工干预功能，有效控制雨水径流，实现自然积存、自然渗透、自然净化的城市发展方式。"十三五"，建设海绵城市，要通过推进城市河流、湖泊、湿地等综合水系生态工程建设，加强城市通水系统建设，提升综合治理雾霾的能力。

第三节 治霾亟须改革环境治理体制机制

治理雾霾不能“头痛医头脚痛医脚”。“十三五”，下大力气解决雾霾造成的“心肺之患”，核心任务之一是拨开环境治理制度的“雾霾”，突破制约我国环保治理的体制机制障碍，为美丽中国建设提供制度保障。

一、治霾重在体制机制上突破创新

当前，地方环保行政管理实践中的权责不匹配、监管重叠与监管缺位等问题较为突出。治理雾霾重在优化改革旧有的“碎片化”管理模式，建立健全区域协作与损益分担机制方面取得突破。

1. 治理雾霾的体制性矛盾

雾霾治理“碎片化”问题突出，部门协调不充分。雾霾成因复杂，工业企业排污、燃煤、城市扬尘、机动车尾气等都是造成大气污染的主要来源。而不同的污染由不同的管理部门负责，导致管理职能交叉等问题突出，雾霾治理过程的“碎片化”现象显著。以工业污染治理为例，在工业及相关企业、产品的产业准入、进出口政策等方面，主要是由发改委、工信部、商务部等部门负责推进淘汰落后产能，环保部主要承担配合的职能，在实际淘汰落后产能、减少污染方面协调性不够，使得某些产业政策与污染减排关联不够紧密。

2. 区域协作与损益分担机制不健全

（1）治理雾霾要破除各自为政的体制障碍。按照我国现行管理体制，地方政府对当地环境质量负责，采取的措施以改善当地环境质量为目标，以当地污染源为控制重点。但由于我国城镇化进程不断加快，城市规模不断扩张，区域内各城市大气污染高度关联。在这种形势下，原本各自为政的大气污染控制管理方式已不能适应大气污染防治的现实要求。

（2）区域联防联控机制及损益补偿机制尚未建立。2010 年环保部等九部委提出“必须尽早采取区域联防联控措施”，但迄今尚未建立有效的区域联防联控机制及损益补偿机制。由于地区发展不平衡，利益补偿机制不健全，区域联防联控往往陷入困境。以京津冀地区为例，河北省整体发展水平落后于北京、天津，在环保部公布的 2014 年京津冀钢铁企业大气污染治理名单中，北京的数量为 0，天津仅有 17 家，而河北却有 379 家①。河北省要对本地大气环境质量负责，需要投入更大财力物力。因此，亟待加强中央与地方间、不同行政区划间的有效协调，完善相关损益补偿机制，形成环境治理的利益共同体。

3．雾霾监测数据可靠性难以保障

由于我国雾霾监测职能分散在气象、国土资源、环境保护、交通运输、民航等诸多部门和单位，各单位建设了各种类型的气象台站或自动气象监测设施网络；且由于各部门关注问题不同、监测点位分布、数量不同而导致监测数据不一致，信息发布不统一等问题，在一定程度上影响了部门权威性及应急处置的统一性。

4．执法体制仍不健全完善

在一些经济欠发达地区，环保部门因人、财、物受制于地方政府，迫于这些压力，环保部门执法不独立或执法随意性强等问题仍然存在。由于雾霾治理过程中的责任不清，导致环保部门常常成为问责对象。例如，某些环境问题是由于其他部门监管不到位引发，但环保部门却要代其被问责。又如，在当前“GDP 至上”的理念下，地方政府在招商引资方面常常降低准入要求，环保部门的依法履职被视为干扰地方招商引资，很难得到地方政府大力支持。

---

① 环境保护部.2014 年京津冀钢铁企业大气污染治理名单 [EB/OL]. 环境保护部网，2014-07-31.

二、治霾需要推进环保“大部制”改革

雾霾现象只是我国生态环境恶化的缩影，水污染、土壤污染等问题日益恶化，迫切需要建立以综合生态系统管理为职能的“大环保部”，改变多头管理、分散治理的局面。

1. 加快建立统一的环保机构，明确机构职能

（1）在中央层面，组建大环保部。考虑将分散在各部委的环境检测和监管的权力集中在环境保护部，建立自上而下统一的大环境保护与监管体制，为环境保护部统一行使环境保护职权、实施大环保战略创造条件：一是成立环境资源部，把环保部、国土部、水利部、建设部等部委中相关涉及环保业务的部门合并在一起，成立一个大部门；二是维持环保部和资源部并存的局面，环保部的主要职能是污染治理，新成立的资源部，将土地、矿产、水等资源放在一起管理；三是成立大的环保部和大的农业部，或是将水土保持、防沙治沙、森林保护等生态方面管理职能囊括进现有的环保部，或是将农业、林业、水等资源的管理权力划归农业部管理。总的来看，无论采取哪种方式，都要从生态系统的完整性出发，按照所有者和管理者分开、开发与保护分离的原则，把当前分散在 10 多个部门的污染防治、生态保护、自然资源管理等职能集中到少数几个或一个部门。

表 8.1：部分国家“大环保部”机构设置与职能列举

国家	机构名称	具体职能与机构设置
意大利	环境、领土与海洋部	负责保护国土、海洋、河流、湿地、山林等环境资源，拟订环保政策、规划，起草相应的法律法规草案，制定部门规章，组织各类环保标准、规范的制定并监督执行。
俄罗斯	自然资源和生态部	负责制定相应的国家政策和规范性文件以及落实。下设联邦自然利用监督局、联邦生态、技术和原子能监督局、水利署、水资源署、水文气象和环境监测局。
法国	生态、能源、可持续发展和海洋部	在组织构架上合并了住宅、城市规划、交通、能源、生物多样性、水资源、科研等多个部门职责，内设有防治环境污染与风险管理司、自然与风景管理司、温室效应部际委员会。

续 表

国家	机构名称	具体职能与机构设置
印度	环境与林业部	主要负责污染控制、环境教育与研究、林业保护、动物福利、自然资源保护等多个方面，促进采取认知、保护和恢复环境的原则和战略，可持续使用自然资源，在制定和执行公共政策中贯彻可持续发展等。
美国	国家环境保护署	制定和执行依照法律制定的环境法规，促进环保意识的加强。主要由以下部门组成：空气和辐射办、环境信息办、环境司法办、环境巡查办，污染、杀虫剂和有毒物质办、固体废弃物和应急反应办、水办等。
加拿大	环境部	保护和提高自然环境品质，执行由国际联合委员会制定的规定，协调加拿大政府关于保护并提高自然环境的政策与方案，其下辖有数个组织，加拿大气象局、执法分部、环境管理处和科技处等部门进行个别任务。
巴西	环境部	促进认知、保护和恢复环境的战略的采取，自然资源的可持续使用，贯彻制定和执行政策时的可持续发展。
德国	联邦环境、自然保育及核能安全部	职能涉及气候保护、环境与能源、可再生能源、国际合作；核能设施安全、辐射防护、核燃料循环；水资源管理、废弃物管理、土壤保护；环境健康、注入控制、装置安全与运输、化学安全；自然保育及自然资源永续使用等。每项环境保护方面都有一个局长负责。
英国	环境、食品和农村事务部	由原来的房屋与地方行政部、交通部、公共建筑部合成，统一协调城乡规划、交通运输、污染防治与环境保护等工作。
韩国	环境部	始于 1967 年成立的保健社会部，主要职责中包括努力为国民提供安全卫生的水与洁净空气。其下属机构中包括水环境政策局、企划调整室、资源循环局等部门。

资料来源：谭波．论环保"大部制"的构建及其法治反思——决策与执行的二元视角[J]．生态经济，2015（1）．

（2）尝试在地方政府之间推进环保大部制改革。例如，长沙、株洲、湘潭 3 市共饮一江水、同处一条酸雨带，需要把长株潭作为一个完整的环境单元进行整治。建立统一的区域环境治理指挥部，全面负责调度所辖区域环境治理，在地方政府部门内部可将涉及环境治理流程的所有职能部门进行整合，成立统一协调委员会，负责环境资金划拨、预算、用途等决策。

2. 实现从中央到地方的垂直环境监管治理体系

加大对环保监管的投资，资金由中央财政直接拨付，避免地方环保部门开支受限于地方财政；加强对有关部门和地方政府执行国家环境法律法规和政策的监督，特别是纠正地方政府对环境保护的不当干预行为，全权由“大环保部”负责是我国环境保护工作发展的方向。

三、治霾不以 GDP 增长论英雄

十八届三中全会提出，建立合理的政府绩效考核指标体系，加大生态环境治理权重，将有效遏制目前地方政府唯 GDP 增长的恶性竞争，遏制以牺牲环境、牺牲公平为代价的“黑色 GDP”增长。

1. 制定合理的政府绩效考核指标体系

（1）完善政府绩效考核指标体系。十八届三中全会指出，“完善发展成果考核评价体系，纠正单纯以经济增长速度评定政绩的偏向，加大资源消耗、环境损害、生态效益、产能过剩、安全生产等指标的权重，更加重视社会保障、人民健康状况。”但长期以来形成的以 GDP 增长为中心的官员考核指标体系依然对政府行为产生较大影响，有些地方甚至为了扩大 GDP 总量，不计对环境的消耗和损害。为实现长期可持续的发展，必须改变以 GDP 增长为中心的官员考核指标体系，制定反映经济发展质量的政府绩效考核指标体系。

（2）加快建立绿色 GDP 评价标准。加快摒除以 GDP 决定治理效率和绩效的传统考核方法，把 GDP、大气保护、经济发展等考核指标相结合，完善评价、考核官员政绩的方法，建立绿色 GDP 和公正合理的国民经济核算体系，客观、全面地统计和评价一个地区或部门的治理效率和发展成就。

2. 建立生态绩效管理体系

（1）健全和完善与环境质量挂钩的目标考核制度。高度重视生态治理投资比重和效果、居民环保知识宣传和普及、居民对周边环境满意度等方面的要素，将扣除生态资源消耗成本与生态治理成本后的经济增长作为经济发展的衡量标准，同时也要求将生态保护的相关指标补充进入现有的政府绩效管理体系中。

（2）将政府生态治理绩效管理纳入法治化的轨道。克服部分主政领导的短视行为和短期行为，将各级政府部门的生态绩效管理与当地经济发展、生态环境相结合，以立法的形式确定下来，使得生态治理能够具有持续性和稳定性。

（3）落实和执行绿色政府绩效考核体系。在提拔任用干部的考核和考察中，上级主管部门应当将生态环境保护和管理的指标纳入干部考核、考察的内容，引导各级政府管理人员改变思想，树立重视环境保护与生态文明、重视人类长远利益与强调人与自然之间和谐发展的绿色政绩观。

3. 将治理雾霾成效纳入政府生态绩效管理

鉴于治理雾霾是一个复杂系统工程，在评估地方政府官员雾霾治理成效时需要综合考量，要将雾霾治理成效纳入政府生态绩效管理，综合施策评价。例如，用于雾霾治理的资金预算数额、有效整顿汽车尾气排放、关闭治理本地污染企业的数量等，要在设计考核指标体系中占有相应的权重。

四、加强治理雾霾的政策引导

环境政策是实施环境治理的重要制度保障。完善环境政策体系，加强环境治理的政策引导，通过采取提高污染排放的收费标准、提高资源税税率、开征碳税等政策措施提高治理雾霾成效。

1. 推进资源环境税收制度改革

（1）建立环境税制度。通过完善价格税收政策，从内在推动企业参与环保的积极性。目前，我国虽然存在一些环境税性质的税目，但还没有单独的环境保护税税种，而是以排污费的方式来对企业的排污行为进行经济调节。要整合现有相关税目，并改收费为征税，开展专项环境税，建立环境税制度。将环境行政部门从繁琐的行政收费中解放出来，有利于他们做好技术指导和环境监测，有利于降低征收成本，有利于保证环保资金的稳定来源。

（2）调整我国的排污税种类和税率。建立完善的排污收费制度和开征专项污染物税，结合具体实际，按照五个标准调整我国的排污税。

——不同大气污染物要征收不同的税率。例如可以针对氮以及颗粒物等不同污染物类别对环境和居民身体健康的影响程度制定不同层次的税率。

——同一地区同一大气污染物不同浓度征收不同的税率。比如对于具体某一种大气污染物，如其不同浓度对于环境的破坏程度是不同的，高浓度的污染物比低浓度的污染物在同等排放量下更具破坏力，所以理应征收更高的税率。

——同一污染物的同一浓度在不同地区征收不同的税率。不同地区根据自己生态承载力的不同可以适当地放宽收紧税率，体现经济手段的灵活性。政府财政可以将每年收入的大气污染物排污税用于补偿受到大气污染损害的居民，给居民提供免费的防霾口罩，增加对于呼吸系统疾病的医疗投入。

——合理调整各项排污税率。适当调高税率，促使企业主动减少污染物排放。

——加强对排污税征收过程的监督监察，建立完善的排污税征收体系。防止企业为了偷税漏税发生“寻租”行为，在具体操作中做到公平、公正等。

（3）加快资源税改革。抓住我国煤炭市场价格走低的宝贵时间窗口，推出将资源税“从量”变“从价”机制覆盖到煤炭领域的改革。通过理顺我国基础能源比价关系和“冲破利益固化藩篱”，使资源、能源价格的形成顺应市场供求。

2. 完善环境市场交易制度

（1）完善排污权交易制度。针对电力、钢铁、石化等重点行业，探索建立区域主要大气污染物排放指标有偿使用和交易，全面推行大气污染排污许可证制度。

——建立严格的排污权交易系统。推动排污交易权的执行。在交易许可证中注明污染物的种类、数量、期限、浓度、方式和地点，将行政性排污权转变为私益性排污权，通过排污权交易市场进行公平合法交易。

——完善排污监测系统。采用世界一流的监测技术，建立一套能提供公正科学数据的监测体系，为排污权交易市场的建立提供必要的技术条件。

——严格实施污染物排放总量控制。根据区域生态环境承载力、污染物的现状、地方雾霾控制目标和社会经济发展计划等多角度统筹考虑区域排放总量，严格实施污染物排放总量控制。

——建立企业排污资格审查制度。完善排污权交易准入制度，企业有权进入排污权交易市场的前提条件是企业本身已经采取了到达法定最低标准的减污除尘技术设备，加强对交易双方企业的监督力度，并对符合准入条件的企业实施动态管理。

（2）积极发展碳排放交易市场。碳排放交易制度目前在西方发达国家发展比较快，建立了不同层次的碳排放市场。我国要加快碳排放权交易试点，逐步统一国内和国际碳排放权交易市场，积极参与全球"碳汇"交易，把碳减排与环境保护结合起来综合治理。

3. 完善环境保护投融资体系

（1）建立节能减排担保基金。借鉴德国的经验，通过各种商业性金融机构和基金对清洁能源生产企业和研究机构注入大量资金，发放低息贷款，提供稳定持续的资金援助，加大对企业环保的扶持力度。通过制订翔实的担保计划为那些实施节能减排的企业或者那些急需资金的新兴绿色朝阳产业实施贷款担保，助其克服融资屏障，积极推动金融行业对该产业的鼓励、投资和参与。担保基金的成立将有效缓解一批节能产业的资金需求，给节能减排项目提供更为广阔的融资空间；进一步降低企业风险，协助企业规避因为实施节能减排计划而可能遭遇的损失。另外，可以设立管控奖励基金，用于奖励在节能减排领域有突出贡献的企业及个人。

（2）加大银行对节能减排工程以及节能环保技术的融资扶植力度。不断创新金融产品和服务，逐步建立起信贷支持雾霾治理的长期机制，不断创新符合排放要求、收益稳定、社会效益良好、运行安全的信贷投融资产品；引入循环经济和可持续发展的观念，严格审查污染项目的投资，积极支持重点项目和企业安装废气处理设备和设施，并及时给予专项贷款扶持，从而间接实现控制排放和促进企业可持续发展的作用；合理安排对于新兴绿色环保产业，诸如风电、水电、光伏产业的支持服务力度，提供较低的贷款利率和投资指导等。

4．治理雾霾应建立纵横相连的生态补偿制度

完善生态补偿机制，不仅需要加大中央对地方的纵向生态补偿力度，也需要建立区域间横向生态补偿机制。以京津冀为例，张家口为守护青山绿水作出了巨大贡献。据中国林科院《张家口市森林与湿地资源价值评估研究》显示，全市森林资产价值达 7219.38 亿元，湿地资产价值达 190.07 亿元。森林与湿地每年为周边地区提供生态服务价值达 305.17 亿元，外部地区受益占到 60% 以上，其中北京地区受益占到总价值的 48%[①]，但张家口在经济上却处于落后地区。实现保护与发展共赢，需要加快完善区域间的横向生态补偿制度，这既是对生态的补偿，也是对失去发展机会的补偿。可以尝试从法律制度、流域管理体制、横向转移支付制度等方面建设和优化生态补偿制度，从资金补偿、实物补偿、能力补偿、政策补偿等方面有机结合建立多维长效的补偿方式，并以此设立生态补偿专项基金。

第四节　形成协同共治的雾霾治理体系

十八届五中全会提出，“提高环境质量为核心，实行最严格的环境保护制度，形成政府、企业、公众共治的环境治理体系”。打好治理雾霾的攻坚战，重在发挥政府、企业、公众及社会各主体的作用，形成合力，建立政府、社会、

① 京津冀生态补偿制度亟待完善 [N]. 经济日报，2014-09-02.

公众等多元、多层次的协同共治的环境治理框架。

一、发挥政府在治理雾霾中的主导作用

治理雾霾涉及方方面面的协作与利益关系协调，重要的是充分发挥政府的主导作用，重点在转变地方政府职能、加强政策引导、完善政府行政监管模式等方面取得实质性突破。

1. 治理雾霾关键在于转变地方政府职能

将政府环境管理职能作为政府实施公共管理职能的重心，在对政府绩效进行考核时，要从绿色 GDP 绩效考核出发，这样才能确保地方政府对于雾霾治理的积极性。

2. 积极发挥政府的引导作用

（1）资金引导。政府要积极引导，培育雾霾治理的市场主体，增强市场化行为，增强对雾霾进行有效治理。吸引社会资本对雾霾治理进行投入，通过利用贴息、补息等资金导向作用对雾霾治理的正外部效应进行合理矫正。

（2）政策引导。通过制定减免税、技术扶持等优惠政策对市场主体进行指引，鼓励其积极参与雾霾的治理。促进企业大力节能减排，降低环境管理部门的监督、管理成本，最终提高资源利用效率，保护和改善生态环境；积极扩大财政补贴资金来源，建立环境基金补偿制度；利用低息贷款向清洁生产的企业提供优惠的信贷支持。

（3）舆论引导。公众作为利益相关方，在环境保护方面应起到至关重要的作用。政府要制定政策法规鼓励公众参与，使其能够协助提出解决雾霾问题乃至环境污染问题的良策，同时对各种破坏环境的违法行为进行监督，充分发挥人民群众积极性，走环境污染治理的群众路线。

3. 完善政府行政监管模式

政府要强化环境污染治理，突破传统监管模式，以个人监管为点、企业互检为线、政府监管为面，创新优化监管方式。完善中央政府对地方政府的行政监管。中央政府要建立跨省机构和组织，以平等、互惠为原则，促进和监督各地方政府在雾霾治理中的行动，完善中央对各地方政府行为的监管，保证各地方政府在雾霾治理行动中的合作性。建立生态社会的战略必须依靠合作型生态地区的方式。中央政府应该建立相关机制完善对各地方政府的行政监督，保证各地方政府省际间的横向合作。

二、强化社会组织在治理雾霾中的有效参与和监督作用

社会组织在面对突发性公共危机事件时，能以独立决策和运营能力投入公共危机治理中。应鼓励社会组织的参与和监督，与政府治理形成优势互补，为治理雾霾提供重要补充。

1. 强化社会组织参与雾霾治理工作的力度

提高环保组织的能力。非政府组织作为政府和群众之间沟通的桥梁，能够更加有力地协调政府与民众之间的冲突。更好地解决问题，取得公众的信任，要借助非政府组织建立政府的公信力。

——优化政府与社会的关系，促进环保组织的发展。政府从一些不该管、管不好的领域退出；推进环保组织充分发展，运用法律规范政府与环保组织的关系，改变二者的依附与被依附状态。

——加强环保组织能力建设，汲取充分的行动资源。环保组织要汲取充分的行动资源，关键在于汲取充分的财政资源。环保组织的行动不能仅仅依靠极其有限的会费，应积极开拓其他资金来源。

——实现环保组织与政府、市场的协作。随着中国公众参与环境保护的广度和深度不断提高，环保组织与政府携手合作推进环保，成为我国环境保护领域一个重要特点和新趋势。

2．强化社会组织监督

（1）通过立法加强社会组织监督。尽快制定《社会团体管理法》等相关法律，明确各类社会组织在环境治理中的主体地位、权利和义务，促进社会组织在雾霾治理中发挥监督作用。

（2）强化社会组织对企业行为的监督，对污染企业进行环境公益诉讼。社会组织可以收集、发布政府公开的环境信息，为公众获取环境信息构建互联网平台。政府应该积极处理社会组织提起的“公益诉讼”，解决好立案难、诉讼主体资格门槛高等问题，进一步强化社会组织监督的作用。

三、强化企业治理雾霾的主体责任

企业是环境污染、大气污染的主要制造者，理所应当成为治理污染的主体。企业应当加强自律，把责任对象由社会延伸到自然，真正承担起保护环境、治理污染的责任。

1．强化企业在环境治理中的主体责任

（1）转变观念，强化企业的环保责任。企业作为现代经济活动的主体，既然享受了自然界的恩赐，就不能脱离自然环境而违背自然规律。当前的利益关系是“老板赚钱、企业污染、百姓受害，政府埋单”。要着力转变发展理念，强化企业在环境治理中的主体责任，使国家、企业、百姓、社会共同受益。

（2）推动企业转变经营目标与经营思想。企业在追求经济利益的同时应充分考虑对环境带来的不利影响，承担对员工、消费者、社区和环境的责任，把环境资源价值纳入到生产核算体系中去，作为制定企业决策和衡量企业效益的重要依据。

2．创新企业生产经营方式

（1）从末端治理模式转向清洁生产方式。要从污染的源头上控制雾霾的产生，转向更为科学的清洁生产模式，将综合预防雾霾的环境治理理念应用于生

产全过程和产品中。

（2）创新环境管理体系。要用市场机制倒逼企业开发、采用节能环保技术，实现转型发展；加强企业环境管理体系的构建，保持企业环境管理体系的动态优化。

（3）明确企业应承担的环境责任。健全企业环境责任的相关法律，强化企业承担环境责任的外部约束。

3. 建立企业环境责任的经济激励机制

（1）完善环境税费制度。改革现行的环境保税收制度和政策，通过市场机制自动调节企业的经济行为，促使企业主动承担环境责任。

（2）建立可交易环境保护许可证制度。在实行“总量控制”的前提下，政府可以通过发放可交易的排污许可证等环境保护许可证，在企业间自由交易，将市场机制引入到污染治理中，从而保持排污总量的动态平衡，降低环保部门的管理成本，调动企业环境保护的积极性，提升环境利用率。

（3）完善国家财政补贴制度。国家要为生产公共产品的企业提供财政补贴，提高这类企业的生产积极性即企业的收益水平。通过扩大财政补贴资金来源、建立环境基金补偿制度、调整财政补贴实施制度、鼓励商业银行向清洁生产的企业提供优惠的信贷支持等手段提升企业的环保动力。

四、充分发挥民众在治理雾霾中的主体作用

民众对雾霾深恶痛绝，当下民众环保维权热情高涨。“十三五”，治理雾霾需要呵护民众环保维权热情，努力提高民众参与水平，使民众成为打赢雾霾攻坚战的真正推动者。

1. 提高民众参与权

从现实情况看，我国环境治理中的民众参与程度相对较低。例如，新建一个工程项目，尤其是涉及敏感环境问题的项目，由于民众无法实质性地参与到

前期评估程序中，产生了很多谣言，甚至引起局部恐慌，对政府环境决策和出具的环境评价不信任。如果民众不能参与到环境保护中来，就无法真正从根本上约束不利于生态环境质量提升的经济社会活动，治理雾霾的攻坚战就难以取得真正胜利。因此，政府要建立公民参与环境保护的激励机制和奖励政策，鼓励更多的人参与到治理雾霾中来。

2. 确保民众知情权

知情权是发挥民众治理雾霾的前提条件。“十三五”，应建立健全信息公开机制，加快推进环境保护的政府决策和企业生产经营信息的公开制度；通过网络等媒体，全面、准确地公开环境管理信息和环境质量信息、新开工项目的环评信息、重点企业污染物排放信息，保证民众对环境保护的知情权和监督权；制定民众参与环境保护的评议机制，对公众需要公开的环保信息应及时公开，让治理雾霾在阳光下进行。

3. 建立利益表达机制

目前，我国民众参与环保主要集中在末端，大多是在环境遭到破坏、民众受到污染威胁之后才参与到环境保护之中，而保证民众环境参与权、利益表达权的渠道较少，机制不完善。现实中，各级环保部门不同程度存在着对民众和社会力量“躲、闪、怕”的心态。提升民众参与治理雾霾的能力，需要在政策的制定和实施过程中，完善政府、企业、民众三方对话机制，主动听取民众呼声和建议，打通政府与民众之间利益表达渠道，实现信息的双向流动，让民众获得充分的知情权和准确信息，最大程度寻求民意“最大公约数”。

4. 建立利益相关方协商机制

出台一项环保新政策、上马一个新项目，都需要政府、企业、社会组织、民众等利益相关方进行对话协商。这种对话协商，短期内可能不利于快速推进经济发展，但有利于防止损害生态环境的工程上马，有利于社会各界对项目建设的监督，有利于促进公共项目建设科学化，从长远看有利于经济社会和谐和可持续发展[①]。因此，当发生环境权益冲突时，不再依赖政府出面直接处置的单一做法，而是需要转向民众、企业和政府等环境权益相关利益各方相互协商解决办法，也可以诉至司法机关进行法律诉讼和裁决，使环境问题和冲突得到法治化解决。

五、治理雾霾要实现区域联防联控联治

治理雾霾要打破行政区划界限，以规范性法律文件为基础，在区域范围概念下统一安排权利、义务、责任，实施大气污染联防联控联治。

1．完善中央与地方政府大气污染治理的协同机制

（1）合理划分中央与地方政府在环境治理方面的事权和财权。在中央政府的统一协调下，中央和地方政府协同治理跨区域大气污染治理；在财权划分层面，要合理划分中央政府和地方政府的财权，一方面要加大中央政府地方政府的财政支持力度，另一方面要增加地方税的份额。

（2）做好中央与地方区域大气污染协同治理的顶层设计。包括产业区域的合理规划、全国能源结构标准的统一与优化，明确中央政府和地方政府的职责，制定责任目标书，划定地方政府业绩考核的标准细节，严格执行对地方政府的考核等。

2．构建跨行政区的环境保护制度

（1）理顺协调组织构架。打破既定的行政区划，在地方政府内或地方政府之间，分层级设立环境保护区域协调机构，有助于区域间的执法协作与经验交流，防止出现“各自为政”、“重复治理”、“无人问津”的情况。对于雾霾污染联防联控的应急制度应该注意防控结合。在重污染天气情况下，在区域范围内同时实施

① 李晓西．完善生态治理需要协同共治[N]. 人民日报，2015-05-19.

应急制度，有利于污染情况的及时控制，也有利于降低雾霾污染的治理成本。

（2）科学制订治理方案。运用科学技术明确雾霾机理并“对症下药”；保证治霾工作精准发力；遵循客观规律，注重治理的阶段性特点，制订科学合理的治理方案。

（3）明确监管机构。建立由国家层面环境保护部门或由中央授权的有关部门参与的联席会议制度，在此基础上建立区域联动的相关决策机制。简化监管体系、理顺管理构架、减少行政内耗。确定统一的监管机关，并赋予其监管权力，负责协调区域合作相关问题。通过完善对监管机关的监督，实现监管活动的法治化，体现法律的公平正义。从监管体制上解决“谁都有权管，谁也不好管”的怪圈。

（4）丰富管理手段。运用经济、社会等多元的管理方式，不断激发排污企业节能减排、产业升级的内生动力；不断号召民众改变生活习惯，体验绿色生活。例如，通过征收交通拥堵费、较高停车费来提高私家车出行成本，大力发展公共交通，让城市居民方便出行，绿色出行。

（5）建立区域补偿制度，建立雾霾治理的利益共同体。各地区政府要协调好雾霾治理的效率和公平，构建我国空气污染治理“共同但有区别”的联防联控体系，中央政府要提高自身宏观调控能力，妥善处理地方政府间的利益分享和责任承担具体事项。通过发达地区对不发达地区的资金、技术、经验、人才的全面支持，创新发展模式，避免走“先污染、后治理”的老路。应采取更为灵活有效的方式将补偿制度体现于区域污染联防联控的法律规范中，建立国家对生态保护地区的长效补偿机制。

第五节　“十三五”：以治霾的实际行动体现中国担当

2015年12月，习近平主席在巴黎气候峰会上提出，将于2030年左右使二氧化碳排放达到峰值并争取尽早实现。2030年单位国内生产总值二氧化碳排放比2005年下降60% ~ 65%，非化石能源占一次能源消费比重达到20%左右。这是我国应对全球气候变化作出的重要承诺。“十三五”，以治理雾霾的实际行动，推动气候治理的国际合作，体现中国担当。

一、以全球责任倒逼我国环境治理进程

十八届五中全会提出，“积极承担国际责任和义务”、“落实减排承诺”等重大任务。一方面说明我国在全球环境治理过程中的作用进一步增强，另一方面也显示出我国面临的国际环境压力逐步加大。

1. 全球环境问题日趋严峻

自1972年斯德哥尔摩联合国人类环境会议以来，环境问题日益受到关注，成为像联合国大会、G8峰会、APEC领导人会议等世界主要国际机构会议中的重要议题。例如，2015年12月12日196个缔约方一致同意通过《巴黎协定》，成为各国参与全球环境治理共同遵守的准则。虽然国际社会为此付出了巨大努力，但全球生态系统恶化问题并未得到有效遏制。

2. 我国面对全球环境治理压力增大

改革开放以来，我国经济取得了举世瞩目的成就。与大国经济相适应，我国对全球环境问题的影响也日益加深。在全球环境问题持续恶化的背景下，尽管中国在2020年前不用承诺量化的总量减排指标，其人均能耗和人均排放也远低于发达国家，但在“共同但有区别”的责任原则下，作为最大的碳排放国，在争取自身发展权的同时也承受着巨大的压力。

3. 以生态文明理念引领绿色发展

（1）“GDP至上”的发展方式不可持续。长期以来，在“GDP至上”理念的支配下，为保持经济快速发展，各地“铁公基”类的大型投资急剧增加。数据显示，1995–2014年我国固定资产投资增加近26倍，尤其是近年来国内经济下行压力加大的情况下，各级政府仍寄希望于增加投资来保增长。2014年我国资本形成率高达46.2%，接近世界平均水平的2倍。如此高的投资形成率不仅使得投资对经济增长的拉动作用显著降低，而且对钢铁、水泥等重工业产品的需求大大增加，在投资显著下降的情况下造成了我国工业严重的产能过剩。

（2）重在形成绿色发展基础。绿色发展是对传统工业化模式的根本性变革，将增强我国中长期经济、社会可持续发展能力。重点是要形成绿色发展的能源结构，根据减排要求，提高煤炭清洁化利用的同时，逐步改变煤炭为主的能源结构，增加清洁能源与可再生能源使用量；形成绿色发展的产业结构，在利用现代清洁技术改造传统工业的同时，全面放开服务业市场，提高服务业增加值在GDP的比重，逐步降低单位GDP能耗，实现我国经济绿色转型。

4. 以更加积极姿态参与全球环境治理

十八届五中全会提出，积极参与全球经济治理，提高我国在全球经济治理中的制度性话语权，构建广泛的利益共同体。随着新兴国家的崛起，国际权力结构与全球治理体系正处于变革之中。为更好地保护自身发展权益，更好地履行环境大国责任，我国应以更加积极的姿态参与全球环境治理，提升自身在议程设置、规则制定、机制创设等方面的能力，加强南北清洁能源技术合作，推动形成全球绿色发展新格局。

二、以绿色革命支撑和引领“一带一路”建设

“一带一路”是我国扩大对外开放、形成全方位开放新格局的重大举措，也是履行大国责任、推动全球治理变革的有效尝试。“一带一路”沿线大多是新兴

经济体和发展中国家，这些国家正处于工业化前中期，也面临经济环境矛盾。因此，加强绿色产业和低碳技术合作成为“一带一路”建设的重要内容。

1. 提高对绿色化战略理念认同

积极发挥我国在环保技术方面的优势，加强对沿线国家的技术输出和绿色理念输出，提高当地生态环境质量与居民生活水平；构建区域生态安全保障体系，提高区域生态环境综合承载力；促进中国与沿线各国的低碳产业合作发展，推进区域产业结构转型升级。

2. 推动低碳产能合作

我国国内过剩产能，相对于“一带一路”部分国家是优质产能。因此，一方面，加快推进国内产能过剩行业转型升级，淘汰一批高污染、高能耗产业；另一方面，坚持环保高标准的要求，不断推进国内优质产能、绿色产能“走出去”。例如，制定中国钢铁、水泥、有色金属、建材、铁路、电力、化工、轻纺、汽车、通信等产能过剩行业合作的绿色标准。高度重视对外投资的环境保护问题，加大对“走出去”企业的环境社会责任要求，开展企业环境绩效评估，建立黑名单和负面清单制度，有效防范对外投资中的环境污染和生态破坏风险。

3. 打造基础设施互联互通绿色示范项目

加强“一带一路”沿线国家部门间合作，推进基础设施建设工程中环境与规划、施工、监理的衔接配合；加快推进生态环保基础设施建设，打造环保产业技术转移交流合作示范基地、环保产业园区。不断加强绿色化基础设施工程的政府间交流，推动生态环保在跨境重大项目落地实施的保障和服务作用，引导沿线建设一批互联互通绿色化合作的典范[①]。

① 周国梅.“一带一路”建设的绿色化战略 [N]. 中国环境报，2016-01-19.

4．推动绿色低碳环境技术“走出去”

落实国务院发布的《关于加快发展节能环保产业的意见》，利用我国环境保护技术相对先进的优势，支持节能环保产业和低碳技术“走出去”；加快推进国内节能环保产业核心技术创新，提高环保产业输出质量；推进环保法规、制度和技术标准“走出去”，加快与投资国环境政策、技术标准的接轨，创造环保产业“走出去”的良好政策和技术环境。

5．积极推动南北环保技术合作

近年来，随着我国经济生态矛盾不断突出、环保研究投入不断加大，我国在环境基础、环境恶化的影响与对策等方面的研究取得了长足进步。2009-2014年，我国各级环保检测与研究机构由12700所增加至14694所，科研人员也增加至7000人。然而，从世界范围来看，我国在环保技术方面与世界领先水平仍有较大的差距，直接制约着我国参与全球环境治理的谈判能力与领导能力。针对当前我国巨大的环保技术需求，从全球环境公共性、跨国界的特点出发，积极寻求发达国家在环境友好型技术上的转让与支持，在加强国家层面沟通的同时，坚持以市场换技术的发展策略，引导国外环保产业或研究机构来华投资，逐步提高中国环保技术及环境治理能力，推动我国经济绿色转型，实现低碳发展的目标。

三、形成绿色发展方式和生活方式

“绿色发展、绿色生活”不仅是我国实现可持续发展的战略选择，也是我国实现经济绿色转型的主要途径。数据显示，如果投资在GDP的占比下降约10%，而消费在GDP的比重相应增加约10%，同时促进工业和服务业之间的结构调整，将使能源消费在2030年比常规情景降低13%左右。要在生产和生活消费领域进行全方位创新，建立起生态文明时代新的消费方式、居住方式，从而引领生产方式的变革，大幅提高经济绿色化程度，推动我国经济绿色转型。

1．以绿色消费助推绿色生活

（1）13亿人消费大国迫切需要形成绿色消费理念。绿色消费对绿色生产具有促进作用。“十三五”，我国将初步形成服务型消费为主体的消费结构，也将成为服务产品消费大国。形成绿色消费方式有助于缓解我国生态压力，例如，随着我国消费规模的不断扩大，形成绿色消费理念，可以显著地减少上游产品的资源投入，还可以减少数百倍甚至数千倍的污染排放。这对于保护生态环境、实现可持续发展的意义十分重大。

（2）政府理应引导与支持绿色消费。建议将绿色消费纳入国民教育体系，从小培养孩子的绿色消费理念，将绿色消费贯穿国民教育的各个阶段；要扩大宣传，通过社会舆论，宣传高能耗产品对生态环境危害，绿色产品的环保功能等知识，促进居民接受绿色消费理念；开展全民减排运动，通过全民参与，让全社会达成绿色消费的共识。

（3）增加绿色产品有效供给。这就要求传统企业转型升级，提高资源能源利用效率，降低能耗。现在的新能源汽车、节能家电等产品就是适应了绿色消费的需求，但是问题在于节能产品的价格普遍比较高，消费者使用节能产品的成本比较高。未来绿色产品要想迅速占领市场，只有进行规模生产，降低单位产品生产成本，才能最终降低价格。

2．转变发展方式推动绿色生产

（1）推动生产方式绿色转型。绿色生产方式是一种科技含量高、资源消耗低、环境污染少的生产方式。要求生产由末端污染控制向全过程污染控制转变，不断提高资源利用率，以实现经济发展的同时生态环境得到保护。要加快形成绿色生产的产业结构；要进一步优化能源投入结构，逐步提高太阳能、核能等能源使用量；要实行更广泛的改革，如全面实行强制性节能建筑标准，并在大城市加速发展城市和城际轨道交通；建议推行绿色金融政策，使金融体系为绿色转型发挥积极的推动作用。

（2）以创新为先导推动绿色生产。当前，我国已由工业化中后期进入工业化后期，有条件形成一种基于信息技术、知识、绿色的新型发展模式，找到一条“高生产力、绿色、幸福”的发展道路。“十三五”规划提出，“坚持创新发展，着力提高发展质量和效益”，就是旨在通过生产方式创新摆脱中国经济对传统化石能源的依赖，实现生产方式根本性变革，为经济可持续发展提供动力。

Breakthroughs

in Transformation

第九章

教育结构变革

以开放和“去行政化”促进教育结构转型

“十三五”，适应经济社会转型对人才供给提出的新要求，要以开放和“去行政化”促进教育结构调整，为实现教育变革的实质性破题打下坚实的基础。

“十三五”，面对经济转型升级和经济结构调整的“双重挑战”，加快教育结构变革的现实需求进一步增强。教育改革是一项长期任务，很难毕其功于一役。“十三五”，教育改革的重点任务是：通过推进教育有序开放和“去行政化”，促进教育结构调整，初步形成与经济转型升级相适应的人才供给结构。闯过教育结构调整的这一关，将为实现教育变革的实质性破题打下坚实的基础。

第一节 “十三五”：调整教育结构需要破题

未来 5 ~ 10 年，抓住新一轮科技革命与我国产业转型升级历史性交汇的机遇，重在推进教育结构的战略性调整，为我国迈入中高收入国家行列提供人力资本支撑。

一、人才供给结构与经济转型升级不相适应的矛盾突出

我国经济转型升级的大趋势对多元化、多层次、创新型的人才供给结构提出了现实要求。从实践看，我国进入发展新阶段，人力资源富余与人力资本短缺现象并存，反映出人才供给结构的严重失衡，也反映出教育结构与经济社会发展趋势不相适应。“十三五”，推动人才供给结构的战略性调整，成为教育结

构调整的重大课题。

1．我国正处在人口红利向人才红利转型的历史关节点

（1）低成本的劳动力红利难以为继。改革开放之初，由于资本短缺、技术落后，数量充裕、成本较低的劳动力资源形成的人口红利，支撑了我国30多年的经济高速增长。随着劳动年龄人口占比快速下降，传统的低成本劳动力红利正在快速消逝。根据国家统计局发布的数据，2015年，16周岁以上至60周岁以下（不含60周岁）的劳动年龄人口比2014年末减少487万人，占总人口的比重为66.3%①。与此同时，劳动力成本较快增长。2003–2014年，农民工实际工资年均增长10.7%，高于同期GDP增速；根据世界大型企业联合会的数据，2007–2012年，我国总体劳动生产率年均增长率为9.5%，2014年降到了7%，这意味着工资增速已超过劳动生产率的增速②。

（2）应对人口红利消失问题的时间、空间有限。国际经验表明，从老龄化社会步入高龄社会③，是应对人口老龄化挑战、化解人口红利消失的最后窗口期。如果相应的公共政策调整和体制机制创新滞后，当高龄社会到来时，产生经济危机和社会危机的概率将大幅提高。20世纪90年代，日本在“失去的10年”难以迈出经济泥潭的一个重要原因就是人口老龄化。当前，我国正处在这一关键时期，而且面临的形势比日本90年代更加严峻，留给我们的时间和空间更加有限。

（3）人才红利潜力巨大。2010–2014年，我国大专以上文化程度人口占总人口的比重从8.75%提高至11.01%；高中（含中专）文化程度人口占总人口比重从13.72%提高至16.35%，分别增加了2.26个和2.63个百分点，增加幅度超

① 国家统计局.2015年国民经济运行稳中有进、稳中有好[EB/OL].国家统计局网，2016–01–19.

② 蔡昉.对“人口红利”的几点认识[N].经济日报，2015–06–18.

③ 高龄社会，即60岁及以上人口比例超过18%或65岁及以上人口比例超过14%。

过劳动年龄人口比重下降的幅度[①]。研究表明，“十三五”，如果全要素生产率的年均增长率提高1个百分点，就可以提高年均潜在增长率0.99个百分点[②]，成为支撑我国中高速增长的重要动力。

2. 人才供给结构性矛盾突出

（1）“用工荒”与就业难并存。随着人口红利的逐步消失，企业“用工荒”问题日益突出，不仅表现为季节性，而且呈常态化趋势；不仅出现在珠三角等沿海发达地区，而且在向中西部蔓延。与此同时，大学生却面临着“史上最难就业”困境，每年约有25%的应届毕业生在毕业之前找不到合适岗位[③]，部分长期失业的高校毕业生，就业更趋困难。但根据有关统计，自2010年以来，我国就业市场总体求人倍率一直在1左右，2015年第二季度为1.09，表明劳动力市场供不应求[④]。“用工荒”与就业难问题实质上反映了人才供给结构性矛盾日益突出，也反映出教育结构的不合理。

（2）技能型人才短缺与结构性失业并存。人力资源和社会保障部数据显示，目前技能劳动者数量只占全国就业人员总量的20%左右，高技能人才比重仅为5%[⑤]。近年来，技能劳动者的求人倍率一直在1.5以上，高级技工的求人倍率甚至达到2以上[⑥]。我国失业问题，既有周期性因素，但更主要的是结构性因素。未来5～10年，经济结构和产业结构调整进入关键期，结构性失业风险将明显增大。以互联网产业为例，美国麦肯锡公司发布报告指出，互联网革命将提高生产率，到2025年，将为中国创造4600万个新的就业岗位，同时，也将

---

① 五年，从“人口红利期”到“人才红利期”[N]. 光明日报，2015-12-11.

② 蔡昉 . 全要素生产率可延长传统的人口红利 [N]. 北京日报，2015-11-23.

③ 社科院：经济新常态下就业结构性问题突出 [EB/OL]. 第一财经，2014-12-25.

④ 迟福林 . 教育需要第二次改革——“十三五”教育结构调整与改革的思考 [J]. 中国井冈山干部学院学报，2015（05）.

⑤ 尹蔚民 . 提高技术工人待遇 [N]. 经济日报，2015-12-14.

⑥ 李兰 . 缓解就业市场结构性矛盾刻不容缓 [N]. 经济参考报，2015-03-05.

有 3100 万个传统就业岗位被淘汰[1]。

（3）专业不对口、学历与薪酬倒挂。人才供求失衡的矛盾导致“所学非所用”和“高学历、低工资”现象较为普遍。数据显示，2013–2015 年，毕业生签约工作与专业对口率呈逐年下降趋势，2015 年只有六成，较 2014 年下降两成[2]。毕业生较低的就业专业对口率表面上是人力资源供给专业方向与企业用工需求不匹配，实质上是因为教育与人才现实需求结合得不够紧密。在薪酬方面，学历教育程度与薪酬待遇倒挂现象开始出现。《2015 年中国大学生就业报告》显示，2014 届大学毕业生半年后月收入为 3487 元[3]，而处于文凭学历末端的技术工人，月薪超过万元，且供不应求。“技工荒”现象在东部沿海地区更为普遍。

3. 人才结构战略性调整的现实需求

（1）“中国制造 2025”对人才供给结构调整的现实需求。世界制造业强国的背后都有一支强大的高技能人才队伍。例如，日本、德国的高技能人才在技术人才中的比例分别达到 40% 和 50%，而我国高技能人才数量还不足 5%[4]。2015 年第二季度，我国各类技术等级的岗位空缺与求职人数的比率均大于 1。其中，技师、高级技师、高级工程师、高级工的岗位空缺与求职人数的比率较大，分别为 2.0、1.94、1.81、1.77[5]。由于创新创造能力不足，“中国制造”总体处于国际分工和产业链中低端。例如，全世界的 iPhone 手机多数是在我国组装

---

① 互联网至 2025 年将为中国创造 4600 万就业岗位 [EB/OL]. 中国日报网，2014–02–09.

② 2015 毕业生想来北上广深就业的少了 实际签约数不低 [N]. 羊城晚报，2015–06–12.

③ 麦可思研究院 .2015 年中国大学生就业报告 [M]. 北京：社会科学文献出版社，2015.

④ 王学力 . 提高我国技术工人待遇推动“中国制造 2025”[N]. 中国劳动保障报，2015–11–01.

⑤ 就业促进司 .2015 年第二季度部分城市公共就业服务机构市场供求状况分析 [EB/OL]. 人力资源和社会保障部网，2015–07–15.

的，但我国所获利润只占整机利润的1.8%[①]。习近平总书记强调，“作为一个制造业大国，我们的人才基础应该是技工”，要“大力培育支撑中国制造、中国创造的高技能人才队伍”[②]。“十三五”，工业转型升级的大趋势迫切需要提高劳动者素质，提供各类专业技术人才和创新型人才，为实现“中国制造 2025”的战略目标提供人力资本支撑。

（2）人口城镇化转型对人才供给结构调整的现实需求。到2020年，基本形成人口城镇化的新格局，促进农业转移人口市民化。一方面，需要提高劳动者素质，通过教育水平的提高促进农村人口融入城市、加快城镇化进程。从国际经验看，教育与人口城镇化水平高度关联，其相关系数在0.7左右[③]。美国学者米凯·吉瑟的研究表明，农村居民教育水平每提高10%，能多引导6%～7%的农民进入城镇从事非农产业[④]；另一方面，需要适应城镇化质量提高对人才需求结构的变化，加大生活性和生产性服务业所需的技能型人才供给。但目前农民工的总体技术技能水平仍然不高，导致他们在城镇中就业竞争力不强。根据《2014年全国农民工监测调查报告》，接受过技能培训的农民工只占34.8%（见表9.1）。适应人口城镇化转型大趋势，关键在于完善针对农民工尤其是新生代农民工的职业教育体系，进一步提高其技能水平、就业层次和收入水平。

表9.1：2013-2014年接受过技能培训的农民工比例（单位：%）

	接受农业技能培训		接受非农职业技能培训		接受技能培训	
	2013年	2014年	2013年	2014年	2013年	2014年
合计	9.3	9.5	29.9	32.0	32.7	34.8
20岁及以下	5.0	6.0	29.9	31.4	31.0	32.6
21～30岁	5.5	6.0	34.6	37.0	35.9	38.3

① 刘少华．全球价值链上游：中国企业来了！越发高端“走出去”[N]．人民日报（海外版），2016-01-04．

② 尹蔚民．弘扬世界技能大赛精神 加强技能人才队伍建设[N]．经济日报，2015-12-14．

③ 朱劲松．我国农村教育水平与城市化率实证研究[J]．商业时代，2010（14）．

④ 迟福林．转型升级需要深化教育改革[N]．经济参考报，2015-06-05．

续　表

	接受农业技能培训		接受非农职业技能培训		接受技能培训	
	2013 年	2014 年	2013 年	2014 年	2013 年	2014 年
31 ~ 40 岁	9.1	8.8	31.8	34.0	34.1	36.1
41 ~ 50 岁	12.7	12.6	27.8	29.9	32.1	33.7
50 岁以上	12.4	12.7	21.2	24.0	25.9	28.8

数据来源：国家统计局 .2014 年全国农民工监测调查报告 [EB/OL]. 国家统计局网，2015-04-29.

（3）消费结构升级大趋势对人才供给结构调整的现实需求。当前，服务型消费“有需求而缺供给”的本质是服务型人才供给不足，难以提供适应全社会消费结构升级的服务型产品。以健康服务消费为例，预计到 2020 年，我国健康产业（包括生物医药、医疗器械和健康服务业）产值规模将达到 14 ~ 16 万亿元，成为全球最大的健康服务业市场[①]。但由于健康管理的职业教育发展滞后，导致健康服务人员严重短缺，仅亚健康管理师、儿童健康管理师等人才的缺口就接近 2000 万[②]。满足人们日益增长的服务型消费需求，关键在于加大服务型人才供给。

（4）产业结构变革大趋势对人才供给结构调整的现实需求。目前，我国生产性服务人才供给严重短缺。以互联网金融为例，按银行系统和小贷公司从业人员在金融系统中的占比为 53.76% 来估算，2019 年，互联网金融从业人员将达 104 万人，2024 年将达 435 万人。未来 5 ~ 10 年，我国互联网金融行业人才缺口将达 100 万以上[③]。无论是走向“中国制造 2025”，还是推进产业迈向中高端，都对生产性服务业人才供给提出更高要求。

（5）走向服务贸易强国的开放大趋势对人才供给结构调整的现实需求。“十三五”，从货物贸易大国走向服务贸易强国，迫切需要大量国际型服务贸易

① 王昌林 . 支撑 7% 的产业发展新动力 [N]. 光明日报，2015-08-07.

② 亚健康管理与儿童健康管理有望作为最热门职业 [N]. 北京晨报，2014-08-28.

③ 曹婷 . 人才成为制约互联网金融发展瓶颈 [N]. 经济参考报，2015-09-17.

人才。尤其是在"一带一路"战略实施以及积极参与全球经济治理中，如何培养更多具有国际视野、懂得国际运行规则、拥有专业化知识的管理人才、金融人才、法律人才、投资人才，成为新时期提高对外开放水平的一大新课题。从现实看，国际化人才短缺成为我国提高对外开放水平的突出瓶颈。例如，中国虽然是世界银行和IMF的第三大股东，但中国职员在这两个机构的比例仅占2%～3%，担任高管的更少①。许多中国企业发展服务外包、"走出去"也面临国际化人才匮乏的问题。例如，我国服务外包行业平均人才缺口达20%～30%，并且在比例和绝对数量上都有连年提高的趋势②。随着"一带一路"战略的深度实施以及亚投行、金砖银行、丝路基金的设立运营，我国对国际化人才的需求将日益增强。

二、人才供给结构失衡源于教育结构不合理

就业结构性矛盾和人才供给结构性矛盾，本质上是教育结构与经济社会结构变化不匹配，由此导致教育发展与经济社会转型升级对人才需求"脱节"的内在矛盾全面凸显。"十三五"，破解人才供给结构性矛盾，关键在于加快教育结构调整。

1. 高等教育供给结构性矛盾突出

（1）企业"用工荒"与现代职业教育发展滞后的矛盾。目前，唯学历、唯文凭的用人制度还比较普遍，职业教育的社会认可度、毕业生的社会地位和收入水平还较低，由此导致职业教育发展严重滞后，这是企业"用工荒"的根源所在。2014年，我国高等职业院校在校生人数占所有高等院校在校生人数的比重为39.5%（见图9.1）；而德国超过50%的高中毕业生在上大学前接受过职业

① 马文普．"一带一路"战略需培养专业化国际人才[N]. 中国企业报，2015-07-27.

② 李韶文．高端人才短缺制约服务外包升级[N]. 国际商报，2014-05-30.

技能培训，美国超过 57% 的劳动力接受过职业技能培训[①]。西方发达国家特别是制造业强国，高技能人才数量占到劳动者总数的 40% 以上；2014 年，我国技能劳动者有 1.57 亿人，其中高技能人才 4136 万人，仅占 26.3%[②]。

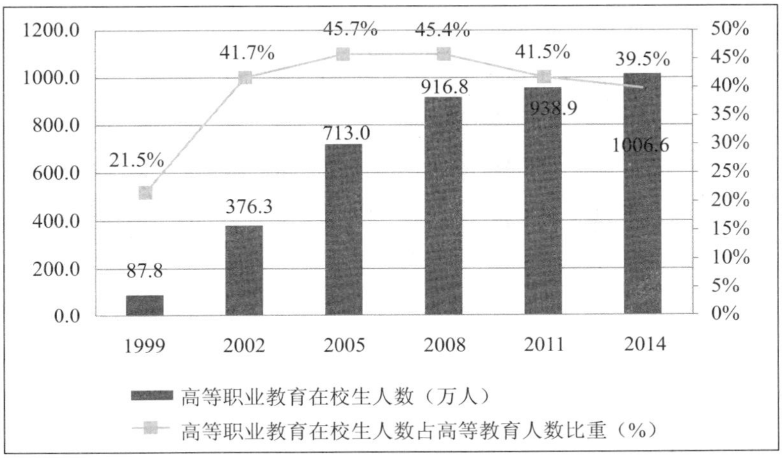

图 9.1：1999–2014 年我国高等职业教育在校生人数及比重变化

数据来源：根据国家教育部 1999–2014 年教育统计数据整理。

（2）大学生“就业难”与高等教育“同质化”发展的矛盾。从实际情况看，教育做大总量的特点比较突出。自 1999 年高校扩招后，我国高等教育事业经历了高速发展，高校毕业生由 2001 年的 114 万人增至 2015 年的 749 万人（见图 9.2），年均增长率达 14.4%。但大学扩招并没有带来人力资本的快速提升，反而出现大学毕业生整体素质下降的问题。“找 100 个大学生不难，找 100 个高级钳工却是难上加难”，这一现象在一定程度反映了教育供给结构与经济发展的不适应。一些高校主要精力放在追求学科专业“大而全”，缺少特色，高校专业设置“同质化”问题突出，毕业生专业素质差异性较小。事实上，世界一流大学中很少有覆盖所有学科专业，按美国教育部学科专业目录统计，麻省理工学院、普林斯顿大学、斯坦福大学的学科覆盖率分别为 54.2%、

① 王学力．提高我国技术工人待遇 推动“中国制造 2025”[N]. 中国劳动保障报，2015-11-01.

② 尹蔚民．提高技术工人待遇 [N]. 经济日报，2015-12-14.

62.5%、70.8%[①]。

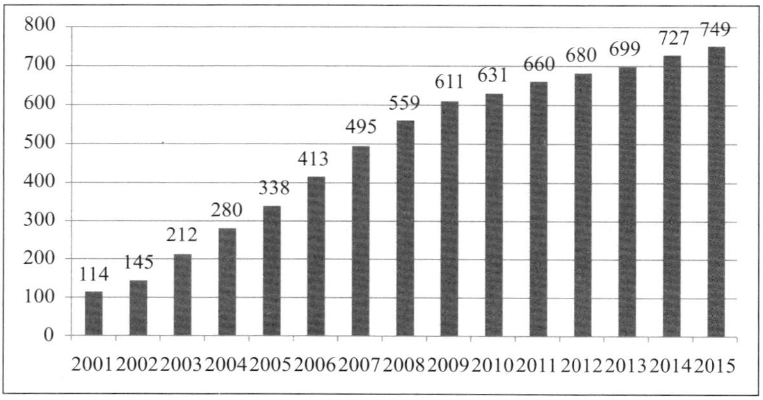

图 9.2：2001–2015 年全国高校毕业生人数（单位：万人）

数据来源：根据国家教育部 2001–2015 年教育统计数据整理。

（3）产业结构变化与专业设置调整滞后性和盲目性的矛盾。一方面，专业设置调整滞后于经济社会发展对人才的需求变化。根据《普通高等学校本科专业设置管理规定》，公办高校、民办高校在专业设置和调整上需严格按照相关文件要求报教育部备案，即使获得自主权的学校，也只能在指导性目录中自主设置专业，不能对专业进行更改；对于高校设置尚未列入专业目录的新专业，需经严格的程序报教育部门审批。对于最贴近市场需求的民办高校，课程和专业设置也按照公办学校一样"被规范"，特色无法彰显，严重制约人才的差异化发展。另一方面，高校专业设置又存在"一哄而上"的现象，很多学校自身缺少基本的师资和硬件实践设施。专业设置调整的滞后性和盲目性，导致人才供给要么相对过剩，要么相对不足，与市场需求脱节的问题比较突出。

2. 教育投资的结构性矛盾突出

（1）重高教、轻基础。根据《2014 年全国教育经费执行情况统计公告》，在各级教育经费支出中，普通高等学校生均公共财政预算教育事业费支出和生

① 杜玉波 . 高等教育要更加适应经济社会发展需要 [N]. 中国教育报，2014–07–24.

均公共财政预算公用经费支出最高，分别是小学的 2.1 倍和 3.4 倍[①]（见表 9.2）。由于政府对高等教育的高投入，不仅造成政府对高校办学自主权的过多干预，而且对社会资本投资高等教育等非基本公共服务产生一定的“挤出效应”。

表 9.2：2014 年全国公共财政对各级教育支出情况

	生均公共财政预算教育事业费支出（元）	生均公共财政预算公用经费支出（元）
小学	7681.02	2241.83
普通初中	10359.33	3120.81
普通高中	9024.96	2699.59
中等职业学校	9128.83	3680.83
普通高等学校	16102.72	7637.97

数据来源：教育部，国家统计局，财政部．关于 2014 年全国教育经费执行情况统计公告 [EB/OL]．国家教育部网，2015-10-13.

（2）重公办、轻民办。民办教育与公办教育都属于国家公益事业，民办教育已从一种补充教育转变为我国高等教育的重要组成部分，有力地推动了高等教育大众化的进程。但现实中，民办教育难以获得财政、税收、土地等政策性资源支持。例如，2013 年，上海民办高等教育财政支持经费仅为 4 亿元，占全市教育财政投入的 2.2%，而民办高校在校生数量占 18%；同样，2011–2013 年，深圳市每年平均投入民办教育的经费仅为 5 亿元，占全市教育总投入的比例不到 2%，而民办学校在校生数量占 38.4%[②]。不平等待遇也反映到学生身上，相关调查显示，公办高校与民办高校的学生获得助学贷款的机会分别为 7.79% 和 1.17%，获得资助奖学金的机会分别为 56.6% 和 11%[③]。

（3）重普通、轻职业。2005–2013 年，财政性职业教育经费年均增长 25%，但从比重看，根据《中国教育经费统计年鉴 2014》数据，2013 年，全国财政性

① 教育部，国家统计局，财政部．关于 2014 年全国教育经费执行情况统计公告 [EB/OL]. 国家教育部网，2015–10–13.

② 朱永新．为民办教育创造公平友好的制度环境 [J]. 河南教育（基教版），2014(10).

③ 周小华．把民办高校纳入国家财政保障范围 [N]. 长沙晚报，2015–03–08.

职业教育经费占国家财政性教育经费的比例仅为10.38%左右（见图9.3），与同阶段普通教育（26.43%）相比仍明显偏低。

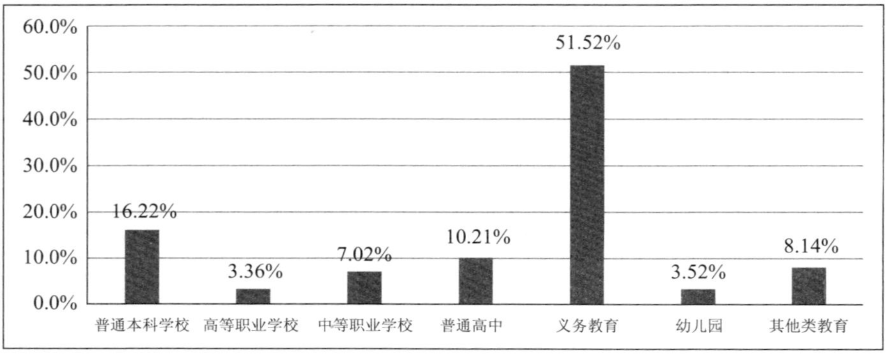

图9.3：2013年国家财政性教育经费在各级各类教育中的分配比例情况（单位：%）

数据来源：教育部财务司，国家统计局社会科技和文化产业统计司．中国教育经费统计年鉴2014[M]．北京：中国统计出版社，2015.

3．教师队伍的结构性矛盾突出

我国人才供给的结构性矛盾，主要表现为重理论、轻实践的知识结构，毕业生技能操作能力比较差等方面。根据《2013年中国大学生就业报告》，2008-2010届大学毕业生，无论本科毕业生还是高职高专毕业生，毕业时对基本工作能力掌握的水平均低于工作岗位要求的水平。近年来，为缓解就业压力，相当多的大学生毕业后“回炉”进技校学习。大学生就业难与教师队伍结构、教师业绩评价体系有直接关系。欧美国家应用技术型大学普遍从行业企业中引入优秀专业技术人才和高技能人才。反观我国，很多地方高校教师队伍来源相对单一，“双师型”教师比重不高，难以满足技能型职业人才培养的需求（见表9.3）。

另外，长期以来，从普通高校到职业院校甚至一般的小学，“唯论文论”成为教师职称评定的主要考核指标，教学能力再好，也只是记上“工分”，职称的评定主要看在“核心期刊”发表多少论文。这种“重科研、轻教学”的教师评价体系，往往只能是培养出动手能力弱、知识应用能力差的学生，难以满足企业的用工需求。

表 9.3：中美职业教育教师对比

	中国	美国
准入	一是学历达标；二是取得教师资格证，考取教师资格证只要通过教育学、教育心理学和普通话三门课程考试，对实际教学能力的考核是个空白。	一般需在他们所教范围内取得学士学位，并对所教的技术课程有 1 年以上的实际工作经验才可取得职业教育教师资格证。
教师结构	“双师型”教师比例偏低，部分“双师型”教师素质偏低。	具有一线实践经验的兼职教师居多，例如美国社区学院的兼职教师占到全体教师的 60% 以上。
考核	教师考核一般在本校完成，考核效果不明显。	每年都要对在职教师资格进行评审鉴定，其内容包括教学、科研和服务三个方面，其中服务包括在校外团体中或参与社会服务的情况，如为企业提供的产品开发等。
课程设置	教师一般忽视或放弃对职业教育教学规律的学习和研究，造成教学过程偏重理论学习，忽视了应用性、实践性的知识。	针对不同专业设置不同的课程体系，课程设置个性化十足，对学生提高兴趣和锻炼技能具有重要作用。
任期	一般为终身制。	美国高职院校教师实行任期制，一般包括短期合同制和终身制申请权两种。
教师在职培训	教师的职前培养和职后培训没有形成一体化的机制，使教师缺乏在企业进行培训的机会，没有形成一个与企业联合培养和使用教师的有效机制。	到 20 世纪 90 年代中期，开始从以教学为中心转向以学习为中心转变，实施了综合的教师发展项目，同时也注意到管理者、教学人员及教学辅助人员的同步发展，开展全员培训，培训的项目涵盖从职前的教育培训到在职的进修。

资料来源：中改院课题组整理。

4．高等教育治理结构不合理

（1）高校的“行政化”色彩浓厚。目前，高等教育管理以行政为主导的特点相当突出。落实学校办学自主权、实现专家治校还有很长的路。在高等教育资源配置上，行政主导的资源配置更多地向普通高等教育倾斜，对高等职业教育投入不足[①]。因此，需要进一步明确中央与地方的教育职能分工，形成与提高教育质量、加快经济社会转型升级相适应的教育治理结构。

（2）教育领域的“行政化”导致教育市场开放滞后。从现实看，我国教育市场的开放程度与教育发展的需求仍不相适应，社会资本和外国资本进入教育领域还面临着比较多的政策制约和繁琐的行政审批程序。例如，尽管近几年我国职业教育有较快的发展，但总体看，职业教育与经济社会转型进程不相适应的矛盾比较突出，仍是我国教育的短板。要发起设立一个民办职业教育学院，面临着行政许可、资金、土地、人事制度等一道道难关。为此，优化民办教育发展环境，鼓励社会力量兴办教育，形成民办教育与公办教育平等竞争、共同发展的新格局，关键在于推进教育的“去行政化”改革，形成公平竞争的制度环境。

三、教育结构调整的重大任务

“十三五”是教育改革的关键时期。着眼经济转型升级大趋势，立足现实突出矛盾，以教育结构调整为重点，统筹推进教育市场开放和教育体制改革。

1. 以职业教育为重点调整高等教育结构

（1）推进多元化高等教育体系建设。建议把高等院校分为综合类大学、研究类大学、技术应用类大学三大类进行管理，明确各类学校的发展定位、人才培养目标及模式，不断优化各自专业结构，突出自身特色，避免“同质化”发展。综合类大学采取全科培养模式，注重提高学生综合素质和学习能力，着力培养学习型人才；研究类大学着力培养研究型人才；技术应用类大学着力培养高素质的技术技能型人才。

（2）以提高技术应用型高校占比为重点调整高等教育结构。欧美发达国家

---

① 迟福林．教育需要第二次改革——“十三五”教育结构调整与改革的思考 [J]. 中国井冈山干部学院学报，2015(05).

应用技术型人才与学术型人才培养的比例一般是 8 : 2，但我国这一比例存在较大失衡[①]。“十三五”，应加快推动一批普通综合类高校转型为技术应用类高校，选择一批高等职业学校升级为技术应用类高校，不断提高技术应用类高校占比。

（3）创新本科和研究生层次职业人才培养机制。放宽高等职业学院开设研究生课程的限制，鼓励高等职业教育学院探索专业学位研究生培养模式；鼓励高等职业教育机构适应市场需要，对不同职业的课程需求进行分析，允许部分研究生课程转化为高等职业教育课程；探索职业教育学分累积制度，学生达到条件即可申请获得研究生学历证书。

2. 实现高等教育体制改革的实质性突破

（1）明确政府在教育管理中的职能。改变政府“包打天下”的教育发展格局，明确政府保障基本教育服务供给的责任；强化教育行政部门在教育决策中的主导地位及其政策制定和监督等职能，减少和消除教育行政部门对各类学校的微观干预。

（2）以“公益性、专业性和独立性”为导向改革公共教育机构，形成专业、高效的教育执行系统。加快推进学校“去行政化”，逐步取消学校行政级别，建立专业导向的学校治理结构，推进专家治校；进一步推进简政放权，扩大学校的办学自主权，重点是全面扩大学校在招生规模、专业设置创新、教师评聘等方面的自主权。

（3）明确中央与地方教育职责分工，扩大地方高等教育办学自主权。细化从中央到地方每一级政府的职责分工；鼓励地方在教育改革上积极探索、先行先试。

（4）探索民办高校分类管理制度。积极探索建立非营利性和营利性的民办学校分类管理制度，给予非营利性民办高校在土地使用、财政扶持、师资培养

---

① 王志英. 地方本科院校转型应用技术类型高等学校途径探讨 [J]. 现代企业教育，2014(16).

等方面与公办高校同等待遇。

3．以创新为重点深化教育改革

质量不高、创新不足是教育发展面临的突出矛盾。尽管我国教育总量不断扩张，但创新成果较少。例如，2011 年，美国信息服务业的整体劳动生产率是我国的 4.1 倍。创新不足导致我国关键技术自给率低，对外技术依存度达 50% 以上，而发达国家对外技术依存度平均在 30% 以下，美国和日本只有 5% 左右[①]。面对全球新一轮科技革命和我国经济转型升级大趋势，特别是面对“互联网 +”时代，最重要的是培养有创新思维、批判思维、创新能力的人才。这就需要着力打破以应试为导向的教育模式，创新教育方式，激发学生的好奇心和想象力，形成以创新为导向的教育新理念。

第二节　“十三五”：以教育市场开放破解教育结构调整的矛盾

“十三五”，面对人才供给与经济转型升级不相适应，以及教育消费需求与供给不相适应的突出矛盾，加快推进教育供给侧结构性改革，重在以教育市场开放破解教育结构性矛盾。

一、多元化教育需求倒逼教育市场开放

进入发展新阶段，教育资源供给短缺与广大社会成员多样化的教育消费需求不断增强的矛盾日益凸显。而教育市场开放度低成为教育资源供给短缺的重

① 迟福林．“十二五”时期教育公共服务体系建设：突出矛盾与主要任务 [J]. 经济社会体制比较，2011（02）.

要原因之一。“十三五”，进一步推进教育市场开放，不仅是全社会的共同需求，也是决定经济社会转型成败的关键因素之一。

1．优质教育资源供给短缺与教育消费外流的矛盾突出

随着人们生活水平的提高，城乡居民尤其中高收入群体对教育的需求，正由过去的“能上学”转变为“上好学”。但由于国内优质教育资源供给不足和教育领域开放度低，导致大量教育消费外流。目前，我国已成为世界上最大的留学生生源国，并呈现低龄化趋势。2014 年，我国出国留学人数达 45.98 万人，其中自费留学人数为 42.30 万人。中国留学生为美国每年的经济贡献超过 44 亿美元，对英国每年的经济贡献约 80 亿英镑①。过去大多数中国留学生是读研究生，现在读本科的留学生的比例正不断增加，从 2005 年到 2012 年增加了 9 倍②。越来越多的中国学生到国外寻求比国内更好的教育机会。

2．教育供需矛盾的主要原因是教育开放度低

（1）民办教育发展相对滞后。目前，依靠财政支持为主的公办学校的比重仍然很高。优质民办学校和委托社会公益组织承办的自收自支、转制型公办学校比例过低且发育不足，难以满足部分民众对多样化、特色化、优质化的教育服务需求。例如，“择校热”反映的不仅是优质教育资源短缺，更深刻地反映了教育开放度低、优质民办教育发展不足。据《2014 年教育事业发展统计公报》，民办学校各级各类教育在校生数占全国同级同类在校生数占比分别是：幼儿园 53%，小学 7%，初中 11%，普通高中 10%，中等职业教育 11%，高等教育 23%③。

（2）教育国际化水平偏低。根据《中国重点高校国际化发展状况的数据调查与统计分析》，中国重点高校平均每校外国留学生占在校生总数的比例大约为

① 阚明坤．以供给侧改革促民办教育消费升级 [N]. 人民政协报，2015-12-09.

② 中国赴美留学人数持续增长 两国均受益 [EB/OL]. 中国日报网，2014-09-30.

③ 教育部 .2014 年全国教育事业发展统计公报 [EB/OL]. 国家教育部官网 .2015-07-30.

3.7%，与欧美发达国家 10% ~ 20% 的平均水平仍有较大差距[①]。此外，中国高校外籍教师的比例也偏低，重点高校中外籍专任教师平均每校不到 40 人，占专任教师总数的 2.3%，而日本达到 3.4%，德国达到 9.5%[②]。

3. 有序推进教育市场开放

（1）教育市场向社会资本开放。民办教育的发展滞后导致国人多样化、个性化、特色化的教育消费需求难以得到满足。经过近 38 年的市场化改革，我国放开的主要是工业领域，社会资本进入教育等服务业领域还面临着诸多政策制约和繁琐的行政审批。“十三五”，应把鼓励社会资本进入教育市场，大力发展民办教育作为增加教育服务供给、优化教育结构的重点任务。

（2）教育市场向境外资本开放。适应教育国际化的大趋势，通过教育市场的双向开放，整合境外优质资源，鼓励教育“引进来”和“走出去”，扩大对国内教育需求，吸引境外教育消费回流，提高教育的国际化水平。

二、促使社会资本成为教育发展的主要力量

社会资本在教育服务供给中的作用，不是可有可无，也不应仅充当公办教育的配角，而应逐步使社会资本成为教育事业发展的主体力量之一。这不仅是当前缓解教育供需矛盾的当务之急，更是推动教育结构调整的长久大计。为此，“十三五”，应把社会资本在教育中的作用作为衡量教育改革成效的一个重要指标。

1. 将社会资本占教育总投入比重提高到 5% 作为预期目标

社会资本占教育总投入比重，世界平均水平在 5% ~ 10%。近年来，我国社会资本投资教育总量在不断增加，但社会资本（民办学校中的举办者投入、社会捐赠经费两项之和）占全国教育经费的比重呈下降趋势。从 2010 年的

---

① 程莹，张美云，俎媛媛．中国重点高校国际化发展状况的数据调查与统计分析 [J]. 高等教育研究，2014（8）．

② 学位含金量和汉语成为来华留学最大障碍 [J]. 留学，2015（32）．

1.09% 下降到 2013 年 0.77%（见图 9.4）。“十三五”，应通过政策倾斜，努力促进企业、社会团体、社会捐赠投资办教育。到 2020 年，将社会资本占教育经费的比重提高到 5% 左右作为重要的预期性指标。

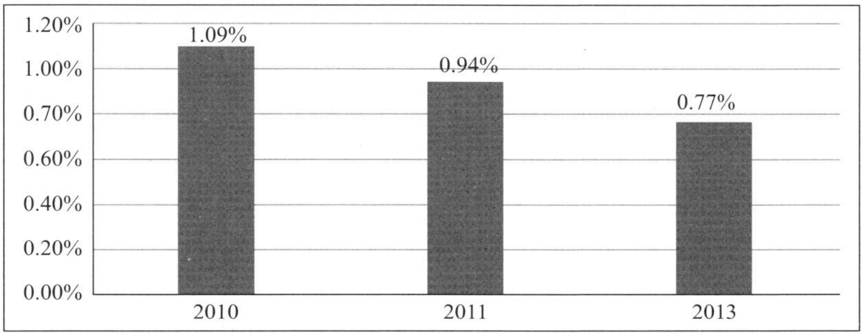

图 9.4：社会资本占教育经费总投入的比重（单位：%）

注：社会资本 = 民办学校中举办者投入 + 社会捐赠。

数据来源：根据《中国教育经费统计年鉴（2010-2014）》数据测算。

2．全面放开办学市场准入

社会力量投入教育，只要不属于法律法规禁止进入的领域，不损害第三方利益、社会公共利益安全和国家安全，政府不应限制进入。积极开放教育各个领域，吸引社会力量和民间资本进入，为不同参与主体营造一个公平有序的竞争环境，不断增强教育公共品的供给能力。支持各类办学主体通过多种合作方式（如独资、合资、股份制等）办学。鼓励大中型企业以职业学校为重点进行投资办学，鼓励优质公办学校通过各种方式参与、支持民办学校办学。

3．建立对民办学校的分类管理制度

（1）按照营利性、非营利性对民办学校进行分类登记管理。分类登记管理既可以保障非营利性民办高校与公办高校平等竞争的制度环境，也赋予了营利性民办高校以合法地位。

（2）探索引入社会企业制度。借鉴英美国家经验，对于营利性民办高校可以引入社会企业制度，探索公益目的和商业模式跨界结合；实行教职工持股制度，收益可以有限分红；在税收上可按照高新技术企业享有减免税优惠。

4. 开展混合所有制办学试点

允许在高等教育领域发展民间资本控股、参股的混合所有制；允许以资本、知识、技术、管理等要素参与办学并享有相应权利，鼓励营利性民办教育机构建立股权激励机制；利用混合所有制推动公立大学改革，引入社会资本；鼓励上市公司和科技企业投资兴办技术技能型大学；探索建立混合所有制学校法人结构。积极鼓励公办学校与民办学校相互购买管理服务、教学资源、科研成果；推广政府与社会资本合作（PPP）模式，鼓励社会资本参与教育基础设施建设和运营管理，提供专业化服务。

5. 加大对民办学校的政策扶持

（1）加大财政扶持力度。建立健全政府补贴制度，明确补贴的项目、对象、标准、用途；健全民办学校助学贷款业务扶持制度，提高民办学校家庭经济困难学生获得资助的比例；扩大政府购买教育服务，完善购买标准和程序，建立购买服务绩效评价制度，制定向民办学校以及社会组织购买就读学位、课程教材、科研成果、职业培训、政策咨询等教育服务业的具体政策措施。

（2）享受与公办学校同等的税收优惠。对企业办的各类学校、幼儿园自用房产和土地，免征城镇土地使用税、房产税；对从事学前教育、学历教育的非营利性和营利性民办学校按国家现行规定免征营业税；对企业支持教育事业的公益性捐赠支出，按照现行税法有关规定，在年度利润总额12%以内部分，准予在计算应纳税所得额时扣除；对个人支持教育事业的公益性捐赠支出，按照相关规定在个人所得税前予以扣除①；境外向中国境内依法设立的非营利性民办学校的捐赠，按照有关规定，减征或免征进口关税和进口环节的增值税。

（3）扩大投融资渠道。创新教育投融资机制，鼓励金融机构在风险可控的

① 深圳市老龄办 . 顶层设计发展老龄服务事业和产业 [J]. 中国社会工作，2013(7) 中 .

前提下开发适合民办学校特点的金融产品，探索办理民办学校未来经营收入、知识产权质押贷款业务，提供银行贷款、信托、融资租赁等多样化金融服务。鼓励社会资金对各级各类学校给予捐赠。支持设立民办教育发展基金，支持成立相应的基金会，组织开展有利于民办教育发展的活动，奖励对民办教育改革发展作出突出贡献的集体和个人。

（4）实行差别化用地政策。非营利性民办学校可以按行政划拨方式供应土地；营利性民办学校以有偿出让方式供地；民办学校建设用地按科研用地管理。

6. 形成公办民办教育平等竞争的制度环境

（1）降低民间资本进入高等教育领域的门槛。明确非营利性民办大学在政府购买、财政支持、土地使用等方面与公立大学享受同等政策。非营利性民办学校与公办学校一样，免征非营利性收入的企业所得税；民办学校用电、用水、用气、用热，执行与公办学校相同的价格政策。

（2）使民办学校师生享受与公办学校同等待遇。只有同等待遇，民办学校才能留住更多好老师、招来更多好学生。为此，应使民办学校教师在资格认定、职务评聘、培养培训、评优表彰、医疗保险等方面与公办学校教师享有同等权利；民办学校学生在评奖评优、升学就业、社会优待等方面与同级同类公办学校享有同等权利；各级各类非营利性民办学校与公办学校学生按规定同等享受助学贷款、奖助学金等国家资助政策。

三、推动教育市场双向开放

“十三五”，要做好教育市场双向开放这篇大文章，以促进国际国内优质教育资源有序流动，实现教育资源的高效配置，提升教育国际化水平，促进教育结构调整。

1. 鼓励教育“引进来”

（1）鼓励境外资本以多种形式办学。积极引进世界知名院校开展中外合作办学，允许并支持国外和港澳台地区知名大学、职业教育机构以控股方式在国内设立合资分校，在特定地区设立独资分校；鼓励外商投资设立外籍人员子女学校，支持外商通过中外合作办学方式投资设立教育培训机构及项目，优化配置境内外教育资源，实现优势互补、良性互动[①]。

（2）引进境外优质教育资源。开展高校自主确定举办中外合作办学项目试点，支持高校加大引进国外优质教育资源力度；鼓励支持高水平、有特色的民办学校通过品牌连锁经营、中外合作办学等方式，引进优质学科、课程、师资、管理，整体提升教育教学质量；鼓励民办学校引进国外先进资源，聘请具有职业资格的外籍教师；支持高校和外国高校之间开展教师互派、学生互换、学分互认和学位互授联授；对国外进入的优质教育资源，在税收、用地、利润留成方面实行优惠政策，允许营利性教育机构赢利。

（3）率先在自由贸易试验区实施更大程度的教育开放政策。建议在负面清单中减少有关教育的限制管理条款，打破教育开放的诸多限制，在科学监管的基础上，允许中外合作模式之外探索直接办分校模式。同时，允许自贸试验区之外的地区大胆探索，建立教育国际合作交流综合改革试验区和高等教育国际化示范区，实施更大程度的教育开放政策。

专栏 9.1

2015 年自由贸易试验区教育领域负面清单

第 93 条．外国教育机构、其他组织或者个人不得单独设立以中国公民为主要招生对象的学校及其他教育机构（不包括非学制类职业技能培训）。

第 94 条．外国教育机构可以同中国教育机构合作举办以中国公民为主要招生对象的教育机构，中外合作办学者可以合作举办各级各类教育机构，但是：

(1) 不得举办实施义务教育和实施军事、警察、政治和党校等特殊领域教育机构；

(2) 外国宗教组织、宗教机构、宗教院校和宗教教职人员不得在中国境内从事合作办学活动，中外合作办学机构不得进行宗教教育和开展宗教活动；

① 迟福林．教育需要第二次改革——"十三五"教育结构调整与改革的思考 [J]. 中国井冈山干部学院学报，2015(05).

(3) 普通高中教育机构、高等教育机构和学前教育属于限制类，须由中方主导（校长或者主要行政负责人应当具有中国国籍，在中国境内定居；理事会、董事会或者联合管理委员会的中方组成人员不得少于 1/2; 教育教学活动和课程教材须遵守我国相关法律法规及有关规定）。

资料来源：国务院办公厅关于印发自由贸易试验区外商投资准入特别管理措施（负面清单）的通知（国办发〔2015〕23 号）[EB/OL]. 中国政府网，2015-04-08.

2. 鼓励中国教育“走出去”

（1）鼓励我国优质教学资源配置拓展到海外。在海外开展中外合作办学项目、建立中外合作办学机构。支持高校优势学科，参与和设立国际学术合作组织、国际科学计划，与境外高水平教育、科研机构建立联合研发基地。支持具有相应实力的高校海外办学，开展国际合作和跨境教育服务。

（2）设立教育丝绸之路重大工程。加强国际统筹规划，遴选出我国优势学科和优质职业教育配合企业“走出去”；实现“一带一路”沿线国家国别和区域研究中心全覆盖，为国家实施“走出去”战略提供智力支持。

（3）鼓励出国留学。把国家需要的人才、优秀的学生选拔出来，送到国外高水平的学校、研究机构和国际组织学习深造。加强对自费出国留学生的服务，规范自费留学中介，完善留学预警办法，加大“国家优秀自费留学生奖学金”力度；积极开展西部院校的公派出国项目，鼓励西部院校学生走出国门，培养国际视野，更好地服务西部建设[①]。

3. 构建教育对外开放治理体系

（1）完善涉外运行管理和调控市场的法律法规体系。完善包括留学、合作办学等方面的法律法规体系。

（2）建立教育国际化质量国家标准体系。完善办学质量保障体系和培育世

① 甄学军 . 教育开放现状与展望 [J]. 开放导报，2014(02).

界认可的教育标准，包括建设世界中小学教师培训基地，逐步把中国高考打造成各国大学入学选拔标准；建立具有共识的合作办学、来华留学的教育质量指标体系；建立出国留学监管工作质量标准。

（3）建立教育国际化的综合监测体系。包括教育质量与教育服务贸易的各个方面，例如为监测国外学位教育质量和文凭证书的有效性，建立确认外国学位学历证书合法性的监测机构和相关机制。

（4）提升我国教育的国际治理水平。以教育外援为推手，积极支持发展中国家教育事业发展，探索建立我国主办的国际组织，鼓励教育学者更多参与国际组织，提升我国在国际上的话语权。

四、重在加大职业教育市场开放

发展现代职业教育，不单单是一个教育问题，也是经济问题和重大民生问题。"十三五"，把发展现代职业教育放在更加突出的位置，重点扩大职业教育市场开放，推进产教深度融合，形成政府、企业、社会共同推动现代职业教育的发展合力。

1. 鼓励社会资本进入职业教育领域

（1）放宽社会资本办职业教育的限制。降低社会资本进入中高等职业教育领域的门槛，积极支持社会办学主体通过多种出资形式兴办职业教育；简化设立职业教育学院的审批，在土地使用、财政支持、政府购买、人才培训等方面给予民办职业教育机构和公办机构同等的地位和待遇。

（2）深入推进校企合作。扩大学徒制的试点范围，鼓励地方开展"招生即招工、入校即入厂、校企联合培养"的现代学徒制试点，落实与保障试点院校的招生自主权；鼓励职业学校与合作企业通过学徒制、委托培养、购买合同等多种方式深入合作，对企业举办职业教育和培训的投入部分给予税收抵扣；在校企深度合作的基础上，推进学历证书与职业资格证书之间的"课证"融通，职业教育学历证书要突出对职业能力的培养，在企业获得的专业技术职业资格证书可以作为进入更高等职业教育机构学习的凭证。

（3）充分利用职业教育综合改革试点，探索引入社会资本的体制机制创新。探索发展股份制、混合所有制职业院校，鼓励以股权出让、股份合作、联合培养等多种方式，引导社会资本进入公办职业教育机构；允许以资本、知识、技术、管理等要素参与办学并享有相应权利。

（4）鼓励境外资本进入职业教育领域。支持各类职业院校引进海外优质教育资源，鼓励中外职业教育机构相互交流。实施中外职业院校合作办学项目，探索和规范职业院校到海外办学。推动与我国企业和产品“走出去”相配套的职业教育发展模式，注重培养符合我国企业海外生产经营需求的本土化人才。

2. 创新提高职业教育水平的体制机制

（1）促进职业教育与普通教育间的横向联通。通过改造、兼并、划转、整合等方式，推动一批普通本科高等学校转变成应用技术型高等学校和高等职业教育学校，举办本科职业教育；在财政拨款、融资条件、土地使用、人才培养等方面，对普通教育与职业教育一视同仁。

（2）加快探索中职、高职、本科相互衔接。加快职业教育“注册入学”招生制度改革，中等职业学校面向初中毕业生实行注册入学，高等职业院校面向中职毕业生实行注册入学；加快探索“学分银行”制，推动普通高校与高职院校间的学分转换，积极探索中高职本科一体化人才培养模式；加快职业教育学制改革，使普通高等院校可以招收职业院校毕业生，并与职业院校联合培养高层次应用型人才。

3. 加强对职业教育的政策保障

（1）加大财政向民办职业教育的倾斜力度。加大对民办职业教育的政府购买服务；按照民办学校当年培养合格毕业生的数量，给予民办职业学校不低于职业学校公办生均经费标准的生均奖励；鼓励地方按照本科院校预算内生均拨款水平的一定比例给予民办高职院校经费补助，并逐步提高补助比例。

（2）推行职业教育券。积极推行以直补个人为主的支付办法，将鼓励民办职业教育发展与推行职业教育券相结合，完善面向农民、农村转移劳动力、在职职工、失业人员、残疾人、退役士兵等接受职业教育和培训的资助补贴政策，既达到对城乡困难家庭学生和农民工子女的资助，又有利于民办职业教育机构通过公平参与竞争提高职业教育的质量。

（3）组建职业教育集团。鼓励大型国有企业和行业龙头企业组建职业教育集团，探索根据本行业现实需要制订的人才培养模式，促进职业教育与产业发展深度融合。

第三节 以“去行政化”为重点的教育体制创新

行政主导下的教育管理体制是造成高校缺少办学自主权、教育结构不合理、人才供给性结构失衡的重要体制性因素。“十三五”，以“去行政化”为重点，加快推进教育体制改革，重在理顺中央与地方关系，理顺政府与学校、社会之间的关系，形成“政府管教育、学校办教育、社会评教育”的教育发展新格局。

一、推进高校“去行政化”的主要举措

深化高校综合改革，推进大学治理体系和治理能力现代化，高校“去行政化”是一个绕不过去且必须解决的突出问题。“十三五”，把加快推进高校“去行政化”作为着力破除高校发展体制机制障碍的重要任务。

1. 取消学校行政级别

教育“去行政化”，关键是取消学校的行政级别，首先是取消校长的“官帽”。扩大地方校长公选试点，对于所有通过公选上任的校长，取消行政级别；探索校长职级制，推行“专家型校长”，让教育家办教育，实现“校长岗位专业

化”；在任命校长时，取消级别称谓。

2．扩大高校办学自主权

（1）扩大和落实高校自主招生权。深化考试招生制度改革，在可核定的办学规模内，学校可自主确定招生范围和年度招生计划；深化高校自主选拔录取改革，健全优秀应届本科毕业生推荐免试录取制度，完善以导师团队为主导的复试选拔机制，支持高校选拔符合培养定位的学生。

（2）扩大高校专业设置权。除国家控制的专业外，支持高校按教育部相关规定自主设置和调整本科、专科专业，支持研究生学位授权单位按照国家和省相关规定自主动态调整博士、硕士学位授权点；支持高校建立专业设置动态调整机制，提高人才培养实用性；下放普通高校新增学士学位授予专业审核权。

（3）扩大高校岗位设置管理自主权。高校可根据实际需要和精简、效能原则，自主确定教学、科学研究、行政职能部门等内部组织机构的设置和人员配备；根据国家法律法规和宏观政策，自主管理和使用人才；全面落实公开招聘制度，高校可根据教育教学需要面向社会自主公开招聘教育教学、科学研究和行政管理等各类人员；教授、副教授评审权逐步下放到高校；支持高校建设职业化管理干部队伍，扩大实施高校职员制，逐步拓展管理人员晋升通道。

（4）扩大高校财产经费管理自主权。完善高校生均拨款制度，建立高校生均拨款标准动态调整机制。新增经费继续向基本支出倾斜，提高基本支出经费比例，降低专项经费的比例，扩大学校对专项经费使用和管理的自主权；营利性民办教育机构收费实行市场调节价，具体收费标准由民办教育机构自主确定。

3．完善学校内部法人治理结构

（1）建立健全高校理事会。建立普通高等院校理事会，优化人员构成；探索建立独立理事制度。充分发挥其在加强社会合作、扩大决策民主、争取办学资源、接受社会监督等方面的作用。

（2）保障学术委员会相对独立行使职权。依法设立学术委员会，逐步形成以学术委员会为核心的学术管理体系与组织架构，并行使学术事务的决策、审议、评定和咨询等职权，实现行政权力与学术权力的相对分离，保障学术权力相对独立行使。建立完善对违反学术规范、学术道德行为的认定程序和办法，维护良好的学术氛围。

（3）建立校务公开制度。完善各类信息公开制度，重点加大高校在招生考试、财务资产及收费、人事师资、教学质量、学生管理服务、学位和学科、对外交流与合作等方面的信息公开力度，保障教职工、学生、社会公众对学校重大事项、重要制度的知情权，接受利益相关方的监督；建立新闻发言人制度，及时准确回应师生和社会关切。

二、有效履行政府教育管理职能的六大任务

“十三五”，加快推进政府教育管理职能转变，以扩大地方高等教育办学自主权为目标，细化中央地方职责分工，着力向地方放权、向所属单位放权，鼓励地方积极推进教育改革试点。

1．明确中央地方教育职责分工

明确各级政府责任，规范政府办学行为，形成政事分开、权责分明、统筹协调、规范有序的管理体制。中央政府统一领导和管理国家教育事业，制定发展规划、政策方针和基本标准；整体部署全国教育改革试验，统筹区域教育事业协调发展。省级教育部门主要负责落实国家政策方针，积极开展教育改革试验，实现区域内教育改革与发展。

2．扩大地方政府自主权

加大省级教育部门对区域内高等教育的统筹；依法审批设立实施专科学历教育的高等学校，审批省级政府管理本科院校学士学位授予单位和已确定为硕士学位授予单位的学位授予点；统筹推进高等教育综合改革，促进教育区域协作，提高高等教育服务区域经济社会发展的水平。

3．探索教育行政权力清单与责任清单制度

通过便于公众知晓的方式，向社会全面公开教育相关职能部门的管理事项，让权力在阳光下运行。积极开展负面清单管理试点，尽可能地缩减负面清单的事项范围，逐步实现由事前审批为主到事中、事后监管为主的监管方式转变。

4．建立健全教育行政执法机制

完善教育法律法规执法体系，规范教育行政权力行使程序。加大教育行政执法力度，遵循法定职权与程序，运用行政指导、行政处罚、行政强制等手段，依法纠正学校的违法、违规行为，保障教育法律和政策有效实施。积极推行法律顾问制度。督促学校强化依法办学意识，完善高校和中小学依法治校评价指标体系，深入开展依法治校示范学校创建活动。

5．加大对教育的行政监督、评估和问责

加强政府内部的层级监督及监察、审计等专门监督，主动接受党内监督、人大监督、民主监督、司法监督、社会监督、舆论监督，形成科学有效的教育行政权力运行制约和监督机制。逐步建立健全教育行政绩效评估体系，重点对履行职责、行政效率、行政效益、行政成本等开展评估，评估的标准、指标、过程和结果应及时、准确地向社会公开。在做好内部评估的同时，要主动委托第三方开展评估，评估结果作为评价政府及其主要负责人教育行政工作业绩的重要参考，对不履行或者拖延履行法定教育职责的、超越或者滥用教育行政职权的、违反法定教育行政程序造成不良后果的，依法追究政府及工作人员的责任。

6．创新教育服务提供方式

健全政府购买教育服务机制，在决策咨询、学校管理、提供义务教育和学前教育、师资培训、特殊人群服务、教育质量和办学绩效评价等领域推广政府购买服务，提高公共教育服务的质量和效率，将大众创业、万众创新的活力进一步激发出来，形成教育促进经济社会发展的新局面。

三、教育投资结构要转型

“十三五”，创新教育服务供给方式，需要建立完善多元化教育投融资机制，鼓励社会力量和民间资本提供多样化教育服务，形成政府、企业、行业组织投资办教育的合力。

1. 调整财政性教育支出结构

（1）拓宽政府财政性教育收入来源。增设教育专项资金新渠道，探索开征教育税和发行教育公债来拓宽财政性教育收入来源。

（2）加大政府对基础教育的投资。集中投资，重点发展基础教育。国家必须优先确保基础教育的发展，尤其要确保中西部地区义务教育的经费投入。加大对农村义务教育的投资力度，运用财政转移支付功能使我国的公共教育投资向农村倾斜；进一步完善中央财政和地方财政分项目、按比例分担的农村义务教育经费保障机制。

（3）加大政府对民办教育的支持。各级政府可按照《预算法》《教育法》《民办教育促进法》等法律法规要求，调整优化教育支出结构，加大对民办教育的支持力度，将财政支持民办教育发展的资金纳入预算，并向社会公开，接受社会监督，提高资金使用效益。

（4）加大政府对职业教育的投资力度。重点加大对农村和贫困地区职业教育支持力度。建立公益性农民培训制度，培养新型职业农民；制定奖补政策，鼓励发达地区职业院校扩大对中西部地区及农村地区的招生规模；加强民族地区职业教育投资力度，改善民族地区职业院校办学条件，建设一批与市场衔接良好的民族文化传承创新示范专业点[①]。

① 国务院．关于加快发展现代职业教育的决定（国发〔2014〕19 号）[EB/OL]. 中国政府网，2014-05-02.

2. 创新教育投融资机制

（1）推进教育投资主体多元化。积极鼓励和支持社会力量以多种形式办学，形成以政府办学为主体、公办学校和民办学校共同发展的格局。

（2）推进教育筹资资本化。建立教育产业投资基金，将捐赠、教育债券资金、彩票收入等集中管理，投入资本市场运作，实现保值和增值；组建教育发展投资集团有限公司，破解制约民办教育发展的投融资难题；成立教育银行，不以营利为首要目标，但要进行严格的成本效益核算，主要从事中长期开发性信贷业务；探索民办学校的房屋、设施、土地使用权、知识产权、学费收费权、学生公寓收费权等全部法人财产和投资人的股权作为抵押物，向金融机构办理贷款，支持民办学校开展教育融资改革试点。

3. 建立教育投资管理的法制保障

加强我国教育投资的法律调控，完善各种监督机制，保障教育投资落实到位；建立完备的教育投资法律规范，引导和促进个人教育投资、民间资本进入教育市场；通过《教育捐赠法》的出台，建立完善教育捐赠事业的发展机制；明确各方面的投入义务与责任，规范国家、社会和个人的行为，将教育投资管理的全部活动纳入法制轨道。

四、高校教师管理体制改革要突破

“十三五”，创新高校教师选拔、任用、评价、晋升等制度，改革高校教师管理体制，充分调动教师的积极性、创造性，着力提高教师应用教学能力。

1. 强化“以人为本”的教师管理理念

教师作为教学活动的实践者，在学校管理活动中具有主体地位。尊重教师主体地位、以教师为中心是人本理念下高校教师管理的首要条件。在尊重教师主体地位的同时，让教师参与学校管理，使教师能够理解和感受自身的价值和地位，建立教师与校领导之间的互信关系。

2. 创新高校教师考核评价体制

（1）创新考核内容。为改变过去对教师的晋升和职称评定过度注重科研而忽视教学的状况，增加对教师教学实践的评价比重；丰富考核指标，将教师职业素养、育人效果等引入考核指标体系，使其更加科学合理。

（2）创新考核方式。探索实行网上评教，同事网上互评等考核方式。例如，建立职工绩效考核的专门网页和数据库，让每位教师将自己一年来所取得的教学、科研等业绩公布在网上，让所教学生和单位教职工同行到网上对相关人员进行不记名评议、投票；教务和院（系）也对每位教师进行评价，并将各个方面评价结果汇总、加权处理，从而自动生成对当事人的客观评价。

（3）将考核结果与晋升福利紧密挂钩。除了将考核与绩效工资挂钩外，还应将考核结果与教师个人的职称评聘、业务晋升联系起来。打破传统的提拔、任用、招聘方式，不论资排辈，为教师提供公平的晋升机会。在岗位出现空缺时，不论什么岗位，不限制原来的职务、职称，实行个人报名、群众评议、上级考核相结合。

3. 全面实行岗位薪酬管理制度

推进高校薪酬管理由身份管理走向岗位管理、绩效优先管理。高校要科学设置教学岗位，确定岗位职责，明确岗位胜任条件，加强岗位职责与业绩考评。根据地方经济水平、物价水平、教师学历职称和技术技能水平、工作年限和岗位工作环境等因素科学确定教师的基本工资和相关津贴补贴，根据岗位职责、岗位工作量和实际贡献等因素合理确定教师的绩效工资，做到"岗变薪变、技变薪变、绩变薪变"，逐渐淡化编制内与编制外的身份差异，缩小编制内教师与编制外教师的收入差距，实现同工同酬。

五、加强高等学校创新创业教育

"十三五"，适应大众创业、万众创新趋势，要把创新创业作为衡量教育结构调整和教育改革成效的一个重要指标，到 2020 年建立健全课堂教学自主学习、结合实践、指导帮扶、文化引领融为一体的高效创新创业教育体系。

1. 创新人才培养机制

（1）完善人才培养质量标准。在加强中央对教育顶层设计的同时，适当扩大学校权利，允许学校根据实际制定科学的人才培养方案；针对各自专业特点，尽快制定本科专业类教学质量评价标准，提高教学质量；尽快修订实施职业院校教学考核标准，加大对职业院校学生实用性技能的考核力度；逐步将创新能力、创业意识纳入高校学生考核指标体系之中，进一步激发学生创新创业能力与热情。

（2）建立创业就业导向的人才培养机制。强化校校、校企、校地、校所联系，打通人才交流机制和共同培养机制，探索建立符合经济社会转型需要的应用型、研究型人才培养机制；探索建立跨院（系）、跨学科、跨专业交叉培养创新创业人才的新机制，促进人才培养由学科专业单一型向多学科融合型转变。

（3）强化学生创新创业实践。高校应充分利用大学科技园等相关平台，制定合理的选拔评选机制，对具备创新创业能力的大学生提供技术、资金支持；鼓励学校建设专业实验室、创业实验室、大学生创业园等创新创业载体，并将其作为学生创新创业能力培养基地与实训基地；加强校企合作，鼓励聘用企业技术骨干到实验室、创业园担任兼职教授，提高学生学以致用的能力。

2. 改革学籍管理制度，鼓励在校生创新创业

鼓励在校生创新创业，关键在于形成良好的创新创业环境。为此，一是逐步建立并实施创新创业学分累积与转换制度，根据相应的折算系数，将被社会承认的创新创业成果折算为学分；二是改革学籍管理制度，逐步放宽学生学业年限，允许学生根据个人职业规划调整修学进程，允许在保留学籍的前提下休学创新创业。

3. 加强教师创新创业教学能力建设

（1）建立教师创新创业教育的考核评价制度。完善教师教学能力考核评价

制度，将创新创业能力及专业技术能力纳入考核指标体系中；实施教师任期制，完善教师定期考核、淘汰制度。

（2）建立创新创业教师引进机制。鼓励学校聘用一批具备丰富创业实践经验的企业家担任兼职教师。

（3）建立创新创业教师队伍激励机制。加快完善高校科技成果处置和收益分配机制，支持教师以对外转让、合作转化、作价入股、自主创业等形式促进科技成果产业化，并鼓励带领学生创新创业。

4. 完善创新创业政策保障体系

（1）加大资金扶持力度。优化高校经费支出结构，多渠道统筹安排资金，支持创新创业教育教学，资助学生创新创业项目。鼓励学校、个人及社会组织共同设立大学生创业风险投资基金，为大学生创新创业提供资金支持；鼓励保险公司开发创新创业保险项目，尽量减少创新创业失败的损失。

（2）鼓励大学生创业。采取如“大学生创新创业大赛”等多种措施激发大学生创业兴趣，营造良好的创新创业氛围；全面落实对大学生创新创业的扶持政策，尤其在项目策划、风险防范、资金支持等方面给予技术指导，降低大学生创业成本与失败风险。

第四节 “十三五”：教育需要第二次改革

1985 年中共中央出台的《关于教育体制改革的决定》，对过去 30 年的教育改革发挥了重大作用。“十三五”，我国既面临着经济转型与经济结构调整的双重挑战，也面临新一轮科技革命和产业变革的双重机遇。在此特定背景下，亟须谋划教育的第二次改革。

一、跳出教育改革教育

1983年，邓小平在给景山学校题词中写道，“教育要面向现代化，面向世界，面向未来”。“十三五”，面对转型改革的需求，面对广大社会成员对教育改革的期望和诉求，需要跳出教育看教育，跳出教育改教育，深化教育领域综合改革，“努力办好人民满意的教育”。

1. 跳出短期谋长期

未来5～10年是我国经济社会转型升级的关键时期，我国能否实现全面小康社会，能否迈进创新国家和人才强国行列，能否实现国家治理体系和治理能力现代化，取决于教育改革的成败。这就需要用现代眼光、世界眼光、长远眼光，摒弃教育改革“头疼医头，脚疼医脚”的做法，着眼于经济转型升级的大趋势，立足现实突出矛盾，加快推进教育结构、教育开放和教育体制三个方面的改革，到2020年初步形成具有国际竞争力的人才制度优势。

2. 跳出总量调结构

1978年恢复高考以来，为缩小与发达国家教育差距和人才差距，我国实行了总量导向的教育发展方式。进入发展新阶段，教育改革面临与以往截然不同的新形势，以做大总量为特征的教育发展方式弊端逐步凸显。例如，大学生“就业难”和农民工“用工荒”并存的悖论，主要不是人才总量问题，而是教育的结构性问题。从实践看，从一般性的劳动力到技能型劳动力的转型是产业结构升级对就业人口的客观要求，问题在于教育结构与转型升级、发展服务型经济不相适应，这就需要加快推进以优化结构、提升质量为基本目标的高等教育改革。

3. 跳出政策改体制

目前，我国教育领域中存在的问题，既与教育政策和体制不匹配相关，也与教育体制与经济体制、社会体制、文化体制之间的不匹配密切相关。正是由于政策与体制、体制与体制之间的冲突，大大降低了教育改革的成效。

以民办教育为例。目前，民办教育发展缺少的主要不是政策，而是公平发展的制度环境。民办学校按照“民办非企业单位”加以登记管理，由于相关的法律法规不配套，与公办学校相比，民办学校处于明显弱势地位。例如，民办学校教师养老保险执行的是企业职工养老保险政策，退休待遇仅相当于公办学校教师的一半，导致民办学校很难留住好老师。公共财政资源的分配主要是按照公办和民办的所有制性质，而不是按照公益和非公益性质，资金短缺一直是制约民办教育发展的难题。

4. 跳出功利塑人本

从现实问题看，教育改革首要的是要摒弃短期功利主义色彩，还育人之本质。从 2004 年发生在云南大学的“马加爵事件”到 2013 年的“复旦投毒案”，充分暴露了教育“重功利、轻人格”的弊端。中小学追求升学率目标，大学追求就业率目标；中小学老师热衷于校外课外辅导，大学老师把主要时间和精力花在到社会上举办讲座和发表核心期刊文章上。教育领域充斥着较为严重的功利化气息。当前，矫正教育领域短期功利主义倾向迫在眉睫，亟须把“立德树人”作为教育改革的基本目标。

二、重在教育发展方式的转变

我国现行的教育发展方式带有考试型、封闭性、行政化的特点，这正是难以形成自主创新能力、人才供给失衡的重要原因。

1. 由规模型向质量型转型

（1）我国教育发展的主要矛盾不再是总量规模不足，而是教育发展质量不高的问题。1999 年以来，我国教育实施规模扩张型、投入驱动型、硬件导向型教育发展方式[①]，普通本专科在校学生数已由 2000 年的 556.1 万人增长到 2014

① 辜胜阻，王敏，李睿. 就业结构性矛盾下的教育改革与调整 [J]. 教育研究，2015(05).

年的2547.7万人，增长了近4倍（见图9.5）；普通高等学校从2000年的1041所增长到2014年的2529所，增长了1.5倍①。但追求“高、大、全”的教育发展方式，一定程度上忽视了教育的内涵发展和效益提高，教育资源、师资力量、专业设置跟不上经济社会转型对人才的需求，导致大学生综合素质、技能水平与产业发展需求不相适应，就业难问题日益突出。

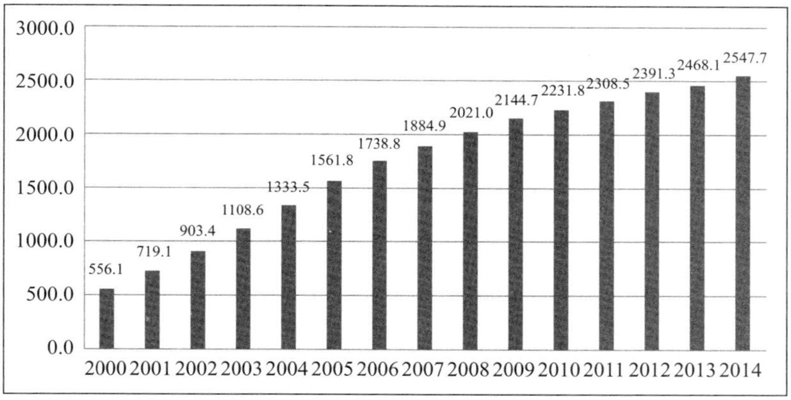

图9.5：2000-2014年普通本专科学生在校生人数（单位：万人）

数据来源：国家统计局．中国统计年鉴2015[M]．北京：中国统计出版社，2015.

（2）加快推进教育发展方式由规模扩张型向质量效益型转变。一是深化招生制度改革，逐步缩小全国统一高考、统一招生的范围，让一部分学校、一部分学科专业从统考统招中分离出来；二是坚持就业导向，改革专业设置制度，保障学生掌握实际应用技能，为社会提供有效的人力资源；三是把教学作为教师考核的首要指标，改变目前大学“重科研、轻教学”的教师评价体系，不断优化师资结构，引进高技能教师，提高师资力量。

2．由考试型向能力型转型

（1）应试教育培养模式不转变，素质教育难以破题。尽管我国强调素质教育多年，但实际上应试教育仍然占主导位置，考试成绩仍然是评价老师、评价

① 国家统计局编.2015中国统计摘要[M].北京：中国统计出版社，2015.

学生的硬指标。“只要学不死，就往死里学”、“提高一分，干掉千人”的高考动员口号，让很多学生的兴趣爱好和探求未知的热情淹没在应试教育中，师生成为分数的“奴隶”，素质教育难以破题。以最基本的身体素质为例，2014 年，全国大学、中学、小学近视检出率分别为 85%、70%、22%①。这种以“分数”为指挥棒、以“灌输知识”为主要职能的教育理念、教育方式、评价机制不转变，就很难实现向素质教育的转变。

（2）加快推动教育发展方式由考试型向能力型转型。一是推进办学机制创新，构建以职业发展和就业为导向的校企合作人才培养模式；二是强化实践环节教学，根据专业能力培养的要求，提高实践课程比重；三是推进职业教育课程内容与职业标准相衔接，尊重学生对学科专业设置和选择的意愿，实现政府、高校、教师、学生和市场在专业学科设置上的权力共享②；四是鼓励大型企业、科研机构和行业协会举办人才培养和职工培训融为一体，产教、科教融合发展，专业特色明显的特色学院。

3. 由封闭性向开放性转型

（1）封闭性教育模式不转变，人才供需的结构性矛盾难以化解。大学生毕业后的“二次回炉”，反映出长期以来高校封闭性教育模式与经济社会发展需求脱节的深层次问题。高校的封闭性体现在专业设置、课程开设、教学模式等多个方面。例如，我国高校专业建设更多是以学科自身逻辑发展和学校需要为依据，而不是以经济社会发展实际需要为主要依据，在学科分类基础上的专业设置制度严重限制了专业种类的扩展。特别是在服务业加快发展的趋势下，封闭性的专业设置模式难以适应多元化的人才需求，难以改变人才供给的结构性矛盾。

（2）加快构建开放性教育新模式。改变我国教育发展与经济社会发展严重

① 小学生近视率 37.36% 超全国平均水平 [N]. 重庆晚报，2015-06-06.

② 赵应生，钟秉林，洪煜 . 转变教育发展方式：教育事业科学发展的必然选择 [J]. 教育研究，2012（1）.

脱节的问题，关键在于打破“象牙塔”式的封闭性教育模式，打通学校与社会、学校与企业、政府与学校、学习与创业互联互通的通道；破除体制机制障碍，向市场放权、向社会放权、向地方放权、向高校放权，让教育模式从封闭走向开放。例如，推广部分省市的教学和学籍管理制度改革经验，建立创新创业学分累积与转换制度，高等学校在校学生休学创业的，允许调整学业进程，为其提供保留学籍休学创业机会。

4. 由行政化向专业化转型

（1）教育不“去行政化”，办学自主权难以落实。近年来，国家把推进以高校为重点的“去行政化”作为教育改革的重点。但从现实情况看，公办教育机构的行政化程度在一些方面有强化趋势，主要表现在行政权力控制教育资源配置。比如，职称评定标准主要由行政权力部门制定。公办教育的行政化也延伸到民办教育，突出表现在民办高校办学自主权缺失，其招生、专业设置、课程开设、收费等权力多置于行政权力束缚下。比如招生，一些地方教育行政部门为民办学校划定招生区域、招生人数、录取标准、招生时间等，民办学校的招生与公办学校一同“被规范”。

（2）加快推进教育由行政化向专业化转型。理顺政府和学校、公办与民办、学校内部行政与学术等关系，必须加快破除教育行政化，以“公益性、专业性和独立性”为导向改革公共教育机构，进一步推进简政放权，扩大学校的办学自主权，形成专业、高效的教育执行系统。

三、发挥市场在教育资源配置中的重要作用

教育体制改革的任务之一是发挥好市场这只“无形的手”和政府这只“有形的手”的作用，构建政府宏观管理、学校自主办学、社会多元评价的良性体系。

1. 市场应在教育资源配置中发挥重要作用

近年来，我国放宽了教育领域的市场准入，但教育领域仍存在较高的行政

管制，尤其是高端教育市场，使得教育资源配置中市场作用未能真正发挥。由于国内市场难以提供大量的优质教育服务，导致教育消费大量外流。由于教育的市场化改革滞后，导致民办教育发展步履维艰。例如，民办教育的收费应遵从市场化导向，但实践中很多民办学校没有定价权，民办学校被要求做好预算，三年内不准调整，甚至不能够按照成本收费，把民办学校收费卡得很紧。对于民办教育管制过多是导致近年来民办教育社会投入降低、学校数量减少的重要原因之一。

2．创新教育公共服务提供方式

十八届五中全会提出“创新公共服务提供方式，能由政府购买服务提供的，政府不再直接承办；能由政府和社会资本合作提供的，广泛吸引社会资本参与”。教育也不例外，应当成为政府购买公共服务的重点领域。教育资源配置又具有一定的特殊性，在政府“确保底线、维护公平”的前提下，充分调动市场办学的积极性，实现提供主体和提供方式多元化，满足多样化、多层次的教育消费需求。特别是在高等教育和职业教育等非基本公共服务领域，加快推进市场化改革，推动学校间相互竞争，提高办学质量，不仅能促进毕业生充分就业，还能促使学生学以致用，提高创新创造能力，释放人才红利。

3．发挥政府有效作用重在实现教育理念的转变

“十三五”，有效履行政府的教育管理职能，重在实现教育理念的五个转变：即实现由办教育向管教育转变；由微观管理向宏观管理转变；由重点管高校向保基本、促公平转变；由重点抓学历教育向抓国民教育转变；由重点管审批向事中、事后监管转变。教育理念的转变，在相当大程度上决定着教育第二次改革的前景，决定着“办好人民满意教育”的成败，决定着我国从人口大国向人才强国转型升级的进程。

Breakthroughs
in Transformation

第十章

监管变革

由传统市场监管方式向市场治理创新的转型

监管转型滞后成为简政放权纵深发展的“最大短板”。无论是简政放权向纵深推进，还是消费结构升级、释放内需潜力，都直接依赖于市场监管的有效性。“十三五”，在强化政府监管职能的同时，需要加快形成政府与社会协同的市场治理体系。

市场监管是现代市场经济条件下政府的基本职能。“十三五”，市场监管有着很强的特殊性。一方面，随着消费结构升级，释放内需潜力直接依赖于市场监管的有效性；另一方面，服务业市场双向开放，不仅考验我国对内资的监管水平，更考验我国对外资的监管能力。在这个背景下，以行政审批为主的传统市场监管模式难以为继，而新的监管模式尚未形成。总的来看，监管变革牵动影响政府改革全局，不仅涉及政府监管模式的改变，还涉及深层次的行政权力结构调整和政府理念变革，是一场深刻的政府“自我革命”。

第一节 “十三五”：从市场监管走向市场治理

2014 年下半年以来的简政放权改革与过去有很大的不同，提出了“放管结合”的新思路，要求各部门在放权的同时，必须采取有力的措施加强和完善监管。在新形势下，监管变革的重要目标是由市场监管走向市场治理。

一、监管转型滞后掣肘简政放权

以简政放权为重点的政府改革是本届政府的最大亮点，其在释放市场活力、促进经济转型、应对经济下行压力中发挥了重要作用。但从近年来食品药品监管问题频发与2015年股票市场的异常波动可以看出，监管转型滞后于简政放权改革进程，与扩大内需、拉动消费的现实需求和广大社会成员的期盼有着明显差距。总的看，监管转型滞后成为简政放权纵深发展的“最大短板”[①]。

1. 监管理念变革滞后具有普遍性

在现代监管模式下，行政审批与监管是分离的，监管主要是事中事后监管，事前的行政审批能取消尽可能取消，以便能够最大限度地激发市场活力。中改院课题组在2015年国务院第三方评估的调研中发现，不少行政部门在理念上仍把行政审批和监管看成是一回事，仍强调“谁审批、谁监管”，这在现实中往往演变成为“行政审批部门等同于监管部门”、“少审批就少监管、不审批就不用监管”等。实践证明，这既不利于行政审批制度改革，也不利于事中事后监管体系的完善。

2. 监管方式比较陈旧，社会参与监管严重不到位

（1）监管技术手段落后。不少部门习惯于“大检查、明察暗访、交叉检查、巡查、抽查”等传统方式。尽管2015年国务院出台了《关于运用大数据加强对市场主体服务和监管的若干意见》，但目前大数据等应用尚未普及，不少地方在省级层面，工商、国税、地税、质监等业务系统与行政审批工作平台尚未实现信息互通和资源共享，难以形成大数据的协同监管。2015年以来，各地一些安全事故频发，“东方之星”沉没、天津滨海新区爆炸、深圳滑坡等事故，与监管技术手段落后直接相关。

（2）监管缺乏社会信用基础。在现代监管模式下，监管需要以企业的社会信用为基础。而在我国现行监管模式下，社会信用体系尚未建立，一些企业违背诚信、假冒伪劣的行为得不到应有的惩处。比如，在事前行政审批为主的条件下，企业到银行贷款，银行却更相信政府批文。这使得现行监管模式难以摆

---

① 迟福林．监管转型是深化简政放权的关键[J]. 行政管理改革，2015（09）．

脱对行政审批的依赖，同时弱化了监管的有效性。

（3）社会参与监管严重不到位。“商有商道、行有行规”是我国自古以来就有的规矩。行业协会和商会曾经在推动企业诚信和自律中扮演着不可替代的角色。但在现行体制下，行业协会和商会行政化倾向较为严重。监管中政府唱“独角戏”比较普遍，行业协会和商会严重缺乏公信力，行业自律缺失，难以有效发挥传统“行帮商会”的作用。

3. 监管体制改革尚未取得实质性突破

（1）行政审批与监管“合二为一”的体制尚未完全打破。行政审批与监管是不同性质的行政权力，严格分离才能确保各自的有效性。尽管我国成立了各类监管机构，但在体制安排上仍带有“合二为一”的突出特点。例如，有的机构既有审批权，又有价格监管、垄断行业监管等权力；证监会、银监会、保监会等既是市场准入的审批机构，又是专业监管机构，这使得监管机构本身难以保持利益超脱和独立行使监管权。

（2）监管机构“九龙治水”尚未完全改变。近几年，地方层面在监管机构整合上进行了试点，深圳、上海、浙江、天津等地纷纷整合工商、质监、食药等部门，组建市场监督管理局（委），但在中央层面，监管机构的整合还没有跟上，使得地方层面的试点难以摆脱局限性。2013 年国务院机构改革仅仅有限整合了食品药品监管职能，很多监管职能依然散落在相关部门。例如，农业部门监管食用农产品质量，食品安全标准制定和风险评估由卫计委负责，食品生产容器和包装材料监管职能由质监部门承担，食品药品广告监管权在工商部门。

（3）监管部门专业化建设严重滞后。不仅表现在监管队伍专业化建设滞后，还表现在监管标准缺乏，现有的监管标准远远低于发达国家。由于监管标准较低，国内消费者被歧视的现象时有发生。例如，2015 年有媒体报道“星巴克在国内生产销售的蛋糕含有鞋底原料”，星巴克回应称：“蛋糕产品中确有添加该物质，但添加剂量符合中国相关法规要求。”

4．监管立法滞后

从发达国家经验看，监管职能法定、程序法定、机构编制法定是确保监管独立性、权威性、专业化的重要保障，也是规范监管行为的重要保障。改革开放近38年以来，我国监管立法严重滞后，法治监管的基础仍然相对薄弱。例如，《反垄断法》并没有把反行政垄断纳入在内；由于《证券法》尚未修改，原计划2015年下半年推出的注册制改革，不可避免地受到掣肘；《城市综合管理法》长期未出台，以行政规章为依据的城管执法越来越被动。

二、维护市场秩序重在转变市场监管理念

针对当前市场主体数量多、流动性大、违法犯罪行为剧增等情况，传统单纯依靠政府监管的理念面临巨大挑战。“十三五”，建设统一开放、竞争有序的市场体系，重在推进政府市场监管理念的转变。

1．单纯依靠政府进行市场监管的局限性越来越大

尽管市场监管是政府的基本职能之一，但在现代市场经济条件下，政府要面对无数个市场主体，单纯依靠政府自身力量进行市场监管很难做到“疏而不漏”，也不利于调动社会力量参与监管的积极性。以食品药品领域的监管为例，由于违法成本低而收益高等多种因素，从“地沟油”、“毒奶粉”到“毒馒头”、“假牛肉”等，以及各种非法添加物不断涌现，让监管部门防不胜防。近年来，地方层面成立的市场监管局从表面上看扩大了监管队伍，但由于多种因素，监管的专业性与监管形势不适应的矛盾突出，一些地方执法装备配备严重不足，以至于难以有效履行监管职责。

2．推动政府监管理念由市场监管向市场治理转变

市场监管是政府部门依靠自身力量对市场主体的经营活动进行监管。现代政府是一个有限的政府，完全依靠政府监管，不仅难以有效对市场主体进行监

管，而且还容易积累更多的矛盾。十八届三中全会提出，"推进国家治理体系与治理能力现代化"，在经济领域，首要的是市场治理体系现代化，而市场治理需要政府监管部门联合消费者、行业组织、新闻媒体等社会力量，共同维护市场秩序。与市场监管相比，市场治理的主体更多、更专业，监管能力更强，也更有效。在国务院推进"简政放权、放管结合、优化服务"的新形势下，应推进政府监管理念的变革，实现由市场监管走向市场治理。

3．以监管转型推动形成有效的市场治理

（1）由事前审批为主向事中事后监管为主转型。从发达国家的经验看，现代监管在事前监管上尽可能简化程序，实行负面清单制度，这样能够降低企业的市场准入门槛，最大限度地激发企业活力和市场活力。但企业准入门槛放开后并不意味着政府一味放任自流，需要采取更为严格规范的事中事后监管。"十三五"，随着事前行政审批事项的大幅减少，政府微观经济管理方式正在走向负面清单管理。在这个特定背景下，"十三五"，我国监管转型的首要任务是由事前审批为主向事中事后监管为主转型。

（2）由分散监管向统一监管转型。我国目前形成的监管模式带有分散监管的突出特点。在实践中，分散监管模式已经弊多利少、难以为继。以 2015 年的配资炒股为例，既涉及银行业，又涉及证券业，是由银监会负责还是由证监会负责难以区分，类似的"监管真空"不胜枚举，充分说明了分散监管的传统模式已经难以适应新形势变化。十八届三中全会明确指出，"实行统一的市场监管"。也就是说"十三五"尽快实现由分散监管向统一监管转型，成为监管转型的重要任务之一。

（3）由行政型监管为主向法治化监管为主转型。在现行体制下，监管机构主要按照行政等级行使职权，无法获得独立性，难以形成专业化的队伍。随着"一带一路"和自由贸易试验区战略的实施，建设国际化营商环境成为稳定经济增长预期、推进经济转型升级的战略选择。在这个特定背景下，推动市场监管由行政型为主向法治化为主的转型既有现实性，又有迫切性（见表 10.1）。

表 10.1：我国过渡性监管模式与现代监管模式的比较

	监管理念	监管方式	监管体制	监管法治化程度
现代监管模式	事中事后监管为主	运用大数据等现代化手段进行监管；以社会信用为基础；重视发挥社会力量进行监管	监管机构独立于行政审批机构；全程监管、统一监管；监管专业化	监管机构法定、职责法定、程序法定
我国过渡性监管模式	以事前行政审批为主	监管部门以人力监管为主；忽视社会信用作用；政府唱“独角戏”的特点突出	监管机构与行政审批机构合二为一；分段监管、九龙治水；监管缺乏专业化	监管主要以行政规章为依据，监管程序带有主观性、随意性

资料来源：中改院课题组整理。

三、2020：建立起有效的市场治理体系

“十三五”，推进传统市场监管方式向市场治理创新的转型，关键是转变政府监管理念，基本形成政府与社会力量共同监管的多元治理格局。

1．到 2020 年建立起比较完善的事中事后监管体系

（1）创新市场监管体制机制。与负面清单管理相适应，以市场监管与行政审批严格分离为原则，全方位梳理各部门需要监管的事项，加快建立完善的消费市场监管体系、金融市场监管体系和垄断行业监管体系，到 2020 年建立起比较完善的事中事后监管体系。

（2）建立监管部门的信息互联共享机制。地方政府基本实现工商部门、审批部门、行业主管部门及其他部门之间的信息实时无障碍交换。

（3）基本建立起统一的市场监管模式。以减少层级、整合队伍、提高监管效能为原则，组建统一的市场监管队伍，形成监管合力；健全跨部门联动响应机制和失信惩戒机制，形成“一处违法、处处受限”的联合惩戒机制。

2．到2020年基本形成多元市场治理体系

在强调政府主体责任的同时，充分发挥行业组织的自律作用、市场专业化服务组织、公众和舆论的监督作用，促进市场主体自我约束、诚信经营，有效发挥社会力量在市场监管中的独特作用。到2020年，形成以政府为主体，公众、社会组织、新闻媒体等社会力量共同参与市场监管的合力，基本形成多元市场治理体系。

3．到2020年初步建立监管法治框架

（1）实现监管职责法定。监管法律体系初步完善，每一项监管权、每一个监管机构的设立均做到于法有据、可问责。

（2）实现监管程序法定。以法定程序约束监管部门自由裁量权取得重要突破，监管执法权的行使严格规范。

（3）实现监管机构编制法定。依法合理规范监管机构编制，监管机构编制向基层执法队伍倾斜，形成监管队伍专业化强有力的体制保障。

第二节　加快市场监管体制转型

监管转型滞后的深层次矛盾在于监管体制改革滞后。从实践看，如果没有监管体制改革的深入推进，无论是消费市场监管转型、垄断行业监管转型，还是监管方式转型，都难有实质性突破。加快推动监管体制创新，成为“十三五”监管转型不可回避的重大课题。

一、实现行政审批与市场监管严格分开

当前，市场监管仍保持着行政审批与市场监管“合二为一”的突出特征，以行政审批取代监管的矛盾比较突出，前置性审批过多不仅抑制市场活力，也

难以保证事后监管的有效性。要真正建立公平公正的市场秩序，不能靠行政审批，而要靠市场监管，这就需要把行政审批与市场监管严格分开。

1. 行政审批与市场监管属于不同性质的管理职能

（1）行政审批与市场监管的侧重点不同。行政审批是行政机关事前把关的手段，主要是为了限制不利于公共利益的行为，防止公民和法人对权力和自由的滥用，具有一定的自由裁量权，主要包括审批、核准、批准、同意、注册、认可、登记、检验、年检等几十种。市场监管是对市场经营活动进行约束限制的行为，包括规范、监督和查处职能。二者在范围、程度上有着本质区别。现代市场经济条件下，行政审批与市场监管是两个不同性质的事物，事前审批是政府行政权力，需要依法界定权力清单；有效的市场监管主要是事中事后监管，而不是前置性的审批。对于前置性的审批尽可能做到越少越好，对于事中、事后的监管则需大力强化。

（2）以行政审批为基础的市场监管难以为继。在传统体制下，市场监管以前置性的行政审批为主，通过行政审批为企业层层把关，严重抑制了市场活力，而事中事后监管的体制安排则相对薄弱。在现代市场经济条件下，行政审批与市场监管是不同性质的权力，都需要于法有据。随着“十三五”负面清单管理的全面实施，无论是消费市场领域，还是反垄断领域，在大幅度削减行政审批事项的同时，都面临着重构现有市场监管体系的问题。

2. 行政审批与市场监管职能分开

（1）行政审批与市场监管职能的严格分离势在必行。多年来，行政审批与市场监管不分的体制不仅导致重审批、弱监管的问题，还带来寻租腐败问题。据报道，2013 年下半年以来，全国范围内多位现任或曾任行政审批部门的官员落马。这些官员落马背后重要的体制根源在于行政审批与市场监管没有严格分开，官员所掌握的行政审批权过大。“十三五”，建立公平竞争的市场秩序对行政审批与市场监管职能的严格分离提出多方面的改革诉求：只有二者严格分离才能真正落实行政审批与市场监管各自的主体责任；只有二者的严格分离才能在市场监管机构改革上破题；只有二者严格分离才能克服封闭式的监管模式，走向公开透明的市场监管，有效克服权力寻租和腐败现象。

（2）推进行政审批与市场监管职能严格分离。目前，负面清单管理模式已经开始在多个领域探索。以证券市场为例，下一步的改革目标是实现IPO的注册制，这意味着证券市场将告别准入行政审批时代，由此需要在行政审批与市场监管职能严格分离的基础上重点强化证券市场的监管职能。未来2～3年，随着金融、能源、基础设施、公共服务等领域负面清单管理模式的推行，需要实现行政审批与市场监管职能的严格分离，并强化市场监管职能。

3. 行政审批与市场监管机构分开

（1）实现审批机构与监管机构相分离。尽管这些年我国出台了不少市场监管的法律法规，但执行效果并不好，一个重要原因就是审批权与监管权长期不分。为此，一些需要保留审批事项的部门，应当成为科学规范、高效的审批部门，行政审批与市场监管在机构上要严格分开。

（2）组建综合性、权威性的市场监管机构。由于监管职能和监管权力结构配置的不合理，同一事项的监管往往分散在多个部门。虽然目前部分机构已进行调整，但在消费市场监管、垄断行业监管等方面远未到位，距离现代市场经济条件下有效的监管体制还有较大的距离。为此，需要尽快从国家层面整合监管机构，组建综合性、权威性的市场监管机构。

（3）实现市场监管机构的独立性、专业性。现代市场经济条件下，市场监管的权威性主要靠监管机构的独立性、专业性来实现，而非简单地依靠部门领导意志去执行。市场监管部门如果频繁受上级领导干预，很难公正独立地行使监管权。例如，股票市场的IPO不能由上级领导“打招呼”就可以让公司上市。建议赋予市场监管机构享有同级政府或行政部门所享有的制定行政规章或规范性文件的准立法权限和行政裁决权，加快推进市场监管机构去行政化。

二、推进重点领域监管转型

“十三五”，把握全局、突出重点，以释放内需潜力为重点破题监管转型，争取在消费市场监管转型、垄断行业监管转型上取得重要突破。

1. 以消费市场监管转型释放内需潜力

（1）以建立溯源体系为重点加快消费市场监管转型。20 世纪 90 年代以来，美国、欧盟、日本等逐步引入了消费品全程标识追溯系统，强调对生产、收获、加工、包装、运输和销售等环节实行全过程监管，避免因任何环节遗漏造成商品安全事故。目前，国内产品溯源技术在食品、药品、化妆品、保健品、农产品等领域开始推行，但产品溯源标准参差不齐，而且主要由企业主导，难以真正获得消费者信赖。建议由质监部门牵头，建立国家层面权威的第三方消费品溯源平台，形成统一标准，实现全程溯源，保证溯源数据信息的真实性和完整性，并在此基础上建立问题商品的追溯与召回制度。

（2）严刑峻法打击消费市场假冒伪劣行为。假冒伪劣商品成为当前抑制消费的重要因素。不仅传统消费市场，网络消费市场也充斥着假冒伪劣商品。据2014 年下半年国家工商总局对淘宝、天猫、京东、1 号店等主要网购平台的重点商品抽查显示，在 92 个批次的样品采样中，只有 54 个批次的样品为正品，正品率仅为 58.7%，非正品率达到了 41.3%[①]。无论是从刺激消费，还是从营造安全健康的消费环境出发，都有必要加大对消费市场假冒伪劣行为的打击力度。为此建议：一是加大对假冒伪劣行为的处罚力度，大幅提高制假售假的违法成本；二是邀请公安部门联合打假，对触及刑事案件的移交司法机关处理；三是加强知识产权行政执法和司法保护，积极营造良好的保护知识产权的法治环境和市场环境；四是加强地区间协调，建立跨地区监管机构，彻底打破地方保护主义。

---

① 淘宝被查商品六成多不合格 [N]. 北京日报，2015-01-24.

（3）加快形成消费市场大监管的体制框架。从国际经验看，实行中央一级垂直管理是当今世界发达国家克服消费市场监管失灵的重要手段。从我国消费市场监管的实践看，市场监管职能分散在工商、食品药品监督管理局、质量监督局等部门。近两年来，全国各地开始探索统一的大市场监管体制，彻底打破过去"各管一段"的格局，实现了消费市场的统一监管。问题在于，这项改革还限于市县一级，中央和省级层面的改革尚未推开，造成"一个孩子三个爸"、下合上不合的尴尬局面。无论是转变政府职能，还是理顺中央与地方关系，"十三五"都有必要加快中央与省级层面的市场监管体制改革，尽快形成从中央到地方统一的消费市场大监管体制，实现从中央到地方的垂直管理。

专栏 10.1

发达国家普遍采取消费市场监管垂直管理模式

发达国家普遍采取的是监管重点区域布局的做法，协调中央和地方政府监管事权划分，有效调动各层面积极性。纵观各国做法，总体上有三类模式。

一是以美国为代表的地理分布模式，联邦监管机构根据地理区域设置若干派出机构。美国食品药品监管局设置了众多派出机构，包括中部、东北部、东南部、西南部和太平洋区5个地区办公室，管理20个辖区办公室和近200个监督检查站。

二是以日本为代表的行政分级模式，其监管体制包括中央和都、道、府、县等地方自治体两级。日本在中央层面设立消费者安全厅和医药食品局等机构，负责跨国监管事务并指导地方做好监管工作，大部分行政许可和日常监管都由属地负责。

三是以德国为代表的单一监管模式。例如德国联邦消费者保护与食品安全局对市场进行统一监管。

资料来源：中改院课题组整理。

2. 以破除服务业领域行政垄断为重点的监管转型

（1）建立行政垄断审查机制。多年来服务业领域难以对社会资本放开，关键问题在于服务业领域的行政垄断没有真正被纳入到反垄断的范围。2013年以来，我国对内外资企业加大了反垄断调查，葛兰素史克、默克、微软、克莱斯勒、奥迪等跨国企业纷纷被查。尤其是2014年，我国对内外资企业共开出18亿元罚单，创下历史纪录[①]。随着服务业市场的壮大，反垄断对于保障服务业健康发展非常必要，建议：一是反垄断要常态化、制度化，对内外资企业平等监管，谁垄断就调查谁，不搞选择性执法，不偏袒任何一方；二是针对当前不少行政垄断行为都有行政文件，比如条例、规章或意见等依据，需要行政部门出台的相关行业政策、指导性文件需向反垄断委员会备案，并建立反垄断审查机构对其审查的机制；三是尽快对现行行政法规进行系统的反垄断审查，废除各类导致行政垄断的行政法规。

（2）完善服务业市场监管标准体系。从国际经验看，服务业领域监管过度会阻碍创新，监管不到位会导致企业“劣币驱逐良币”，关键问题是监管要有科学的标准。例如，美国政府对服务业的监管重点在于维护市场竞争秩序和社会公共利益，限制过度竞争或不正当竞争，防范社会风险，积极促成《服务贸易协定》《金融服务协议》《基础电信协议》等文件的签署。建议从发展势头快、创新速度快、容易出问题的服务业领域入手建立监管标准：在生活性服务业领域，重点加快健康、教育、文化、电信等监管标准建设；在生产性服务业领域，重点加快互联网金融、电子商务、研发、设计等监管标准建设。

（3）实现服务业领域市场准入的负面清单管理。应当承认，市场经济条件下，“非禁即准”应当是一个基本原则。当前，服务业领域仍然实行严格的行政审批程序，很大程度上制约了服务业发展。从全国的情况看，中央深改组第十六次会议已经讨论通过《关于实行市场准入负面清单制度的意见》，全面推行市场准入负面清单管理的时机和条件基本成熟。建议：一是尽快推广市场准入负面清单，并根据实际运行情况，不断减少负面清单长度；二是与负面清单相配套，加快出台各级政府的权力清单，真正把权力关进制度的笼子里；三是尽快推出各级政府的责任清单，重点突出市场监管和公共服务领域的责任清单，

① 2014年反垄断共开18亿罚单 专家：谁垄断就调查谁[EB/OL]. 联合早报网，2015-01-03.

以此形成倒逼市场监管和公共服务体制改革的新局面。

三、调整优化监管权力结构

监管转型不是一个简单的技术问题，它触及深层次的行政权力结构调整。考虑到"十三五"监管转型的现实性、迫切性全面增强，以强化统一性、专业性、权威性为目标，尽快调整优化市场监管机构，形成消费市场监管、垄断行业监管有效性的体制保障。

1. 组建专司消费市场监管的国家市场监督管理机构

从国家层面看，组建统一消费市场监管机构的条件已基本成熟。尤其是"互联网 +"时代为建立涵盖生产、流通、消费全过程的监管体系提供了重要条件。当前，不少地方政府成立了综合性的市场监管局并取得较好的效果。建议尽快整合国家食品药品监督管理总局、国家质量监督检验检疫总局和国家工商行政管理总局的消费品安全监管职能。以这三个机构作为国家市场监督管理总局的执行局，使其成为独立性、专业化的消费品安全监管机构。

专栏 10.2

美国消费品安全委员会职能借鉴

美国消费品安全委员会（Consumer Product Safety Committee）简称CPSC，是美国联邦政府机构。主要职责是对消费产品使用的安全性制定标准和法规并监督执行。其管理的产品涉及15000种以上，主要是家用电器、儿童玩具、烟花爆竹及其他用于家庭、体育、娱乐及学校的消费品。但车辆、轮胎、轮船、武器、酒精、烟草、食品、药品、化妆品、杀虫剂及医疗器械等产品不属于其管辖范围内。

以儿童玩具为例，其检查项目包括：阻燃性、拆开性等，对儿童玩具现有的或潜在的危险性和危害性进行评定，以防儿童受到伤害。这种检查不是为了难为企业，而是为了对消费者负责；检查的不是企业的生产质量，而是检查产品使用之中的安全性。

CPSC 制定的标准和法规很细致。如电冰箱的安全使用问题都考虑到了小孩子如果爬进去了，能否叫小孩子安全地出来；打火机的安全使用问题考虑到5岁以下儿童能否打着，能否烧伤儿童等。对于机动车及残疾人用品等安全问题不在其管理范围之内，有其他专门机构负责。

CPSC 管理手段主要是：（1）罚款；（2）电视媒体曝光；（3）必要时，追回有问题的产品；（4）通过法律程序解决问题。

资料来源：中改院课题组整理。

2．建立统一的国家反垄断机构

（1）统一反垄断职能。我国自 2007 年《反垄断法》出台以来，反垄断执法工作在国务院反垄断委员会领导下，由商务部反垄断局、国家发改委价格监督检查与反垄断局、国家工商行政管理总局反垄断与反不正当竞争执法局三个机构各管一段。从反垄断的执法实践看，由于三家反垄断机构调查及处罚难以统一协调，使反垄断的效果大打折扣。统一反垄断职能势在必行。

（2）建立统一的国家反垄断局。整合商务部反垄断局、国家发改委价格监督检查与反垄断局、国家工商行政管理总局的反垄断执法权，组建统一的国家反垄断局，作为国务院的直属执行机构。

（3）实行统一的反垄断体制。建议：一是对不同所有制的企业实行统一的市场监管标准和监管规则，实质性增强反垄断的有效性；二是与行政审批部门改革统筹考虑，将前置性审批机构的人员尽可能转移到反垄断执法机构中去；三是与国际惯例接轨，逐步建立既适用于内资又适用于外资的法治化、规范化反垄断体制。

专栏 10.3

建立统一的国家反垄断执行机构的方案比较

借鉴世界各国反垄断执行机构设置，并考虑到我国反垄断的现实状况，可供选择的方案有两种：

方案 1：组建直属于国务院的国家反垄断局。充分赋予其专司反垄断专业性事务的权力，对所有经济领域的垄断现象实行全面监管。为防止地方保护主义，可考虑独立监管机构由中央垂直管理。

方案2：把分散在商务部、国家发改委、国家工商总局三个部门的反垄断执法权统一整合到商务部，建立反垄断机构的垂直管理体制，对内外资统一监管。

资料来源：中改院课题组整理。

第三节　形成政府与社会协同的市场治理体系

维护市场秩序是全社会的共同责任，需要形成全社会参与的合力。在强调政府市场监管主导作用的同时，引导各类市场主体自治，促进市场主体自我约束、诚信经营，充分发挥行业组织的自律作用、舆论和社会公众的监督作用，逐步形成统一开放、竞争有序的市场生态环境，基本建立起与市场经济发展相适应的市场治理体系。

一、引导市场主体自治

市场主体诚信经营不仅能减轻监管机构的压力，还有利于企业树立良好形象，塑造企业品牌，提升消费者的品牌忠诚度。为此，形成有效的市场治理格局首要任务是引导各类市场主体诚实守信经营。

1. 提升企业社会信用

引导各类市场主体强化信用意识，维护公平竞争的市场环境。例如，建立企业信用档案，鼓励市场主体在安全生产、质量管理、营销宣传、售后服务、信息公示等方面切实履行法定义务；建立企业信用记录备案查询制度，通过建立政府与市场相结合、线上与线下相结合的信用约束机制，鼓励支持市场主体通过互联网为消费者提供公平、公正的信用评价服务，客观公正记录、公开交易评价和消费评价信息；完善企业信用管理，将有违规行为的企业列入诚信经营“黑名单”并向社会公开，提高企业违规失信成本。

2. 推行法人承诺制

现代监管体制以企业信用为基础，建立在企业自律的基础上。从国际国内经验看，法人承诺制是避免过多行政审批，强化企业信用的有效方式。在这个前提下，政府可以下放更多含金量高的审批权。2014年以来，海南在食品药品监管行政审批领域试行“法人承诺制”，取得了比较好的效果。建议总结海南经验，进一步完善推广法人承诺制，形成以企业信用为基础的事后监管。对必须保留审批的事项，由监管部门向申请企业提供责任承诺书和审批要件清单，企业法人签署对材料真实性负责，审批部门可当场或当天发放批件和许可证。事后，监管部门在规定时间内组织现场核查，如发现企业造假，再对其进行严厉惩处。

专栏10.4

海南食药监管局启动法人承诺制

2014年9月，海南省食药监管局启动法人承诺制审批模式，正式接受企业申报，企业可根据需求选择审批模式。此举可使原来10～20个工作日的办结缩短为当天办结，有助于实现管理重心从事前审批向事中、事后监管转变。

法人承诺制审批模式是将原来需要审批前到现场检查核实设施、设备等相关硬件条件是否符合规定要求和标准，改为通过企业在知晓申报条件和标准后，承诺该申请事项所涉及的需现场检查的硬件条件符合要求，并作出“违者愿罚”的具体承诺，审批部门只需审查具备申请条件所要求的相关材料及证件，即可给予快速通过审批。

省食品药品监管局局长冯鸣说，实施法人承诺制模式审批改革，优化了审批流程，有效缩短了审批时限，有助于实现管理重心从事前审批向事中、事后监管转变。在不降低监管标准的前提下，实现行政审批项目的“快准入”，为加快全省医药行业诚信体系的建设和海南省食品药品产业健康快速发展起到促进作用。

在通过采取法人承诺制审批模式后，监管部门在规定时间内，组织现场核查企业承诺需现场检查所涉及的设施、设备等硬件条件，如有虚假，监管部门收回审批决定书，企业自愿承担由于恶意造假行为所造成的后果并承担相应的法律责任，自愿接受事先承诺的处罚。

资料来源：海南食药监管局启动法人承诺制审批模式[N]．海南日报，2014-09-09.

二、发挥行业组织的自律作用

从发达国家的经验看，行业协会在行业准入、标准制定、行业规范等方面发挥了重要的监管作用，甚至地位在某种程度上超过了司法部门和行政执法部门，为保证其独立公正发挥监管作用创造了有利条件。"十三五"，需要尽快实现行业组织的去行政化，形成行业协会、商会自律的基础制度。

1. 清理"红顶中介"，推动行业组织"去行政化"

（1）行业组织不能成为政府机构的附属物。改革开放以来，虽然各行各业都形成了数量众多的中介组织，但这些中介组织大多是行政机构的附属物，缺乏应有的独立性，由此使其在维护市场竞争秩序中的作用十分有限[①]。近年来，由互联网引发的跨界融合产生了不少新的行业，例如，微信商务、金融 P2P 等都需要加强行业自律和社会监督。建议在这些领域以社会民间机构为主，组建行业协会、商会，避免走行政化的老路子，推进行业协会、商会的增量改革。

（2）一些行业协会限制竞争。某些行业协会操控价格、排挤竞争等，反而成为扰乱市场秩序的重要来源。当前，行业协会、商会等很难在市场诚信体系建设中发挥有效作用。以食品药品事件频发为例，行业缺乏底线自律超出了人们的想象。再比如，证券市场上投机盛行，中小投资者利益常常得不到有效保护。

（3）加快推进社会组织"去行政化"。与政府简政放权的改革相配套，摸清"红顶中介"的家底，全面清理"红顶中介"，建议聘请第三方机构参与调查，发动社会力量参与监管。尽快推动现有行业协会的"政会分开"、"去行政化"。实现行政机关与行业协会、商会在人员、财务资产、职能、办公场所等方面真正脱钩，形成新的经费筹措机制，避免行业协会、商会对行政部门的过度依赖。对于从事行政审批前置中介服务的市场中介组织，在人、财、物等方

---

① 迟福林 . 推进市场监管向法治化转型 [N]. 经济参考报，2014-06-27.

面必须与行政机关或者挂靠事业单位脱钩，杜绝行政部门领导不适当干预行政审批。

2. 推行“一行多会”，支持各个行业的民营企业自愿组建行业组织

借鉴发达国家的经验，支持各个行业的民营企业在自愿的基础上联合建立各类商会、行业协会，使其在行业自律、社会监督上发挥重要作用。同时，推行“一业多会”，加快形成有效的竞争机制，使得更多的社会组织有能力承接政府下放的管理事项。争取到2020年，形成覆盖各行各业的中介组织体系框架。为此，建议：一是加强行业协会、商会的行业自律、企业自律职能，在推动诚信体系建设中迈出实质性步伐；二是鼓励和支持中小企业自发设立“草根性”行业协会和商会，在解决行业壁垒、融资难、克服政府乱收费等方面有新的突破；三是放手发展，支持农户自发成立各类农村土地、农产品流通、生产资料集中购买等相关合作社，在提升农业组织化、专业化程度，发展规模农业上有新突破；四是发展各类“草根性”消费者协会、投资者权益保护协会，实质性改善消费环境、投资环境。

3. 发挥行业组织在监管标准制定、监督企业自律中的重大作用

（1）鼓励支持行业协会、商会建立行业标准。鼓励行业协会、商会制定发布产品和服务标准，参与制定国家标准、行业规划和政策法规；支持有关组织依法提起公益诉讼，进行专业调解；加强行业协会、商会自身建设，增强参与市场监管的能力[①]。

（2）发挥专业机构在市场监管中的作用。建立健全市场专业化服务机构监管制度。例如，鼓励律师事务所、会计师事务所、税务师事务所、司法鉴定机构和信用服务机构等提供专业服务。

（3）完善社会组织法人治理结构。对行业组织的专业性、独立性、治理框

---

① 国务院关于促进市场公平竞争维护市场正常秩序的若干意见 .（国发〔2014〕20 号）[EB/OL]. 中国政府网，2014-06-04.

架作出规范，通过建立完善的法人治理结构，形成自己的社会责任担当。

专栏 10.5

上海自贸区成立社会参与委员会，引导社会力量参与市场监管

设立“社会参与委员会”，是上海自贸试验区总体方案中提出的积极鼓励社会力量参与市场监督的一项创新任务。作为自贸试验区事中事后监管6项制度创新之一的社会力量参与市场监督制度，有效融合了政府部门的行政管理、企业的经营自律、社会公众的参与监督，将构成一个完整的市场管理与监督体系。

目前“社会参与委员会”首批常务委员单位共有42家，覆盖自贸试验区的4块区域，集聚了国资、民营、外资、合资等不同性质的企业。这些企业中，既有传统的金融、贸易、航运、加工制造和仓储物流企业，也有跨境通、云计算等代表新业态、新模式的新型企业；既有试验区本土的行业协会，也有市级商会及行业组织参加，具有广泛的代表性。

成立后的“社会参与委员会”，将积极参与自贸试验区政策和制度创新，推动完善企业诚信体系和市场自治自律体系。在自贸试验区形成行政监管、社会监督、行业自律、公众参与的综合管理和监督体系。

具体体现为：引导企业和相关组织等表达利益诉求，参与试点政策评估和市场监督，支持行业协会、商会等参与自贸试验区建设，推动行业协会、商会等制定行业管理标准和行业公约，维护诚信守法、公平公正与开放的市场秩序；推动和协助社会力量兴办各种有利于自贸试验区建设的事业；对行政机关及其工作人员提出意见和建议，推进行政职能转变，提高工作效率。

资料来源：宋宁华．自贸区“社会参与委员会”今揭牌［N］．新民晚报，2014-09-29.

三、鼓励社会参与监管

在现行体制下，即使给监管部门大量增加经费和编制，也很难全面解决监管中的矛盾与问题，出路在于调动多方力量，尤其是社会力量，形成全社会的监管合力，构建多元监管体系。

1．建立健全企业信用信息公示制度

（1）及时发布企业信用信息，接受社会公众监督。各类市场主体每年定期

要通过信用信息公示系统向市场监管部门报送上一年度报告，并向社会公开。

（2）建立企业异常名录、严重违法企业名单。对被列入异常名录和严重违法企业名单的企业，市场监管部门要通过企业信用信息系统向社会公示，并提出预警，对情况严重的移交司法机关处理。

（3）建立健全信用修复机制。给予企业纠正行为的机会，对被列入严重违法企业名单的企业，满足一定条件下可申请移出。

2．健全舆论监督机制

（1）鼓励媒体揭露企业违法行为。鼓励媒体通过新闻、调查、评论等多种方式，对企业违法行为进行监督，震慑违法行为，形成全社会参与市场监管的良好氛围；对新闻媒体揭露的违法行为，监管部门要及时查处，并对改进情况进行督查。如果监管部门敷衍了事，则应追究有关领导责任。

（2）加强新闻立法。以法律的形式明确规定舆论的监督权、批评权，以及侵权责任等，完善虚假宣传、恶意报道惩罚机制，严惩以有偿新闻恶意中伤企业和消费者的行为。

3．完善社会举报制度

（1）建立投诉举报热线平台。以 12315 热线为基础，整合优化各职能部门的投诉举报平台功能，建立对接机制，实现信息共享，逐步建设互联互通、统一便民高效的消费投诉、经济违法行为举报和行政效能投诉平台。

（2）运用和规范互联网监督。支持公众利用微信等新媒体对市场主体进行监督，为群众投诉举报违法行为提供更加便利、通畅、有效的渠道；完善法律法规，推动互联网监督的法治化、规范化。

（3）建立健全有奖举报制度。充分发挥公众的监督作用，建立健全公众参与监督的激励机制，完善有奖举报制度，安排专人受理公众举报，依法为举报人保密；对举报的涉案线索抓紧核实，一查到底，处理到位。

第四节 以大数据为重点创新市场监管方式

“十三五”，充分利用大数据技术创新监管方式，成为降低监管中的人力物力成本、提高监管效能的重大任务。这不仅有利于提高监管的针对性、有效性，也有利于实现“放管结合”和发挥社会公众对市场主体的监督作用。

一、建立全国统一的市场监管信息平台

企业信息是实施大数据监管的首要前提和基础，运用大数据加强和改进市场监管，需要尽快建立全国统一的市场监管信息平台。

1. 打破“信息孤岛”，实现部门间信息共建共享

依托国家人口基础信息库、法人单位信息资源库和企业信用信息公示系统等资源，尽快建立全国统一的信用信息系统；打破信息的地区封锁和部门分割，整合银行、工商、税务、交通管理、安全生产、质量监督、统计等部门的信用信息，实现各地区、各部门信用信息共享，消除部门间信息壁垒；对企业违法失信信息，除法律法规另有规定外，一律网上公开，提高市场监管的透明度与政府公信力。

2. 推动监管事项全覆盖，建立实时监管机制

利用互联网快速发展的条件，建立“互联网 + 监管”模式，推进“智能”监管，实现监管事项全方位、实时化监管；充分运用互联网技术实现在线即时监管，加强非现场监管执法，通过大数据将企业市场准入、质量监管、市场交易监管、消费维权、食品安全等信息纳入监管系统，完整记录市场监管的全过程，实现监管信息可查询、可追溯、可运用的目标，提升市场监管效能。

3．实现企业信用信息公开

加快建设市场主体信用信息公示系统，依法对企业注册、行政许可、行政处罚等基本信用信息以及企业年报、经营异常名录和严重违法失信企业名单进行公示，提高市场透明度，并与国家统一的信用信息共享交换平台实现有机对接和信息共享；严格执行《企业信息公示暂行条例》，加快实施经营异常名录制度和严重违法失信企业名单制度；鼓励和引导企业更多地自愿公示有关信息；支持开展社会化的信用信息公示服务，为社会公众了解市场主体信用状况提供便利。

二、推动市场监管的标准化、专业化、技术化

从实践看，监管标准化是实现有效监管的基本前提。“十三五”，运用大数据进行市场监管，需要把实施严格的监管标准作为重要任务之一，由此推动市场监管的标准化、专业化、技术化。

1．从国情出发，研究借鉴发达国家的成熟做法

从发达国家的实践看，监管的标准化、专业化是一条基本经验。例如，日本以实施标准化对产品质量进行全程监管，形成了一套完备的产品质量监管法律体系，《工业标准法》《消费者保护基本法》等法律法规对产品生产标准作出了严格限制，违规者要受到法律的相应制裁。我国进入“互联网+”时代，监管的标准化、专业化前提是信息化，需要相应的数据作支撑，而大数据的广泛应用将为此提供重要条件。

2．实施严格的监管标准

与发达国家相比，我国的监管标准还有比较大的差距。当前，尽管国内一些企业的技术标准开始写入国际标准，例如海尔开发的“防电墙”技术、华为将下一代网络（NGN）技术写入ITU标准等。但从总体上看，我国主导制定的国际标准数量不多。“十三五”，适应大数据时代对市场监管的要求，需要大幅

提高我国市场监管标准的国际化水平。建议：一是积极引入国际标准实施监管，借鉴美国的做法，建立严格的食品药品技术标准，推广实施 ISO22000 食品安全鉴定标准，对不符合相关技术标准的企业进行严惩，彻底解决我国食品药品领域安全问题；二是鼓励企业制定高于国家标准、行业标准、地方标准，具有国际竞争力的企业标准；三是加快推动修订《标准化法》，推进强制性标准体系改革，强化国家强制性标准管理。强制性标准严格限定在保障人身健康和生命财产安全、国家安全、生态环境安全的范围，市场主体须严格执行强制性标准。

3. 充分运用新技术加强市场监管

在研究制定市场监管制度和政策过程中，充分运用大数据、物联网、云计算等新一代信息技术对监管对象进行监测，及时提出处置预案，提高市场监管能力；及时向社会公开有关市场监管数据、法定检验监测数据、违法失信数据、投诉举报数据和企业依法依规应公开的数据，加强对企业的事中事后监管；建立监管部门与公安、司法、金融等部门信息共享平台，增强联合执法能力；加强对电子商务平台的监督管理，推广应用网站可信标识，为消费者营造放心满意的网购环境。

4. 加强专业化监管人才的培养

大数据监管涉及计算机科学、统计学、数学、会计、法律等领域的专业知识，需要专业化的监管队伍。为此，"十三五"需要着力打造一支素质优良、结构合理的复合型专业监管队伍。建议：一是鼓励高校和企业联合培养跨界复合型、应用创新型大数据专业人才；二是加强对政府监管人员的培训，增强运用大数据的能力。

三、建立信用失范的联合惩戒机制

运用大数据推动社会信用体系建设，建立跨地区、跨部门的联合惩戒机制，形成公平诚信的市场环境。

1. 利用大数据对信用失范行为联合惩戒

完善诚信信息共享机制和失信行为联合惩戒机制，充分运用大数据收集、分析企业信用数据，建立企业失信行为的预警机制，充分发挥工商行政、司法、金融等领域的综合监管效能，在市场准入、行政审批、政府采购、银行信贷、招标投标、社保缴费、食品药品安全等方面，建立跨部门联动响应和失信约束机制，对违法失信主体依法予以限制或禁入，实现市场主体“守信褒扬，失信惩戒，一处违法，处处受限”的基本格局，让失信者付出巨大的成本和代价。

2. 逐步建立全国统一的信用标准规范体系

目前，全国各地区、各行业都在建设社会信用体系，问题在于各地信用标准不统一，地区之间、行业之间的信用信息没有实现互联互通，从而导致各地区出现低水平的重复性建设。为此，“十三五”要按照国家发改委等部委联合制定出台的《法人和其他组织统一社会信用代码制度建设总体方案》，建立统一的社会信用代码制度，以组织机构代码为基础对法人和其他组织进行身份标识，实现机构信用体系全覆盖。

3. 完善企业失信“黑名单”制度和市场退出机制

重点在食品药品及服务行业细化守信、失信和黑名单等具体情形，构建环环相扣的信用监管制度；对违法失信企业在行政审批、政府采购等方面实行相应的信用约束制度；充分利用全国企业信用信息公示系统，加大对“黑名单”企业信息曝光力度，加强对“黑名单”企业经营活动的重点监控，对再次发生违法违规行为的企业，依法从重处罚；逐步建立企业从业人员特别是高级管理人员的信用档案，将其经营行为和个人信用有机结合，对被吊销证照的企业有关责任人，依法实施行业禁入。

四、形成精准的信息化监管模式

通过大数据运用，实现监管方式由粗放向精细化转变，推动传统依靠人力检查发现违法行为的模式向以大数据为基础、精准的信息化监管模式转型。

1. 全面实施大数据监管

2014年以来，随着商事制度改革的逐步深入，市场主体数量出现井喷式增长，全社会信息量爆炸式激增，数量巨大的数据对监管能力提出了新的挑战。2015年1月，国家工商总局正式启动大数据试点工作，与浪潮等7家数据公司合作，在北京、上海、江苏、山东、河南、浙江、广东7省（市）的10个县（市、区）进行先行先试。通过试点，监管部门全面掌握了市场主体相关数据和全网关联数据，填补了监管漏洞，为加强事中事后监管提供了有力支撑。在这个背景下，建议全面推广大数据监管：一是建立大数据监管系统，监管部门对企业进行信用等级评定，按照"正常"、"黄色警示"、"橙色警示"、"红色警示"设定监管等级；二是实行不同监管政策，对标识"黄色警示"、"橙色警示"、"红色警示"的企业进行重点监管，形成多部门的协同监管；三是对监管数据实行预期管理，对投诉、举报量较多的企业进行预期管理，并发布消费警示。

专栏 10.6

大数据监管系统

1. 企业信用信息系统。工商、公安、安监、法院、银行、税务、企业、民间机构、民众信息资源共享，形成企业生产经营、银行信贷、纳税情况、违法情况、个人诚信记录、经营履历等大数据仓库。

2. 企业信用评估评级系统。挖掘历史上数据仓库中数据与企业失信、违法等之间的相关性，找到准确评估企业和个人诚信度、预测企业发生违法经营概率的评价指标体系和科学方法。

3. 社会参与监管的信息平台。在网上开辟投诉意见箱、信息反馈窗、民众论坛等，及时得到关于企业的更多反馈信息，发现企业的异常行为。

4. 网上预警系统平台。对企业失信违法行为发出警告，政府部门将根据警示内容和企业的调整情况对企业进行处理。

5. 大数据监管执法系统。基于企业评级分类模型，对诚信度较低的企业进行抽样调查，实施网格化管理。

6. 大数据监管技术支持系统。引入实力强大的第三方机构，如阿里巴巴、腾讯等专业团队，协助政府建立技术平台，寻求疑难问题解决方案。

资料来源：中政院课题组整理。

2. 加强企业信用信息监测，强化数据运用

创新统计调查信息采集和挖掘分析技术，加强跨部门数据信息关联比对、分析等加工服务，充分挖掘数据价值；强化数据采集、数据分析、数据运用，加强信用数据的综合分析与实际运用，实现“事前锁定对象、事中下达指令、事后反馈统计”；根据市场主体、商品质量、消费投诉、商品价格、行政处罚等企业信息数据，建立科学的数据分析模型，通过数据比对、分析和筛查，及时发现涉嫌违法的市场主体，并向社会发布相关信息，合理引导市场预期。

3. 实施精细化监管，加强监管部门间的合作

（1）实施数字化监管。监管执法人员充分运用信息化、大数据技术，全面实施数字化监管，实现由传统主观判断、定性分析向数据统计、定量分析管理的转变。

（2）加强监管部门间的合作。在监管部门数据信息共享的基础上，建立监管部门联合打击失信企业行为的机制，鼓励工商、质监、食药监、税务、环保、公安、司法等部门合作联合打击企业失信行为。

（3）做好市场监管执法与司法的衔接。市场监管部门发现违法行为涉嫌犯罪的，应当依法移送公安机关并抄送同级检察机关，不得以罚代刑。

第五节　推进市场监管的法治化进程

克服监管的主观性、随意性，形成标准化、专业化、技术化的现代化监管模式，法治是最重要的保障，无论是巩固原有改革成果还是推进新阶段的监管体制改革，都需要相应的法治保障。"十三五"，推进监管转型，需要尽可能采取立法先行的办法，坚持监管改革于法有据。

一、监管转型需要于法有据

监管转型与其他改革相比，技术性更强，更具复杂性。从近年来的改革实践看，监管转型还涉及复杂的利益关系调整。在这种情况下，改革更需要于法有据。

1. 监管转型需要确立法治思维

走向法治化监管既是监管转型的目标，又是监管转型的保障。中改院课题组在2015年国务院第三方评估的调研中了解到，现有监管体制是依据现有法律、规章而定下来的，如果不修改相关法律，就会出现改革违法的"悖论"。而且，监管是规范性极强的政府职能，如果没有重要法律的约束，单纯让地方层面试点探索，可能会出现各种各样的地方模式，这样反而使中央层面的改革难以与地方衔接。这就需要摒弃传统的行政化思维，确立监管的法治化思维。

2. 更多采取立法先行的办法推进监管转型

以立法先行的办法推进监管转型有着多方面的优势：一是可以把改革的目标转化为国家意志、法律意志，有利于巩固原有改革成果；二是有利于形成改革的倒逼机制，形成实现改革目标的硬约束；三是有利于克服部门利益、行业利益和地方利益的掣肘推进改革。

3. 更多借鉴国际惯例加强监管法治化建设

在我国深度融入全球化进程的新阶段，营商环境国际化是个大目标，监管法治化应当与这个大目标相适应。2014 年的反垄断中，不少外资企业被查处，一些外资企业认为反垄断主要针对外资。这种说法未必准确，但反映了我国监管需要在多方面与国际惯例接轨。例如，反垄断、知识产权、服务业监管标准的制定等，都需要借鉴国际经验，使监管规则的制定能够得到国际国内企业的广泛认同。

4. 实体立法与程序立法建设并重

监管转型相关立法滞后不仅表现在实体立法滞后，还表现在程序立法滞后。多年来，重实体立法、轻程序立法的特点十分突出。2014 年 6 月，国务院出台的《关于促进市场公平竞争维护市场正常秩序的若干意见》明确提出，“要确保行政机关均须在宪法和法律范围内活动，依照法定权限和程序行使权力、履行职责。没有法律、法规、规章依据，市场监管部门不得作出影响市场主体权益或增加其义务的决定；市场监管部门参与民事活动，要依法行使权利，履行义务、承担责任”。按照这个要求，未来 5 年，需要形成实体立法和程序立法齐头并进的新格局[①]。

二、完善市场治理的法律体系

加快消费市场、反垄断等重点领域监管立法修法，为这些领域的监管转型提供法律依据。

1. 研究出台综合性的《市场监管法》

适应“十三五”消费需求释放的大趋势，以监管转型释放内需潜力，加快

---

① 方栓喜 . 深化以简政放权为重点的政府改革——“十三五”：全面深化改革的关键环节 [J]. 上海大学学报 (社会科学版), 2015 (03) .

研究出台综合性的《市场监管法》。通过强化消费市场立法，确立市场监管机构的法律地位，对市场监管对象违法行为的严厉制裁、对监管者不当监管的严格罚处加以规定，严格规范市场监管程序，以法律制约监管权力，为全面实施负面清单管理提供依据。

2．将反行政垄断纳入《反垄断法》

（1）反行政垄断纳入《反垄断法》有多方面的利好。一是有利于推动行政审批制度改革。可以明确界定出各个行政部门为非公经济设置的不合理壁垒，推动这些行政审批权的废止；二是有利于强化政府监管职能。可以明确区分行政审批与市场监管职能的界限，改变以审批取代监管的状况；三是有利于转变地方政府职能。明确界定和改变地方政府不合理设置贸易壁垒的行为，维护国内统一大市场。

（2）在《反垄断法》总则中突出反行政垄断。一是在总则第三条界定垄断行为中加入一条：“依靠行政权力形成市场支配地位”的行为；二是第七条中，“国有经济占控制地位的关系国民经济命脉和国家安全的行业”，在实施中常常难以准确界定，笼统地说“国家对其经营者的合法经营活动予以保护”，客观上不利于反行政垄断。建议按照十八届三中全会的要求修改为“国有资本继续控股经营的自然垄断行业，实行以政企分开、政资分开、特许经营、政府监管为主要内容的改革，根据不同行业特点实行网运分开、放开竞争性业务，推进公共资源配置市场化”。

（3）在《反垄断法》中增设反行政垄断相关内容。对铁路、电力、电信、石油、民航、邮政等垄断行业的行政垄断行为进行界定；对城市公用事业领域的行政垄断行为进行界定；对教育、医疗、文化等公共服务领域可竞争环节的行政垄断行为进行界定。通过以上界定，使反垄断能够反映市场决定资源配置的精神。

三、依法梳理和公布各级政府监管权力清单

与各级政府出台权责清单相适应，按照职权法定、高效便民、权责一致的要求，突出监管权责清单的公开透明，真正做到监管“法无授权不可为”，将监管权力关进法治的笼子里。

1．依法公布监管部门的权责清单

从实践看，广东、浙江等地在推动权责清单上积累了一些经验，通过制定政府权责清单，进一步厘清了政府与市场、政府与社会以及政府部门之间的权责边界，推动市场监管走向标准化、规范化和法治化。市场监管作为政府的主要职能之一，需要依法界定监管部门的权责，在赋予其权力的同时，需要明确相应的责任，做到权责一致。为此建议：用 1 ~ 2 年，尽快出台各级政府监管权责清单，使每项监管事项都能够落实到具体的监管部门；加快出台监管部门权责清单，以公开化、透明化促进监管机构依法监管，规范监管程序。

2．及时将新出现的市场违法现象纳入监管范围，明确监管部门

随着互联网、信息技术的飞速发展，新的消费模式、经营方式、交易方式发生了历史性变革。例如，网购、第三方支付平台、众筹等对传统监管方式提出了严峻挑战。建议监管部门要密切关注市场发展的新情况、新问题，及时将各种新出现的市场违法行为纳入监管范围，防止出现“监管真空”或“监管漏洞”。

3．取消无法律依据的监管部门，防止过度监管

在防止监管出现“真空”的同时，还需要防止因过度监管抑制创新。以金融监管为例，当前互联网金融快速发展是一个趋势，监管部门在规范发展，严厉打击金融市场违法行为的同时，也要防止过度监管抑制金融创新。为此，需要加快清理无法律依据的监管行为，一律取消无法律依据的监管部门，防止因

过度监管增加企业负担和抑制市场活力，真正做到"法无授权不可为"。

四、依法规范市场监管程序

实现依法监管，既需要使监管权力在阳光下运行，也需要在各类市场监管法律法规中对监管程序进行明确界定和规范，使监管程序做到公开、透明，易于接受全社会监督。

1. 实现市场监管程序的公开透明

从国内外市场监管的实践看，只有监管程序的公开透明，让权力在阳光下运行，才能营造公平竞争的市场环境，防止监管权力"任性"。"十三五"，要按照"以公开为常态、不公开为例外"的原则，及时、主动公开市场监管部门的监管信息，接受全社会监督。除法律规定外，市场监管部门适用一般程序作出行政处罚决定，应及时公开执法案件主体信息、案由、处罚依据及处罚结果，提高监管部门的公信力。

2. 专项市场监管法律法规要明确监管程序

在修改各专项市场监管法律法规的过程中，将监管程序纳入其中。增加行政执法章节，对监管部门的执法边界与流程进行明确界定；建立执法全过程记录制度，完善市场监管决策程序，把专家论证、风险评估、公众参与等作为市场监管的重要一环，确保程序合法、公开和透明；借鉴国外专业法定机构的经验，探索"一机构一法律或法规"的做法，在法律中明确界定和规范监管机构的执法程序。

3. 制定出台《行政程序法》

行政程序是行政主体行使职权时必须遵循的法律程序，能有效防止行政权力滥用。由于我国至今尚未出台一部《行政程序法》，行政程序规范主要分散在一些单行法律中，如《行政许可法》《行政复议法》《行政处罚法》等。从监管来看，监管程序缺乏上位法的依据，难以适应监管转型的现实需求。因此，“十三五”要尽快制定出台《行政程序法》，并将监管程序的法律规范作为重要内容之一，对政府监管程序进行严格规范。

五、推动市场监管机构法定化

与建设法治政府的大趋势相适应，加快机构编制立法，推动市场监管机构法定化，坚持用制度管权、管事、管人，让人民监督权力，让权力在阳光下运行。

1. 依法实现机构编制向市场监管机构倾斜

从实践看，越到基层，监管力量越薄弱，而监管任务却越繁重。目前，一些地区通过整合市场监管力量，取得了一定成效。例如，广东省在不增加部门机构编制和领导职数的前提下，推动编制资源从原行政审批、微观管理岗位向监管等业务处室转移，通过改革，省工商局、质监局综合机构从 6 个减少为 4 个，从事监管的机构从 7 个增加到 9 个，监管工作人员占比达 60% 以上。建议在制定《国家机构编制法》时充分考虑市场监管机构的重要性，机构编制重点向市场监管机构倾斜，尤其是地方监管机构。

2. 市场监管机构要成为法定专业机构

从国际经验看，建立法定专业机构是通行的做法。例如，韩国有 45 个独立执行机构，英国有 127 个独立执行机构，美国建立了 60 多个独立行政机构①，这些法定机构都有一部专门的法律，明确规定了机构的设立、职责等内容。建议借鉴国外先进做法，推动监管机构“去行政化”，成为法定的专业机构，使监管机构具有独立于行政机关的权限，避免监管行为受到行政权力的干扰。

① 曹全来．国外法定机构的理论、立法与借鉴 [EB/OL]. 广西政府法制网，2015-04-27.

专栏 10.7

西方发达国家公共服务法定机构的特征

机构法定。法定机构是根据专门的机构法律成立的机构，每个法定机构都有一个专门的法律，规定该机构的设立、职责、经费来源等内容。也就是说，法定机构都是根据个别条例立法而成立并受有关机构条例的监管。

政府资助。法定机构的活动经费或者由政府全额资助，或者由政府出资成立，按商业化原则运作，但收费要严格按照核算成本。

运作独立。由于机构的法定化，保证了机构的相对稳定性和独立性，受人为因素影响较小。作为半独立、半官方组织，与政府部门相比较有较大的管理、人事聘用和财政自主权，依法自主办理有关业务，独立承担法律责任，不受国家机关及其他机构的干涉。

企业管理。新加坡的法定机构采取企业组织形式，实行企业管理方法，机构内部按董事会（或理事会）—总裁—工作人员的组织架构进行运作，自主聘人，按自负盈亏原则控制管理成本。

公开透明。由于机构的职责、运作和监督都有法律的明确规定，使机构及其服务更具透明性。法定机构必须向外问责，依法开展业务的情况应当向社会公开，接受社会的监督。

行使社会公共权力。法定机构是政府架构的一个重要组成部分，是公务员体系之外执行公共事务和公共服务的机构。总体上看，法定机构是从行政管理体制中剥离出来的但又不进入市场的机构，法定机构行使的是政府权力之外的社会公共权力，是影响公共利益领域的机构。

资料来源：中改院课题组整理。

第六节　监管转型是政府的自身革命

从现实看，监管转型“牵一发而动全身”，是政府的一场深刻革命，是结构性改革的重要突破口。如果“十三五”监管转型能够尽快突破，就能为整个结构性改革的深入推进创造有利条件。

一、监管转型“牵一发而动全身”

监管转型不仅需要重构监管体系，还触及深层次的行政权力结构调整，以及全面深化改革的各个领域。从这个意义上来说，监管转型是一场深刻的变革。

1. 监管转型需要重构现有监管体系

从发达国家的经验看，现代监管体系具有三大特征，即权威性、独立性、专业化，其中最重要的是监管系统的独立性。只有监管系统的独立性有了保障，其权威性、专业化才会有制度保障。改革开放以来，由于我国形成了围绕 GDP 竞争的地方政府发展模式，地方政府往往会因为更加重视本地 GDP 增长而放松监管，保护地方企业成为监管失灵的重要原因。在这个背景下，出现了监管机构垂直管理的新趋势，就是靠垂直管理实现监管权的独立性。但问题在于，这并不能从根本上解决监管系统的独立性问题。因为监管权的独立性表现在任何上一级政府都不应因各种理由干预监管权的独立公正行使。这就需要按照独立执行机构的目标要求对监管体系进行总体设计，使其成为法定机构，在这个前提下深化监管的权威性和专业化。

2. 监管转型涉及深层次的行政权力结构调整

监管转型重要的是终结监管“九龙治水”的历史。无论是消费市场监管转型、金融市场监管转型，还是垄断行业监管转型，深层次的矛盾在于调整优化行政权力结构。例如，统一反垄断职能，就要对分散在发改委、国家工商总局、商务部的反垄断职能进行整合，组建统一的反垄断机构。同时，需要推进决策权与执行权有效分离，监管机构作为独立执行机构设置，形成独立、专业、高效、稳定的监管执法系统。

3. 监管转型牵动影响改革全局

监管转型的重大作用不仅在于政府改革本身，它还触及经济、社会、文化、生态文明等各个领域。事实上，各领域的改革创新都有一个监管转型的问题，包括对外开放也需要监管与国际接轨。多年来，各方面都意识到各个领域都应该放开搞活，包括教育、医疗、文化、社保等公共服务领域，都应当引入社会资本和外资参与。但从改革实践看，由于监管转型的严重滞后，放开之后缺乏有效的监管，对各个领域改革都形成了掣肘。从这个意义上来说，监管转型对全面改革具有重大而积极的影响。

二、监管转型需要配套推进人事制度改革

从国际国内经验看，监管的独立性、专业化与人事制度直接相关。好的监管体制需要反映在对监管队伍产生正向的激励上。就是说，监管转型与人事制度创新相配套才能达到预期效果。

1. 在监管系统推进"官"、"吏"的合理分工

现代监管需要实现决策、执行分开，在操作层面主要体现在"官"与"吏"的适当分离上："官"的主要职责是决策，承担国家治理架构中的战略决策功能；"吏"的主要职责是提供政府公共产品与服务，承担国家治理架构中专业服务的功能，主要特征是专业化和职业化。通过"官"与"吏"的分离，使监管系统改造为行政执行系统，进入专业化、技术化的轨道，从而确保监管权的行使不因"官"的改变而出现大的波动，有效克服监管执行层面的"不作为"。

2. 在监管系统探索实行政务官和事务官的分离

"官"与"吏"的适当分离，有效的途径是从业务性质上区分政务类和事务类官员的性质，采取不同的激励机制。建议在监管系统建立政务官和事务官的两套管理制度：决策系统官员以政务官为主；执行系统官员以事务官为主，各自形成有利于职能履行的激励机制。

3．建立干部职务与职级并行的制度

从改革实践看，如果薪酬福利仅仅与干部职务挂钩，会使得行政职务晋升成为干部自身价值实现的唯一渠道。这不仅会导致监管系统行政干部严重超编，还会挫伤无法晋升干部的积极性，并由此削弱监管系统的专业性。2014 年年底，中央深改小组第七次会议审议了《关于县以下机关建立公务员职务与职级并行制度的意见》，为基层公务职务之外开辟了一条职级晋升的通道。建议："十三五"，尽快在监管系统推行公务员职务与职级并行、职级与待遇挂钩制度，突出职级在确定干部工资、福利等方面的作用。

三、监管转型是走向现代政府治理的重大任务

监管是现代政府治理的重要组成部分，是理顺政府与市场关系，发挥市场在资源配置中起决定性作用的关键，也是发挥政府有效作用的关键。

1．监管转型涉及政府与市场关系的重大调整

处理好政府与市场关系是新阶段经济体制改革的核心问题。推进由事前审批为主向事中事后监管为主转型，将从根本上改变审批型政府监管模式。行政审批与市场监管是政府两项不同的行政权力，传统的监管体制将二者合二为一，成为市场监管失灵的突出因素。推进监管转型，以事中事后监管取代事前审批，需要将行政审批与市场监管严格分开，重新界定政府与市场的权力边界，形成有效的市场治理。

2．监管转型涉及政府与社会关系的重大调整

"十三五"，形成政府与社会协同的市场治理格局需要处理好政府与社会的关系。面对无数个市场主体与利益诉求多元化的总体趋势，单纯依靠政府进行市场监管，不仅难以取得好的效果，还容易积累更多社会矛盾。监管转型的重要目标之一是调动社会组织、新闻媒体等社会力量参与市场监管的积极性，更好发挥社会力量在市场监管中的独特作用。这在客观上要求政府充分向社会放

权，激发社会活力，为形成有效的社会治理寻求一条现实路径。

3．监管转型涉及中央与地方关系的重大调整

监管转型涉及监管部门的垂直管理和地方管理问题。例如，未来消费品市场监管实行从中央到地方的垂直管理，与克服地方保护主义和建立全国统一市场体系相适应。也就是说，未来5年，如果有相当多的监管部门能够实现垂直管理，将为形成有效的地方治理创造有利条件。

图书在版编目（CIP）数据

转型闯关——“十三五”：结构性改革历史挑战／迟福林主编. —北京：中国工人出版社，2016.1
ISBN 978-7-5008-6316-8

Ⅰ.①转…　Ⅱ.①迟…　Ⅲ.①中国经济—经济发展趋势—研究—2016～2020
Ⅳ.①F123.2

中国版本图书馆CIP数据核字（2016）第026576号

转型闯关——“十三五”：结构性改革历史挑战

出 版 人	芮宗金
责任编辑	左　鹏
责任校对	董春娜
责任印制	黄　丽
出版发行	中国工人出版社
地　　址	北京市东城区鼓楼外大街45号　邮编：100120
网　　址	http://www.wp-china.com
电　　话	（010）62350006（总编室）　（010）62005039（出版物流部） （010）62379038（社科文艺分社）
发行热线	（010）62005049　（010）62005042（传真）
经　　销	各地书店
印　　刷	北京市密东印刷有限公司
开　　本	710毫米×1000毫米　1/16
印　　张	26.5
字　　数	390千字
版　　次	2016年3月第1版　2016年3月第1次印刷
定　　价	49.00元

本书如有破损、缺页、装订错误，请与本社出版物流部联系更换